SAGGISTICA 28

The Representation of the Mediterranean World
by Insiders and Outsiders

The Representation of the Mediterranean World
by Insiders and Outsiders

Edited by
Antonio C. Vitti
Anthony Julian Tamburri

BORDIGHERA PRESS

Library of Congress Control Number: **2018937812**

© 2018 by the Authors

All rights reserved. Parts of this book may be reprinted only by written permission from the author, and may not be reproduced for publication in book, magazine, or electronic media of any kind, except for purposes of literary reviews by critics.

Printed in the United States.

Published by
BORDIGHERA PRESS
John D. Calandra Italian American Institute
25 West 43rd Street, 17th Floor
New York, NY 10036

SAGGISTICA 28
ISBN 978-1-59954-113-6

TABLE OF CONTENTS

Antonio C. Vitti & Anthony Julian Tamburri • "Prefazione" (ix)

Daniela Bombara • Incontri, scontri, inattese sinergie fra Sud e Nord nelle opere di Pirandello, Messina, Martoglio (1)

Assunta De Crescenzo • Tra personaggi, fantasmi e attori: La passione e il limbo in Luigi Pirandello e in Eduardo De Filippo (37)

Cinzia Gallo • La Palermo mediterranea di Santo Piazzese (77)

Mario Inglese • La "casa a cielo aperto": Metafore palermitane nella narrativa di Giorgio Vasta (91)

Jan Marta • *Mediteraneo* (1991): Yesterday and Tomorrow (121)

Trinis Antonietta Messina Fajardo • Voci senza volto e peregrini del mare in cerca del paradiso: odissee migratorie nella recente narrativa spagnola e latinoamericana (143)

Domenico Palumbo • τί ἐστί; il Mediterraneo come τέλος (155)

Ilaria Parini • "I'm a man. I got a lot of hormones in my body": The Italian Man in Kasdan's *I Love You to Death* (169)

Daniela Privitera • La Grande Madre mediterranea e l'enigma dell'anima italiana: Metamorfosi di un mito dalla letteratura alla politica (189)

Francesco Scaglione e Roberto Sottile • Tanti popoli, una lingua comune. Aspetti socio-linguistici della lingua franca del Mediterraneo (201)

Rosario G. Scalia • Mafia e mito: un rapporto dialettico (219)

Anthony Julian Tamburri • Appunti su una nuova critica sulla letteratura degli americani italiani (239)

Maria Rosaria Vitti-Alexander • Dalla fame alla fama: da un paesino della Ciociaria a Montparnasse (253)

Antonio C. Vitti • La Storia e la ministoria raccontate da un inconsueto privilegiato che si ritrova subalterno (263)

Tarbouni Younasse •The Moroccan Diaspora And Political Representation Between Myth And Reality (301)

Index of Names (335)

PREFAZIONE

Passati ormai dieci anni dal nostro primo incontro ad Erice e sei dalla nascita della Fondazione del *Mediterranean Center for International Studies* (MCIS), questa nuova raccolta di saggi presentati al convegno del 2017, continua il dialogo tra studiosi che operano in tre continenti diversi e che a maggio da cinque anni si confrontano su argomenti e su temi relativi a qualsiasi aspetto della cultura mediterranea.

Questa raccolta spazia da incontri, scontri, inatttese sinergie fra Nord e Sud nelle opere di Pirandello, tra personaggi, fantasmi e attori in Pirandello e in Eduardo De Filippo, attraversa Palermo mediterranea di Santo Piazzese, passa alle metafore palermitane nella narrativa di Giorgio Vasta, offre una rilettura di *Mediterraneo* di Salvatores, si confronta con le odissee migratorie del nostro presente, dialoga con la Grande Madre mediterranea e l'enigma dell'anima italiana, la socio-linguistica della lingua franca del Mediterraneo, vola alla nuova critica sulla letteratura degli americani italiani, per poi ricordarci la fama e fame delle modelle ciociare a Montparnasse, per concludersi con The Moroccan Diaspora and Political Representation, con anteprima la storia raccontata attraverso la ministoria di un inconsueto privilegiato.

La varietà della raccolta continua il nostro impegno e desiderio di costruire un dialogo attraverso la diversità e la ricchezza multiculturale della cultura mediterranea. Questo nuovo volume sottolinea lo scopo della nostra organizzazione nel promuovere il dialogo, e l'indagine accademica per un futuro più equo e sostenibile per tutti.

Antonio C. Vitti *Anthony Julian Tamburri*
Bloomington, IN, aprile 2018 *New York, NY, aprile 2018*

Incontri, scontri, inattese sinergie fra Sud e Nord nelle opere di Pirandello, Messina, Martoglio

Daniela Bombara

Il mare è *strada* fra terre ma insieme elemento di separazione, che esalta le particolarità ed enfatizza le distanze. L'isola, chiusa e protetta da una distesa marina che comunque allontana dal Continente, evidenzia sempre un'identità 'altra', scaturita anche dalla diversità, o ancora dalla tensione fra omologazione e differenza.

Nella storia delle relazioni, spesso difficili e conflittuali, fra Sicilia e resto d'Italia, la soluzione unitaria del 1861 costituisce uno spartiacque: l'isola e i suoi abitanti, annessi politicamente al governo italiano, avvertono una "storica diversità, che il nuovo corso economico ufficializzava" (Contarino 349). "La ricchezza del Nord è prodotta dalla miseria del Sud", dirà Gaetano Salvemini (79), riprendendo le tesi di Francesco Saverio Nitti; non si tratta solo di un discorso economico, anche se esso costituisce la matrice di una stereotipizzazione del Meridione — area debole e non produttiva, arretrata, barbarica, 'selvaggia', abitata da indigeni pigri e disonesti — su cui si costruisce l'identità nazionale. Il discorso patriottico e la configurazione dell'italianità si struttura quindi respingendo tutto ciò che possa essere giudicato al di qua del *moderno*, del *civile*, e confinandolo in aree che già da secoli erano state etichettate con luoghi comuni, tacciate quindi di ignoranza, violenza, istintualità, superstizione (Patriarca). È allora possibile applicare, nelle immagini culturali che il Sud ed i suoi scrittori costruiscono della propria terra nei suoi rapporti con Italia ed Europa, i parametri della critica postcoloniale, come afferma Alessandra Sorrentino nel volume *Luigi Pirandello e l'altro*: "La retorica utilizzata dal discorso nazionale italiano nelle sue fasi di affermazione e assestamento non risulta dissimile da quella utilizzata dai grandi imperi nella rappresentazione delle colonie" (42); d'altra parte il Sud era già apparso, nell'ottica dei narratori del Gran Tour, luogo di suprema bellezza naturale, ma abitato da popolazioni ancora ad un grado inferiore di civiltà, incapaci dunque di comprendere e sfruttare appieno le proprie risorse.

L̲u̲i̲g̲i̲ P̲i̲r̲a̲n̲d̲e̲l̲l̲o̲.
S̲u̲d̲ e̲ N̲o̲r̲d̲, u̲o̲m̲o̲ e̲ d̲o̲n̲n̲a̲: r̲i̲f̲r̲a̲z̲i̲o̲n̲i̲ d̲i̲ o̲p̲p̲o̲s̲t̲e̲ a̲l̲t̲e̲r̲i̲t̲à̲

"In un'immagine complessivamente stereotipata del Sud d'Italia, che viene a crearsi nel periodo postunitario, un ruolo importante svolge la Sicilia" (Sorrentino 42), lontana anche fisicamente perché circondata da una distesa acquorea che la avvicina invece all'Africa, di cui condivide il clima arido e una simile *facies* esotica e misteriosa per chi si trova al di là dello Stretto. Il mare "africano" e un paesaggio naturale bruciato dal sole, infiacchito e devitalizzato come i suoi abitanti, sono presenti nelle opere di Pirandello, scrittore operante al di fuori dei ristretti confini isolani, e quindi in grado di rappresentare la Sicilia da un punto di vista 'differente', per quanto mai coincidente con quello nordico ed europeo.

Se il confronto fra Meridione e Settentrione, assimilabile (ma non sempre) al dissidio tradizione/modernità, percorre frequentemente gli scritti pirandelliani, in particolare quando si evidenzia la complessa transizione fra strutture patriarcali e incipiente capitalismo, in alcune novelle—*Lumíe di Sicilia, Un cavallo nella luna, Lontano*—il *focus* è proprio sulla compresenza dei due mondi: i personaggi dei testi citati si trovano in una difficile posizione 'mediana', e sono impegnati in un costante processo di 'traduzione', come "negoziazione tra un contesto di origine e un contesto nuovo, un processo che—attraverso il fattore dell'intraducibilità—è capace di creare innovazioni" (Rossner "Prefazione" 11). Si tratti di siciliani che entrano in contatto con realtà 'continentali', viaggiatori o emigrati, o al contrario nordici trasferiti nell'isola; in ogni caso Sud e Nord sono visti con sguardo *lontano*, che permette di esercitare un'azione critica. Meridione e Settentrione vengono a contatto dunque, ma per rivelarsi realtà sociali diverse, che esprimono percorsi storici e culturali talvolta antitetici, oppure sono l'uno specchio dell'altro, l'uno necessario a comprendere l'altro; si individuano somiglianze, si prospettano reciproche trasformazioni. "La pratica umoristica pirandelliana acquisterà il compito in talune circostanze di dare voce a individui *in-between*, i quali vivono in luoghi liminari, dove le culture si incontrano" (Sorrentino 56).

Sospeso fra due mondi è certamente Micuccio, protagonista di *Lumie di Sicilia*:[1] il povero suonatore di flauto si reca dalla fidanzata di un tempo, Teresina, che ha raggiunto il successo come cantante in un'imprecisata città del Nord, e si fa ora chiamare Sina; ma il ricongiungimento non avviene, il giovane resta confinato in una cameretta con la madre di lei, Marta, costretta a vestirti ed atteggiarsi da 'continentale'. Infine Micuccio ne va, dopo aver solo intravisto il sontuoso salone dove Teresina/ Sina riceve i suoi corteggiatori; i limoni, che aveva portato in dono, saranno offerti dalla ragazza ai suoi invitati come frutto esotico.

Micuccio rappresenta il passato: una Sicilia misera ma felice, mitizzata nel ricordo, e restituita all'immaginario del pubblico durante la conversazione con zia Marta; una terra ancora raffigurata con i "colori dell'incanto e dell'idillio" (Nicastro 152). I limoni, simbolo dell'isola pura e incorrotta, sono dati in pasto all'avida curiosità del pubblico, dunque inseriti in uno svilente meccanismo spettacolare. Teresina/ Sina è invece il presente: il continente ricco, la seduzione del successo, della libera morale, la realtà mercificata della nascente industria culturale. Secondo Roberto Alonge nella novella

> sono [mostrati] i valori morali, sociali, della tradizione e della cultura arcaica e feudale del Sud di contro all'immoralità e al ci-

---

[1] La novella è pubblicata per la prima volta su "Il Marzocco" il 20 e 27 maggio 1900, poi compresa nella raccolta del 1902, *Quand'ero matto...* (Torino, Streglio), in quella omonima del 1919 (Milano, Treves), infine inclusa nel decimo volume delle *Novelle per un anno*, intitolato *Il vecchio Dio* (Firenze, Bemporad, 1926).

nismo della civiltà del capitale, delle merci, dell'industria dello spettacolo, del dominio del denaro. Sina condivide fino in fondo le illusioni di quell'ambiente. Crede che tutto abbia un prezzo, e che con il denaro ci si possa sdebitare di tutto (XII).

Già il nome spezzato 'Sina' indica l'identità dimidiata della cantante—afferma ancora Alonge—, del tutto asservita alla logica dell'apparire, al punto da rinnegare il suo 'io' di un tempo; la madre Marta, esiliata in una realtà che non comprende e costretta a vestirsi con eleganza ricercata, ricrea la propria sicilianità solo a contatto con Micuccio. In realtà non è detto che quella del giovane flautista e di Marta sia anche la prospettiva dell'autore, e che quindi Pirandello 'parteggi' per il Sud contadino, onesto e precapitalista, di contro al Nord cittadino, libero ma corrotto. I due mondi esistono, adiacenti ma non contrapposti in un'ideale scala di valori: zia Marta, indotta ad imitare goffamente i modi continentali, vive con angoscia la sua imperfetta integrazione, ed acquista coscienza della sua condizione di 'esule' di fronte a Micuccio, "l'altro, colui che porta con sé una prospettiva del tutto diversa ed estranea, che scompone i piani e pone domande" (Sorrentino 95). Il giovane in un primo momento, dal suo spazio 'di confine', vede come attraverso un diaframma il mondo continentale, dello sfarzo, dell'esibizione, del successo; ma un senso più istintivo della vista, l'udito allenato del musicista, gli fornisce la chiave per comprendere la distanza che si è creata fra lui e Sina, la cantante:

> Sporse il capo a guardare, in fondo, la sala illuminata [...]. La vista gli si annebbiò: era tanto lo stupore, tanta la commozione, che non s'accorse egli stesso che gli occhi gli si erano riempiti di lagrime: li chiuse, e in quel bujo si strinse tutto in sé, quasi per resistere allo strazio che gli cagionava una lunga squillante risata. Era di Teresina? Oh Dio, e perché rideva così, di là? (Pirandello "Lumíe", 577)[2]

---

[2] Afferma al riguardo Lugnani: "l'orecchio del semplice flautista paesano percepisce fisicamente e immediatamente, nel registro della prolungata risata di Teresina, un timbro che lo strazia. Nella dissonanza squillante-straziante di quel riso

Il protagonista "[v]edeva ora, in quel suo bujo, l'abisso che s'era aperto tra loro due" (580), e con molto realismo rinuncia alla promessa di matrimonio, fatta in altri tempi, ed ormai improponibile: "Lasciatela star lì, con quei signori; lì sta bene, al suo posto. Io, poveretto... L'ho veduta, m'è bastato..." (581). Nella novella, osserva Sorrentino, Pirandello evita di applicare il codice d'onore che era familiare al teatro verista; in tal modo "scompone il tipo, mette in crisi le regole del genere, disattendendo l'orizzonte d'attesa del lettore" (96). Micuccio accetta la logica del mondo 'altro' con cui si è dovuto confrontare, e si autoesclude allontanandosi dalla casa, pur rimanendo confinato in un ulteriore spazio di transizione: il pianerottolo, dove scoppia a piangere, non osando affrontare di notte la città sconosciuta.[3]

Nel racconto il personaggio vincente è Sina; nella versione teatrale sarà invece insultata e maltrattata da Micuccio, che melodrammaticamente—si pensi a *La Traviata* verdiana—le ficca in seno i soldi che lei gli aveva in precedenza prestato, trattandola da prostituta. Una conclusione che appare di maggiore effetto, ma invece azzera il senso della novella, sospesa fra due mondi, ad esprimere la complessità di un reale che non può essere interpretato dicotomicamente assegnando etichette di positivo e negativo rispettivamente a Sud e Nord come categorie geografiche e socia-

---

è contenuto tutto: Teresina s'è perduta ed è perduta" (*Tutte le novelle* v. I, 1332 n. 19). Quando aspetta che compaia Teresina si presenta ancora il dato dello sguardo indebolito: "E di nuovo la vista gli s'annebbiò, nell'attesa ch'ella comparisse" (Pirandello "Lumíe", 578)

[3] Lo spazio liminare in cui si trova Micuccio è quindi anche "espressione di una scelta, dal momento che Micuccio sceglie di tornare al suo posto, al paese, tra la sua gente, non potendo prendere posto tra quei signori e volendo rimettere a posto i cocci della sua esistenza per non perdere la propria identità [...]. A essere rappresentata è, pertanto, la vita con i suoi contrasti: da un lato, la volontà di rimanere ancorati a un mondo semplice che crede nel rispetto della parola data, ma, dall'altro, la voglia di affermarsi e la necessità di mascherarsi per essere adeguati al ruolo da recitare" (Cicala 133, 134-135).

li.⁴ Nella novella, si è detto, Sina si appropria trionfalmente, mercificandoli, dei simboli di una Sicilia incorrotta:

> Guarda, — le disse la madre, senza frenar più le lagrime col tovagliolo. — Ti aveva portato le Lumíe ... — Oh, belle! — esclamò Sina, con un balzo. Strinse un braccio alla vita e ne prese con l'altra mano quanto più poteva portarne. — No, di là no! — protestò vivamente la madre. Ma Sina scrollò le spalle e corse in sala gridando: — Lumíe di Sicilia! Lumíe di Sicilia! — (583)

In realtà è proprio questo che esigono la 'modernità', l'industria dello spettacolo, il sistema capitalista; nel presente frenetico e convulso la Sicilia trasfigurata, del ricordo e del mito, diventa oggetto teatrale. Si tratta dunque di mondi profondamente differenti, che si uniscono, pur mostrandosi in latente conflittualità, solo nel personaggio di zia Marta; in ogni caso non si può tornare indietro, il balzo che ha compiuto Sina dal mondo contadino/patriarcale alla società cittadina/industriale è insito nell'evoluzione generale della società. Micuccio, con sofferenza ma anche con avvertita consapevolezza, individua di entrambe le realtà gli aspetti positivi e negativi: la moralità siciliana, l'onestà e il ritegno, sotto cui si nasconde comunque la diffidenza e la malignità dei paesani; la bellezza, lo sfarzo del Continente, la libertà di esprimere se stessi ed i propri talenti, a prezzo però di un'inevitabile corruzione.

Micuccio torna dolorosamente nella sua terra, avvertendo quanto il suo personaggio sia improponibile nello sfavillante, lussuoso, elegante contesto di una città del Nord; al contrario il marinaio norvegese Lars Cleen, protagonista della novella *Lontano* (1902), giunto per caso a Porto Empedocle, paesino in provincia di

---

[4] "Nel rifiuto di una logica binaria è evidente la tendenza di Pirandello a indagare gli interstizi dove gli opposti scompaiono. La parola passa a quegli individui che, non corrispondendo per intero a nessuno dei due poli concorrenti, si dibattono in situazioni di *hybridity*" (Sorrentino 53)

Agrigento, si trova imprigionato nel soffocante ambiente siciliano, al quale non riesce più a sfuggire.[5]

Pietro Milio, detto don Paranza, nominato vice console della Scandinavia per un'approssimativa conoscenza del francese, è costretto ad accogliere in casa un marinaio norvegese malato; *L'arso* —così viene chiamato il giovane, con una storpiatura del nome che ne evidenzia l'estraneità ad una luce solare eccessiva e dannosa per lui—finisce per sposare Venerina, la nipote di don Paranza, e vive da 'straniero' la realtà siciliana. Anche quando torna la sua nave, l'Hammerfest, il giovane non ha il coraggio di lasciare la propria famiglia e vede il piroscafo allontanarsi "man mano nel mare sconfinato, e allontanarsi con lui la sua patria, la sua anima, la sua vita. Eccolo, più lontano... più lontano ancora... spariva" (Pirandello "Lontano", 765).

> Il tema centrale della novella è la "diversità", l'incommensurabilità, avvertita in modo sempre più struggente, tra l'uomo venuto dal Nord e la Sicilia, la violenta solarità del suo paesaggio, i suoi chiusi rituali di comportamento. Una diversità che si manifesta anche nella lontananza spirituale con la sposa e il figlio, scuro di pelle, siciliano, "alieno" [...]. Nello sguardo dello "straniero" si identifica Pirandello stesso [...], a sua volta spiritualmente lontano da quel mondo arcaico e straccione, da quelle donne "svogliate e neghittose". La "doppia vista" acquisita attraverso l'abito della poetica umoristica condiziona senza dubbio l'atteggiamento di Pirandello verso la realtà siciliana, impedendogli per lo più di ospitare nella sua scrittura il nostalgico abbandono memoriale, la dimensione del *melos* e del *mythos* (Gibellini 694).

Nella novella agisce il "cronotopo lontano" (Pupino 148), centrale nella poetica pirandelliana e legato al senso di esclusione dal fluire

---

[5] Pubblicata in "Nuova Antologia", 1 e 6 gennaio 1902, ristampata nella raccolta *Bianche e nere* del 1904 (Torino, Streglio), la novella, o piuttosto racconto lungo per la notevole estensione, sarà poi incluso nel quinto volume delle *Novelle per un anno*, dal titolo "La mosca" (Firenze, Bemporad, 1923).

dell'esistenza; ma sembrerebbe ancora più significativo sottolineare, come fa Ceserani, lo sguardo critico che dalla distanza scaturisce:

> [L]'interesse forse maggiore di questa importante novella di Pirandello non sta nell'elaborazione, pur molto raffinata e creativa, del tema della lontananza, [ma] nell'uso che vi viene fatto di un punto di osservazione altro e diverso, come è quello del marinaio norvegese, sulle miserie, le storture economiche, le devastazioni umane di quella piccola società siciliana (23).

Pirandello stesso, però, è molto preciso al riguardo: lo sguardo *da lontano* non comporta un giudizio di valore. Sciascia riporta le parole dello scrittore a Emilio Cecchi, che nel 1932 vuole trarre un film dalla novella:

> Caro Cecchi, il contrasto non è tra due civiltà; ma tra due vite naturalmente diverse, quella di un uomo del Nord e quella di una donna del Sud; e il dramma che ne nasce, il dramma di restar "lontano" tra i vicini più vicini: la propria donna, il proprio figlio. [...] Tutt'altro! Non era, né poteva essere nelle mie intenzioni di rappresentar barbara o di civiltà inferiore la Sicilia. Altra vita, altro sangue, altra natura, altri costumi, altri bisogni, altra sensibilità, altri sentimenti. È tutto qui (Sciascia 497).[6]

È vero che Lars vede con occhi 'nordici' una terra che appare con le caratteristiche tipiche della colonia; il paese è incapace di utilizzare in proprio le materie prime di cui dispone per uscire fuori da una condizione di sottomissione economica e di apatia culturale:

---

[6] Geerts, ponendosi sulla stessa linea critica di Ceserani, attribuisce invece un minimo significato alle affermazioni di Pirandello : "La lettura si svolge lungo un asse Norvegia- Sicilia sul quale si oppongono, da un lato, progresso, spirito di riforma, senso di libertà e di apertura al mondo, e dall'altro, il ben noto 'ideale dell'ostrica', immobilismo e cattolicesimo tradizionalista; [...] la sicilianità specifica raccontata qui da Pirandello non è solo diversità, è oggettivamente inferiorità, nonostante le proteste tardive e riparatorie di Pirandello. La novella respira una complessiva antimodernità in presenza della concezione del mondo esplicitamente moderna di Lars Cleen" (174, 176)

> [E] intanto su la spiaggia nuda, tra i depositi di zolfo, correvano scoperte le fogne, che appestavano il paese; e tutti si lamentavano e nessuno badava a provveder d'acqua sufficiente il paese assetato. A che serviva tutto quel denaro con tanto accanimento guadagnato? Chi se ne giovava? Tutti ricchi e tutti poveri! Non un teatro, né un luogo o un mezzo di onesto svago, dopo tanto e così enorme lavoro. [...] E pareva che gli uomini [...] non avessero neanche tempo di badare all'amore, se le donne si mostravano così svogliate, neghittose" (Pirandello "Lontano", 762).

Ma il suo sguardo è al tempo stesso distante e interno al mondo in cui si trova a vivere, del quale cerca di imitare le caratteristiche in un processo di *mimicry* imperfetta che esalta invece le differenze;[7] dai siciliani, nonostante i suoi sforzi, è visto come 'straniero', sbeffeggiato e definito come un essere selvaggio—turco, *bet* (storpiatura di bestia). Sono utilizzati quindi, paradossalmente, gli stessi stereotipi che per i nordici identificano gli abitanti del Sud.[8]

Lars, nordico, viene preso in giro dai ragazzini del paese perché passa le giornate sulla porta dell'ufficio dove lavora, o sulla spiaggia, evidenziando una neghittosità ed inconcludenza che è quella normalmente attribuita ai siciliani; la sua reazione di dolore

---

[7] Secondo lo studioso Homi Bhabha (85-92) si parla di *mimicry* quando gli abitanti dei paesi colonizzati o minoritari sono indotti ad imitare i comportamenti dei colonizzatori; ciò avviene in realtà sempre in modo imperfetto, al punto che si verificano fenomeni di ibridazione e interscambio fra culture, poiché chi effettua l'imitazione finisce per assorbire elementi del popolo 'altro' al quale cerca di assomigliare; al tempo stesso lo slittamento fra *mimicry* e ambiente, o persone, fatti oggetto di imitazione permette di percepire con chiarezza le disparità fra etnie, realtà culturali e sociali che vengono in contatto, senza che la più forte o maggioritaria inglobi la più debole.

[8] "Lars traduce se stesso in Sicilia, ma qui i suoi valori, i suoi usi e costumi vengono derisi: la calma, la capacità di ragionare a dispetto delle emozioni, punto di forza del giudizio stereotipizzato sull'uomo del Nord, sono assolutamente ribaltati. Il noto asse centro-periferia viene completamente sovvertito, il rappresentante del Nord che arriva a riempire la sua nave con lo zolfo del Sud si trova a dover negoziare con la cultura isolana. Sarà proprio lui ad essere deriso, a essere definito bestia, a essere caratterizzato da tratti somatici che impauriscono o suscitano compassione e sdegno" (Sorrentino 85).

di fronte al figlio dai tratti somatici meridionali esprime lo stesso rifiuto del 'diverso' che è contenuto nel soprannome a lui attribuito dagli isolani, e in entrambi i casi riguarda il colore della pelle.

Personaggio *in-between* per la sua incapacità di adattarsi, in fin dei conti Lars lo è stato fin dal principio, dedito ad un continuo viaggiare senza scopo, come traspare nei suoi ricordi dai discorsi della sorella:

> Ogni qual volta ritornava in patria, la sorella gli ripeteva che volentieri avrebbe preferito di non rivederlo mai più, mai più in vita, se egli, in uno di quei suoi viaggi lontani, si fosse innamorato di una buona ragazza e la avesse sposata. Tanto strazio le dava il vederlo così, svogliato della vita e rimesso, anzi abbandonato alla discrezione della sorte, esposto a tutte le vicende, pronto alle più rischiose, senz'alcun ritegno d'affetto per sé, come quella volta che, traversando l'Oceano in tempesta, s'era buttato dall'*Hammerfest* per salvare un compagno! (Pirandello "Lontano", 739).[9]

---

[9] Importanti al riguardo le osservazioni di Lugnani: "Dopo quello realistico, frutto degli eventi e del caso, affiora il ben più importante ed esistenziale *spaesamento* di Lars Cleen e si scopre il valore di profezia contenuto nel nomignolo che Don Paranza gli ha dato [...]: L' Arso non è in realtà un soprannome, ma il degno epiteto di questo selenico eroe. E la sua arsura non è, ovviamente, quella del grande sole e della sete, ma quella del grande freddo e dell'indifferenza. La sua lontananza e la sua assenza sono in primo luogo assenza e lontananza da sé" (*Tutte le novelle* v. I, 1389 n. 54). Di tutt'altro parere Geerts: "La metafora più forte è quella dell'arsura [...]. L'arso è davvero la vittima sacrificale spinta all'olocausto da una comunità che la espelle. Inoltre, il significato è quello di una deformazione che da fisica diventa mentale e colpisce tutti [...]. Il *Leitmotiv*, ricorrente in Pirandello, è quello della fatale azione del sole, dei raggi ardenti che deformano, storpiandoli, la normale crescita di piante e di uomini. L'arsura è dunque fatale ed esclude ogni prospettiva di sano e naturale sviluppo" (175). Ma forse le due letture critiche attivano sensi differenti, ed entrambi possibili, del testo: l'arsura come indifferenza di Cleen si manifesta parallelamente nella devastazione del paesaggio siciliano e dei suoi abitanti, impigriti e devitalizzati dalla "cocente rabbia solare" (Pirandello "Lontano", 754) dalla quale, in ogni caso, anche Lars "si sentiva stordito e quasi ubriacato" (754).

La lontananza di Lars non è geografica ma esistenziale, egli dunque non è nella posizione di giudicare ma di "far emergere come non siano state adeguatamente valutate certe contraddizioni nella diversità del contesto siciliano" (Sorrentino 81); si potrebbe ancora dire che il suo spaesamento diventa quello dell'individuo di fronte ad una realtà sempre intimamente contraddittoria, che può essere 'vista', se non interamente compresa, proprio perché se ne rimane ai margini. Durante la luna di miele Venerina spinge il marito ad un rapporto più diretto con la realtà:

> Proprio un fanciullo le pareva, e gli scoppiava a ridere in faccia, dopo averlo guardato un po', così allocchito per niente! e lo scoteva, gli soffiava sugli occhi, per rompere quello stupore che talvolta lo rendeva attonito.– Svegliati! svegliati! E allora egli sorrideva, l'abbracciava, e si lasciava condurre, abbandonato a lei, come un cieco (755).

Come Micuccio, anche Lars non riesce ad individuare con chiarezza l'*altro*, fino a quando esso non gli si presenta con i caratteri dell'esclusione e dell'opposizione, dell'irriducibilità al suo modo di essere; solo allora i due protagonisti sono in grado di rilevare autenticamente le differenze, e gli aspetti precipui delle due culture con cui si trovano a contatto.

Un altro parallelo possibile fra le due novelle è rintracciabile nei personaggi di zia Marta e Don Paranza; anch'essi, sia pure in modo diverso, *lontani* dall'ambiente in cui vivono, e per questo emozionalmente *vicini* ai protagonisti.

Non mi sembra che la critica abbia sino ad ora rilevato quanti elementi vi siano in comune fra il giovane norvegese ed il vecchio siciliano che lo accoglie: anche don Pietro, reduce del Risorgimento costretto ad esiliare e poi gravemente ferito, mentre il paese si trasforma per il commercio dello zolfo, al suo ritorno si riduce al misero mestiere di pescatore, vivendo in una perenne condizione di estraneità rancorosa rispetto al luogo che abita, e allo stesso modo di Lars ne nota il carattere soffocante, i colori accesi: "Gli pareva che, come su lui gli anni e i malanni, così fossero cresciute tutte quelle case là, quasi l'una su l'altra [...]. La marna infocata, colpita dal sole cadente, splendeva bianchissima" (725). Anche don Pietro è *arso*: la sua barba bianca "contrastava col bruno della pelle cotta dal sole (726); poche righe dopo sarà il cognato di Lars ad essere descritto come "un giovane di statura gigantesca, straniero all'aspetto, biondo, e dal volto un po' affumicato" (727). Dopo la guarigione di Lars, il vecchio e il giovane pescano insieme, il primo "preparava gli attrezzi: le due canne con le lenze, una per sé, l'altra per *L'arso*" (743); intanto parlano un linguaggio simile, anzi Lars ha imparato a dire, come don Pietro, "Porco diavolo". Quando Venerina si sposa, ad una contadina stupita per la bellezza del marito, lo zio risponde fingendo un assurdo matrimonio con una parente da sempre innamorata di lui, quindi assumendo su di sé, scherzosamente, il *personaggio* di Lars: "Non sono bello io? E sono pure sposo, oh! di donna Rosolina. Due coppie!" (753). La ragazza non vuole lasciare la Sicilia in viaggio di nozze, per paura di incontrare altri uomini, e Don Pietro disapprova chiamando in causa Lars: "Tutte così le nostre donne! Non debbono far mai piacere ai loro uomini. Tu che ne dici? – domandava al Cleen" (756). Infine, commentando bonariamente l'ingenuità del norvegese l'anziano siciliano si lascia sfuggire queste parole: "Ho gran paura anch'io, però, che somigli troppo a me, quanto a giudizio" (757). E il narratore commenta: "Gli si era affezionato, lui, don Pietro" (757).

L'incomunicabilità quindi non è fra Nord e Sud – don Pietro e Lars, entrambi esclusi, sono legati da un rapporto di complicità, si comprendono più di quanto riescano ad esprimere a parole[10] –

---

[10] Venerina manifesta insofferenza per il nomignolo che tutti danno al marito, e teme di essere considerata la moglie de *L'arso*; don Pietro risponde: "- E non ti chiamano adesso la nipote di *Don Paranza*? Che male c'è? Lui *L'arso*, e io, *Paranza*. Allegramente" (750). Don Pietro, personaggio umoristico, ribalta la realtà, ritrovando nello "straniero" la sua stessa condizione di disadattato: entrambi etichet-

quanto fra uomo e donna, l'uno teso quasi irragionevolmente al *fuori* – Lars con la sua ossessione del mare –, l'altro al *dentro* – Venerina, interamente ripiegata in una maternità soddisfatta; se nei primi momenti della loro conoscenza i due giovani superano le barriere linguistiche per un'intesa fatta di sguardi, dopo la nascita del figlio la donna caccia di casa Lars, stigmatizzandone il comportamento infantile: "É evidente che Venerina non vuole cogliere i segnali non verbali pur chiari del marito e, anzi, lo delegittima paragonandolo a un bambino. La donna, ormai pienamente appagata dalla maternità, sfrutta il monopolio della parola per imporre le proprie regole di comportamento sociale al marito" (Casella 23). Non è senza significato il fatto che, in una vicenda di assimilazione dello 'straniero', i fraintendimenti linguistici siano meno di quanto ci si potrebbe aspettare (Casella 18); l'incomprensione non riguarda infatti il linguaggio, ma i parametri culturali di riferimento, e infine le stesse differenti personalità e modi di pensare di ognuno. Ne deriva l'isolamento dell'individuo, incapace di creare saldi legami con luoghi e persone; il senso di estraneità di Lars è *essenziale*, non derivato dalle caratteristiche del luogo in cui si trova. Quando egli tenta di fuggire nella conclusione della novella, la nave è per lui la patria – "Ah, partire, fuggire coi suoi compagni, parlare di nuovo la sua lingua, sentirsi in patria, lì, sul suo piroscafo – eccolo! grande! bello!" (765) –; quindi un nonluogo, a cui corrisponde una non-vita, indifferente a se stessa, come egli ricordava con le parole della sorella: "perché la sua vita, per lui, non aveva più prezzo" (739).

Qualche anno dopo *Un cavallo nella luna* sembra riproporre la stessa situazione, ma invertita: Ida, eterea ragazza nordica, sposa Nino, uomo del sud, senza comprenderne la sensualità animalesca; nel pomeriggio che segue al pranzo di nozze si attarda per la campagna fino a vedere un cavallo agonizzante, e cerca inutilmen-

---

tati tramite i nomi che il paese affibbia loro, confinati l'uno ad un lavoro miserando, l'altro ad una situazione di vulnerabilità e perpetua sofferenza.

te aiuto ignorando il giovane che, distrutto dalla passione e dall'indifferenza della sua compagna, sta morendo vicino a lei.[11] Il racconto sembra assolutizzare l'antitesi Nord/ Sud: Ida fugge e torna dal padre, non comprendendo le due morti, dell'animale e poi dell'essere umano; la *bella* non accetta l'alterità che la *bestia* rappresenta, lei stessa "aliena" (Pirandello "Un cavallo nella luna", 378), straniera rispetto al mondo che la *bestia* abita, e impermeabile alla sofferenza dell'animale/uomo.

> —Che muoja qui, di fame, di sete?—riprese ella, col volto tutto strizzato dalla compassione e dall'orrore.—Perché è vecchio? perché non serve più? Ah, povera bestia! che infamia! che infamia! Ma che cuore hanno codesti villani? che cuore avete voi qua?
> —Scusami,—diss'egli, alterandosi,—tu senti tanta pietà per una bestia...
> —Non dovrei sentirne?
> —Ma non ne senti per me!
> —E che sei bestia tu? che stai morendo forse di fame e di sete, tu, buttato in mezzo alle stoppie? (381- 382)

La Sicilia appare con i caratteri dello stereotipo coloniale: terra riarsa, che ispira una sensualità eccessiva—la passione di Nino appare a tutti gli invitati indecente[12]—, barbara—il padre teme a lasciare Ida "là, come tra selvaggi" (378)—; isola dal fascino ipnotico che sottomette alle proprie leggi i suoi abitanti, esseri irrazionali, puramente istintivi.[13] Zona misteriosa in cui si manifestano forze primordiali, la campagna siciliana annerita dal sole appare an-

---

[11] Edita per la prima volta su "Il Marzocco" il 23 giugno 1907, la novella sarà compresa nell'omonima raccolta e pubblicata da Treves; nel 1925 è inclusa nel nono volume delle novelle per un anno, *Donna Mimma* (Firenze, Bemporad, 1925).
[12] "Quello sposo rappresenta per tutti l'osceno corporale e l'inostensibile morbosità del desiderio amoroso trapassato in foia sessuale" (Lugnani *Tutte le novelle* v. II, 1226-7 n. 8).
[13] "[Nino] avvampante, sudato, greve, è una cosa sola con la calura arida e marcescente di quella terra, è una cosa sola con la corporalità della terra" (Lugnani 1227 n. 15).

che intrisa di morte, e certo questo paesaggio si carica di risonanze mitiche: l'infantile Ida appare come "una Proserpina inseguita da Plutone" (Lugnani *Tutte le novelle* v. II, 1228).

In realtà questa lettura appartiene ai personaggi 'nordici', dei quali la voce narrante esplicita il sentire, con una focalizzazione interna ambigua che soggettivizza gli eventi. Se si prova a descrivere la vicenda in modo obiettivo, risalta la freddezza immotivata, e al tempo stesso l'eccessiva ingenuità di Ida, che sembra non riuscire ad interpretare i segni della passione del maschio; segni del tutto prevedibili, e anche legittimi, visto che la scena si apre su un pranzo di nozze. E allora la preoccupazione degli invitati per il comportamento degli sposi potrebbe essere attribuita non tanto all'ostensione di una sessualità rapace e morbosa da parte di Nino, quanto piuttosto alla mancanza di risposta, da parte di Ida, a questi segnali inequivocabili. Il mondo dello sposo è forse volgare, intriso di pesante sensualità, ma è certamente più vicino — forse troppo — ai ritmi e alle esigenze della natura; quello della ragazza è sganciato dalla realtà, del tutto impreparato ad accettarla; entrambi quindi non riescono ad entrare in sintonia con l'"altro". Ida è capace di provare compassione e partecipare alla sofferenza solo quando essa si mostri in un essere distante, quale il cavallo moribondo, nei confronti del quale non sia necessario un vero coinvolgimento. La nordica Ida non è quindi in grado di entrare in sintonia con la Natura, mentre Nino ne è posseduto interamente, al punto da non riuscire a controllare i propri istinti e il proprio corpo.

L'apparizione finale della luna ramata, su cui si staglia la *silhouette* del cavallo, "appare a siglare una tragedia, derivata, in questo caso, dalla collisione violenta di due realtà irriducibili"; [è per il] protagonista maschile "come una visione d'altro mondo", e questo mondo "atroce" è quello della morte" (Agostini 185). La luna rossa, immagine funeraria per gli antichi (Catalano 78), "segno del tempo [...], potenza malefica" (Durand 95), incornicia il cavallo morente, chiaro emblema della sessualità anche in senso negativo, come ossessione e tormento (Gioanola 184); quest'immagine è, per Nino agonizzante, 'giusta', depositaria di una qualche verità:

> intravide a un tratto una cosa che gli parve ... ma sì, giusta ora, per quanto atroce, per quanto come una visione d'altro mondo. La luna. Una gran luna che sorgeva lenta da quel mare giallo di stoppie. E, nera, in quell'enorme disco di rame vaporoso, la testa inteschiata di quel cavallo che attendeva ancora col collo proteso; che avrebbe atteso sempre, forse, così nero stagliato su quel disco di rame (Pirandello "Un cavallo nella luna", 382).

"Il cavallo nella luna" indica l'ineluttabilità della morte, quando venga a mancare il nutrimento vitale: il cibo per l'animale, il sesso per Nino, l'acqua per le stoppie riarse che aprono la scena, anticipando nel regno animale un estinguersi necessario che sarà poi della bestia e dell'animale/ uomo. Per Ida la luna rossa è "pazza" (383) perché la ragazza non è in grado di interpretarne il linguaggio macabro, così come è stata cieca al richiamo della passione, in particolare quando questa si è mostrata col volto della sofferenza; la coppia *Eros/Thanatos*, resa nel concreto del racconto da Nino rantolante, riassume in un connubio ossimorico l'esplicarsi del ciclo vitale. L'uomo imbestiato e agonizzante disgusta e spaventa Ida, che non può comprendere il senso di morte nell'esistenza; nella conclusione la ragazza fugge atterrita non solo dallo sposo moribondo ma anche dalla luna rossa gigantesca, "calata sulla terra, misteriosamente precipitata al suolo in una scena da apocalisse" (Nobili). Presagio di sventura e della *fine,* che è comunque, per quanto orribile, il *naturale* compimento di ogni evento, la luna esplica, come in altri luoghi pirandelliani, un'evidente funzione ermeneutica.[14]

---

[14] Il senso di morte "che neppure la frenetica luce siciliana riusciva mai a disperdere" (44), connaturato ad un popolo immerso in un costante desiderio di annullamento, sarà poi, com'è noto, una tematica portante de *Il Gattopardo* di Tomasi di Lampedusa, da cui è tratta la precedente citazione.

Nel riconoscere il cavallo nella luna come qualcosa di giusto, che riporta un equilibrio, si situa inoltre lo spazio *in-between* fra le due culture, che le definisce e ne individua, come di consueto, differenze e campi di appartenenza: le due vie dell'istinto assoluto e dell'altrettanto reciso distacco dai sensi si configurano nei loro aspetti oppositivi, pur condividendo un esito negativo, poiché falliscono entrambi, in quanto portatori di morte e di dolore. Nuovamente l'accostamento Nord-Sud non attiva un giudizio di valore, poiché nessuna delle due 'appartenenze' geografiche dà luogo a comportamenti positivi ed efficaci, ed ancora una volta il confronto non si risolve in un vero contatto; fra i due mondi resta un diaframma di separazione esemplificato pur sempre nella vista confusa, per quanto con ruoli ribaltati: in questo racconto infatti è la nordica Ida a soffiare sugli occhi di Nino per liberarli dall'annebbiamento.[15] Ma senza esito: se Nino è obnubilato dai sensi, la ragazza appare ristretta in un infantilismo — "Era una vera bambina ancora, vispa, fresca" (378) — che ricorda l'ingenuità stuporosa di Lars; come il giovane norvegese, dedito al suo destino di perenne navigatore, Ida è incapace di percepire l'ambiente intorno a sé, superiore ad esso nella sua condizione di deità ancestrale, non Proserpina ma piuttosto Diana cacciatrice, la cui verginità in pericolo richiede un sacrificio umano. Solo la morte, allora, purifica e riunisce: "Nino in qualche modo si riconosce: si riconosce in quel teschio di cavallo in agonica attesa e riconosce Ida in quella luna che lo contiene senza tuttavia accoglierlo" (Lugnani *Tutte le novelle* v. II, 1229 n. 29).

---

[15] É Gibellini (694) a notare la somiglianza fra *Lontano* e *Un cavallo nella luna* riguardo al gesto del 'soffiare sugli occhi'; ma anche Micuccio, come si è già notato, non riesce a vedere chiaramente il salone dove si trova Sina con i suoi invitati.

MARIA MESSINA.
IL SUD ARCAICO COME METAFORA DELLA SOCIETÀ ITALIANA DEL PRIMO NOVECENTO: ARRETRATA, MASCHILISTA, SOFFOCANTE.

Analogo a quello pirandelliano appare, almeno ad uno sguardo superficiale, il percorso esistenziale di Maria Messina, un itinerario che si snoda dalla Sicilia, terra natale, al Continente. In realtà le differenze ci sono, e sostanziali; non tanto in ordine alla molto maggiore fama del conterraneo, rispetto al quale la figura di Messina appare marginale, e restituita all'attenzione della critica solo dalla 'riscoperta' tardiva di Leonardo Sciascia.[16] Il dato più rilevante è invece che la 'continentalità' di Messina non è frutto di libera scelta, quindi dettata da ragioni di studio, o di lavoro, o da una volontà di affermazione culturale e sociale, com'era avvenuto per Pirandello. Figlia di un ispettore scolastico, la scrittrice sarà infatti obbligata, fin da giovanissima, a seguirlo nei suoi trasferimenti: da Palermo a Mistretta, e poi oltre lo Stretto, ad Ascoli Piceno, scenario di molta della sua narrativa, ad altre città della Toscana, Firenze in primo luogo, fino a Pistoia; qui morirà nel 1944 durante i bombardamenti.

I personaggi di Messina, anelli deboli di un sistema sociale chiuso e costrittivo, viaggiano pochissimo; nella maggior parte dei casi la scrittrice descrive l'esistenza grigia di donne confinate in

---

[16] Nata nel 1887, Maria Messina conduce un'esistenza isolata e umbratile, interamente dipendente dalla famiglia d'origine anche perché condizionata da una malattia invalidante, la sclerosi multipla. L'unica occasione di contatto con l'esterno è la scrittura; la giovane autrice invia a Verga la sua prima raccolta di racconti, *Pettini fini* (1909), e ne deriva un'amicizia epistolare da cui prende l'avvio la notorietà a livello nazionale di Messina, che da questo momento può pubblicare per case editrici di buono e ottimo livello nuove raccolte, fra cui *Le briciole del destino* (1918) e *Il guinzaglio* (1921) per Treves; *Personcine* (1921/24) per Vallardi; *Ragazze siciliane* (1921) per Le Monnier. Molti dei suoi romanzi saranno editi da Treves: *Alla deriva* (1920), *La casa nel vicolo* (1921), *Un fiore che non fiorì* (1923), *Le pause della vita* (1926); Giannini pubblica *Primavera senza sole* (1920); Ceschina *L'amore negato* (1928). Messina sarà poi dimenticata sino a quando Leonardo Sciascia nel 1981 accompagna un'edizione Sellerio di racconti della Messina, *Casa paterna*, con una *Nota* che riposiziona criticamente la figura dell'autrice.

abitazioni anguste, con minime aperture verso l'esterno. Fa eccezione un romanzo della maturità, *Un fiore che non fiorì* (1923), che tenta di rappresentare una figura inedita per la narrativa di Messina ma anche inusuale nel panorama letterario italiano, quale la donna emancipata, secondo il modello statunitense;[17] nell'opera oltretutto è proprio la dinamica di uno spostamento, dalla Toscana, luogo d'origine del personaggio principale, alla Sicilia e ritorno, a costituire il fulcro della narrazione. Franca, la protagonista, si sente una ragazza libera e 'alla moda': porta i capelli corti, ha il viso molto truccato, gli abiti succinti, ma soprattutto mostra una decisa volontà di primeggiare nei confronti dell'altro sesso, conducendo con disinvoltura il gioco della seduzione. Un comportamento 'nordico' di esibita libertà comportamentale, che trova però il suo limite nella figura di Stefano, giovane siciliano, chiuso e moralista; Franca lo incontra a Firenze e se ne innamora immediatamente. In realtà, come nella *"Leonora, addio!"* pirandelliana, la disinibizione della ragazza e del suo gruppo di amiche, che si offrono continuamente allo sguardo maschile in graziosi *tableau vivants*, intente a mantenere vivo il desiderio dei loro corteggiatori, è finzione, maschera che cela uno scopo del tutto tradizionale: il matrimonio.[18] La stessa Franca non esita a compiere il viaggio da

---

[17] Quasi ignorato dai contemporanei (Tonelli lo definisce sul *Marzocco*, 25/02/1923, "romanzetto, dalla trama assai logora") *Un fiore che non fiorì* non ha suscitato sino ad ora un grande interesse critico: Di Giovanna gli dedica comunque un'interessante analisi di taglio sociologico (73-82); Pausini afferma che l'aspetto innovativo del romanzo consiste proprio nel suo voler rappresentare l'attualità: "Qui la scrittrice si confronta con la modernità, interpretata nei limiti di una città di provincia da un gruppo di ragazze diverse tra loro per carattere ed estrazione sociale, riservando particolare attenzione al loro codice di comportamento "alla moda" e alle ripercussioni che questo produce sul loro destino" (101); Ferlita lo considera il "romanzo forse più sorprendente e nichilista della scrittrice siciliana" (xvii).

[18] "A guardarle tutte assieme (fresche, gaie, sorridenti, con abiti succinti, o chiari come ali di farfalle, o scuri che mettessero in mostra la bianchezza delle braccia nude e del collo), parevano tutte graziose. Senza dirselo, cercavano di aggrupparsi con armonia, quasi fossero sempre pronte a farsi un ritratto" (Messina 46-47).

Nord a Sud, quando il padre casualmente viene trasferito proprio nel paesino di Stefano, per tentare di conquistare il giovane, confinandosi quindi in un luogo squallido, esattamente agli antipodi del mondo dorato dei divertimenti—partite a tennis, soste in lussuosi negozi, passeggiate per i viali sfavillanti di luci—a cui la ragazza era abituata. Franca è mossa dalla passione ma anche dal desiderio di trovare una collocazione stabile; come l'amica Fanny, che ha accettato un marito sciocco e ridicolo perché, avendo indugiato troppo nelle schermaglie amorose, sente di essersi compromessa.[19]

Nell'ambiente siciliano la protagonista si rende conto che le sue strategie di conquista apprese ed esperite sul *Continente* sono inutili, e allora si sicilianizza, nell'aspetto e nei comportamenti, convogliando le proprie attività dal 'fuori', al 'dentro':

> Aveva imparato a ricamare [...]. Per piacere a Stefano portava i capelli raccolti sulla nuca, senza fiocco, e andava scucendo dagli abiti le guarnizioni che le parevano troppo vistose. [...] Franca abbandonava, ad una ad una, le sue fragili arti per sedurre Stefano come il vinto che lascia cadere, ad una ad una, le armi non più utili. Diventava semplice, un pochino impacciata e timida" (Messina 93-95).

---

[19] "È finito il tempo dei flirt. [...] Bisogna pensare all'avvenire, ora mai. E l'avvenire è lui, coi suoi baffi lunghi lunghi e le spalle un po' curve. Mi dirà:—signorina Fanny, vi amo tanto! —Ma io non l'amo, poverino! Pure dovrò contentarmi di questa buona occasione! Perché, vedi, in città sono convinti che io ne abbia fatti di tutti i colori! ... Anche tu, Franca. Non ti ribellare. Pare così; perché abbiamo corso dietro le fantasie, cercando l'amore che non è mai venuto" (Messina 73). La descrizione grottesca del marito di Fanny rivela la falsità dello stereotipo continentale—il libero amore, l'emancipazione femminile—, che ha dato luogo a connubi mostruosi, quali l'unione fra Mommina e il gelosissimo Rico Verri, nel pirandelliano "*Leonora, addio!*" e il matrimonio fra l'affascinante Fanny ed un uomo ributtante: "Le sue pupille erano così rotonde e aguzze che pareva volessero forare i vetri degli occhiali. Franca osservò che faceva uno sforzo per non stare troppo incurvato, e aveva grandi e pallide orecchie. [...] La esse gli si arrotolava nella bocca, strisciava, fischiando, quasi non volesse uscire fuori" (Messina 148, 149).

La *mimicry* imperfetta non convince Stefano: il personaggio della 'donna perduta', della 'continentale', torna costantemente ad affiorare, sia nei ricordi del giovane siciliano che nei gesti e atteggiamenti dei suoi amici; fra questi un pessimo pittore, Cesare, che vuole fare il ritratto a Franca e il cui sguardo, "che pareva le si attaccasse avidamente sulle carni, la turbava" (122).

Lo slittamento fra identità 'nordica' e maschera 'siciliana' non produce in questo caso la consapevolezza della differenza, al contrario Franca si rende conto di aver solo innestato una nuova finzione sulla precedente; in ogni caso, qualunque parte lei abbia svolto nella *recita* dell'esistenza, non è mai stata considerata una persona autonoma, ma piuttosto una preda, o un essere inferiore da disprezzare.[20] La sicilianità introiettata durante la permanenza al paese di Stefano acquista allora per Franca una precisa funzione ermeneutica: nel profondo Sud la dominanza maschile e la sottomissione della donna erano emerse in tutta la loro evidenza, e la ragazza, tornata nella sua cittadina toscana, riscontra gli stessi meccanismi, ritrova analoghe situazioni coercitive e soffocanti. Di fronte all'antico corteggiatore che riprende mellifluamente il consueto assedio, o all'orribile marito dell'amica che "non si saziava di esaminarla" (119) voglioso, la protagonista si sente sola e vulnerabile, ha "improvvisamente paura e vergogna della sua fragilità" (153). Sud e Nord quindi si equivalgono, il primo nega la libertà della donna, il secondo la consente solo come recita temporanea, che deve comunque terminare prima di incidere sulla reputazione delle 'attrici'; allora una delusa e disincantata Franca impersona per l'ultima volta il personaggio della seduttrice, insidiando il grottesco marito dell'amica con il preciso scopo di distruggerne la meschina felicità familiare. Si tratta di invidia, volontà di risar-

---

[20] Afferma Cesare, il pittore: "Oh! Io non avrei mai sposato una delle tante signore che ò corteggiate..." (129). E Stefano, nel momento in cui aveva rivisto, nel paesino siciliano, Franca, aveva pensato insospettito: "Era venuta per lui; come una donna che si offre" (86).

cimento, ma anche di smontaggio umoristico della realtà per rivelarne il carattere di finzione: come l'*Esclusa* pirandelliana, Franca assume su di sé proprio quel ruolo di *femme fatale* che le era stato ingiustamente attribuito, esasperandone i tratti.

Il suo duplice viaggio, dall'isola al Continente, si rivela allora essere un falso movimento; l'esito finale è l'immobilità, scaturita da una incomprensibile malattia psicosomatica che ne blocca progressivamente gli arti. Ogni via di fuga è preclusa in una società che "risulta essere tirannica e ingiusta al massimo grado e le nuove generazioni di donne si trovano sospese tra la cristallizzazione inaccettabile dei vecchi valori e l'epifania sinistra di una emancipazione che può costare cara" (Ferlita xvii).

Nello stesso anno di *Un fiore che non fiorì* Caterina Maria Avella, newyorchese ma di evidenti origini italiane (di questa autrice non possediamo comunque notizie biografiche), pubblica nella rivista *Il Carroccio* un racconto dal titolo emblematico, *La flapper*; le ragazze protagoniste della vicenda, nate e cresciute in una New York frenetica e vitale, sono perfettamente emancipate, "sure of themselves [...], and what is more significant, perfectly at ease in an Americanized universe of liberty" (Durante 328).[21] L'esile trama si snoda intorno ad Amedeo, che rivede Lilla, da cui era stato lasciato anni prima, in occasione del suo matrimonio; al tempo stesso è corteggiato, quasi assediato, dalla sorella di lei, Vera, icona della "flapper":

> Aveva un non so che di attraente; era sempre stata di spirito arguto e molto franca nel parlare [...]; portava i capelli corti ed il vestito mascolino [...]; in fondo rappresentava il modernismo della società [...]. Non era una bellezza autentica come Lilla, ma il profilo quasi impeccabile, lo splendore degli occhi chiari, lucenti come stelle, e tutto il complesso della persona, la rendevano simpaticamente interessante (Avella 160-161).

---

[21] Il racconto è stato recentemente pubblicato da Durante, *Italoamericana. Storia e letteratura degli italiani negli Stati Uniti 1880- 1943*. 287-298.

Non saranno mai ben chiari i motivi per cui Vera conduce questo "giuoco nella commedia del sentimento" (161), per usare le sue parole; lei afferma di voler ingelosire un altro uomo, ma forse intende suscitare una reale passione in Amedeo, che aveva sempre tacitamente amato. Non contano le ragioni, che un finale aperto tende a sconfessare — Vera abbracciata ad Amedeo che finalmente si è dichiarato esclama ridendo — "*Men are so funny*" (169), — quanto il gioco in sé, il meccanismo della finzione scoperto e divertito, non allucinato e 'sospeso' come nel romanzo di Messina.[22] Vera arriva ad assumere le sembianze di Lilla, complice il buio ed un controllo perfetto di voce e gesti — "Potrei essere una buona artista se fossi più bella. Ho una buona mimica" (162) — per sedurre completamente un uomo che la teme perché non riesce a ricondurla a schemi consolidati,[23] si sente in trappola ma finisce per accettare di buon grado un ruolo assolutamente passivo di incantato adoratore: "Il suo viso [di Vera] sembrava come circonfuso da un'aureola; Amedeo ebbe l'impressione di una immagine divina" (168).

---

[22] Ad esempio l'amica di Franca, Fanny, porta costantemente una maschera di allegria che ne condiziona la personalità: "Rideva sempre Fanny: i suoi occhi chiari e sporgenti, lucidi come la porcellana, e le labbra un po' grosse, ridevano continuamente: in casa, fuori, a cinematografo, al caffè, a teatro, nei salotti delle amiche. La preoccupazione di farsi credere spensierata era diventata un'abitudine così forte che alle sorrideva anche mentre era sola" (Messina 29- 30). La cittadina toscana si trasforma in palcoscenico per l'esibizione delle ragazze. "Sarebbero andate su è giù per il Corso, abbellito dalla luce delle lampade elettriche e dalla folla, come uno scenario" (Messina 46); "le signorine e le signore passeggiavano su e giù, giù e su per il Corso abbellito dalla luce delle lampade, come un grande scenario nell'ora della rappresentazione" (Messina 65). Ma, dopo il ritorno di Franca, i luoghi dove le *flapper* all'italiana avevano esercitato i loro rituali di corteggiamento, si rivelano nel loro effettivo squallore: "Scontenta e delusa, Franca andò per il Corso (che di mattina non era affollato se non i giorni di mercato per i contadini che scendevano dalle campagne lontane); rivide i negozi, che esponevano piramidi di pezze di panno sulle panche messe fuori degli usci; le vetrine che pareva non avessero cambiato le loro mostre da qualche anno; la primaria libreria piena di ninnoli da bazar e di libri dalle copertine appariscenti che pochi sfaccendati si fermavano a contemplare" (Messina 143).
[23] "Incominciava ad aver paura di Vera, non si sentiva sicuro, perché non si sapeva mai quel che avrebbe detto o fatto da un momento all'altro" (Avella 163).

Angelo e demone—"Perché cercate di tentarmi? (168), chiede angosciato un tremante Amedeo—, Vera è un personaggio prismatico, che riassume in sé diverse immagini letterarie del femminile, dallo Stilnovo ai personaggi goldoniani, senza gli eccessi da *femme fatale* familiari alla produzione decadente. Semplice e diretta nei modi, ma al tempo stesso abile a giostrare tra finzione e realtà, Vera—*nomen omen*—è la donna autentica, perfetta rappresentante di una società moderna al di sopra di inutili pudori;[24] una società disposta ad accordare una posizione di dominanza a chi mostri una maggiore abilità nel condurre le relazioni sociali.

Vera e Franca; sulle opposte sponde dell'Oceano Atlantico scrittrici diversissime nello stesso anno mettono in scena la *flapper*, e opposte risultano essere anche le due figure, la newyorchese e l'italiana, che possiamo leggere e confrontare in una relazione di specularità invertita. Vera è all'interno della modernità, Franca, come altri personaggi di Messina, si ferma sulla soglia (Sapegno); Vera guida la macchina, Franca accetta passaggi; Vera gioca perfettamente a tennis, Franca si limita a 'mettersi in posa' al Circolo; Vera è attrice consapevole di un gioco di finzioni che informa tutta la società, Franca lo subisce. Il mondo di Vera è privo di adulti, quello di Franca attraversato da padri e zie, che criticano, disapprovano—i capelli lunghi, il trucco, la minigonna -, oppure svalutano, sia pure affettuosamente, la personalità della ragazza, sempre "bambolona" per un genitore distratto e inconsapevole, che non comprende il suo dramma. Vera conferma il nome che porta anche perché la sua 'commedia' di seduzione ha un fondo autentico e affettuoso, Franca lo sconfessa accumulando finzioni su finzioni, fino ad impersonare goffamente nella realtà quel ruolo di

---

[24] Amedeo si reca ad una festa notturna su uno yacht. Una ragazza, Emma, si rammarica: "—Come mi dispiace di non aver portato il mio costume da bagno, sarebbe delizioso gettarsi a mare sotto la luna.—Perché darsi la briga del costume?—rispose il compagno. Una sfrontatezza simile, in altri tempi, avrebbe formalizzato chiunque; al giorno d'oggi, invece, se pur possa sorprendere, vi si passa sopra senza nemmeno l'onor del commento" (Avella 167).

seduttrice che prima era solamente 'recita'. Vera, che ha dietro di sé una società libera e democratica, rappresenta il *sogno* di Franca, l'obiettivo a cui inutilmente tendere, le aspirazioni inconfessate che nella chiusa società italiana, al di là di determinazioni geografiche, cambiano di segno, si deformano, infine si riducono al silenzio come Franca, che cerca di scrivere per l'ultima volta, ma "[i]l foglio scivolò sulle ginocchia e la matita cadde" (Messina 197).

NINO MARTOGLIO.
LA SICILIANITÀ COME *FERITA*: UNA (POSSIBILE) SOLUZIONE COMICA

La polarità Nord/ Sud, intesa come modernità /arretratezza, è volta in chiave comica ne *L'aria del continente*, opera in tre atti in dialetto siciliano di Nino Martoglio, messa in scena per la prima volta il 29 novembre 1915 al Teatro dei Filodrammatici di Milano, con la compagnia di Angelo Musco. La fortuna critica di questo testo teatrale, di grande successo sulle scene, si polarizza quasi esclusivamente sulla paternità dell'opera, che alcuni attribuiscono a Martoglio, altri alla coppia Martoglio-Pirandello, non senza sottolineare l'apporto creativo di Musco. La discussione, che vale la pena riprendere perché può interessare il nostro discorso, nasce proprio dalla testimonianza diretta dell'attore:

> L'aria del continente nacque da un'idea di collaborazione fra Martoglio e Pirandello, che poi non ebbe seguito. Di tale collaborazione i due autori parlavano un giorno, me presente, in casa Pirandello. Martoglio aveva confidato al suo amico l'idea di una commedia satirica sul siciliano "modernizzato" dopo una breve permanenza in continente. Ora parlavano, sulle generali, di spunti teatrali. – Perché non scrivi la commedia del "continentale"? – gli suggerì Pirandello. Scriviamola insieme – propose Martoglio. – No. L'idea è tua. Scrivila tutta da te. Martoglio si mise al lavoro, e poco tempo dopo, durante la mia stagione di Milano, la commedia era pronta, ed egli venne a leggermela (Musco 147).

Il rapporto fra i due autori è ribaltato da Nardelli (155-158), per il quale l'ideazione spetta a Pirandello, e solo la stesura a Martoglio; Rauhut (201- 204) focalizza maggiormente l'aspetto collaborativo all'interno del trio, ritenendo comunque pirandelliani l'architettura delle scene e l'argomento; Giudice restituisce la paternità a Martoglio (309-10), mettendo in rilievo il carattere comico della vicenda; Barbina racconta ancora i modi di un lavoro in comune fra i due drammaturghi, ed enuclea i pochi—a suo parere—motivi 'pirandelliani':

> Martoglio [...] andato via Musco, riuscì a concertare con Pirandello, quel giorno stesso e in quelli successivi, la trama generale: lo scrittore suggerì anche una migliore disposizione degli atti e delle scene che Martoglio andava scrivendo. Ma, a un certo punto, non ebbe più l'animo di continuare a collaborare con l'amico e lo lasciò solo a portare a termine il lavoro. *L'aria del continente*, che di pirandelliano conserva solo quel dibattito nord-sud e quel personaggio centrale che si assume ridicolmente la parte dell'uomo evoluto e spregiudicato in un ambiente pettegolo e retrivo [...] (Barbina 151).

La tematica di fondo appartiene quindi per la maggior parte dei critici alla poetica di Pirandello: è in scena la tensione fra due mondi, le civiltà mediterranea e continentale, che diventa ora interna al personaggio del protagonista, Don Cola Duscio, e si configura—pirandellianamente—come assunzione di un ruolo posticcio. Ne deriva la dialettica maschera/volto e la minaccia, poi sventata, di esclusione dal consesso sociale. Ancora più deciso Sciascia, quando afferma che

> [a] Pirandello era venuta in mente la trama di una commedia tra le più siciliane, e pirandelliane, che lo scrittore abbia mai concepito: L'aria del continente.[...] Il complesso d'inferiorità del siciliano rispetto alla vita del continente italiano vi è comicamente giuocato: l'amante continentale, "forma" cui il protagonista impresta la sua idea del continente, sconvolge la vita di un paese siciliano; finché non si scopre che la donna è nativa di un paese

della Sicilia, Caropepe (oggi Valguarnera); e quella forma si dissolve nel grido con cui l'uomo la manda via di casa: "Carrapipana!" (91)

Dall'esame di questi, e altri contributi critici, si ricava l'impressione che la commedia di Martoglio venga letta con occhiali 'pirandelliani',[25] senza soffermarsi a riflettere sui modi della trasposizione comica del confronto fra i due mondi, in Pirandello sempre assolutamente tragico; anzi è proprio la comicità che sembra costituire il limite de *L'aria del continente*, il cui 'pirandellismo' appare ai critici scherzoso, divertente, in ultima analisi superficiale.[26]

---

[25] Ad esempio Leonardo Bragaglia afferma: "Pirandello pensava evidentemente alla vicenda di un 'io' che tenta di assumere un altro io, e tipicamente pirandelliana rimase anche nelle mani di Martoglio [...] la conclusione della commedia, quando cioè il grottesco eroe scopre che la 'continentale' di cui era invaghito è più siciliana di lui, e le corna che lei gli aveva messo gli scottano allora tanto di più, perché non sono corna 'continentali'—comuni—ma corna siciliane, gravissime" (16). Gianluca Grechi, sulla stessa linea, in una recensione de *L'aria del continente*, 1988, per la regia di Antonio Calenda: "Martoglio fa propri alcuni dei temi cari al drammaturgo siciliano, quali l'ipocrisia delle apparenze, il contrasto interiore tra ciò che si è e ciò che si manifesta pubblicamente; ma le soluzioni a cui approda non si risolvono sul piano della riflessione drammatica, bensì su quelli più pacati di una gustosa satira di costume" (Griechi 749).

[26] Anche la nota recensione di Gramsci (12 aprile 1916) per una rappresentazione andata in scena al Teatro Alfieri di Roma sottolinea soprattutto la festosità parossistica dell'opera martogliana: "L'aria del continente, di Nino Martoglio, è un seguito di scene giocose, caricaturali, nelle quali il filo conduttore dell'azione non è dato dal carattere dei personaggi, ma dall'ambiente. Don Cola Dusciu ha dovuto recarsi a Roma per subire una operazione chirurgica che il medico del suo paese non sarebbe stato capace di eseguire; e come ogni buon paesano che si rispetti si è ubriacato dell'aria del continente, si è slanciato in quella che a lui sembrava la bella vita, ha fatto delle pazzie e ha sprecato il suo denaro per una donnina da caffè-concerto, e infine se l'è portata con sé in patria. L'ambiente gli si rivolta contro: la sorella non ne vuol sapere di novità continentali, i buoni villici si scandalizzano per le libertà che la donnina si prende e che Don Cola, volendo fare l'uomo superiore ai pregiudizi, le consente. Ma il suo temperamento di siciliano non tarda a riprendere il sopravvento; la corte che si fa alla sua amante da parte di alcuni damerini lo incomincia a irritare, a mettere in sospetto. E quando viene a sapere, quasi contemporaneamente, che Milla ha concesso i suoi favori a suo cognato e a suo nipote, e che ella non è una romanesca, una continentale, ma una siciliana qualunque, un'avventuriera che l'ha preso in giro e ha sfruttato la sua ingenuità provinciale, perde la testa, ripudia la sua mania innovatrice di costumi

La rappresentazione della sicilianità nelle due 'chiavi' è invece al centro del bel saggio di Elisa Segnini, *"Continental Air": Performing identity in "Leonora, addio!," "L'aria del Continente" and "Questa sera si recita a soggetto"*, che mette a confronto la novella di Pirandello con l'opera di Martoglio e il successivo dramma pirandelliano. Secondo l'autrice le tre opere si strutturano in alternativa al teatro verista, che descrive per il pubblico del Continente "an ancestral Sicily defined through cultural and folkloric traits that they did not hesitate to exaggerate [...]; on the other, the emphasis on difference contributed to a discourse that viewed Sicily in terms of a troubling alterity" (14). Sia Pirandello che Martoglio vogliono restituire un'immagine più veritiera dell'isola e della relazione con il resto d'Italia: in *"Leonora, addio!"*, come ne L'*aria del continente* l'ambientazione è borghese, e non paesana, come avveniva nel teatro verista:

> the condition of women is referenced as the main difference between the way of life on the island and that on the mainland; and the necessity of imitating continental manners is used as an excuse to justify sexual liberties, with its ensuing misunderstanding; [in fact] what appears reasonable in the context of the mainland is transformed into a farce within the frame of reference of the island (Segnini 23).

La maschera, sia in Pirandello che in Martoglio, è la continentalità, il volto la sicilianità che rimane al fondo, "as a set of immobile, unchangeable features" (Segnini 25). I siciliani cercano di uni-

---

e scaccia l'intrusa. Nei tre atti compaiono sulla scena, resi grotteschi per un maggior successo d'ilarità, alcuni momenti della vita paesana siciliana, e alcuni tipi caratteristici di essa: la mamma, gelosa custode di pure tradizioni familiari, il viveur di provincia, i giocatori di scopone dei circoli di lettura, ecc., in mezzo ai quali il soffio di vita continentale porta lo scompiglio e la rivoluzione. La comicità delle situazioni che ne nascono viene portata al parossismo con un piccolo sforzo dialogico, e la esuberante personalità del Musco fa il resto. Pare, in certi momenti che un'aria di follia frenetica sia arrivata dal continente, tanto l'azione è convulsa" (285).

formarsi ai parametri della cultura dominante, ma in questo processo di adattamento vi sono delle distorsioni, che danno luogo ad uno slittamento, e di fatto alla rappresentazione della differenza, dunque all'impossibilità di ricondurre ad una sola entità le due culture. "This exposes the culture that the protagonist[s] [are] trying to repress" (Segnini 26).

L'efficacia comunicativa della commedia consiste nel fatto che sia Nord che Sud sono stilizzati, ridotti a icone e metafore, quali capi di vestiario e comportamenti fissi: il contrasto è immediatamente espresso dall'oggettemica che identifica gli 'schieramenti' — scuzzetta, papalina, pipa di 'rasta, marruggio [copricapo di velluto nero, coppola, pipa di radica, bastone] —, oggetti/feticcio, che Cola ha abbandonato, e che recupera nella scena finale, riconfermando la propria identità isolana.

Ma ne *L'aria del continente* si compie un ulteriore passo avanti: Nord e Sud finalmente vengono a contatto, anzi si amalgamano, perché i siciliani diventano intraprendenti e si ribellano alle tradizioni, come i due giovani, Carmelina e Michelino, che scoprono la libertà e la sensualità, non accettando più di essere esclusi dal mondo degli adulti.[27] D'altra parte tutti gli abitanti del paese acquistano eleganza, disinvoltura, rispetto per la donna, e sembrano vivificarsi a contatto con il desiderio rappresentato dalla 'falsa' continentale.

In filigrana s'intravede l'immagine di una società più democratica, dove alle donne è permessa una maggiore autonomia, e si instaura un equilibrio fra i sessi che è negato nel chiuso ambiente siciliano: "Il soffio di vita continentale porta lo scompiglio e la rivoluzione" affermava, come già abbiamo visto, Gramsci; si tratta di un ribaltamento comico, confinato quindi al solo momento del-

---

[27] La citazione è tratta da una recensione di Angelo Pizzuto alla commedia di Martoglio per la regia di Antonello Capodici, rappresentata al Teatro Umberto di Roma dal 22 aprile al 4 maggio 2014.

la *performance*, ma ne consegue in ogni caso una trasformazione di mentalità e di comportamenti, che non manca di lasciare traccia.[28]

Il contatto è però doloroso: per trasformarsi in continentale Cola ha dovuto subire un vero e proprio sbudellamento, ha negoziato la perdita della sua interiorità. Emblematica la scena in cui il protagonista racconta l'orrore grottesco di un'operazione che è rimasta come ferita aperta, atroce dolore che si manifesta quando, nel corso della vicenda, la sicilianità che non è stato possibile estirpare contrasta con la continentalità di superficie:

> A mia mi spaccaru menzu e menzu... (Segnando con la mano.) Di cca finu a cca!... (Silenzio.) Mi ristò 'na cicatrici ca fa spaventu a guardalla! [A Don Lucini] t''a fazzu tuccari [...]. Mi vutaru dintra e fora, capiti?... (I, 4; Martoglio 288)
>
> A mia mi spaccaru!... Mi vutaru sutta e supra... Mi nisceru tuttu così di fora: ficatu, pulmuni, intestini... e vuautri non vidistuu nenti!... ([...] comincia a far segno a Marastella, indicandole la ferita enorme che gli ha fatto alla pancia e, sotto lo sguardo attonito di lei e del cognato, rifà l'operazione della laparatomia, esagerando la fuoriuscita degli intestini, e poi il rimetterli a posto, e il cucire della ferita, e, prima, l'assonnata col cloroformio, e tutto, nel modo più evidente, raccapricciando e commovendo i congiunti. Finita la scena muta, si calca il cappello in testa ed esce, esclamando) Chi nni sapiti, vuautri?... E ora lassatimi viviri a modu miu!... (I, 6; 291-292)
>
> Marastella: Lu vutaru sutta e supra ppi daveru! Di jancu a niuru!... (I, 7; 292)

---

[28] Il comportamento gioioso, animato da una "follia frenetica" (Gramsci 285), da un'esuberante vitalità, è quello stesso, d'altra parte, che il critico, in *Letteratura e vita nazionale*, riscontra nel pirandelliano *Liolà*: "la sicilianità di Pirandello si riempie, per Gramsci, dell'autentica, popolana, mitica energia dionisiaca di un Liolà [...]; una sicilianità come filosofia implicita e come ponte verso un'autentica cultura popolare nello stesso tempo siciliana ed europea" (Geerts 172). Sarà dunque la stessa modalità comica a costituire un ponte fra le due realtà, settentrionale e meridionale, attingendo ad un sostrato comune di vitalismo ed istintualità presente nell'isola e nel Continente.

Nella scena finale Cola avverte un ultimo attacco di appendicite; il cognato, sul quale l'*aria del continente* non è passata invano, si offre di accompagnarlo a Roma, ma il protagonista afferma: "ca si m'hannu a spaccari 'n'autra vota mi fazzu spaccari cca!... Mi fazzu spaccari cca!" (III, 13; 334). Una volta compresi i limiti del proprio mondo, dopo essere stato 'continentale', Cola può evitare nuovamente il confronto e riassumere in pieno la propria personalità di siciliano, arricchita dall'esperienza di un 'fuori' che non gli appare più superiore, ma semplicemente diverso.

La sofferenza del personaggio, che è presente in tutta la commedia, ne evidenzia il carattere umoristico: Cola, ridicolo ma insieme patetico, mostra, come i pirandelliani Micuccio, Lars, Ida, quanto sia difficile vivere 'fra' culture differenti, senza appartenere interamente a nessuna. E se il personaggio recupera, sia pure con qualche strascico doloroso, la propria identità reinserendosi nell'ambiente di provenienza, il destino di Milla Milord, cacciata con ignominia proprio per la sua condizione 'mezzana' di falsa continentale e siciliana camuffata – Cola afferma che la ragazza non gli piace più perché è continentale e non siciliana di Carrapipi, in tal modo smascherandola ma condannandola a mantenere fino all'ultimo l'impostura –, è decisamente tragico, tanto più se si considera il ruolo centrale di Milla come dirozzatrice di costumi e messaggera di civiltà. La giovane cantante, Pigmalione al femminile, esce di scena per evidenziare, come la ferita sempre dolente di Cola, la persistente frizione fra le due realtà; uno slittamento che anche l'universo comico non può e non deve eliminare.

L'opera di Martoglio è dunque 'pirandelliana' nella misura in cui la poetica dei due drammaturghi condivide i medesimi obiettivi: rappresentare la scissione dell'io, sospeso fra istinto e ragione, desiderio e civiltà, "mediante personaggi che celano le intime ferite dietro una maschera ironica, canzonatoria" (Zappulla-Muscarà 12). Su di essi Martoglio stende il suo amabile velo di pietas e di umana solidarietà, solido di una cultura umanistica (per nulla derisoria) che lo rimanda alla novellistica del Boccaccio, alla 'Mandragola' del Machiavelli, a tanti spunti del teatro plautino dove l'uomo 'maturo' è spesso vittima rimbambita d'una concupiscenza preclusa alla sua anagrafe e scarsa baldanza fisica: sino a riscattare, sullo stesso piano esistenziale, il comportamento della 'sciabana' predatoria anch'essa 'figlia del bisogno', delle peripezie del sopravvivere (Pizzuto).

CONCLUSIONI

I tre scrittori esaminati nascono in Sicilia e si spostano nel Continente: *lo sguardo da lontano*, e la posizione *in-between* fra due mondi nasce quindi come loro esperienza personale, per poi diventare fatto letterario. Per Pirandello l'isola è in primo luogo il passato patriarcale, portatore di valori almeno apparentemente positivi, al di qua della mercificazione della cultura, del talento, degli affetti. In seguito il divario si approfondisce e il Meridione diventa 'altrove' per lo sguardo 'distante' dell'autore: ambienti chiusi, legati ad una natura aspra e dominatrice, una società con proprie regole e ruoli, del tutto differenti rispetto a quelle continentali. Ma l'ottica non è coloniale, Sud e Nord hanno pari dignità di rappresentazione, anzi nel confronto le fisionomie si definiscono, individui ed ambienti sociali acquistano precise caratterizzazioni, calore rabbioso del meridione e algida compostezza settentrionale evidenziano forza e debolezze.

Nelle narrative di Messina Sicilia e Nord Italia sono l'una specchio dell'altra, entrambe 'società strette',[29] che determinano l'emar-

---

[29] La definizione è presente in un passo dello *Zibaldone* leopardiano: "La società stretta, ponendo gli individui a contatto gli uni degli altri, dà necessariamente l'*essor* all'odio innato di ciascun vivente verso altrui. [...] E quando anche la società stretta non accrescesse il detto odio, certo non si potrà negare ch'ella lo sveglia e l'accende, e ch'ella sola somministra le occasioni per esercitarlo, rendendo così fatalissimo alla specie e mettendo in opera l'odio scambievole innato negl'individui d'essa specie, il quale senza società o in società larga, sarebbe stato affatto o quasi affatto innocuo alla specie, ed inefficace, e p. mancanza o insufficienza di occasioni e di stimoli neppur sentito" (2358).

ginazione dei soggetti più deboli, quali le donne; il mondo 'giusto', libero, democratico, si trova altrove, oltreoceano, dove le ragazze moderne possono finalmente conquistare quel protagonismo che per le italiane resta un sogno irraggiungibile.

Per Martoglio infine continentalizzarsi è un processo doloroso, e sostanzialmente fallisce, ma il contatto avviene, ed una ventata di aria libera e democratica rivitalizza il chiuso ambiente siciliano, comportando anche un discorso solo apparentemente comico, in realtà profondamente serio, su quanto sia doloroso, ma necessario, cambiare.

BIBLIOGRAFIA

Agostini, Paola. *Lo spazio della notte. Pirandello, le novelle, il simbolo*. Firenze: Cesati, 1988.

Alonge, Roberto. "Introduzione". *Maschere nude* I. Milano: Mondadori, 2015. v- lii.

Avella, Caterina Maria. "La 'flapper'". *Il Carroccio*, v. 18, 2, agosto 1923. 159- 169.

Barbina, Alfredo. *La mantellina di Santuzza. Teatro siciliano fra Ottocento e Novecento*. Roma: Bulzoni, 1983.

Bhabha, Homi. "Of Mimicry and Man: The Ambivalence of Colonial Discourse" (October, v. 28, Spring 1984, 125- 133) . *The Location of Culture* New York: Routledge, 1994. 85-92.

Bragaglia, Leonardo. *Pirandello e i suoi interpreti*. Roma: Trevi, 1984.

Catalano, Ettore. *Il carro di Tespi e la barca d'Acheronte. Alcuni modelli del "tragico" nella scena teatrale italiana del Novecento*. Bari: Laterza, 2004.

Casella, Paola. "Comunicare per cenni e per parole: una tipologia delle difficoltà nella comunicazione (interculturale)". *Pirandello e la traduzione culturale*. A cura di Michael Rössner e Alessandra Sorrentino. Roma: Carocci, 2012.

Ceserani, Remo. *Lo straniero*. Bari: Laterza, 2015.

Cicala, Domenica Elisa. "Ciascuno a suo posto. Culture a confronto in *Lumíe di Sicilia*, dalla novella agli atti unici". *Pirandello e la traduzione culturale*. A cura di Michael Rössner e Alessandra Sorrentino. Roma: Carocci, 2012. 127- 135.

Contarino, Rosario. "Il Mezzogiorno e la Sicilia". *Letteratura italiana*. 11. *L'età contemporanea. Le storie e gli autori*. II. *La Toscana, Roma, l'Italia meridionale, le aree di frontiera*. Torino: Einaudi, 2007. 349- 459.

Di Giovanna, Maria. *La fuga impossibile. Sulla narrativa di Maria Messina*. Napoli: Federico e Ardia, 1989.
Durand, Gilbert. *Strutture antropologiche dell'immaginario. Introduzione all'archetipologia generale*. Traduzione di Ettore Catalano. Revisione di Vito Carrassi. Bari: Dedalo, 2009.
Durante, Francesco. A cura di. *Italoamericana. Storia e letteratura degli italiani negli Stati Uniti 1880- 1943*. Milano: Mondadori, 2005. 287-298.
Durante, Francesco. "Colonial Chronicles". *Italoamericana. The Literature of the Great Migration, 1880- 1943*. A cura di Francesco Durante, Robert Viscusi, Anthony Julian Tamburri. New York: Fordham, 2014.
Ferlita, Salvatore. "Prefazione. Una 'povera innamorata senza amore'. Maria Messina e il disincanto dell'emancipazione". *Maria Messina, Un fiore che non fiorì*. Roma: Croce, 2018. vii- xvii.
Geerts, Walter. "L'amplesso di Porto Empedocle: le *Novelle* e l'antimodernità, la sicilianità". *Pirandello e la traduzione culturale*. A cura di Michael Rössner e Alessandra Sorrentino. Roma: Carocci, 2012. 169- 176.
Gibellini, Pietro. *Novelle per un anno*, vol. 1. Milano: Giunti, 1993.
Gioanola, Elio. *Pirandello: la follia*. Milano: Jaca Book. 1997.
Di Giovanna, Maria. *La fuga impossibile. Sulla narrativa di Maria Messina*. Napoli: Federico e Ardia, 1989.
Giudice, Gaspare, *Luigi Pirandello,* Torino, 1963.
Gramsci, Antonio, *I quaderni. Letteratura e vita nazionale*. Roma: Editori Riuniti, 1996.
Griechi, Gianluca "NINO MARTOGLIO, L'aria del continente". *Letture*, v. 44, parte 3, 1989. 749- 750.
Leopardi, Giacomo. *Zibaldone*. A cura di Rolando Damiani. 3 voll. Milano: Mondadori, 2015.
Lugnani, Lucio. A cura di. Luigi Pirandello. *Tutte le novelle (1884- 1904)*. Vol. I. Milano: BUR, 2013.
Lugnani, Lucio. A cura di. Luigi Pirandello. *Tutte le novelle (1905-1913)*. Vol. II. Milano: BUR, 2013.
Martoglio, Nino. "L'aria del continente". *Tutto il teatro*, v. I. A cura di Sarah Zappulla Muscarà. Roma: Newton. 275-334.
Musco, Angelo. *Cerca che trovi*. Bologna: Cappelli, 1930.
Nardelli, Federico Vittore. *Vita segreta di Pirandello*. Roma: Bianco, 1962.
Nicastro, Guido."La Sicilia terra di incanti e di ossessioni". *Luoghi e paesaggi nella narrativa di Pirandello*. Atti del convgno di Roma, 19- 21 dicembre 2001. A cura di Gianvito Resta. Roma: Salerno, 2002. 151-159.

Nobili, Sebastiana. *Pirandello lunatico. Breve storia di un'ossessione astrale.* http://www.griseldaonline.it/temi/lune/pirandello-lunatico-nobili.html

Patriarca, Silvana. *Italianità. La costruzione del carattere nazionale.* Bari. Laterza, 2010.

Pausini, Cristina, *Le briciole della letteratura: le novelle e i romanzi di Maria Messina*, Clueb, Bologna, 2001.

Pirandello, Luigi. "Lumíe di Sicilia". *Tutte le novelle* (1884- 1904). Vol. I. Milano: BUR, 2013. 572- 583

Pirandello, Luigi. "Lontano". *Tutte le novelle* (1884- 1904). Vol. I. Milano: BUR, 2013. 722-765

Pirandello, Luigi. "Un cavallo nella luna". *Tutte le novelle* (1905-1913). Vol. II. Milano: BUR, 2013. 378- 383

Pizzuto, Angelo. L'aria del continente. Regia Antonello Capodici. 24 maggio 2014. http://www.sipario.it/recensioniprosaa/item/8633-aria-del-continente-l-regia-antonello-capodici.html

Pupino, Angelo Raffaele. *Pirandello o l'arte della dissonanza. Saggio sui romanzi.* Roma: Salerno, 2008.

Rauhut, Franz. "Chi è l'autore de 'L'aria del continente' (Martoglio, Pirandello, Musco)?" *Nuovi quaderni del meridione*, n. 18, 1967. 201- 204

Rössner, Michael. "Prefazione. 'A mo' d'introduzione. Si gira (sempre)'. Pirandello, il *transational turn* e altri *turns*". *Pirandello e la traduzione culturale.* A cura di Michael Rössner e Alessandra Sorrentino. Roma: Carocci, 2012. 11- 14.

Salvemini, Gaetano. "La questione meridionale e il federalismo". *Scritti sulla questione meridionale (1896-1955).* Torino: Einaudi, 1955. 67- 107.

Sapegno, Maria Serena. "Sulla soglia. La narrativa di Maria Messina". *Altrelettere*, 14/03/2012. 1- 22. http://www.altrelettere.uzh.ch/article/view/al_uzh-3/304

Segnini, Elisa. "Continental Air": Performing Identity in "Leonora, addio!", "L'aria del continente" and "Questa sera si recita a soggetto". *PSA: Journal of the Pirandello Society of America*, 27, 2016, pp. 13- 43

Sciascia, Leonardo. *Pirandello e la Sicilia.* Milano: Adelphi, 1996.

Sorrentino, Alessandra. *Luigi Pirandello e l'altro. Una lettura critica postcoloniale.* Roma: Carocci, 2013.

Tomasi di Lampedusa, Giuseppe. *Il Gattopardo.* Milano: Feltrinelli, 2017.

Tonelli, Luigi. "Recensione di *Un fiore che non fiorì*". *Marzocco*, 25 febbraio.

Zappulla Muscarà, Sarah. "Introduzione", Nino Martoglio. *Tutto il teatro*, v. I. A cura di Sarah Zappulla Muscarà. Roma: Newton. 7-11.

Tra personaggi, fantasmi e attori:
La passione e il limbo in Luigi Pirandello e in Eduardo De Filippo

Assunta De Crescenzo
Università Federico II – Napoli (IT)

I sei personaggi che, nella *pièce* di Luigi Pirandello (1921), compaiono sulla scena alla ricerca di un autore che comprenda il loro intimo dramma e ne permetta la realizzazione, sono assimilabili — secondo una lettura che valorizza la complessità dell'immaginazione pirandelliana — a presenze dimoranti in una dimensione ulteriore rispetto a quella terrena, che ambiscono a compiere il proprio destino sulle tavole di un palcoscenico. La loro vicenda, come quella che coinvolge altri personaggi pirandelliani, ha lasciato tracce inequivocabili nell'immaginario culturale novecentesco e continua a lasciarne tuttora, generando una serie di interpretazioni e riletture. Pertanto, in occasione del 150° anniversario della nascita di Pirandello, il presente saggio intende rintracciare i punti di contatto, le analogie e le differenze esistenti tra l'opera dell'Agrigentino e la commedia *Questi fantasmi!* (1946) di Eduardo De Filippo.

❦

I fantasmi, nel senso di anime dei trapassati, fanno spesso capolino dalle *Novelle per un anno* di Luigi Pirandello; vagano indisturbati come ospiti d'onore negli scenari più vari. Sono, in realtà, "personaggi-pretesto", con un ruolo ben preciso nell'economia della novella: far nascere dubbi e interrogativi, sollecitare discussioni, mettere a confronto posizioni e codici interpretativi della realtà.

Prendiamo, ad esempio, la novella *Visitare gli infermi* (1896):[1] il dialogo si svolge tra l'avvocato Deodati e il dottor Matteo Bax,

---

[1] Pubblicata in *Roma di Roma*, in cinque puntate, dal 9 al 13 novembre 1896; in *Beffe della morte e della vita*, seconda serie, Firenze: Lumachi, 1903; in *Un cavallo sulla luna*, Milano: Treves, 1918; in *Donna Mimma*, Firenze: Bemporad, 1925. Ora in Pi-

giovane medico, non ancora affermato, ma consapevole della propria missione. Convocati al capezzale di un moribondo, si trovano ad affrontare la questione della caducità del corpo e della sopravvivenza dell'anima. Una sopravvivenza vagliata e comprovata, secondo alcuni, dai "tavolini ruotanti" e "parlanti" nei tanti salotti-bene europei dell'epoca.[2] Il medico, a proposito degli esperimenti spiritici, sbotta risolutamente: "Ciarlatanerie!" (NpA, II, 1513). L'avvocato è, per così dire, più possibilista e definisce tali esperimenti una *"nuova sollecitudine intellettuale"* (NpA, II, 1513). E giustifica questa sua posizione: i cinque sensi dell'uomo sono limitati rispetto a ciò che costituisce la natura nella complessità delle sue manifestazioni, visibili e non visibili; pertanto, percepire e concepire tutta quanta la natura è impossibile. Il dottor Bax, poi, per confutare le parole del Deodati, racconta ai presenti come un morto gli "spense la candela" (NpA, II, 1514). Si trovava presso la Sala anatomica che era ancora notte, per procurarsi "un buon pezzo da studiare: testa e busto" (NpA, II, 1513), come gli avevano commissionato alcuni suoi colleghi, visto che era mattiniero. La Sala era al buio e bisognava entrarvi con una candela. Le casse giungevano direttamente dalle chiese, coi cadaveri ancora vestiti, ed erano posate sulle lastre di marmo dei tavoli. Sollevando il coperchio di una di quelle casse, ecco che "– ffff! – un soffio" gli spense la candela. Preso dal terrore, immerso nel buio, Bax lasciò cadere il coperchio di botto e gridò spaventato: "Bartolo! Bartolo!" (NpA, II, 1514". Bartolo, il bidello della Sala, accorse col lume e lo trovò con "i capelli irti sulla fronte" e "gli occhi fuori del capo" (NpA, II, 1514). Il cadavere era quello di "una bella ragazza" (NpA, II, 1515). "Che ha fatto?", gli chiese Bartolo tra l'incredulo e il divertito. "Le ha spento la candela? Vuol dire che non voleva es-

---

randello 1994, II, 1496-1518 (il titolo di *Novelle per un anno* da ora in poi sarà siglato in NpA).

[2] In merito ci si consenta il rinvio a De Crescenzo 2011, in cui si dà conto dell'amplissima diffusione dello spiritismo a Napoli e dell'atteggiamento scettico e irridente di Roberto Bracco ("Baby"). Vd. anche Piedimonte 2013.

ser veduta da un giovanotto così coricata". "– Ma quel soffio? –", gli domandano alcuni degli astanti. "– Gas! –", risponde il medico "con un gesto di noncuranza", ridendo "allegramente" (NpA, II, 1515). Dunque, il dottor Bax si rivela ben fermo nelle proprie convinzioni, dimostrando col suo racconto che dietro ogni fenomeno inquietante c'è sempre una causa naturale.

Nella novella *La casa del Granella* (1905),[3] l'esito, comico nelle sue implicazioni, fa pensare che davvero la casa sia infestata dagli spiriti, anche se non è del tutto impossibile che vi sia l'intervento del caso: dinanzi al proprietario dell'appartamento, il Granella appunto, scettico inveterato e soprattutto interessato a dimostrare l'inesistenza d'ogni fenomeno che invaliderebbe il suo diritto a locare, si srotola all'improvviso "una lingua spropositata, bianca, [...] un rotolo di carta da parato" che si allunga "silenziosamente lungo il pavimento, dall'uscio dell'altra camera, rimasto aperto! [...] Ma chi lo aveva fatto precipitare di là" – si chiede con angoscia il Granella – "e poi scivolare così, svolgendosi, lungo il pavimento di due stanze, imbroccando perfettamente l'uscio aperto?" (NpA, I, 276). La qual cosa, ovviamente, lo fa scappar via dalla casa a gambe levate, dinanzi allo sguardo beffardo e finalmente soddisfatto dell'avvocato Zummo, difensore degli inquilini vittime dell'infestazione, nascostosi poco distante.[4]

L'agnostico Pirandello, tuttavia, pur continuando ad interrogare l'esperienza propria e altrui e a rappresentarla con le tonalità più varie, non giungerà mai ad una conclusione positiva "alla Ca-

---

[3] Pubblicata in *Il Marzocco* del 27 agosto 1905; in *La vita nuda*, Milano: Treves, 1910; in *La vita nuda*, Firenze: Bemporad, 1922. Ora in NpA, I, 258-277.
[4] Le vicende narrate in queste novelle di Pirandello oscillano – diciamo con Todorov – tra il "fantastico", che è in bilico tra il "meraviglioso" e lo "strano" e lascia sospeso il giudizio sulla natura dei fenomeni, e lo "strano" stesso; lo "strano", infatti, è una categoria che designa ciò che solo in apparenza può far pensare a una fenomenologia di tipo super- o preter-naturale; ma poi, a una più attenta analisi e ricostruzione dei fatti, è spiegabilissimo col sistema logico e scientifico contemporaneo (si pensi ai racconti di Edgar Allan Poe, per esempio). Si veda Todorov (1970) 2000.

puana", che, com'è noto, fu conquistato nei suoi ultimi anni dalla fenomenologia metapsichica e spiritistica;[5] né tantomeno, per sua costituzione psicologica ed esperienze di vita, potrà mai approdare a una qualsivoglia fede religiosa.

Per il narratore della novella *I pensionati della memoria* (1914)[6] – dietro il quale si nasconde l'Autore con le sue idee – i morti sono dei "disillusi", in quanto la realtà è un'illusione per tutti gli esseri umani viventi; nel momento in cui cessa la vita, cessa anche l'illusione. Ma cessa la "loro" illusione, non quella altrui, cioè di chi li ha conosciuti: "Io e voi, infatti", argomenta il narratore, "vediamo, sentiamo e pensiamo, ciascuno a modo nostro noi stessi e la vita. Il che vuol dire che a noi stessi e alla vita diamo ciascuno a modo nostro una realtà: la projettiamo fuori e crediamo che, così com'è nostra, debba essere anche di tutti; e allegramente ci viviamo in mezzo e ci camminiamo sicuri, il bastone in mano, il sigaro in bocca" (NpA, II, 1520).

La vita che ti diedi (1923)[7] poggia sullo stesso assunto. Chi parte scompare dalla nostra vista, sia che vada in un altro luogo terreno,

---

[5] Vd. Capuana, 1995; nel volume, curato da Simona Cigliana, attraverso gli scritti di Capuana è tracciato il graduale processo di "conversione" che da *Spiritismo?* (1884) giunge fino a *Mondo occulto* (1896). La metapsichica e l'esoterismo capuaniani, già assimilati al processo della creazione artistica dall'autore di Mineo, verranno rielaborati da Pirandello e miscelati con la dottrina teosofica, sempre a scopo meramente estetico, per dar vita a quella che poi diverrà la sua teoria del personaggio. Vd., in merito, Vicentini (1970) 1985 e Illiano 1982.
[6] Pubblicata in *Aprutium*, gennaio 1914; in *Un cavallo sulla luna*, Milano: Treves, 1918; in *Donna Mimma*, Firenze: Bemporad, 1925. Ora in NpA, II, 1519-1524.
[7] *La vita che ti diedi* – dramma rappresentato per la prima volta al Teatro Quirino di Roma il 12 ottobre 1923, il cui testo fu pubblicato, poi, da Bemporad nel 1924 – nasce dalla commistione tematico-concettuale di due novelle: *I pensionati della memoria*, appunto, e *La camera in attesa* (1916). Un figlio si allontana dalla propria madre per sette anni, senza mai darle notizia di sé. La madre vive del ricordo del figlio, alimentando il proprio amore con l'ausilio esclusivo dell'immaginazione: lo sente e lo vede vivo, sereno, intraprendente, anche se distante, assente. All'improvviso il figlio ritorna, ma per morire subito dopo nella casa natia. La madre, affranta, cerca un sollievo nel negare la realtà della sua morte, continuando a immaginarlo vivo, a "inventarlo", così come quando egli era lontano, e sperando un giorno di vederlo tornare. (Pirandello 2007, III, 185-201). È una delle

sia che muoia: basta assumere la convinzione che la persona scomparsa, cioè defunta, sia in viaggio e porsi nella condizione serena dell'attesa: prima o poi tornerà. Tale persona vive in noi di una vita che durerà quanto la nostra stessa vita; cioè, dal nostro punto di vista soggettivo, "per sempre". Ecco perché l'Autore intitola l'altra novella *I pensionati della memoria*: i "pensionati" sono, per l'appunto, i defunti, "coloro che stanno a pensione" presso la memoria di chi li ha conosciuti ed è rimasto in vita.

D'altronde, come osserva Paolo Puppa, è inequivocabile "la contiguità tra spazio funebre" e luogo della rappresentazione, che sia pagina o tavola del palcoscenico: "quasi unico luogo della resurrezione nell'universo laico novecentesco" (Puppa 2011, 77). L'accompagnamento funebre coincide ne *I pensionati della memoria* con l'ultima rappresentazione della loro vita; la vita, pertanto, è tutta una gran recita. Al riguardo è possibile riscontrare delle analogie con la teoria di Evreinov,[8] secondo la quale tutta la vita, animale, vegetale e persino minerale, nel suo dispiegarsi, è una "rappresentazione": è detta, infatti, teoria del "panteatralismo", esposta dal drammaturgo russo nel suo *Teatro della vita* del 1913 (la novella di Pirandello è del 1914). Evreinov è, inoltre, l'autore di un dramma, *Ciò che più importa*, messo in scena a Pietroburgo nel 1921 (rappresentato, poi, nel 1925 presso il Teatro d'Arte di Roma): nella figura del protagonista, il dottor Fregoli, una sorta d'illusionista filantropo, è possibile scorgere un'anticipazione del mago Cotrone dei *Giganti della montagna*, il primo atto del quale, dal titolo *Fantasmi*, viene pubblicato sulla *Nuova Antologia* nel dicembre del 1931.[9] Il lavoro, come informa una nota al testo, era da intendere come un'opera compiuta, che avrebbe presto trovato la via della rappre-

---

strategie di sopravvivenza che il genio di Pirandello escogita per far fronte al dolore, senza morire o impazzire; vd. in merito De Crescenzo 2016 e Todorović 2016.
[8] Vd. Evreinov 2013.
[9] Rinviamo a Vicentini 1993, 195-204.

sentazione; ma la rappresentazione, com'è noto, allora non ebbe luogo.

Cotrone è un mago, ovvero un evocatore di spiriti. Spiriti che rievocano, per molti versi, gli "elementali" della teoria teosofica di Madame Blavatsky (1831-1891),[10] ovvero esseri appartenenti ai quattro elementi, che vagamente ricordano le creature dei boschi e delle acque della nostra mitologia, o anche i *troll*, gli elfi delle leggende nordiche: il carattere sincretico della teosofia permetteva tali commistioni, visto che fondeva tra loro elementi del neoplatonismo, "scientificamente" rivisitato, della mistica medioevale e rinascimentale e del pensiero di Giordano Bruno (che a Pirandello era molto caro per la carica demistificante della sua opera),[11] nonché estrapolazioni dai sistemi filosofico-religiosi induista e buddhista.

Giovanni Macchia (1981) e poi, sulle sue orme, Antonio Illiano (1982) e Umberto Artioli (1989) hanno comprovato, del resto, mutuazioni dal pensiero teosofico per la teoria del personaggio di Pirandello. Il primo accenno compiuto di questa teoria si può far risalire alla novella *Personaggi* (1906).[12] In essa Leandro Scoto, "dot-

---

[10] Si veda *The Key to Theosophy* (1889) (Blavatsky 2017), che sintetizza e fonde i primi due libri da lei pubblicati: *Isis Unveiled. A Master Key to the Mysteries of ancient and modern Science and Theology* (1877) e *The Secret Doctrine. The Synthesis of Science, Religion and Philosophy* (1888). Per ulteriori ragguagli, si veda Pupino 2000, cap. III, *Ombre nell'ombra*, in part. 17-21 e 25-51; inoltre ci sia permesso il rinvio a De Crescenzo 2010.

[11] "[...] Giordano Bruno, se permettete, *academico di nulla academia*, autore tra l'altro, dello *Spaccio della Bestia trionfante*, della *Cabala del Cavallo Pegaseo*, dell'*Asino Cillenico* e del *Candelajo*; colui che ebbe per motto, come tutti sanno: *In tristitia hilaris, in hilaritate tristis*, che pare il motto dello stesso umorismo" (Pirandello 1995, p. 145). Come è indicato in nota da Pietro Milone (ivi, 145), il motto bruniano più su citato era già stato adoperato da Pirandello per intitolare un florilegio di sei poesie pubblicate nella *Rivista d'Italia* dell'ottobre 1901, poi ospitate nell'ultima sua raccolta *Fuori di chiave* (1912). Per le similarità tra la fisionomia intellettuale e morale di Bruno e Pirandello, ci sia consentito il rinvio a De Crescenzo 2005.

[12] Pubblicata in *Il Ventesimo* del 10 giugno 1906; negli apparati delle *Novelle per un anno*, a cura di Mario Costanzo, vol. III, t. II, Milano: Mondadori (I Meridiani), 1990. Ora in NpA, III, Appendice, 2656-2662.

tore in scienze fisiche e matematiche" si presenta al narratore (che si esprime in prima persona) con un libro di Charles Webster Leadbeater (1854-1934), vescovo della Liberal Catholic Church e teosofo inglese, allievo di Annie Besant (1847-1933), a sua volta erede delle concezioni della capostipite Madame Blavatsky. Questo libro è, con molta probabilità, *Il piano astrale* (*The Astral Plane. Its Scenery, Inhabitants, and Phenomena*, 1896),[13] in cui egli spiega in che cosa consistano l'"essenza elementale" e la creazione delle "forme-pensiero". Un etere modellabile dall'azione del pensiero umano ci circonda. Più il pensiero è intriso d'emozione, più forte e persistente è il desiderio, tanto più la forma che ne deriva acquista consistenza e autonomia, sino a manifestarsi "sotto forma d'un essere vivente, che ha un'apparenza che prende qualità dal pensiero stesso; e quest'essere, appena formato, non è più per nulla sotto il controllo del suo creatore, ma gode d'una vita propria" (NpA, III, Appendice, 2661). Una vita autonoma e indistruttibile, se calata, però, nella realtà di una narrazione o in una rappresentazione scenica. "Ne sono una prova tutti i personaggi creati dall'arte", prosegue Scoto. "Alcuni han pur troppo vita efimera; altri immortale. Vita vera, più vera della reale, sto per dire! Angelica, Rodomonte, Shylock, Amleto, Giulietta, Don Chisciotte, Manon Lescaut, Don Abbondio, Tartarin: non vivono d'una vita indistruttibile, d'una vita indipendente ormai dai loro autori?". – "Scusi", gli risponde il narratore-autore, "dove vuole arrivare con codesta dissertazione teosofico-estetica?" – "Alla vita", esclama Scoto con un gesto melodrammatico, "Io voglio vivere, ho una gran voglia di vivere per la mia e per l'altrui felicità. Mi faccia vivere, signore! […] Mi dia, la prego, un'esistenza imperitura!" (NpA, III, Appendice, 2661). Di qui ai *Sei personaggi* il passo è breve; il legame con la battuta che il

---

[13] *The Astral Plane* compariva tra i libri di Pirandello nella traduzione francese (*Le plan astral*), presso la sua abitazione di via Bosio a Roma (oggi Istituto di Studi pirandelliani e sul Teatro contemporaneo, Casa Museo, Archivio e Biblioteca); in proposito, si veda Barbina 1980, 53; e Manotta 1998, 245-248, *s.v.* "Spiritismo".

Padre rivolge al Capocomico, in cui è espresso il medesimo concetto, è evidente:

> [...] chi ha la ventura di nascere personaggio vivo, può ridersi anche della morte. Non muore più! Morrà l'uomo, lo scrittore, strumento della creazione; la creatura non muore più! E per vivere eterna non ha neanche bisogno di straordinarie doti o di compiere prodigi. Chi era Sancho Panza? Chi era don Abbondio? Eppure vivono eterni, perché — vivi germi — ebbero la ventura di trovare una matrice feconda, una fantasia che li seppe allevare e nutrire: far vivere per l'eternità. (Pirandello 2014, 31)[14]

Due parole-chiave si rivelano nella succitata battuta del Padre nei *Sei personaggi*: "fantasia" ed "eternità". La fantasia, per Pirandello, coopera con la natura nella sua opera di creazione, estendendo quest'ultima dal regno della precarietà e dell'"interesse", che è la realtà, a quello dell'eternità e del "disinteresse", che è l'Arte. Anche per Eduardo De Filippo i due termini sono di cruciale importanza. La fantasia è l'unica strategia che garantisce all'uomo di vivere bene, cioè di campare con "allegria", come recitano i versi di *Fantasia* (1956):

---

[14] Va tuttavia precisato che, nella seconda edizione del dramma (1925), nelle didascalie Pirandello forniva particolari inerenti all'essenza di tali personaggi, che non dovevano "apparire come *fantasmi*, ma come *realtà create*, costruzioni della fantasia immutabili: e dunque più reali e consistenti della volubile naturalità degli Attori" (Pirandello 2014, 27). Ecco quanto osserva Claudio Vicentini: "Poi, nella nuova versione della commedia, non appena i sei personaggi salgono sul palco, la scena s'illumina improvvisamente "di una fantastica luce". E le sei figure s'impongono e agiscono nello spazio della scena proprio come le immagini profonde della vita psichica affiorano e si muovono nella nostra mente, indipendenti dalla nostra volontà, e ci ossessionano, e non possono essere soppresse, dissolte, eliminate. Al richiamo del capocomico che ordina di scacciare i sei personaggi il direttore di scena si fa avanti, ma subito si blocca, "come trattenuto da uno strano sgomento". E a tratti, nei gesti e negli atteggiamenti, i personaggi rivelano la loro dipendenza da un mondo ulteriore, segreto, percorso da una dinamica diversa da quella che anima la nostra vita di tutti i giorni. [...] Il loro avvento non può più essere percepito come un incidente curioso, ma tutto sommato normale. È un fenomeno perturbante, che scuote e sconvolge" (Vicentini 1993, 114-115). Vd. anche Alonge 1986, Cigliana 2005 e Krysinski 2017.

> Pigliammoce sta vita cumme vene,
> llassammo for' 'a porta 'a pucundria,
> mparammece a campà c' 'a fantasia:
> nce sta cosa cchiú bella pè campà?
>
> 'A fantasia se sceta ogne matina,
> comme si fosse prencepe rignante,
> affonna 'e mane aperte int' 'e brillante
> e nun s' 'e piglia: che s' 'e ppiglia a ffà?
>
> E che curredo tene! Nu mantiello
> ca luce cchiú d' 'o sole e nun è d'oro;
> quanno se mena ncuollo stu tesoro,
> abbaglia 'a vista: nun se può guardà.
>
> Po' tene nu relogio cumpiacente,
> cu sissanta minute d'allegria,
> mmiez' 'o quarante liegge: FANTASIA
> e fa tà-tí, tà-tí, nun fa tí-tà...[15]

Anche qui è il "disinteresse", ovvero la gratuità della fantasia e della creazione, che predomina, come si evince in particolare dalla seconda quartina. La straordinaria bellezza della fantasia "nun se può guardà" per l'intensità della sua luce; essa richiama il bagliore del *Numen*, che è "cchiú d' 'o sole" e dà vita e splendore ad ogni cosa. La fantasia sovrasta ogni regola stabilita; è anarchica, o meglio ha leggi proprie, segue una sua logica — gaia, gioiosa, allegra — che sovverte l'unidirezionalità del tempo ("e fa tà-tí, tà-tí, nun fa tí-tà"), ribaltando l'altra logica, quella consequenziale dalla

---

[15] De Filippo 2004, 73. "Prendiamoci questa vita come viene, / lasciamo fuori alla porta l'umor nero, / impariamo a vivere con la fantasia: / esiste cosa più bella per campare? // La fantasia si sveglia ogni mattina, / come se fosse un principe regnante, / affonda le mani aperte nei brillanti / e non se li prende: che se li prende a fare? // E che corredo possiede! Un mantello / che riluce più del sole e non è d'oro; / quando indossa questo tesoro / abbaglia la vista: non si può guardare. // Poi possiede un orologio compiacente, / con sessanta minuti d'allegria, / in mezzo al quadrante leggi: FANTASIA / e fa tà-tí, tà-tí, non fa tí-tà" (traduzione letterale nostra).

quale scaturiscono i nessi di causa-effetto che regolano la nostra vita ordinaria.

E il teatro non è tecnica, è appunto fantasia:

> Il teatro, il teatro… è un mistero, il teatro è sorpresa, è immaginazione, come dire, fantasia. Il teatro è tutto. Può rallentare il passo per un momento, ma poi si riprende: il teatro è sempre vivo, sempre in ripresa. Come mai? Perché il teatro è misterioso. Cinema, televisione possono anche avere un grande successo, ma poi si afflosciano, sono meccanismi che saranno superati da altri meccanismi. Il teatro, invece, è un groviglio misterioso che nasce da niente, che si può costruire e ricostruire, che ci fa capire chi eravamo e chi siamo, che cosa volevamo e qual è la nostra vita. (Eduardo, in Calcagno 2014, 50).[16]

A sua volta, Pirandello aveva definito il teatro come "forma viva" e quindi come "conquista dello spirito" nell'articolo *Se il film parlante abolirà il teatro* (*Corriere della Sera*, 16 giugno 1929) (Pirandello 1993, 1030-1031). L'arte è ricerca continua—leggiamo in *Teatro nuovo e teatro vecchio* (1923)[17]—e, come tale, si traduce in una sorta di epistemologia spirituale, i cui esiti creativi non sciolgono il mistero, ma lo rappresentano in una forma "che è la ragione stessa della loro vita perenne" (Pirandello 1993b, 233).

Quante analogie tra i due autori, soprattutto in relazione alle tematiche cruciali su cui riflettere e alle quali dare un'interpretazione personale e, quindi, originale; ma anche quante differenze, sulle quali si è discusso, e tuttora si discute, intensamente; cogliamo quindi l'opportunità di mostrarne alcune in merito alla finalità

---

[16] Il volume del giornalista napoletano Paolo Calcagno, corredato di bellissime foto di archivio, raccoglie interviste rilasciate da Eduardo nel decennio 1974-1984, cucite "a uncinetto", come commenta l'attore-autore, in un'unica lunga e ininterrotta "conversazione" (Presentazione, 13-14).

[17] *Teatro nuovo e teatro vecchio* è il testo di una conferenza tenuta da Pirandello a Venezia nel luglio del 1922; pubblicato in Comoedia (1° gennaio 1923); ripreso dall'Autore, con ampliamenti e modifiche, il 12 maggio del 1934, per l'inaugurazione della nuova sede del quotidiano torinese *La Stampa*; per ulteriori ragguagli, vd. Pirandello 1993b, 226.

dei "personaggi-fantasma" che compaiono nel dramma di Eduardo del 1946 e alla natura del suo teatro.

Ricordiamo che *Questi fantasmi!*, opera in tre atti con le caratteristiche della farsa tragica, inserita nella raccolta *Cantata dei giorni dispari*,[18] è stata probabilmente scritta nel 1945 (ma l'idea risale a dieci anni prima)[19] e rappresentata il 7 gennaio 1946 al Teatro Eliseo di Roma, con la compagnia "Il Teatro di Eduardo con Titina De Filippo"; ne è stato fatto un adattamento televisivo nel 1962, che si discosta dal testo teatrale solo per piccole differenze che, di fatto, lasciano intatti la sostanza e il significato dell'opera.[20] Nella presentazione della versione televisiva, Eduardo, novello cantastorie, afferma che "i fantasmi siamo noi; lo siamo quando non vogliamo credere a una realtà che ci annienta, ci schiaccia. Per salvare la faccia, crediamo in tutto ciò che può illudere. I fantasmi li vede chi ci crede e Pasquale Lojacono ci crede. [...] Se si ha una moglie bella" e più giovane di circa vent'anni, "è necessario credere nei fantasmi". In una intervista apparsa nel 1983 sul *Corriere della Sera*, Eduardo ribadisce di aver scritto la commedia di Pasquale Lojacono, "per dire che i fantasmi non esistono, i fantasmi siamo noi, ridotti così dalla società che ci vuole ambigui, ci vuole lacerati,

---

[18] Nella tradizione napoletana, i giorni "dispari" sono quelli sfavorevoli, avversi, in cui tutto va storto, contrapposti a quelli "pari", più sereni e gratificanti.
[19] Lo testimonia lo stesso Autore nell'intervista rilasciata a Orio Vergani, *Corriere d'Informazione*, 24 aprile 1959; si veda Quarenghi, *Nota storico-teatrale*, in De Filippo 2005, 317; De Blasi 2016, in part. 144-145 e, per approfondimenti, ancora De Blasi, *Nota filologico-linguistica*, in De Filippo 2005, 417. Per il mutamento del teatro eduardiano avvenuto col passaggio dai "giorni pari" ai "giorni dispari", si vedano Giammusso 2004, 139; e De Matteis 2012, 168-169.
[20] Le repliche proseguirono per ben sei stagioni con grande successo (si veda Giammusso 2004, 220-221). Nel 1954 esce nelle sale il film con Renato Rascel protagonista ed Eduardo regista. Diversa è la trasposizione cinematografica di Renato Castellani, del 1967, che è un adattamento libero del dramma, con Vittorio Gassman, Sophia Loren, Mario Adorf, Aldo Giuffré e Marcello Mastroianni, rispettivamente nel ruolo di Pasquale Lojacono, Maria Lojacono, Alfredo l'amante/fantasma, Raffaele il "guardaporta" e un fantasma scozzese che non compare nell'originale di Eduardo.

insieme bugiardi e sinceri, generosi e vili".[21] A dimostrazione di ciò, basta dare uno sguardo all'elenco dei personaggi, definiti non come tali, ma come "anime", termine accompagnato, di volta in volta, da un attributo che ne definisce le qualità:

> Pasquale Lojacono (anima in pena)
> Maria, sua moglie (anima perduta)
> Alfredo Marigliano (anima irrequieta)
> Armida, sua moglie (anima triste)
> Silvia, 14 anni; Arturo, 12 anni: loro figli (anime innocenti)
> Raffaele, portiere (anima nera)
> Carmela, sua sorella (anima dannata)
> Gastone Califano (anima libera)
> Saverio Califano, maestro di musica; Maddalena, sua moglie (anime inutili)
> Due facchini (anime condannate)
> Il Professor Santanna (anima utile, ma non compare mai)[22]
> (QF 3)

Probabilmente, gioca anche il fatto che, nel dialetto napoletano, la dimensione creaturale e indifesa di un individuo viene indicata proprio da questo epiteto, "anima", in espressioni del tipo: "Pover'anima!", un equivalente di "povero Cristo!", arricchito pe-

---

[21] Quarta di copertina di *Questi fantasmi!*, d'ora in avanti siglato in QF (De Filippo 1971).
[22] Crediamo che venga definita "utile" perché, al livello metateatrale, "permette" la rappresentazione; nella messa in scena rappresenta l'occhio esterno, distante, testimone obiettivo e disincantato ("l'occhio del mondo", lo definiva Eduardo). Come sottolinea Anna Barsotti, "l'espediente del *monologo dialogato*, per eludere e segnalare (allo stesso tempo) la *comunicazione difficile* fra gli uomini, arriva a fondare e riempire di senso il gigantesco qui pro quo rappresentato da *Questi fantasmi!* "Nella parte del Professor Santanna,—conferma Eduardo a Montalcino nel 1983,—sono appunto gli spettatori, ossia l'occhio del mondo delegato a un dirimpettaio". Così l'allocuzione al pubblico di un attore protagonista, passata dalla Commedia dell'Arte nella tradizione dello spettacolo partenopeo, diventa una nuova formula di teatro nel teatro: la solitudine di Pasquale trova sfogo nel simulato dialogo con l'unico personaggio che lo ascolterà fino in fondo, il pubblico" (Barsotti 2003, 141); a proposito della "comunicazione difficile", si veda Barsotti 2018. Per approfondimenti, rinviamo a De Blasi 2016, cap. VII, in part. 139-148. Vd. anche Quarenghi 1995 e Bruno 2013.

rò da un'empatia e un'intimità straordinarie; l'aggettivo poi ne qualifica la natura nella situazione drammatica, visto che, come dice Eduardo in apertura, "i fantasmi siamo noi". L'unica anima "utile" è quella del Professor Santanna, che tuttavia "non compare mai" e sta a designare il dirimpettaio del Lojacono, spettatore privilegiato che, sia nella realizzazione scenica sia nella versione televisiva, coincide col pubblico. Pertanto, parla, ma la sua voce non si sente; ciò che dice si deduce dalle risposte dei suoi interlocutori.[23]

Siamo di fronte ad un'altra casa infestata (oltre a quella pirandelliana del Granella, cioè, a cui si è accennato poco fa); il proprietario la cede gratuitamente per cinque anni al nuovo inquilino Lojacono per "accreditarla" (QF 14), per sfatare cioè quella sinistra diceria.[24] Il Lojacono stesso, parlando al portiere, ci fa sapere che non crede a queste fandonie e che ha intenzione di aprire una bella pensione (è al momento senza lavoro), visto che l'appartamento si snoda sui quattro lati di un edificio del Seicento, con stanze ampie e numerose (diciotto camere con sessantotto balconi). Il portiere – Raffaele ("anima nera", perché vedovo ma anche perché uomo senza scrupoli, ladruncolo e approfittatore) – lo ammonisce: davvero accade l'inspiegabile. Visioni strane, apparizioni: un guerriero, una testa d'elefante; tonfi, rumori, schianti; tant'è che, qualsiasi cosa avvenga, il proprietario esige che ogni giorno il suo inquilino si affacci a tutti i sessantotto balconi, ostentando una soddisfatta operosità, e dia evidente dimostrazione di condurre

---

[23] "Sul piano della scena", come precisa Nicola De Blasi, "il dialogo (monologo) con questo personaggio che non compare rappresenta una soluzione nuova, in parte anticipata da Rituccia (figura chiave di *Napoli milionaria!*, per quanto non visibile), e dai dialoghi di "sfondo" con personaggi fuori scena in *Occhiali neri*. [...] Inoltre il personaggio che viene solo descritto e pronuncia parole non ascoltate dal pubblico, ma ripetute da altri, si avvicina molto ai personaggi letterari, presenti nei testi, ma non portati in scena dagli attori" (De Blasi 2016, 143).

[24] A Napoli, e non solo, il fenomeno delle case infestate diviene un problema reale spesso di difficile soluzione, soprattutto per chi avesse voluto affittare un proprio appartamento soggetto, secondo le dicerie, ad infestazione; in proposito, si veda Piedimonte 2013, in particolar modo per le sentenze giudiziarie sulle case infestate, e Scotti 2013.

una vita normale, improntata alla serenità e alla contentezza. Accada quel che accada, Pasquale promette di non scappare: l'occasione è irripetibile e va sfruttata sino in fondo. Per quanto si dichiari uno scettico nato, con un senso pratico della vita, Pasquale pian piano si lascia suggestionare dai discorsi del portiere e, una volta rimasto solo in casa, mostra di non essere quell'uomo tutto di un pezzo che afferma di essere.[25] Ad ogni buon conto, ha promesso a se stesso di non demordere e di farsi una fortuna, da condividere con la moglie Maria (alla quale, però, al fine di non turbarla, non ha detto nulla dell'oscura leggenda che aleggia sulla casa e del patto col proprietario). E così farà, anche di fronte alla presenza di "un giovane sui trentasei anni" (QF 22) – circa una decina in meno di lui – che talvolta egli scorge aggirarsi indisturbato per casa (è l'amante della moglie): Pasquale, terrorizzato e sgomento, lo lascerà fare, non intralciandolo mai nei suoi movimenti, soprattutto quando si accorgerà che è uno spirito buono, una sorta di "*munaciello*"[26] estremamente generoso (Pasquale trova le tasche della sua giacca da camera sempre colme di denaro). Questa è la didascalia che chiude il primo atto in cui sono descritti lo stato

---

[25] Raffaele, il portiere, si congeda dal Lojacono dopo il lungo dialogo iniziale. Pasquale "rimasto solo, comincia a girare per la camera. Un po' fischietta, un po' ride fra sé. Mette a posto qualche tavolo, qualche sedia. Appare, però, preoccupato; di tanto in tanto, di scatto, si volta su se stesso, come se qualcuno, alle spalle, lo avesse chiamato. Poi con un sorriso melenso ricomincia a ciondolare per la scena. Appare sempre più preoccupato. Infatti, a un certo punto, esaltandosi nella sua stessa fantasia, comincia a correre per la stanza scacciando dal suo vestito, come se lo spolverasse, e specialmente dal didietro della giacca, qualche cosa di invisibile che egli crede lo trattenga nella corsa. Finalmente, ansante e congestionato trova scampo, irrompendo fuori al balcone di sinistra, richiudendo violentemente dietro di sé telaio a vetri e battenti di legno, in modo da determinare un rumore fragoroso" (QF 18-19).
[26] Secondo il folclore napoletano, il "*munaciello*" (piccolo monaco, perché di bassa statura) è uno spiritello birichino e dispettoso dimorante nei palazzi antichi; se prova simpatia per gli abitanti della casa, elargisce monete e piccoli doni, lasciandoli nei luoghi più impensati dell'abitazione. Matilde Serao, com'è noto, ne descrisse i tratti e le origini storiche nel suo libro dedicato alle *Leggende napoletane* (1881).

d'animo e l'atteggiamento di Pasquale subito dopo l'incontro col "fantasma":

> Dissipando ormai qualsiasi dubbio sulla natura della visione, e valutandone la prodigiosa realtà, si sente mancare. Tremante di spavento, impallidisce fino all'inverosimile, balbetta qualche cosa d'incomprensibile e, sedendo lentissimamente, come per non agitare nemmeno minimamente l'aria che lo circonda, comincia a segnarsi ripetutamente, assumendo l'aspetto dell'ispirato, dell'asceta, del predestinato: di colui che ha visto il fantasma. (QF 26)

Sta di fatto che le connotazioni di tutto ciò che egli sembra considerare soprannaturale coincidono con gli elementi della spiegazione storica che Raffaele, il portiere, gli ha dato della presunta presenza spiritica: una coppia di amanti venne colta in flagrante dal nobile signore che decise di far murare vivi entrambi; di qui, la maledizione che, da allora, cadde sull'abitazione. Ed è quindi plausibile che il Lojacono si lasci suggestionare; oltretutto, è probabile che davvero aleggino presenze disincarnate; si vedano per esempio le reazioni inconsulte di alcuni personaggi e, in particolare, della sorella del portiere, Carmela, instupidita da una tremenda, inenarrabile manifestazione: mentre racconta a Pasquale dell'accaduto, si interrompe bruscamente per rivivere le sensazioni sconvolgenti provate al momento dell'incontro con la prodigiosa e inattesa presenza:

> Senza alcun preavviso, repentinamente, a questo punto [Carmela] emette un grido lacerante. I suoi occhi diventano fissi e inespressivi assumendo il pauroso sguardo dell'ebete. Non parla più. Per esprimersi emette dei suoni scomposti e dei mugolii bestiali. Il racconto diventa incomprensibile e terrificante. Mentre grida, si agita indicando ora l'ingresso, ora il terrazzo. Lo spavento di Pasquale è al colmo quando Carmela, sempre gridando, scappa come se avesse vissuto ancora una volta la scena raccapricciante di quel maledetto giorno. (QF 20)

E le reazioni di Gastone, il fratello di Armida, che proprio quando—in un dialogo concitato con Pasquale—sta per smascherare il cognato Alfredo, si ferma come per incanto, con lo sguardo atterrito, e inizia a danzare in modo strano, a piroettare, ridendo e urlando sino ad uscire di scena:

> GASTONE Sai perché puoi fare le spese che fai e condurre la vita che conduci?... Perché mio cognato... e te lo voglio proprio dire: mio cognato... (*Non finisce di parlare. Si ferma, come per incanto, con l'espressione e col gesto che accompagnavano l'ultima parola. Fissa gli occhi nel vuoto con uno sguardo di spavento come per una visione terrificante. È tutto un attimo. Poi comincia a fare una specie di danza orientale, ridendo come se qualcuno lo solleticasse. Nel contempo emette un grido lacerante, cercando di colpire con tutte e due le mani qualche cosa che corre e cambia di posto sul suo corpo. Poi con danze e piccole piroette e gridarelli isterici esce per il fondo a destra*) 'A vi' lloco... (*Via*)
> PASQUALE (*terrorizzato e divertito insieme*) E c'ha visto chillo?
> (QF 43-44)

Ma in questo caso, c'è un antefatto—cosa che il Lojacono ignora, perché era assente quando Gastone ne aveva parlato con Alfredo e Maria—che elimina ogni mistero. Gastone, infatti, era stato assillato tutta la notte precedente dalla presenza di una lucertola che poi, al mattino, non era più riuscito a rintracciare nella stanza, nonostante la porta e le finestre fossero chiuse : "Ho messo la camera sottosopra: niente", commenta perplesso. "Non ho chiuso occhio per l'impressione... Mi pare sempre che me la sento addosso" (QF 39). Il fatto che egli pronunzi la battuta "'A vi' lloco..." ("Eccola là"; letteralmente "La vedi là") lascia pensare che si tratti proprio della lucertola che, spostandosi rapidamente sotto la camicia e solleticandolo, gli fa fare quelle danze e quegli scatti improvvisi così strani e, dal punto di vista di Pasquale, così inspiegabili e buffi ("E c'ha visto chillo?" – "E che ha visto quello?", infatti si chiede).

D'altro canto, di fronte al denaro che letteralmente piove nelle tasche della sua giacca da camera, e di fronte alle insinuazioni del portiere e dello stesso professor Santanna, sembra difficile che il Lojacono non comprenda e continui a dar le mostre di credere che gli spiriti lo abbiano "preso in simpatia" (QF 30), rivelando un'ingenuità, una dabbenaggine che sono in netto contrasto con l'esperienza che egli sostiene di avere della vita. Tuttavia, è difficile, se non impossibile superare l'*impasse*: l'enigma resta tale anche quando gli si presenta tutta l'intera "famiglia di fantasmi" (Armida, "anima triste", la moglie di Alfredo, coi figli e i genitori; una evidente rivisitazione parodica dei sei personaggi): questa è la scena madre, il momento in cui la commedia tocca l'acme della comicità. In un secondo momento compare anche Alfredo, confermando in tal modo, agli occhi di Pasquale, la propria natura spiritica. Tutto concorre ad accentuare, per accumulazione progressiva, l'effetto farsesco, che poggia naturalmente sulla duplicità semantica, letterale e metaforica, delle battute dialogiche di Pasquale e Armida: è da tale duplicità che si genera principalmente l'equivoco in cui cade Pasquale, che in Armida riconosce la damigella dell'orrorosa leggenda. Per quanto concerne gli elementi che arricchiscono la situazione scenica, un temporale si avvicina rapidamente preannunziandosi con tuoni sempre più forti e frequenti, che si odono a fine battuta nei momenti cruciali del dialogo, potenziando così la *vis comica* dell'intera scena.

Iniziando dalla descrizione del personaggio di Armida, riportiamo di seguito alcune parti del secondo atto tra le più significative ed esilaranti:

> [...] seguita da due ragazzi, maschio e femmina, di dodici e di quattordici anni, e da due vecchi, entra dalle scale del terrazzo una donna sui quarant'anni. Il suo passo è lento, inesorabile, deciso. Veste un sobrio completo di colore scuro. Porta un cappellino calzato male, appena poggiato sulla testa per via di una ferita che ha nel bel mezzo della fronte, medicata da un quadratino di garza e una croce di *sparatrappo* [cerotto]. Il suo pallore terreo,

i suoi occhi arrossati dal sonno, il suo incedere da sonnambula formano un insieme di tristezza rassegnata e di amor proprio offeso. Non ha perduto, pertanto, la dignità. [...] (Q 44)[27]

ARMIDA (*con tono di voce opaco*) Signore, voi in me non vedete una donna, in queste figure non vedete una famiglia... Voi vedete cinque fantasmi!
PASQUALE (*rassicurato dalla dolcezza di voce di Armida*) Accomodatevi.

Fuori il temporale comincia con tuoni sinistri e lontani, proprio nel momento in cui Armida comincia a muoversi.

ARMIDA (*accettando di buon grado l'invito*) Grazie. (*Tutti prendono le sedie e si siedono a loro volta*). Io sono morta un anno e mezzo fa.
PASQUALE Ah è recente. (*Tuono in lontananza*).
ARMIDA Queste due figure di adolescenti... (*Li mostra*) Pulisciti il naso, tu... (*Col fazzoletto pulisce il naso alla femmina*) E tu... (*al maschio che in quel momento è in preda al tic*) smettila, controllati... Lo fai apposta... (*A Pasquale*) È uno spirito di contraddizione... Queste due figure di adolescenti, vi dicevo, sono due morticini. (*Tuono più forte. Armida, tragica per la sua freddezza*) Io fui uccisa mentre amavo [...] Uccisa perché murata viva in una casa fredda e triste.
PASQUALE Voi siete la damigella!
ARMIDA Fui una damigella! [...] Mi ha lasciata sola [...] e se l'è squagliata! E io?... Io!... Che aspetto, le grazie di Cesare? Quale vantaggio mi ha dato questa unione? Prima il purgatorio, poi l'inferno... perché io sto all'inferno...
PASQUALE Adesso si spiega! (QF 45, 47)

---

[27] A proposito di "*sparatrappo*", che De Filippo, nella didascalia, verghianamente mette in corsivo, si veda quanto è riportato nel sito Web dell'Accademia della Crusca: "i dizionari Sabatini-Coletti 2008 e Zingarelli 2013 precisano che oggi *sparadrappo* (e—aggiungiamo noi—soprattutto la sua variante dialettale *sparatrappo*, con passaggio -dr- > -tr- tipico dei dialetti del Sud) è un termine in uso nell'italiano regionale meridionale per indicare il cosiddetto "cerotto adesivo", cioè quel nastro di tela o simili ricoperto da un lato da uno strato di sostanza adesiva, impiegato nelle medicazioni, per fissare le bende o le garze" (http://www.accademiadellacrusca.it; ultimo accesso: 16/2/2018).

> ([...] *D'improvviso Armida cambia tono, assume quello di un presidente di corte d'Assise che deve leggere il dispositivo di una sentenza al condannato*) Pasquale Lojacono!
>
> Tuono e scarica elettrica.
>
> PASQUALE (*s'inginocchia, poggia i gomiti sulla sedia con il volto tra le mani*) Non mi fate niente...
> ARMIDA Siete Pasquale Lojacono, è vero?
> PASQUALE Come posso nasconderlo a voi che siete nel mondo della verità?...
> ARMIDA (*con sufficienza*) So tutto, tutto posso sapere. Pasquale Lojacono so che tu sai, ma non voglio crederlo, sarebbe mostruoso... E se non sai, apri gli occhi. Tu solo puoi salvarci e darci pace. (*Tutti si alzano e protendono le mani verso Pasquale implorando pietà*). Salvaci, Pasquale Lojacono. Con un gesto, con un ritorno di coscienza, tu puoi salvare queste anime in pena... (*Tutti a mano stesa implorano*) lo puoi: fai resuscitare questa famiglia...
> PASQUALE Ma io non sono il Padreterno, come faccio?
> IL VECCHIO Fateci resuscitare!
> PASQUALE Posso far dire delle Messe, posso fare dell'elemosina...
> ARMIDA (*insistente*) Lo puoi. Mostrati a tua moglie quale sei... E se persiste, ammazzala.
> TUTTI Oh no... no... no... (*Tornano verso destra e con le mani levate fanno gruppo*).
> ARMIDA Sì, saremo salvi tutti.
>
> Tuono fortissimo, scarica elettrica. (QF 47-48)

E infine giunge anche Alfredo:

> ALFREDO (*al termine del tuono entra nella stanza come il tuono stesso, investendo Armida*) Finalmente! Finalmente ti sei scoperta. Tu saresti l'anima buona, tutta religione, casa, chiesa e carità cristiana? Una vipera, questo sei! Vuoi la tragedia! Un cadavere dovrebbe esserne il punto ammirativo!
>
> Tuono c. s. Pasquale incantato gira da una parte all'altra della scena osservando or l'uno ora l'altra. Il tutto gli dà l'impressione di uno spettacolo fantastico. Per vedere meglio sale sulle sedie,

> sui tavoli: assiste come uno spettatore che ha pagato il biglietto. (QF 48-49)

Nel frattempo, entra in scena anche Gastone, il fratello di Armida, e si unisce urlando alle recriminazioni generali. Armida reagisce con una crisi isterica—"il cadavere volevo che ci fosse e ci sarà!"— e, mostrando a tutti una boccetta con dell'arsenico, fugge per cercar riparo e ingerirne il contenuto:

> Gastone la raggiunge e insieme ad Alfredo, ai due ragazzi che piangono con le bocche spalancate, e ai due vecchi, fanno gruppo in un punto della scena impegnando una strenua lotta per evitare il peggio. Sono preghiere, imprecazioni, braccia tese verso il cielo. E di tanto in tanto formano dei gruppi allegorici simili a quelle oleografie che presentano, in atteggiamenti diversi, le anime del purgatorio. Il temporale è imminente. Le scariche elettriche si succedono a ritmo accelerato. Carmela e Raffaele che alle grida sono accorsi, sono fermi verso il fondo. Carmela grida come un ossesso e con ossessione si affanna a rifare la scena di quando vide il fantasma sul terrazzo. Pasquale, ormai atterrito, non riesce più a seguire le apparizioni; sconvolto trova scampo fuori da uno dei balconi, chiudendo dietro di sé i battenti e spiando nell'interno della camera. Una lavandaia, una cameriera che si trovavano a passare dalla scala di servizio ai gridi sono apparse anche loro e commentano l'accaduto. Un cuoco si è affacciato al finestrino. Il temporale assume caratteri apocalittici. La pioggia è imminente. (QF 49-50)

Intanto, all'interno, Gastone strappa dalle mani di Armida la boccetta del veleno. Compare Maria, che assiste muta alla scena. Nella confusione generale Armida, vinta dalla forte emozione, sviene e viene portata via, a braccia, da Alfredo e Gastone.

> [...] Ora gli scrosci di acqua investono Pasquale, il quale cerca di ripararsi alla meglio, non osando entrare in casa. Il temporale è al suo culmine. Data la conformazione della scena e la funzione dei due balconi, il pubblico deve avere la sensazione di trovarsi allo scoperto come Pasquale stesso.

PASQUALE (*spia nell'interno della camera e si ritrae spaventato. Si affaccia, scorge il prof. Santanna, naturalmente si preoccupa di mostrarsi disinvolto, di buon umore*) Tutto calmo, professo', tutto tranquillo! (*Torna a spiare e si ritrae di nuovo spaventato perché tutti nell'interno gridano e gesticolano come anime dannate. Si rivolge di nuovo al professore con risate isteriche e battimani infantili*) Ah... ah... ah... Non è vero niente, professo': ah... ah... ah... Non è vero! I fantasmi non esistono, li abbiamo creati noi, siamo noi i fantasmi... Ah... ah... ah... (*E mentre il temporale continua e quelli che litigano, nell'interno della camera, sempre gridando giungono sul limitare dell'uscio di ingresso, Pasquale per mostrarsi sempre più disinvolto canta*) Ah... l'ammore che fa fa'... (QF 50-51)

Pasquale non si riscuote e continua a illudersi anche quando lo spirito benefico, impietositosi di fronte alla sua preghiera disperata[28], gli offre l'ennesimo sostanzioso regalo in denaro, preannunziandogli che non sarebbe più comparso, perché, dice, ha finalmente "sciolto la sua condanna" (Q 60-61) proprio in virtù dell'umile, sconsolata invocazione (in realtà, sta per tornare con la moglie Armida, dietro le insistenti sollecitazioni del cognato).

Sino alla fine, lo spettatore non sarà in grado di stabilire l'innocenza o la colpevolezza del Lojacono, grazie anche a tutta una serie di trovate sceniche, di stratagemmi dialogici, di situazioni tra il comico e il grottesco, la farsa e il dramma intimo, che rendono l'ambiguità irrisolvibile. E quando il professor Santanna gli suggerirà maliziosamente l'idea che la fortuna potrà continuare ad operare in suo favore "sotto altre sembianze", ovvero per mano di altre prodighe "presenze", Pasquale risponderà col con-

---

[28] È una preghiera nella quale Pasquale implora il fantasma di procurargli il necessario per poter offrire alla beneamata moglie una vita dignitosa al fine di renderla felice, preservando così il matrimonio. Ne riportiamo la parte conclusiva, il cui nucleo tematico è l'incomunicabilità, alla base della quale si assembrano tutti i difetti dell'essere umano: "[...] Tu sei al disopra di tutti i sentimenti che ci condannano a non aprire i nostri cuori l'uno con l'altro: orgoglio, invidia, superiorità, finzione, egoismo, doppiezza... Con te non ne sento. Parlanno cu' te me sento vicino a Dio, me sento piccirillo piccirillo... me sento niente... e me fa piacere di sentirmi niente, così posso liberarmi del peso del mio essere che mi opprime!... (*Si abbandona sulla ringhiera. Non piange ma è felice, contento: attende*)" (QF 60).

sueto candore: "Sotto altre sembianze? È probabile... E speriamo..." (QF 61).

L'opera di Eduardo è comica e amara, ma non "umoristica" nel senso che Pirandello aveva attribuito al termine: è, con le sue parole, "una tragedia moderna" (De Filippo 1986, 68).[29] È la capacità di compenetrarsi nell'animo altrui che Eduardo condivide, ma ricreandola in un contesto in cui l'incontro con l'altro può essere, sì, difficile, ma non impossibile. Se solo si volesse—lascia intendere l'autore di *Questi fantasmi!* –, si potrebbero evitare tanti problemi, tante incomprensioni. Basterebbe aprirsi, fidarsi gli uni degli altri e, soprattutto, parlare, comunicare, con lealtà e schiettezza.[30] In altre parole, in Eduardo non esiste incomunicabilità ontologica

---

[29] In proposito, si vedano le argomentazioni di Giammusso 2004, 139: "perfino il nome della compagnia era squisitamente pirandelliano, anche se involontariamente. Qualsiasi altro attore napoletano avrebbe inalberato la sigla del "Teatro comico". Ma Eduardo aveva pensato all'aggettivo "Umoristico", forse senza nemmeno sapere che Pirandello giovane sull'umorismo aveva scritto un saggio famoso, e che lui stesso e i suoi personaggi più tipici vantavano d'essere umoristi. / Per la verità, con il termine "umorismo" Pirandello intendeva rivoltare come un guanto la realtà che vedeva nel fondo dell'uomo, mostrando la tragedia proprio in un'epoca che di tragedia, di grandi conflitti ideali sembrava non volerne più sapere. Per Eduardo era invece "la parte amara della risata", un modo per nobilitare il comico, superando l'eredità di Scarpetta" (la citazione interna appartiene all'intervista di Eduardo comparsa sul *Roma*, il 31 marzo 1940: "L'umorismo è la parte amara della risata. [...] Esso è determinato dalla delusione dell'uomo che per natura è ottimista"). Vd. anche Puppa 2003, in part. 100-124.

[30] In un momento di tensione con Maria, Pasquale così argomenta: "[...] Specialmente nel matrimonio, succede quasi sempre così... "Chissà mia moglie c'ha penzato 'e me..." "Chissà mio marito c'ha penzato 'e me..." "Pecché ha fatto sta cosa..." Basterebbe domandare: "Neh, tu perché ti sei regolato così?" Si chiarisce e si va avanti. Ma l'orgoglio: "Io mi sento superiore..." "'O superiore songh'io..." "Ha da parlà primm'isso". "Ha da parlà primm'essa..." E di questo passo i rapporti si raffreddano, nasce la sopportazione reciproca, l'insofferenza... e persino l'odio, Marì'... E lo posso anche capire: l'orgoglio, per una donna specialmente... ma tu addirittura ti sei chiusa come un riccio. Parla, Marì, parla... Aiutami con un tuo sguardo, non dico sempre... ma una volta ogni tanto" (QF 34-35). Si veda anche l'altra lunga battuta di Pasquale, sempre a proposito degli effetti negativi del silenzio tra marito e moglie, in QF 56-57.

e tale evidenza risolve nella pura tragicità o nella comicità farsesca tutte le aporie della poetica pirandelliana.

Detto molto in sintesi, anche dal punto di vista psicologico, in Eduardo i fantasmi "sono l'espediente che la realtà escogita per sopravvivere al suo scacco" (Tomasello 2014, 20).

Eduardo ha inteso rivendicare la propria autonomia e una propria precisa ispirazione, nonché la "voluta prossimità al verosimile sociologico" (Puppa 2011, 77):

> Io, questo Pirandellismo attribuitomi dai critici non lo capisco, se devo dire la verità. Che vuol dire? Che cosa vogliono dire? Che ho copiato da Pirandello, che mi sono appropriato della sua tematica? Se è questo che si intende per Pirandellismo, mi pare che non sia neanche il caso di parlarne, tanto è ovvio che, a cominciare dalla mia concezione del teatro a finire con i miei personaggi spesso poveri e affamati, spesso maltrattati dalla vita, ma sempre convinti che una società più giusta e umana sia possibile crearla, niente potrebbe essere più lontano dall'idea teatrale di Pirandello e dai suoi personaggi. Se poi, per Pirandellismo s'intende che io ho avidamente letto, ascoltato e amato il suo teatro, che l'ho conosciuto e venerato, che ancora oggi, se penso a lui, alla sua intelligenza lucida e scintillante, al suo humour, alla sua umanità, mi sento prendere da una nostalgia tremenda e da un senso di perdita irreparabile, allora sì: sono ammalato di Pirandellismo.
>
> Tutti noi scrittori e anche tutti noi uomini dobbiamo molto al genio di Pirandello. Quando Arthur Miller dice che se non ci fosse stato lui, egli scriverebbe diversamente, dice cosa giusta, ma quando si volesse accusare Miller di Pirandellismo, ecco, sarebbe inaccettabile.
>
> (Eduardo, in *Quarantotti De Filippo*, a cura di, 1985, 172-173).

L'ammirazione per Pirandello divenne via via più grande, a partire dalla rappresentazione dei *Sei personaggi* al Mercadante di Napoli, nell'ottobre del 1922, alla quale Eduardo assisté in compagnia dell'amico Michele Galdieri, futuro commediografo e sceneggiatore napoletano, autore di numerosi testi per canzoni tra le quali la celebre *Munasterio 'e Santa Chiara*:

> Serata indimenticabile. Ricordo ancora lo sgomento, la profonda emozione che provai assistendo a quella recita. Alla fine dello spettacolo, attraversammo i corridoi del teatro, muti tra la folla che discuteva di Pirandello. I *Sei personaggi* mi avevano letteralmente scombussolato, mi pareva quasi impossibile continuare a far ridere la gente con i quadri delle riviste, mentre in altra sede l'arte drammatica raggiungeva quella potenza di idee e di espressione.
>
> Due anni dopo, all'uscita del Politeama, non ricordo quale compagnia vi agisse, [...] intravidi [Pirandello] tra la folla degli spettatori. Gridai: "Viva Pirandello!". E l'applauso della folla diventò un'ovazione.
>
> (Eduardo, "Colloquio con Pirandello, alle prove de *L'abito nuovo*", in *Scenario*, aprile 1937)[31]

L'idea di *Questi fantasmi!* nasce in Eduardo, proprio dopo l'incontro con Pirandello, che agì da catalizzatore, offrendogli spunti e sollecitazioni che egli seppe fondere con memorie personali e con la natura del proprio teatro. Ad ogni modo, come argomenta Nicola De Blasi (2016, 145), "prima di chiamare in causa il "pirandellismo" di Eduardo, si dovrebbe considerare che probabilmente, agli occhi di Eduardo, a essere "pirandelliana" è in primo luogo la realtà".

Volendo, poi, considerare la scena dell'"apparizione" di Armida, col corteo dei suoi familiari, l'equivalente parodico di quella dei sei personaggi pirandelliani, ci sembra opportuno ricordare come la parodia sia una forma particolare di intertestualità. Essa, infatti, "permette a chi la pratica di tenere le distanze" dal modello, ovvero "di concentrarsi sull'opera ammirata" pur restandone "indipendente" (Sangsue 2006, 80). In altre parole, il parodiante riconosce il valore dell'opera che andrà a parodiare, nutre comun-

---

[31] http://napolidieduardo.blogspot.it/2017/08/eduardo-colloquio-con-pirandello-un.html (ultimo accesso 22/2/2018). (Si rinvia, nel presente saggio, alla nota 39). Alcuni passi del *Colloquio* sono riportati da Giammusso 2004, 138-139. Si vedano anche Barsotti 2003, 47-52; e De Blasi 2016, 96.

que rispetto e ammirazione per il modello, ma da esso può allontanarsi liberamente, per esempio, introducendo aspetti comici là dove non ve n'erano, trasformando, sovvertendo, ecc.

Il punto di partenza è importante e la tradizione è il punto d'ogni partenza. Il teatro nasce dalla "Tradizione", sostiene Eduardo, da ciò che gli altri hanno lasciato prima di noi; e funziona da "trampolino di lancio" per le nuove generazioni: "[...] tutti noi uomini di teatro viventi siamo momenti generati da momenti precedenti e che a nostra volta generiamo momenti della futura evoluzione teatrale, la quale, secondo me, cesserà soltanto con la fine dell'umanità" (Quarantotti De Filippo, a cura di, 1985, 169). Pertanto anche "la vita che continua è la Tradizione":

> Se un giovane sa adoperare la tradizione nel modo giusto, essa può dargli le ali. E qual è il modo giusto? È lo studio, l'approfondimento delle esperienze di chi ha vissuto prima di lui. Solo dopo aver studiato, approfondito e rispettato la tradizione si ha il diritto di darle un calcio e metterla da parte, sempre però con la consapevolezza che le siamo debitori, per lo meno, d'avere contribuito a chiarirci le idee. (Eduardo, in Calcagno 2014, 39)

Il teatro nasce dall'esperienza della vita e dai casi insoliti, singolari, provocatorî che essa offre: gli elementi che hanno influenzato il suo lavoro di autore/attore sono, per sua testimonianza, "La vita, l'umanità, la natura, la strada", ma soprattutto "la *sua* reazione ad esse" (Eduardo, in Quarantotti De Filippo, a cura di, 1985, 169). Può sembrare un limite, rispetto alle differenti avanguardie teatrali europee; ma Eduardo, facendo proprio (forse involontariamente) un assunto di Pirandello, espresso nell'*Avvertenza sugli scrupoli della fantasia*,[32] stabilisce il primato dell'imprevedibilità della vita sulla fantasia umana:

---

[32] Pirandello, *Avvertenza sugli scrupoli della fantasia*. Titolo originale: *Gli scrupoli della fantasia*, in *L'Idea nazionale*, 22 giugno 1921; poi, col titolo mutato, in appendice al romanzo *Il fu Mattia Pascal* (1904) a partire dall'edizione Bemporad del 1921.

Non si può avere più fantasia della vita. Come si può avere più fantasia di quello che succede nel mondo? Al mondo succedono cose imprevedibili, e basta guardarsi intorno e cogliere quei momenti da trasporre in una commedia, o farli diventare una commedia. Basta questo: uno spirito di osservazione e un'attitudine a sacrificarsi a tavolino per trattare l'argomento [...] captato nella vita, [...] mostrato dalla vita. Per esempio, *Questi fantasmi* nacque così: quando ci riunivamo fra amici, veniva a casa un signore con la barba che sosteneva di essere un esperto di sedute spiritiche. Per persuadermi mi raccontava che tornando a casa sua, spesso, incontrava un signore che usciva e lo salutava dicendo di essere un fantasma. "Ma lei è sposato?" gli domandai. "Sì" rispose. "E sua moglie che cosa dice?" gli chiesi. "Ah, lei non se ne accorge" spiegò lui. Capisce? Da qui mi venne l'idea per *Questi fantasmi*. (Eduardo, in Calcagno 2014, 16).

Inoltre, come Pirandello, è del limbo che Eduardo vuol parlare. Il limbo è uno stato liminare, è lo stato di chi vive in una condizione di incertezza, di sospensione, di attesa. Se per Pirandello il limbo può coincidere con lo stato dell'uomo "fuori di chiave", con colui che "ha capito il giuoco", oppure, su un altro piano, con la condizione dei personaggi in cerca d'autore, per De Filippo è l'atteggiamento del Lojacono ad essere "limbico" (perciò Eduardo insiste col dire che "i fantasmi siamo noi") . Raffaele La Capria ha posto a se stesso e ai lettori un quesito a tal proposito significativo:

> Pasquale Lojacono è davvero l'anima in pena, stralunata e innocente di un napoletano dei nostri giorni che non sa come fare a campare, o è, insieme, la figura ambigua e insondabile di un uomo del Novecento che ha smarrito ogni senso della realtà? E le anime che lo circondano, l'anima perduta di sua moglie, l'anima nera del portiere, le anime innocenti o quelle dannate, quelle tristi o quelle irrequiete, sono la folla dei viventi, anime di quel Purgatorio che è Napoli, o sono tutte figure degli "altri" come appaiono dal punto di vista di chi non sa più chi è, né dove è, o come si dice, in quale mondo vive? (La Capria 1998, 120).

Del resto, afferma De Filippo, "Lo sforzo disperato che compie l'uomo nel tentativo di dare alla vita un qualunque significato", già di per sé, "è teatro" (Quarantotti De Filippo, a cura di, 1985, 146). Alla propria vita Eduardo un significato lo aveva dato e consisteva nell'incarnare i principî di onestà e lealtà, di rigore etico e professionale attraverso un'arte che gli consentisse di aderire alla realtà con sensibilità e preveggenza: "[Eduardo] È arte, è società, è un dito che punta", ha affermato il figlio Luca. Talvolta egli "era veramente preveggente. Un osservatore attentissimo di quello che gli accadeva intorno. I preveggenti sono quelli che hanno un dono dal cielo, Eduardo invece ha lavorato per diventare uno che vedeva cosa stava succedendo e cosa sarebbe successo" (Luca De Filippo, *Eduardo De Filippo*, in De Blasi e Sabbatino, a cura di, 2015, 23).

Se poi esaminiamo il rapporto che aveva con gli attori della sua compagnia, non possiamo non ammirare il potere coesivo esercitato dalle sue virtù d'uomo e di artista:

> Il comportamento di Eduardo non era severo, era serio; e la sua serietà consisteva in una grande capacità di concentrazione, in un grado elevatissimo di "presenza", che nasceva dall'interesse autentico e disinteressato (non è una contraddizione in termini) per quello che faceva. Non recitava alcun ruolo. Non faceva la parte del vecchio artista che paternalisticamente dispensa ai giovani il segreto della propria arte ed esperienza (di una simile figura aveva tracciato un ritratto feroce nella commedia *Uno coi capelli bianchi*); né sfruttava quella circostanza per qualche scopo diverso da un interesse intrinseco. Era tutto *dentro* al suo impegno. [...] Era proprio la concretezza del suo approccio, sostenuta da una grande competenza, che gli permetteva di ottenere tutto ciò che voleva da chi aveva la fortuna di lavorare con lui. (Paola Quarenghi, *La lezione di Eduardo De Filippo*, in Testoni, a cura di, 2005, 115-126; cit. 121-122)

La ricerca della verità era la forza trainante del suo impegno diuturno; essa corrispondeva, a suo giudizio, al più potente strumento di demistificazione e di denunzia. La verità, lungi dall'essere un principio teologico-filosofico, coincide con ciò che non è manifesto, ciò che si cela dietro le apparenze della realtà.[33]

> L'insistenza di Eduardo nel descrivere fedelmente sul palcoscenico la vita ha portato la critica a definirlo come neorealista, ma non bisogna assolutamente fermarsi a questo giudizio che segnerebbe una limitazione alla sua arte.
> [...] Le scene che fanno da specchio della vita sono arricchite dalla ricerca della verità, di una verità che dia un significato alla vita di tutti i giorni, o che ne scopra e ne denunci le bugie, le falsità e gli inganni. È questo che vuole dire Eduardo quando parla di "immagini palpitanti di verità; di una verità che abbia dentro pure qualcosa di profetico". E con questa volontà, rientra nella tradizione dell'artista-vate, come concepito nell'antichità.
> (Fiorenza Di Franco, *Oltre i pregiudizi*, in Moscati 2014, 68-77; cit. 76)[34]

Tale spirito "profetico" sorge da sensibilità, inclinazione e passione. Passione intesa come viva partecipazione dell'animo che ama e soffre. Questo è un altro punto di contatto significativo tra i due autori; tuttavia, ognuno vive la passione a suo modo, mostrando i differenti volti del *daímōn* creativo. Ecco quanto scriveva Pietro Lissia il 26 gennaio 1933 su "L'impero" a proposito dell'intensa partecipazione emotiva e affettiva di Pirandello alla rappresentazione di *Trovarsi* (1932), dramma dedicato a Marta Abba, sua musa ispiratrice, che ne è l'interprete principale. Da tale descrizione traspare tutta la vivacità interiore e la passione di Pirandello per il suo teatro. Impeto e zelo, furore e assidua vigilanza sono un tutt'uno:

> L'acuto sguardo di Luigi Pirandello s'affonda, dal buio del suo palchetto, sulla folla che assiste ad una replica del suo *Trovarsi*. E pare che penetri come un succhiello nel cervello d'ogni

---

[33] Si ricordi la battuta del mendace Gastone Califano a Maria: "Come siamo diversi da quello che sembriamo... E come le aspirazioni o il nostro carattere devono subire modifiche non appena l'esperienza della vita ci mette a contatto della realtà" (QF 54).
[34] Vd. anche Di Franco 1984.

spettatore ad accertare quanto vi giunga del senso delle parole che le sue creature dicono, oltre l'arco scenico.

Si vede che il poeta segue con agitazione ed ansia ora la rappresentazione del mistero, ora il pubblico in ascolto. E che una specie d'oscuro dolore agiti il creatore potente e lo scuota, ora che la sua più recente opera è seguita con tanta sospensione di animi, nel teatro attento, più di quanto non ne dovesse premere il suo animo—all'atto del concepimento—la dolorosa ansia della creazione.

[...] Pare che dal suo palchetto di destra egli muova i fili dell'azione, accompagni per mano gli attori, ne diriga e corregga i gesti, ne sottolinei le parole, ne rafforzi, quand'occorra, o ammorbidisca i toni.

Basta sorprendere quest'uomo universalmente riconosciuto come il più potente e originale scrittore di teatro di questo quarto di secolo, quest'Accademico d'Italia, rappresentato, applaudito e imitato in tutto il mondo, nell'umiltà ingenua di questo abbandono, per comprendere l'assoluta e schietta sincerità della sua arte.
(Pietro Lissia, "Colloquio con Luigi Pirandello", 1923, in Pupo 2002, 504)

La lettera seguente di Pirandello, inviata alla famiglia da Roma, il 4 dicembre 1887, mette in luce l'ardore per il teatro da lui sperimentato sin dalla giovinezza nell'animo e nel corpo:

Ieri sera sono stato al teatro Valle [...]. Oh il teatro drammatico [...]. Io non posso penetrarvi senza provare una viva emozione, senza provare una sensazione strana, un eccitamento del sangue per tutte le vene. Quell'aria pesante che vi si respira, gravemente odorata di gas e vernice, mi ubriaca; e sempre a metà della rappresentazione io mi sento preso dalla febbre, e brucio. (Pirandello 1993a, 150-151).

Una passione, dunque, che è una "perturbazione" dell'animo (l'etimo latino lo rivela), che può giungere, secondo il sentire di Pirandello, a una veemenza estrema, "folle", come leggiamo in una lettera del Pirandello studente "renano", inviata da Bonn alla famiglia il 19 marzo 1890:

> Io scrivo per naturale necessità, per bisogno organico – perché non potrei farne a meno. [...] La vanità non ci entra che per piccolissima parte, ad opera finita, ed è sempre quella che mi fa commettere la sciocchezza di pubblicare ciò che io solo sono in grado di sentire, perché è viva parte di me, è me stesso, la mia vita non vissuta, ma trasfusa in un fantasma che mi sostituisce in un mondo ideale. Ah miei cari, è bene una follia, questa che chiamiamo Arte, una follia! E io son suo, tutto suo, per sempre suo! (Pirandello 1984, 101).

Ricordiamo anche ciò che Pirandello espresse in un'altra lettera, quella inviata nel dicembre del 1893 ad Antonietta Portulano, sua futura moglie, un po' perplessa di fronte al fervore per l'arte che pervadeva l'animo del suo fidanzato (e la perplessità sarebbe durata per il resto della loro unione):[35]

> È impossibile che tu non mi intenda, Antonietta mia, e non mi segua per questa via nobilissima per cui la sorte volle mettermi: la via dell'Arte. Tu ti scalderai meco a questo fuoco purissimo, e il tuo cuore s'allargherà alla visione del mio alto ideale. Della tristezza che spesso l'Arte procura, tu mi ricompenserai col tuo amore [...]. Ho anch'io come vedi la mia religione, e nessun devoto è mai stato e sarà più fedele di me e più puro. (Pirandello 1986, 213-215).

Di Eduardo, invece, conosciamo il radicamento alla realtà del palcoscenico, che era per lui culla e dimora, vissuta come dimensione accogliente e, sotto molti aspetti, rassicurante: "La mia vera casa è il palcoscenico, là so esattamente come muovermi, cosa fare: nella vita, sono uno *sfollato*" (Quarantotti De Filippo, a cura di, 1985, 148). Ecco come l'Autore narra la sua prima esperienza di spettatore e, *in nuce*, di attore e regista:

> Avevo sei, sette anni e passavo giornate e serate intere a teatro. Essendo figlio d'arte mi riusciva facile farlo. Una commedia,

---

[35] Vd. Giudice 1963, 166-173.

o dalle quinte, o da un angolo di platea, o con la testa infilata tra le sbarre della ringhiera del loggione, o da un palco me la vedevo chissà quante volte. Ricordo con chiarezza che perfino gli attori che più ammiravo e che più mi entusiasmavano, come mio padre Eduardo Scarpetta o Pantalena o la splendida Magnetti, suscitavano in me pensieri critici. "Quando farò l'attore io, non parlerò così in fretta", oppure: "Qui si dovrebbe abbassare la voce", oppure: "Prima di quello strillo ci farei una pausa lunga almeno tre fiati".

Ma allora, perché restavo là inchiodato ad ascoltare, dimenticando ogni altra cosa? Perché, forse senza saperlo, io che ero appena arrivato nel mondo del teatro, stavo servendomi del punto di partenza fornitomi da quegli artisti per muovere i miei primi passi, per cercare e trovare me stesso, il mio stile... (Brano tratto dalla Conferenza inaugurale dello Studio Internazionale dello Spettacolo, organizzato dall'Istituto di teatro e spettacolo dell'Università di Roma a Montalcino; in Quarantotti De Filippo, a cura di, 1985, 107-108)

Il linguaggio dell'arte è un ponte con l'umanità del pubblico; l'autore, che asseconda il proprio talento e la propria volontà di dialogo, deve mostrare una profonda consapevolezza del messaggio insito nell'opera per raggiungere la mente e il cuore dei suoi destinatari. Vediamo come si sono espressi, a tal proposito, i nostri due autori: il teatro, asserisce Pirandello,

> è il mezzo più diretto e certo per parlare al popolo. Ma non ci si deve servire di esso, appunto perché così potente e allucinante, che per dire delle cose umane e sentite. Avvicinarsi alle platee stipate di volti tesi, poi parlare, uomo agli uomini, non per fare esercitazioni letterarie che non possono essere che insincere. Quando lo scrittore è arrivato ai quarant'anni non può più misurarsi per accertare se siano efficaci i mezzi di espressione. Deve avere qualcosa da dire, se non vuol compiere opera sterile.
> Io sono fedele a questi principi e il mio teatro, di questa fedeltà assoluta, è il testimonio e il documento.[36]

---

[36] Pietro Lissia, *Colloquio con Luigi Pirandello*, *L'impero*, 26 gennaio 1923 (le parole di Pirandello sono mediate dall'intervistatore), in Pupo (a cura di) 2002, 504-509; cit. 508.

Assunta De Crescenzo • "Tra personaggi, fantasmi e attori"

Dal canto suo, Eduardo esprime la volontà di raggiungere, e poter raggiungere, tutti:

> Io scrivo per tutti: ricchi, poveri, operai, professionisti... tutti, tutti! belli, brutti, cattivi, buoni, egoisti... Quando il sipario si apre sul primo atto d'una mia commedia, ogni spettatore deve potervi trovare una cosa che gli interessa. E alla fine, mentre li ringrazio degli applausi, la mia gioia è sapere che uscendo dalla platea ognuno si porterà via con sé qualche cosa che gli sarà utile nella vita di ogni giorno. (Quarantotti De Filippo, a cura di, 1985, 142)[37]

Vogliamo concludere questa nostra disamina, rapida e sicuramente non esauriente di fronte alla complessità dell'opera dei due autori, con il suggestivo dialogo immaginario, scritto da Eduardo alcuni mesi dopo la scomparsa del Maestro, che rievoca, a mo' di omaggio e al contempo preghiera, il secondo dei pirandelliani *Colloquii coi personaggi*. Al 1933 risaliva l'incontro tra i due; Eduardo aveva proposto al celebre drammaturgo di trarre una *pièce* teatrale dalla novella *L'abito nuovo*. Insieme avevano approntato la sceneggiatura che Eduardo volse in dialetto napoletano. Purtroppo, il 10 dicembre 1936 Pirandello morì senza veder rappresentata la commedia, provocando in Eduardo il forte rammarico di aver atteso troppo per metterla in scena. Ma ecco, in occasione della decima prova del dramma, un'Ombra si presenta in scena alla stregua dei sei personaggi. Seguiamo il racconto che ne fa Eduardo:

> Non ricordo quale scrittore si sia interessato ed abbia descritto la desolazione che desta un palcoscenico, dopo la rappresentazione o dopo una prova, quando gli attori uno alla volta, o a spiccioli gruppi, lo abbandonano nella solitudine. Sì, mi pare di

---

[37] Per quanto concerne le scelte linguistiche di Eduardo, confrontate con quelle di Pirandello, si veda Nicola De Blasi, *Per un'indagine sull'italiano di Eduardo*, in De Blasi e Fiorino (a cura di) 2004, 99-126.

aver letto qualche cosa di simile. Ad ogni modo non è necessario che questo io l'abbia letto; l'interessante è che, affacciandosi questa immagine alla mia fantasia, mi convinco che, in tutti noi, esiste il "pensare involontario incontrollabile", che forma delle ombre vaganti nella nostra mente, alle quali non daremo mai vita e consistenza, per tema di dire delle cose vecchie. Eccomi al centro della ribalta, seduto accanto al tavolino del suggeritore. Sono le 14,45. Dieci minuti fa è terminata la prova de *L'abito nuovo*: sono stanco; la scena finale di Crispucci mi tiene ancora lì inchiodato, tremante; non riesco a staccarmi dal personaggio...

[...] Una cantinella è caduta: ha lasciato un vuoto tra le altre che si agitano come se dietro di loro qualche cosa le spingesse per farsi largo e uscirne. Ma si muovono sul serio? Mi avvicino per assicurarmi, ed osservo, infatti, che le liste di legno resistono allo sforzo. Adesso sono io stesso che, proprio in quel punto, faccio spazio.

— Ma, è Lei, Maestro?...

Infatti tra il vuoto buio delle cantinelle, riconosco i suoi occhi che mi fissano.

— Maestro, La prego, non mi guardi così! Piuttosto mi tiri uno schiaffo, ma mi comprenda. Su tutti i giornali non si è parlato di altro, da tre mesi... L'ultima volta che ci vedemmo, fu al Quirino di Roma, per leggere alla compagnia *L'abito nuovo*; anzi ricordo che Lei fu contentissimo di risentire il lavoro e disse di averne ricevuto una forte impressione. Prendemmo appuntamento per il lunedì, per cominciare insieme le prove: ma suo figlio Stefano mi telefonò, pregandomi di rinviare per una Sua lieve indisposizione. Il giorno 10 seguente la Radio annunziava la Sua morte. Suo figlio Stefano ha pianto fra le mie braccia, e creda pure, solamente ora ho avuto la forza di riprendere il "copione" e di rimettere in prova la commedia. Glielo confesso, sì, l'ho creduto anch'io, anche perché Lei non mi ha più scritto... Il suo disinteresse me lo ha fatto credere: ora La vedo qui e non posso negare il mio stupore; anzi, Maestro, La prego, segga con me, accanto al tavolino, mi onori ancora della sua benevolenza, e mi permetta di ricostruire i nostri rapporti passati... Mi aiuti Lei a staccare la realtà dalla finzione.

[...] Oggi sono alla decima prova della commedia e Lei è qui. Giuro, anche nei giorni scorsi Lei era qui. Mi suggeriva le intonazioni; l'ho vista vibrare e vivere la parte insieme a me. Qualche volta mi ha detto pure: "Bravo!". Non c'è dubbio: Lei è qui! Ora mi guarda sorridendo. "Grazie!". Ed allora se mi ha perdonato, io trovo il coraggio per dirLe: "Sono stato uno sciocco, non dovevo crederlo, perché quando nella vita si assume la parte di *Pirandello*, non si muore. Io nella vita ho assunto la parte di attore e allora posso non credere alla Sua morte... Maestro, per amor di Dio, venga a tutte le prove; ho bisogno della Sua assistenza; e, per carità, non mi manchi alla prima rappresentazione!

(Eduardo, "Colloquio con Pirandello, alle prove de *L'abito nuovo*", in *Scenario*, aprile 1937)[38]

Ed ecco l'*incipit* del secondo *Colloquio* di Pirandello, nel quale l'Autore incontra la madre, scomparsa alla fine dell'agosto 1915 ad Agrigento (Pirandello dimorava da tempo a Roma e non fu presente al triste evento):

E m'è avvenuto, accostandomi per la prima volta all'angolo della stanza ove già le ombre cominciano a vivere, di trovarvene una che non m'aspettavo, ombra solo da jeri.
– Ma come, Mamma? Tu qui?
[...] Curva, tutta ripiegata su se stessa per schermire gli spasimi interni, con le pugna sui ginocchi e su le pugna la fronte, sta qua, su quel suo seggiolone che le ricorda tutte le cure della casa e il tormento dei lunghi pensieri nell'ozio forzato, i viaggi dell'anima tra le memorie lontane e il lungo soffrire e anche, sì, le sue ultime gioje di nonna.

---

[38] La commedia fu rappresentata al Teatro Manzoni di Milano il 1° aprile 1937. "È un'evocazione affettuosa, che introduce il racconto della straordinaria collaborazione fra i due più grandi autori del teatro italiano del Novecento" (Giammusso 2004, cap. 8, *Pirandello*, in part. 136-140; cit. 136-137). Con alcune modifiche, ripubblicato in *Eduardo De Filippo e il Teatro San Ferdinando*, s.d. (ma 1954), a cura di Mario Mangini. La pubblicazione, edita da Eduardo e con il contributo di numerosi autori, attori, critici e personalità dello spettacolo e della cultura (compresi lo stesso Eduardo e Pirandello), rispondeva al suo desiderio di celebrare l'inaugurazione del teatro San Ferdinando, avvenuta nel 1954; il teatro, distrutto dai bombardamenti, era stato ricostruito da Eduardo: nacque la "Scarpettiana", "compagnia deliziosa" che ebbe "anche il merito di aver formato ottimi attori e attrici" (Quarantotti De Filippo 1985, VIII). Si veda anche il sito Web http://napolidieduardo.blogspot.it/2017/08/eduardo-colloquio-con-pirandello-un.html (ultimo accesso 22/2/2018), che è la fonte da cui abbiamo tratto la citazione; la trascrizione dal cartaceo è stata effettuata da Bruno Esposito, curatore del *blog*.

Alla mia domanda:
- Ma come, Mamma? Tu qui?
alza la fronte dai ginocchi e mi guarda con quegli occhi che hanno ancora la luce dei venti anni ma in un bianco volto molle e smunto dal male e dall'età; mi guarda e m'accenna di sì, che è voluta venire per dirmi quello che non poté per la mia lontananza, prima di staccarsi dalla vita.
(NpA, III, Appendice, 2687-2688)

Entrambi gli autori hanno ricevuto onorificenze e riconoscimenti; la loro opera, poliedrica quanto a genere, a stile e linguaggio, è stata punto di riferimento per generazioni di attori e registi, studiosi e scrittori non solo di teatro, linguisti e traduttori di tutto il mondo. Eduardo, poi, si è cimentato con la regia lirica, con il cinema e la televisione;[39] ha fondato la Scuola di drammaturgia, prima a Firenze e poi a Roma, presso l'Università La Sapienza. Non dimentichiamo la sua militanza politica (apparteneva al gruppo della Sinistra indipendente),[40] il suo impegno verso i giovani detenuti nel carcere di Nisida e la battaglia contro la devianza minorile: nominato senatore a vita il 26 settembre 1981,[41] si è sempre schierato a sostegno dei ragazzi appartenenti alle fasce più indigenti della popolazione napoletana, quelli, cioè, più vulnerabili di fronte agli allettamenti della sirena dell'illegalità. "Nessun altro drammaturgo novecentesco, da noi", riflette Puppa, "compreso lo stesso Pirandello, ha goduto di un simile carisma in vita, nessun altro ha visto i suoi testi contesi da committenze straniere, invitati in memorabili interpretazioni all'estero: basti pensare all'incontro tra Laurence Olivier e *Sabato, domenica e lunedì* nel 1973" (Puppa 2003, 100).[42]

---

[39] Si veda in proposito Antonella Ottai, *Le esperienze radio-televisive di Eduardo*, in Testoni (a cura di) 2005, 127-139.
[40] Per approfondimenti, vd. Maurizio Giammusso, *Eduardo De Filippo e il potere politico*, ivi, 15-34.
[41] Vd. in merito Franco Asciutti, *Eduardo De Filippo e il Senato*, ivi, 3-14.
[42] Sui rapporti di Eduardo con i grandi drammaturghi d'Oltralpe e col mondo anglofono, vd. Agostino Lombardo, *Da Napoli al mondo*, in Giammusso 1994, 7-

"Non so quando le mie commedie moriranno e non mi interessa: l'importante è che siano nate *vive*": queste le parole di Eduardo, annotate nel 1970, come ricorda la moglie Isabella Quarantotti De Filippo (1985, 142; c.vo nostro). Il teatro di Eduardo e quello di Pirandello sono più vivi che mai e hanno ancora molto da dire. Entrambi gli autori hanno comunicato, sperimentato e persino rischiato attraverso le loro opere: la loro presenza ha rivoluzionato il mondo dell'arte. A noi resta la grande responsabilità di far fruttare questo patrimonio d'amore e di cultura, preservandone il profondo, provocatorio messaggio di libertà, tra la realtà della scena e la realtà dell'esistenza.

Testi Citati

Abbreviazioni: NpA (Pirandello 1994); QF (De Filippo 1971)
Alonge, Roberto. 1986. *Le messinscene dei "Sei personaggi in cerca d'autore"*, in Id., *Testo e messinscena in Pirandello*. Firenze: La Nuova Italia.
Artioli, Umberto. 1989. *L'officina segreta di Pirandello*. Roma-Bari: Laterza.
Barbina, Alfredo. 1980. *La biblioteca di Luigi Pirandello*. Roma: Bulzoni.
Barsotti, Anna. 2003. *Eduardo*. Torino: Einaudi. (Cofanetto con videocassetta).
_____. 2018. *Eduardo De Filippo o della comunicazione difficile*. Bologna: Cue Press.
Blavatsky, Helena Petrovna. 2017. *The Key to Theosophy* (1889). North Charleston SC (USA): Create Space Independent Publishing.
Bruno, Sergio (a cura di). 2013. *Eduardo e il suo Monologo tra cinema, teatro e storia*. Soveria Mannelli: Rubbettino.
Calcagno, Paolo. 2014. La *vita è dispari. Intervista a Eduardo: "'A nuttata nunn'è passata"*. Prefazione di Dario Fo. Napoli: Pironti.

19; Lombardo, 2004; e Rotondi 2012, cap. III, *"Questi fantasmi!": dal debutto a Oxford a "The Souls of Naples" e la sfida di Eduardo in inglese a Napoli*, 117-145. Sulla fama di Eduardo nel mondo e sulle traduzioni nelle diverse lingue, vd. Giammusso, *Eduardo dopo Eduardo*, in Id. 1994, 21-31; Gargiulo 2010 (che offre la prima traduzione inglese de *Gli esami non finiscono mai*, 1973); e ancora De Blasi e Sabbatino (a cura di) 2015. Esiste anche una versione a fumetti delle commedie di Eduardo: si veda, ad esempio, *Eduardo. Il Teatro a fumetti* (1998/2003), Edizione "Gold" a colori (cofanetto con 1. *Natale in casa Cupiello*; 2. *Questi fantasmi*; 3. *Filumena Marturano*), con una breve presentazione di Luca De Filippo e un glossario in appendice. Scafati: Elledi '91.

Capuana, Luigi. 1995. *Mondo occulto* (1896). A cura di Simona Cigliana. Catania: Edizioni del Prisma.

Cigliana, Simona. 2005. *Pirandello e l'ombra metafisica dei personaggi*, in "Studi italiani", anno XVII, fasc. 2 (luglio-dicembre), 103-122.

De Blasi, Nicola. 2016. *Eduardo*. Roma: Salerno Editrice.

De Blasi, Nicola e Tonia Fiorino (a cura di). 2004. *Eduardo De Filippo scrittore*. Giornata di studio (20 marzo 2001), Università degli Studi di Napoli "Federico II". Napoli: Libreria Dante & Descartes.

De Blasi, Nicola e Pasquale Sabbatino (a cura di). 2015. *Eduardo De Filippo e il teatro del mondo*. Milano: Franco Angeli.

De Crescenzo, Assunta. 2005. "L'epopea dello spirito. L'*umorismo* di Bruno e Pirandello", in *Studi italiani*, anno XVII, fasc. 2 (luglio-dicembre), 83-102.

_____. 2010. "Le dimensioni ulteriori dell'immaginazione. La teosofia di Pirandello", in *Il Veltro. Rivista della Civiltà Italiana*, 1-2, Anno LIV, gennaio-aprile, 79-86.

_____. 2011. "Il tourbillon spiritistico. Arcane note, tavolini danzanti e controcanto di Baby nella Napoli *fin de siècle*", in *Del nomar parean tutti contenti. Studi offerti a Ruggiero Stefanelli*. A cura di Pasquale Guaragnella, Maria Beatrice Pagliara, Pasquale Sabbatino, Leonardo Sebastio. Bari: Progedit, 558-588.

_____. 2016. "Un antidoto al dolore. Strategie di sopravvivenza nelle novelle di Luigi Pirandello", in *"Dire il dolore": Scrittori e poeti italiani interpreti dell'esperienza umana. Itinerari tra XVI e XXI secolo*. A cura di Nikica Mihaljević e Laura Toppan. Neuville-sur-Saône: Éditions Chemins de Tr@verse, 45-59.

De Filippo, Eduardo. 1971. *Questi fantasmi!* (1946). Torino: Einaudi.

_____. 1986. *Lezioni di teatro all'Università di Roma "La Sapienza"*. A cura di Paola Quarenghi. Torino: Einaudi.

_____. 2004. *Le poesie* (1975). Introduzione di Roberto De Simone. Torino: Einaudi.

_____. 2005. *Teatro. Cantata dei giorni dispari*. Edizione critica e commentata a cura di Nicola De Blasi e Paola Quarenghi. 3 voll. Milano: Mondadori (I Meridiani), vol. III, t. I.

De Matteis, Stefano. 2012. *Napoli in scena. Antropologia della città del teatro*. Prefazione di Goffredo Fofi. Roma: Donzelli.

Di Franco, Fiorenza. 1984. *Le commedie di Eduardo*. Bari: Laterza.

Evreinov, Nicolaj. 2013. *The Theatre in Life* (1927). Mansfield Centre CT (USA): Martino Publishing.

Gargiulo, Jennifer. 2010. *"Vivere sul serio": Eduardo De Filippo and the Art of Life*. Leipzig: VDM Verlag Dr. Müller.

Giammusso, Maurizio. 1994. *Eduardo da Napoli al mondo*. Milano: Mondadori.

———. 2004. *Vita di Eduardo*. Roma: Elleu Multimedia.

Giudice, Gaspare. 1963 (rist. 1980). *Luigi Pirandello*. Torino: UTET.

Illiano, Antonio. 1982. *Metapsichica e letteratura in Pirandello*. Firenze: Vallecchi.

Krysinski, Wladimir. 2017. *Pirandello et les nouvelles esthétiques théâtrales*, in *Pirandello oggi. Intertestualità, riscrittura, ricezione*. A cura di Anna Frabetti e Stefania Cubeddu-Proux. Fano: Metauro.

La Capria, Raffaele. 1998. *Il cattivo Eduardo*. A cura di Italo Moscati. Venezia: Marsilio.

Lombardo, Agostino. 2004. *Eduardo e Shakespeare. Parole di voce e non d'inchiostro*. Roma: Bulzoni.

Macchia, Giovanni. 1981. *Pirandello o la stanza della tortura*. Milano: Mondadori.

Manotta, Marco. *Luigi Pirandello*. 1998. Milano: Bruno Mondadori.

Moscati, Italo. 2014. *Eduardo De Filippo. Scavalcamontagne, cattivo, genio consapevole*. Roma: Ediesse.

Piedimonte, Antonio Emanuele. 2013. *Spiritismo a Napoli. La Belle Époque dei fantasmi*. Torre del Greco: ESA.

Pirandello, Luigi. 1984. *Lettere da Bonn. 1889-1891*. Introduzione e note di Elio Providenti. Roma: Bulzoni.

———. 1986. *Lettere d'amore di Luigi ad Antonietta*. A cura di Alfredo Barbina, in *Ariel*, I, 3, 211-229.

———. 1988[10]. *Tutti i romanzi*. A cura e con una Introduzione di Giovanni Macchia. Note ai testi e varianti a cura di Mario Costanzo. 2 voll. Milano: Mondadori (I Meridiani).

———. 1993a. *Lettere giovanili da Palermo e da Roma. 1886-1889*. Introduzione e note di Elio Providenti. Roma: Bulzoni.

———. 1993b. *Saggi, poesie, scritti varii* (1960). A cura di Manlio Lo Vecchio-Musti. Milano: Mondadori (I Classici contemporanei italiani).

———. 1994. *Novelle per un anno* (1922). A cura e con un saggio di Pietro Gibellini. 3 tomi. Firenze: Giunti.

———. 1995. *L'umorismo* (1908). Introduzione di Nino Borsellino. Prefazione e note di Pietro Milone. Milano: Garzanti.

———. 2007. *Maschere nude* (1918). A cura di Alessandro D'Amico. 4 voll. Milano: Mondadori (I Meridiani).

———. 2014. *Sei personaggi in cerca d'autore* (1921). A cura di Guido Davico Bonino. Torino: Einaudi.

Pupino, Angelo Raffaele. 2000. *Pirandello. Maschere e fantasmi*. Roma: Salerno Editrice.

Pupo, Ivan (a cura di). 2002. *Interviste a Pirandello. "Parole da dire, uomo, agli altri uomini"*. Prefazione di Nino Borsellino. Soveria Mannelli: Rubbettino.

Puppa, Paolo. 2003. *Il teatro dei testi. La drammaturgia italiana del Novecento*. Torino: UTET.

———. 2011. *Racconti del palcoscenico. Dal Rinascimento a Gadda*. Napoli: Liguori.

Quarantotti De Filippo, Isabella (a cura di). 1985. *Eduardo. Polemiche, pensieri, pagine inedite*. Milano: Bompiani.

Quarenghi, Paola (a cura di). 1995. *Lo spettatore col binocolo. Eduardo De Filippo dalla scena allo schermo*. Roma: Kappa. (Con DVD).

Rotondi, Armando. 2012. *Eduardo De Filippo tra adattamenti e traduzioni nel mondo anglofono*. Prefazione di Joseph Farrell. Napoli: ESI.

Sangsue, Daniel. 2006. *La parodia* (1994). Traduzione e cura di Fabio Vasarri. Roma: Armando.

Scotti, Massimo. 2013. *Storia degli spettri. Fantasmi, medium e case infestate fra scienza e letteratura*. Milano: Feltrinelli.

Testoni, Elio (a cura di). 2005. *Eduardo De Filippo*. Atti del Convegno di studi sulla drammaturgia civile e sull'impegno sociale di Eduardo De Filippo senatore a vita. (9 novembre 2004 – Roma, Sala conferenze della biblioteca "Giovanni Spadolini"). Soveria Mannelli: Rubbettino.

Todorov, Tzvetan. 2000. *La letteratura fantastica* (1970). Milano: Garzanti.

Todorović, Dušica. 2016. *Dare senso al dolore. A proposito di alcune novelle pirandelliane*, in *"Dire il dolore": Scrittori e poeti italiani interpreti dell'esperienza umana. Itinerari tra XVI e XXI secolo*. A cura di Nikica Mihaljević e Laura Toppan. Neuville-sur-Saône: Éditions Chemins de Tr@verse, 61-85.

Tomasello, Dario. 2014. *Eduardo e Pirandello. Una questione "familiare" nella drammaturgia italiana*. Roma: Carocci.

Vicentini, Claudio. 1985. *L'estetica di Pirandello* (1970). Milano: Mursia.

———. 1993. *Pirandello. Il disagio del teatro*. Venezia: Marsilio.

La Palermo mediterranea di Santo Piazzese

Cinzia Gallo

Palermo è "un mosaico fluido"[1] (Piazzese, *Trilogia di Palermo*: 11): Santo Piazzese usa questa metafora che, da una parte evidenzia il carattere composto della città, dall'altra la sua estrema mutevolezza, simile a quella delle città postmoderne, all'inizio della *Trilogia di Palermo*. Essa, sfuggendo a qualsiasi stereotipo, può, allora, "essere raccontata solo per frammenti. Per punti di vista soggettivi" (Piazzese, *Trilogia di Palermo*: 11). Ecco, dunque, che Niels Bohr, nel racconto *Il viaggio segreto di Niels Bohr a Palermo*, sottolinea, nei palermitani, la loro "piccola vena di sfrontatezza mediterranea [...] lontana dal carattere scandinavo". Gli spazi, dunque, eserciterebbero una funzione modellizzante. La città, del resto, si presenta con dei tratti propri, inconfondibili: "Qui la luce ha una qualità che non ho mai trovato in nessun altro luogo. E questo è subito evidente a chi scende dalle mie latitudini; [...] c'è pure una qualità speciale di oscurità; anche il buio qui ha una personalità unica". Ma Palermo è pure una città dai mille contrasti, si passa "dal paradiso all'inferno nel giro di pochi metri": da una parte quartieri opulenti, eleganti, dall'altra "casupole cadenti, fango, rovine. Miseria. [...] Uomini senza speranza e vecchi che riuscivano ancora a proiettare un senso estremo di dignità". Da qui una larvata polemica: "E tutto questo a pochi passi dai simboli trionfanti dei due vostri massimi poteri: il Palazzo del Parlamento e la Cattedrale. Due poteri che sembrano vivere una perfetta simbiosi. [...] Se qualcosa del genere esistesse nella mia Copenaghen, i giornali e l'opinione pubblica non darebbero tregua alla nostra classe politica, fino a spazzarla via, e persino la monarchia sarebbe a rischio".

---

[1] La tendenza di Palermo a cambiare, in linea con l'ottica postmoderna e con le strette relazioni esistenti fra *cityscape* e *mindscape*, sarà sottolineata anche da Roberto Alajmo (2005: 29).

Cinzia Gallo • "La Palermo mediterranea di Santo Piazzese

Una sottile polemica, alimentata da una fine ironia, serpeggia, anche, nella *Trilogia di Palermo*, con cui Piazzese ripropone, nel 2009, i romanzi *I delitti di via Medina-Sidonia, La doppia vita di M. Laurent, Il soffio della valanga*. Non a caso, del resto, come Consolo, si richiama a Sciascia pure Piazzese, secondo Traina "il primo romanziere siciliano a disegnare i contorni di una Palermo [...] cosmopolita, libera dall'opprimente retorica del sicilianismo o della sicilitudine, [...]"[2] (9). In effetti, Piazzese tende a smontare i tradizionali luoghi comuni sulla città ("Il bello è che Spotorno non c'entrava per niente. Mentre io, devo ammetterlo, qualche lieve seccatura l'avevo inflitta [...]. E poi dicono che noi siciliani siamo omertosi" [*Trilogia di Palermo*, 23-24]), il cui carattere mediterraneo è però in primo piano. Esso, che non è strettamente legato, comunque, a un contesto geografico[3], contraddistingue il cibo ("[...] capita che decida di lanciarmi in personali [...] interpretazioni della cucina mediterranea"; "Di lì a qualche anno la rivoluzione del fast food mediterraneo, [...] avrebbe colpito anche quell'ultimo baluardo [...]" [*Trilogia di Palermo*, 48; 735]), gli atteggiamenti e il modo di apparire ("Stava con un tipo mediterraneo, [...]" [88]), la lingua e le tendenze comunicative ("Certo, tra lui e Fifì, avevo messo insieme proprio un bel risultato, quanto a calda espressività mediterranea" [72]; "E tendeva a costruire le frasi mettendo il verbo alla fine, all'uso siculo" [109]; "[...] misi giù con la tipica imprecazione sicula, [...]" [114]), gli spazi ("Mio cognato Armando domina sulle terre, sulle acque, e sugli esseri viventi di questa specie di Montana mediterraneo, [...]" [142]), gli stati d'animo ("Vienna tetra, ed io disperatamente mediterraneo" [286]).

In primo piano è perciò, secondo una consolidata tradizione letteraria, lo Scirocco, che richiama la grande rilevanza assegnata

---

[2] Nel 2010, Marta Forno puntualizza: "E sempre l'ironia permette a Piazzese di [...] farsi gioco della sicilianità, o sicilitudine, di stereotipi letterari come il gallismo o il dongiovannismo [...]" (234).
[3] Piazzese afferma: "E i bernesi [...] Hanno il carattere quasi mediterraneo di certi birrai marxisti bavaresi, [...]" (*Trilogia di Palermo*, 190).

al paesaggio, fatto di odori e colori, interpretato, cioè, soggettivamente dall'io narrante. Secondo La Marca, alter ego di Piazzese, difatti, lo Scirocco, aspetto principale di Palermo, porta con sé gli odori dell'Africa, conferisce particolari colori agli elementi naturali ("il [...] viola delle montagne e l'oro che cola dalle pietre della Cattedrale, [...] le bordate rosso rubino [...] dietro le guglie di San Domenico" [*Trilogia di Palermo*, 19]), rende il mare di Mondello, tappa obbligata dei palermitani, da "documentario sui tropici [...] per via dei colori, [...]" (*Trilogia di Palermo*, 33) e mostra a Solunto, "quando [...] è secco", "tutta la costa tra capo Zafferano, Cefalù e oltre, fino ad Alicudi e Filicudi, sguainate contro la luce" (*Trilogia di Palermo*, 39), influisce sulla vita dei cittadini.[4] Le suggestioni letterarie rafforzano l'importanza degli elementi paesaggistici. Gli "ulivi saraceni" (*Trilogia di Palermo*, 142), in particolare, rimandano, attraverso Camilleri, di cui Piazzese si considera "un convinto estimatore" ("Santo Piazzese: un giallista di gran classe"), a Pirandello, strettamente collegato, in un certo qual senso, alla citata fluidità della città, confermata dalle notizie che l'io narrante fornisce sulla via Charlie Marx e sui Giardini Botanici Comunali[5], cui si

---

[4] "Prima di uscire avevo chiuso tutte le imposte. È la cosa migliore da fare con lo scirocco" (*Trilogia di Palermo*, 44); "[...] mi preparai il terzo pastis della giornata. [...] è proprio quello che ci vuole, con lo scirocco" (45); "Lo scirocco aveva preso completamente possesso della vecchia Palermo, sfoderando tutte le sue armi calibro 45° C, capaci di perforare qualunque corazza" (47); "[...] mi venne voglia di mettermi in alta uniforme. Lo scirocco risveglia drammaticamente il mio senso barocco della vita" (53); "Nonostante lo scirocco, c'era un bel po' di gente impegnata a macinare le quattro vasche domenicali nel salotto buono: tutte le ascisse e le ordinate della nostra zoologia sciroccale" (54).
[5] "Cercatela via Charlie Marx, sullo stradario. Non la troverete mai. [...] Ufficialmente la strada si chiamerebbe via Medina-Sidonia: così si può decifrare ancora oggi sulla targa, sotto la scritta via Charlie Marx, tracciata a colpi di vernice rossa, durante i moti del '71" (*Trilogia di Palermo*, 21); "Molti confondono i Giardini Botanici Comunali con l'Orto Botanico e l'ex-Giardino Coloniale. Niente di più sbagliato. L'Orto Botanico è quello di via Archirafi, accanto alla Villa Giulia. I Giardini Botanici Comunali, invece, cominciano subito dopo la via degli Orefici, da cui parte via Charlie Marx, che li costeggia per buona parte della loro estensione, [...]" (*Trilogia di Palermo*, 31).

oppone, però, la tendenza all'omologazione. Emblematico il caso della Kalsa:

> Fino a una ventina d'anni fa, gli unici nomi che si sentivano pronunciare erano quelli standard: Rosalia, Totuccio, Rosuccia, Maria, [...]. Oggi c'è la concorrenza dei varii Dimitri, Ivan, Vladimir e delle temutissime Samantha, Deborah, Sabrina, Sabina, [...]. Una volta ci fu pure una lite tra un padre teledipendente e un curato che si era rifiutato di imporre il nome di Geiar al neonato.
> (*Trilogia di Palermo*, 118)

Analogamente, la diffusione degli ipermercati ha progressivamente ridotto il giro di affari degli storici mercati (la Vucciria, il Capo, Ballarò, il Borgo, i Lattarini). L'io narrante disapprova esplicitamente tutto ciò, sottolineando l'importanza del cibo di strada, che "ha in Palermo la propria capitale mediterranea" (La Ferlita, 65): "E anche le panelle, i cazzilli, il cicirello, la mèusa, la frittola, 'u mussu, le stigliole, 'a quarumi, e tutto il resto, fra non molto, li troveremo solo nei menù dei ristoranti top class o sui banconi dei surgelati, importati dalla Corea" (*Trilogia di Palermo*, 313). Condanna, così, anche la chiusura di alcuni locali storici, sostituiti da altri che testimoniano, già nei loro nomi, il desiderio della città di internazionalizzazione[6], di seguire mode del momento:

> Negli ultimi tempi, in centro, è spuntato qualche spocchioso locale finto-antico. Sono strapieni, e lo trovo oltraggioso, perché dei locali veramente storici non se ne è salvato uno. A cominciare dal caffè dove un principe scriveva i capitoli di un libro sui gattopardi e su altre specie di minor pregio, per finire con il vecchio Caflisch, il glorioso Bar del Viale, ridotto al rango di un qualsiasi Gran Café Nobel, neanche fossimo a Stoccolma.
> (*Trilogia di Palermo*, 88)

---

[6] Ciò si nota anche nell'uso massiccio di stranierismi, soprattutto nei primi due romanzi della trilogia.

Questi locali, del resto, esercitano il loro fascino non solo sui giovani: è il caso del pub Robinson, apprezzato perfino dalla Decana del Dipartimento. Anche la Palermo notturna, comunque, con i suoi locali arabi, le bancarelle della Fiera dei Morti, i Fuochi del Festino di Santa Rosalia, attesta il carattere composto, che si riflette negli ossimori[7], la vitalità della città. Allora, sentenzia La Marca, svelando il gusto di Piazzese per gli aforismi, "La verità, come raramente accade, è a mezza strada" (*Trilogia di Palermo*, 297). Occorrerebbe, cioè, accettare le novità del presente senza cancellare l'eredità del passato: difatti i nipoti di La Marca, oltre ad apprezzare i "soliti giochini informatici, ne praticano altri dei quali si è quasi perso il ricordo, nelle nostre metropoli" (*Trilogia di Palermo*, 331).

Un'altra metafora mette in evidenza il gusto del pettegolezzo, la chiusura dei palermitani, in cui si può vedere un riflesso del rapporto che Bufalino istituisce fra la "segregazione [...] geografica" (*Fatta*, 172) della Sicilia e il particolare carattere dei Siciliani:

> Il punto è che Palermo è una tazza. Basta non allontanarsi quando qualcuno parla di qualcun altro, e prima o poi si finisce con l'apprendere la maggior parte delle cose false che valga la pena conoscere sui residenti. L'abilità consiste nello scremare. E nei controlli incrociati: se sentite due volte la stessa storia, nell'identico modo, da due fonti diverse, fatela vostra: è sicuramente inventata.
> (*Trilogia di Palermo*, 454)

Palermo è, difatti, una città sostanzialmente statica, che riflette, nella sua struttura, la stratificazione sociale. La "Palermo bene", per esempio, abita nella zona di Villa Sperlinga: "Lo si capisce dalla pronuncia della *e*, che in quest'area esclusiva è più aperta delle

---

[7] Lo stesso Piazzese asserisce, al riguardo: "Ho quasi smesso. Sigarette e ossimori. / È segno di squilibrio tra la parte destra e la parte sinistra del cervello. L'abuso di ossimori, dico" (*Trilogia di Palermo*, 39). "[...] ed ecco che mi è riscappato l'ossimoro" (*Trilogia di Palermo*, 51).

botteghe del Borgo Vecchio nell'orario di chiusura. È Top Class" (*Trilogia di Palermo*, 42). Piazzese ha difatti sottolineato, in un'intervista, "la forte tipizzazione dell'italiano che si parla a Palermo, [...] nella quale sopravvivono differenze di argot persino tra un quartiere e l'altro" ("Italicissima"). È però consapevole dei cambiamenti verificatisi nel corso degli anni. "Quand'ero ragazzo, era talvolta possibile identificare il quartiere di provenienza di qualcuno da come parlava. Ora è molto più difficile, anche perché negli ultimi decenni ci sono stati notevoli flussi incrociati, che hanno determinato una ridistribuzione dei palermitani nell'area urbana. Il che ha provocato una forte perdita di identità dei singoli quartieri e della città stessa" ("Italicissima"). Da qui, nella *Trilogia*, la commistione di culture del centro storico, che, da una parte, è abitato da "magrebini che rientrano nei quartieri abbandonati dai loro antenati", dall'altra mostra, una accanto all'altra, le cupole di "Palazzo dei Normanni, [...] della Cattedrale, di San Giuseppe, Casa Professa, Santa Caterina, [...] le cupolette arabe di San Cataldo, lo Steri" (*Trilogia di Palermo*, 44). L'io narrante, che non a caso abita in pieno centro storico, in una casa che sembra richiamare quella di Nero Wolfe e di Pepe Carvalho, ne salvaguarda i valori da ogni tentativo di speculazione edilizia ("ricevo offerte d'acquisto sempre più alte. Il centro storico sta tornando di moda. Dicono che le Grandi Immobiliari abbiano già ramazzato tutto. Ma io non mollo" [*Trilogia di Palermo*, 44]). Il centro storico offre quell'insieme di profumi ("gelsomini, [...] plumerie [...] Stephanotis" formano, sul terrazzo dell'io narrante, "una cromatografia olfattiva persistente ed evocativa" [*Trilogia di Palermo*, 50-51]) e sapori (focaccia con la meusa, panino con le panelle, e "vegetali arrostiti, [...] olive condite" [*Trilogia di Palermo*, 48]), che rappresentano l'identità della città. Localizzato con precisione, esso consente pure di misurare i cambiamenti in atto: le impalcature intorno ad antichi palazzi fanno sperare che sia finalmente cominciato il "risanamento del centro storico di cui si blatera da quarant'anni"; si sono ridotte le botteghe "di lusso e di extralusso" atte al "riciclaggio delle sudate narcolire" (*Trilogia di Palermo*, 54).

Camminare per la città, in omaggio a una ricca tradizione letteraria, fornisce all'io narrante altre occasioni di riflessione, mettendo in rilievo delle precise prese di posizione sul comportamento di tanti protagonisti della vita pubblica. E se la luce della luna, ne *La Conquista di Roma*, fa ritenere a Sangiorgio bella la fontana del Bernini quando egli passeggia per le vie del centro, a Palermo essa, "riflessa dai vetri di palazzo Pantelleria, strappava un'insolita gradazione rosata alle vecchie pietre del glorioso Bagnera, le cui volte amplificarono i ragli di tanti somari panormiti. Somari di gran successo, a giudicare dalle carriere folgoranti di tante orecchie a punta" (*Trilogia di Palermo*, 173-174). Ed anche le metafore animalesche rientrano perfettamente nella tradizione letteraria. Sono, però, soprattutto gli spostamenti in automobile, una vera e propria "bolla protetta" (Grabara, 68), ad essere significativi; oltre a tracciare una dettagliata, anche se non del tutto reale—come ha precisato lo stesso Piazzese (Ferlita, 34)—mappa della città, ne sottolineano, al pari delle città postmoderne, le grandi distanze, l'invasione della pubblicità, l'incuria dominante, i difetti di viabilità, l'inosservanza di regole. Vediamo qualche esempio, particolarmente efficace grazie all'uso di metafore, paragoni, enumerazioni, ai periodi brevi, agli aggettivi, al rapporto costante con i narratari:

> Risalii di bolina per viale Regina Margherita, verso piazza Leoni. In primavera dovevano aver concimato i cartelloni pubblicitari, che avevano proliferato lungo la discesa per Valdesi. Infilai via Libertà, fino all'estuario di piazza Castelnuovo. Vortici di foglie di platano e cartacce in volo planato. All'incrocio con via Cavour voltai a sinistra e continuai diritto fino a piazza XIII Vittime e poi a destra verso la Cala e la Statale 113. [...] / Al quadrivio di Bagheria voltai verso l'Aspra, e poi per Mongerbino. Superai appena il promontorio a forma di pan di zucchero e imboccai la stradina tortuosissima, quasi un budello a picco tra mare e rocce, che scende da S.Elia e arriva al faro di capo Zafferano. Se capita

un'altra macchina dalla parte opposta, vi toccano un paio di chilometri a marcia indietro in curva.

(*Trilogia di Palermo*, 37-38)

Abita dalle parti di via Malaspina, vicino alla stazione Notarbartolo. [...] Lo presi a bordo e continuai per via Libertà, di nuovo verso il centro. [...] Da via Maqueda imboccai piazza Bellini e parcheggiai all'inizio della discesa dei Giudici.

(*Trilogia di Palermo*, 85)

Imboccammo via Maqueda in direzione di piazza Politeama e ci fermammo in un bar nella nuova area pedonale di via Principe di Belmonte. Pedonale nell'accezione locale, cioè con occasionali scorribande di motociclisti che si dilettano a fare lo slalom gigante tra le palmette nane e i tavolini dei bar.

(*Trilogia di Palermo*, 88)

C'era un traffico duro, rabbioso, malevolo e confuso. Era il momento di massima densità di scorte e scortati. Bolidi, sirene, e indici sui grilletti. Avevo un nodo scorsoio al colon trasverso.

In corso Vittorio, all'altezza di piazza Marina, mi incagliai nel perfetto ingorgo a incastro che trovate descritto su tutte le enciclopedie, alla voce puzzle panormita. [...]

Sotto casa c'era il solito vivamaria di macchine parcheggiate in ossequio alle usanze locali. Cioè, dove capita. Su un lato delle stradine c'è il cartello di zona rimozione. Sull'altro lato il parcheggio è libero e selvaggio. È facile scoprire qual è il lato proibito senza stare a perdere tempo a cercare il cartello: è quello in cui le macchine hanno l'aria meno colpevole. [...] dopo la chiusura delle botteghe, potreste parcheggiare un autotreno. Salvo ritrovarvi bloccati, la mattina dopo, da una dozzina di macchine assiepate intorno.

(*Trilogia di Palermo*, 76-77)

In vista del Policlinico rimasi imbottigliato nel traffico per un quarto d'ora e, per tutto il tempo, due elicotteri della polizia continuarono a fare giri concentrici sopra l'ingorgo, come avvoltoi ferrofagi che aspettassero l'annichilimento degli spinterogeni, la liquefazione delle candele, l'ultimo rantolo dei motori, l'estremo sospiro delle marmitte, per dare inizio ai bagordi.

(*Trilogia di Palermo*, 93)

Ancora servendosi dell'aggettivazione, quindi, La Marca definisce Palermo una "città sdilliniata"[8], cioè "pazzotica" (*Trilogia di Palermo*, 323), "una metropoli ambigua, spesso schizoide, quasi sempre paranoica" (*Trilogia di Palermo*, 411), alla cui "dura legge dei marciapiedi metropolitani" (*Trilogia di Palermo*, 488) bisogna saper adattarsi. La città domina i suoi abitanti; una sentenza lo mette in rilievo: "O impari a vivere anche di questo, nella metropoli, o muori" (*Trilogia di Palermo*, 314). Precedentemente, ha asserito: "L'unico modo decente di sopravvivere a Palermo è da stranieri: restano in piedi tutti gli alibi" (*Trilogia di Palermo*, 285). Quest'interpretazione è confermata da Alajmo, secondo cui "abitare nella Città" è "una specializzazione del sadomasochismo" (30). Messa da parte, dunque, è ogni forma di "mitografia" (Giarrizzo, 3), responsabile di un'immagine distorta, tramandata nel corso degli anni, della Sicilia.

Altre volte è il meccanismo della memoria involontaria ad evidenziare lo scarto fra la positività del passato e il degrado del presente, così come la Palermo di Consolo, secondo l'inversione storica di Bachtin (2001: 294), è una città caotica, in cui i valori del passato paiono smarriti, diversamente da Cefalù, "microcosmo, antifona di quel gran mondo che è Palermo" (Consolo, 101).

> Invertii la rotta. Una fila di barche a motore con la lampara già accesa a poppa prendeva il largo di là dal molo della Bandita. Chi sa cosa si illudevano di poter pescare. Sottocosta, il golfo è popolato solo da sacchetti di plastica, da cataboliti umani, e da qualche bavosa anosmica e vaccinata. / Da bambino mi portavano a villeggiare da queste parti, nella grande casa con i soffitti affrescati e la torre liberty dai merli sghembi. Allora era diverso. Era facile, allora, prendere all'amo scorfani e triglie, direttamente

---

[8] L'aggettivo, attestato anche da Pitrè (*Biblioteca delle tradizioni popolari siciliane. Studi di leggende popolari*, in *Sicilia e nuova raccolta di leggende siciliane*), è riconducibile al siciliano "Sdilliniatu", part. Passato di "sdilliniarsi" (cfr. Piccitto. *Ddillinari*, ovvero "stancarsi, rimanere sfinito", o *Ddilinari, LLinari*, ovvero "rimanere indietro per mancanza di fiato o di forza, resistere alle fatiche") (www.unice.fr/lirces/langues/real/dialects/index.htm)

dagli scogli; e dalle finestre della torre potevi contare a occhio nudo gli aculei dei ricci di mare; e le stelle marine sembravano sospese nell'acqua trasparente tra lo Sperone e il Sacramento. Così, almeno, mi va di ricordare.

(*Trilogia di Palermo*, 160-161)

Il meccanismo del ricordo ha grande spazio nell'ultimo romanzo, *Il soffio della valanga,* edito per la prima volta nel 2002 ("Spotorno collezionava i ricordi con l'identica inflessibilità con la quale certi sfaccendati collezionavano hobby" [*Trilogia di Palermo*, 578]). Risultano, così, più marcati i cambiamenti che la città ha subito, nel corso dei tempi; le "vecchie borgate marinare della costa est" sono infatti "ormai scomparse, inglobate dalla città nella sua espansione centrifuga" (*Trilogia di Palermo*, 574) e la via Nave sembra segnare "il confine tra due mondi": da una parte "Un eden semirurale", dall'altra "il caos [...] dei nuovi quartieri cresciuti a ridosso della circonvallazione" (*Trilogia di Palermo*, 664). In questo generale disordine il caso sembra dominare; Spotorno ricorda, difatti, quanto fosse sottile, "Nella borgata dove era nato e aveva vissuto per i primi anni della sua vita", la linea "di demarcazione tra il Bene e il Male. Bastava un niente a cadere dalla parte sbagliata e diventare un malacarne: un padre che moriva troppo presto; nascere nella casa accanto; essere costretto a interrompere gli studi; frequentazioni sbagliate" (*Trilogia di Palermo*, 673). In questo romanzo, infatti, la mafia fa sentire la propria presenza più che in quelli precedenti e in maniera diversa: ne *La doppia vita di M. Laurent,* Piazzese ha ironizzato sulla mafia e gli stereotipi ad essa connessi, generati dall'interpretazione di Pitrè[9]. Ha affermato, così:

---

[9] Pitrè, come è noto, asserisce: "La mafia è la coscienza del proprio essere, l'esagerato concetto della forza individuale, 'unica e sola arbitra di ogni contrasto, di ogni urto d'interessi, e di idee'; donde la insofferenza della superiorità e, peggio ancora, della prepotenza altrui. Il *mafiuso* vuol essere rispettato e rispetta quasi sempre. Se è offeso, non ricorre alla giustizia, non si rimette alla legge; se lo facesse darebbe prova di debolezza e offenderebbe l'omertà, che ritiene *scifiusu* o *'nfami* chi per avere ragione si richiama al magistrato." (cit. da Matteo Di Gesù [*Sciascia la mafia e la letteratura*, 93-124]).

> Avevo il giornale aperto su un articolo che parlava di mafia. [...] uno dei soliti pastoni socio-politico-folkloristici cui gli inviati speciali ricorrono per coprire i buchi neri in cronaca, quando vanno in carenza da ammazzatine eccellenti.
> (*Trilogia di Palermo*, 288)

> Nelle città siciliane, di solito, il sindaco neoletto eredita la mafia dall'amministrazione precedente, e la dichiara estinta alla fine del proprio mandato. [...] Quando la mafia sarà stata definitivamente estirpata, bisognerà crearne una finta. Per i turisti. [...] Già adesso, tour operator senza scrupoli e filoleghisti organizzano pullman di giapponesi, cui fanno attraversare Corleone no stop, e indicano col dito i pensionati in piazza, mentre la voce dello speaker sussurra con un misto di orgoglio e trepidazione: On your right you can see the mafiosi.
> (*Trilogia di Palermo*, 289-290)

Ne *Il soffio della valanga*, invece, la mafia è descritta con contorni molto realistici: il narratore parla di una "guerra di mafia" (544); sottolinea la spietatezza della mafia ("La mafia aveva meno riguardi. Se capitava, pur di raggiungere lo scopo, sparava nel mucchio " [755]) con la difficoltà di "identificare esecutori e mandanti di un delitto di mafia" (602). La vicenda della Beltramini Travel dimostra i sistemi da essa seguiti per "il riciclaggio delle narcolire e dei proventi delle estorsioni, del contrabbando di sigarette, del totonero, del racket della prostituzione" (*Trilogia di Palermo*, 726) e di altre attività illecite. Oltre che dell'enumerazione, Piazzese si serve, poi, dell'epanadiplosi, e di altre figure della ripetizione:

> Qualcuno, in quel giro, si era venduto Mancuso a qualcun [epanadiplosi] altro, confermando ancora una volta la tradizione di onorabilità mafiosa. Una onorabilità [anadiplosi] ribadita a colpi di tradimenti, imboscate, pallettoni alla schiena, avvelenamenti conviviali, strangolamenti, dissoluzioni negli acidi, in prevalenza mediati dagli amici più fidati delle vittime, e future vittime [epanalessi] a loro volta.
> (*Trilogia di Palermo*, 740)

Naturalmente, Piazzese non manca di condannare il comportamento di chi, come Beltramini, cede alle intimidazioni. La vicenda, dunque, documenta in Piazzese una vena civile che può essere collegata alle parole di Consolo: "la lotta alla mafia ha bisogno di noi, di ognuno di noi, nella nostra limpida coscienza civile, della nostra ferma determinazione" (Scaffai, 2). Secondo il narratore, difatti, Spotorno non avrebbe mai seguito il consiglio, datogli da don Tano, di lasciare la Sicilia; anzi, lo stesso don Tano "sarebbe rimasto molto deluso se lui [...] avesse abbandonato il campo" (*Trilogia di Palermo*, 675).

Palermo, allora, appare una città dai mille contrasti, "sospesa tra agonia ed eccesso di vitalità", "una città che assediava di macchine la propria bellezza, o la occultava dietro le rovine, [...]" (*Trilogia di Palermo*, 738). Piazzese lascia comunque intravedere una soluzione, una via d'uscita, simboleggiata dal "cielo blu cobalto che invitava a pensieri lievi", a "Qualcosa di costruttivo e di vitale" (*Trilogia di Palermo*, 765) dell'ultima pagina e che richiama le varie descrizioni coloristiche della città sparse nelle pagine della trilogia.

Nei testi successivi, però, Piazzese sembra abbandonarsi ad un certo pessimismo. Palermo è "rutilante di promesse mai mantenute. Come il resto d'Italia" (2013: 13). La sua immagine rimane consegnata a degli stereotipi che ne rappresentano la mediterraneità: il cibo di strada, come le panelle, l'afa, le "botteghe [...] di prodotti tipici o di ceramica che si allineano lungo la stradina tortuosa che collega il Majorana alla piazza Umberto, la piazza del Municipio" (2013:17). La comunità magrebina esprime, con le sue musiche arabe, i balli, il cuscus, il suo carattere multiculturale che il moltiplicarsi di ristoranti arabi conferma. E così sono "le targhe trilingue, con i nomi delle stradine in italiano, arabo ed ebraico" (2015: 273) ad incuriosire i due americani che l'io narrante accompagna, in *I turisti, i turisti*, nel giro standard della città: "l'asse del Cassaro, da Porta Felice a Porta Nuova e ritorno per via del Bastione e

Villa Bonanno" (2015: 273). Il racconto si collega perfettamente a *I delitti di via Medina Sidonia*: l'io narrante protagonista è lo stesso, Lorenzo, e ha le stesse caratteristiche (si definisce "gentiluomo del Sud" [2015: 254], ama gli ossimori), a confermare l'immagine di Palermo, ricca di contrasti, fornita precedentemente[10].

A cercare di definire, allora, la mediterraneità, la sicilitudine di Piazzese, che non è, come asserito originariamente da Cane, "una condizione dello spirito [...] che ti scaturiva dalla paura e dalla solitudine che ti assaliva a vivere in Sicilia, terra di illusioni e delusioni, di slanci e di tirannidi: il fascismo prima, la mafia dopo", né, come vuole Sciascia, un "complesso di sentimenti e di risentimenti, di tradizioni e di istituzioni" proprio di "un *corpus* piuttosto confuso e contraddittoro di privilegi nazionali e di classe [...], di tradizioni, di costumi, di abitudini ritenuti perfetti e superiori [...]" (Fatta: 178-179), valgono le parole del vecchio commissario don Tano: "Io l'ho cercato sul dizionario. Non esiste. È un vocabolo virtuale. Un vocabolo coniato per definire una cosa che non si può definire" (*Trilogia di Palermo*, 675).

BIBLIOGRAFIA

Alajmo, Roberto. *Palermo è una cipolla*. Bari: Laterza, 2005.
Bachtin, Michail. *Estetica e romanzo*. Torino: Einaudi, 2001.
Consolo, Vincenzo. "La corona e le armi". *La mia isola è Las Vegas*. Milano: Mondadori, 2012.
Di Gesù, Matteo. *L'invenzione della Sicilia. Letteratura, mafia, modernità*. Roma: Carocci editore, 2015.
Fatta, Ilaria. "Insularità: note sul rapporto fra gli scrittori siciliani e la loro terra". *Carte italiane*. 10 (2015): 171-189.
Ferlita, Salvatore. "Conversazione con Santo Piazzese". *Palermo, i luoghi del noir*. Palermo: Kalós, 2007.
Forno, Marta. "La lingua nell'opera di Santo Piazzese. Dialetto siciliano, plurilinguismo, gergo e altro ancora". (Vermandere Dieter, Jansen

---

[10] "Una continua successione di miserie e nobiltà, di bellezza e di tristezza che si dispiegano sotto uno stesso sguardo. Così è Palermo e così sono i palermitani" (La Ferlita, 34).

Michelangela Monica, Lanslots Jnge) *Noir de noir:un'indagine pluridisiplinare.* Bruxelles: P.I.E. Peter Lang, 2010.
Giarrizzo, Giuseppe. "Per una storia della Sicilia". *Mezzogiorno senza meridionalismo. La Sicilia, lo sviluppo, il potere.* Venezia: Marsilio, 1992.
Grabara, Agnieszka. *Il concetto di città postmoderna nella narrativa italiana dopo il 1968 a oggi,* Tesi di Dottorato, Università della Slesia, 2010.
Moroldo, Arnaldo. *Méridionalismes chez les auters italiens contemporains.* Dictionnaire étymologique.www.unice.fr./lirces/langues/real/ dialects/index.htm
Piazzese, Santo. *Il viaggio segreto di Niels Bohr a Palermo.* Palermo: Sellerio, 2009.
_____. *Trilogia di Palermo.* Palermo: Sellerio, 2009.
_____. *Italicissima.* italicissima.com/it/2012/06/05/santo-piazzese/
_____. *Blues di mezz'autunno.* Palermo: Sellerio, 2013.
_____. "I turisti, i turisti". *Turisti in giallo.* Palermo: Sellerio, 2015.
Santo Piazzese: un giallista di gran classe. www.carabinieri.it/editoria/il-carabiniere/la-rivista/anno-2012/luglio/cultura/santo-/piazzese-giallista-di-gran-classe
Scaffai, Niccolò. *Un binomio sofferto. Mafia e letteratura.* http://www.leparoleelecose.it/?p=29637
Serao, Matilde. *La conquista di Roma.* Roma: Bulzoni, 1997.
Traina, Giuseppe. "Santo Piazzese, o della sobrietà". *Palermo, i luoghi del noir,* Palermo: Kalós, 2007.

La "casa a cielo aperto":
Metafore palermitane nella narrativa di Giorgio Vasta

Mario Inglese
NATIONAL UNIVERSITY OF IRELAND, GALWAY

Partendo da un *milieu* ben definito ed estremamente familiare, la sua Palermo, Giorgio Vasta investiga la realtà dell'Italia contemporanea con un'affilata capacità di analisi e un linguaggio preciso, geometrico, di impressionante matericità. Questo intervento ha come obiettivo l'individuazione dei rapporti tra la ricognizione di stampo antropologico di un'intera società e i meccanismi figurali e allegorici che connotano questa narrativa di sapiente costruzione letteraria. Scegliendo di ambientare le storie de *Il tempo materiale* (2008) e di *Spaesamento* (2010) a Palermo, lo scrittore che ha scelto di vivere a Torino per molti anni riesce a fornire un quadro di tangibile plasticità, di quasi soffocante iperrealismo. Allo stesso tempo il discorso che si dipana attraverso le vicende dei tre ragazzini nel primo romanzo e le esplorazioni urbane—il "carotaggio" antropologico—del narratore-protagonista del secondo libro denuncia la situazione di stallo umano, di letargo sociale, di "presente fossile" a cui è condannata non solo l'asfittica Palermo descritta ma l'Italia intera, paga del suo cinismo berlusconiano e della sua incapacità di progettare un autentico rinnovamento. In un'allucinata ostensione del degrado e dell'insorgere delle forze sotterranee, primordiali, del caos non resta allo scrittore che invocare un'unica speranza di salvezza: tentare di ridare senso alla "indistinzione" della materia attraverso l'intelligenza della coscienza e lo strumento della lingua che, da sola, può nominare la realtà, rifondandola.

Il tempo materiale (2008) è un romanzo impressionante per la vertiginosa intelligenza, la controllatissima, fantasmagorica scrittura,[1] la saldezza dell'impianto strutturale, la potenza immaginifica, lo stile personalissimo, la capacità di situare le vicende e i personaggi in una concreta geografia fisica e antropica (Palermo), raccordandola, al contempo, a una dimensione più ampia, quella dell'Italia contemporanea (in particolare durante gli anni Settanta, in cui l'autore ha vissuto la sua infanzia). La storia si snoda esattamente nel 1978 – l'anno del sequestro Moro –, da gennaio a dicembre, e racconta le vicende di tre undicenni palermitani della media borghesia i quali, sulle orme delle Brigate Rosse, decidono di progettare e attuare una serie azioni violente che culmineranno nel rapimento e uccisione di un loro compagno di classe. Può stupire che protagonisti così giovani siano capaci di una lucidità, un'intelligenza e un'autonomia così marcate. Ma è appunto l'improbabile età anagrafica dei protagonisti, capaci di concepire e attuare azioni di inaudita gravità con feroce freddezza, a generare un effetto così inquietante e devastante. Il finale dimostra come la crudele favola raccontata da Vasta assume implicazioni ancora più ampie, persino 'cosmiche', dove il soggetto, la voce narrante attorno a cui sembra ruotare l'universo (una vera e propria macchina percettiva, oltre che 'mitopoietica', così come si esprime Nimbo, il protagonista), cede per la prima volta al richiamo del dolore e del pianto. Che è in definitiva il richiamo dell'umano, del mistero della potenza della mente, quello che si trova al disotto del *cranio* (termine utilizzato di frequente nel romanzo), come a voler significare non solo i crani rasati dei tre micidiali ragazzini, ma anche il cranio come sfera, corpo celeste, che contiene e genera tutto il pensabile – e quindi anche il male – e gli strumenti per percepire e abbracciare il mondo, tutta la materia e il suo contrario.

---

[1] Renato Minore parla giustamente di "una lingua superba, ossessiva e visionaria" (Renato Minore, *A Palermo, nell'anno di Moro, tre ragazzini giocano a fare le Br*, "Il Messaggero", 13/7/2009).

Mario Inglese • "La casa 'a cielo aperto'"

Il libro si compone, oltre a una sorta di brevissimo prologo privo di titolo, di 13 capitoli, corrispondenti ai dodici mesi dell'anno 1978 più uno. Il 1978, come scrive l'autore è stato l'anno delle tredici lunazioni "quando la psiche più immaginifica implode di visioni".[2] "Tredici lune", leggiamo ancora, "significa instabilità emotiva, collasso del pensiero. La sensibilità umana viene devastata: le percezioni diventano visioni, i presentimenti incubi" (230). I capitoli riportano, ciascuno, oltre alla data del mese, anche un titolo brevissimo, di solito un sostantivo o un verbo.

Dal punto di vista dello stile, la scrittura di Vasta è connotata da una forte componente analogica e metaforica[3] e da un periodare che tocca estremi opposti: da una parte frasi staccate, molto spesso di tipo paratattico o ellittico (anche sotto forma dialogica), dall'altra lunghissimi periodi che arrivano, a volte, a occupare un'intera pagina. Questo consente un'adesione alle riflessioni della voce narrante nel suo procedere analitico, quasi da ricognizione scientifica o secondo una serrata logica razionale. Nello stesso tempo il dipanarsi della scrittura registra, all'occorrenza, le impennate dell'azione drammatica e della temperatura emotiva, come ad esempio nel finale, allorché Nimbo cerca di comunicare a Wimbow, la bambina creola compagna di classe, il proprio sentimento di pietà e amore.

L'efferatezza del progetto concepito dai protagonisti si traduce, in modo pervasivo e coerente, in una lingua dove predomina la violenza delle immagini e delle specifiche collocazioni lessicali, come se la parola fosse essa stessa infettata dal male che i protagonisti perseguono con zelo e accanimento. Anche l'aria e la luce si fanno dure, taglienti, ostili. Leggendo qualche breve passo ci possiamo meglio rendere conto di questa cifra linguistica: "In cielo

---

[2] Giorgio Vasta, *Il tempo materiale*, Roma, minimum fax, 2008, p. 258.
[3] Per Giuseppe Panella, infatti, "[i]l punto di partenza della lingua in Vasta è quello della proliferazione delle metafore" (Giuseppe Panella, *Questo è il tempo degli assassini*, "Retroguardia" 2.0, 2/7/2009, www.retroguardia2.wordpress.com).

il sole è diventato un polmone secco; convive con la luna e con il buio che comincia a cadere rarefatto immergendosi nelle spaccature della carreggiata, nelle macchie d'olio colato dai motori, negli scarabocchi delle frenate, negli alberelli dai tronchi tenuti su con i bastoni delle scope";[4] il silenzio è "radicale" (25); "[...] la luce di Palermo era così trasparente che si poteva vederne lo strutturarsi progressivo, la materia crepuscolare che si aggregava e per l'accelerazione gravitazionale ci crollava addosso, una nevicata di particelle in pieno settembre [...]" (30).

L'abbondanza di ossimori, poi, risponde non tanto a una logica di destrutturazione della realtà percettiva quanto a un tentativo di rifondarne i connotati attraverso una ricostituzione del linguaggio[5], che si fa scientifico, preciso, tagliente come il suo lessico asettico, dalla funzione clinica. In questo senso la voluta assenza di ironia, da cui rifuggono recisamente i protagonisti, si fa spia di questa 'scientificità'. Persino il codice segreto escogitato dai tre ragazzini, il cosiddetto *alfamuto*, costituito da precisi movimenti o posture del corpo, è dettato dall'esigenza di spogliare la comunicazione comune di ogni residuo di incrostazioni semantiche che non siano quelle prescelte dai tre personaggi per le loro finalità inequivocabili. Non è un caso che in questo codice sia assente la 'parola', il concetto, corrispondente ad 'amore'. Quando Nimbo avvertirà, alla fine, il bisogno di impiegarla, subirà una sorta di parossismo da assenza di comunicazione, un'entropia del codice.

Nimbo, Raggio e Volo, i ragazzini di *Il tempo materiale*, fanno dell'"ideologia', di un'*idea* della realtà, rigorosa quanto asettica, un sostituto della realtà stessa. Sono intelligenza pura, per così dire.

---

[4] Giorgio Vasta, *Il tempo materiale* cit., p. 11.
[5] Scrive Andrea Cortellessa: "Com'è tipico della mentalità modernista, è in sede linguistica che il disordine del mondo viene affrontato da Vasta" (Andrea Cortellessa, *Giorgio Vasta*, in Id. (a cura di), *La terra della prosa. Narratori italiani degli anni Zero*, Roma, L'orma, 2014, p. 701).

L'elevato gradiente di percezione della voce narrante[6] non è che uno strumento, un bisturi, se vogliamo, che scava nella realtà fenomenica, sensoriale, del mondo e della vita—biologica, minerale o antropologica che sia—per misurarla, riportarla alla sua scientifica 'cosalità'. Ma è proprio qui che si annida la radice del male, della violenza, della prevaricazione più assoluta. Volere sussumere la complessità magmatica, caotica, indistinta, del reale all'interno delle categorie del pensiero razionale. Approssimare tutto a un'idea di mondo dove anche il caso non sia più caso, o per lo meno ciò che comprendiamo solo come caso—se si vuole, come caos—perché non lo comprendiamo, non ci è dato comprenderlo.[7] Così il linguaggio si fa strumentazione rigorosa di quest'operazione di 'carotaggio'. Solo una volta quest'ultimo termine appare nella sua forma verbale di 'carotare' ne *Il tempo materiale*.[8] Il vocabolo sarà, invece, alla base dell'operazione che Vasta persegue in *Spaesamento*. In questo mondo 'ideologico' Nimbo, Volo e Raggio espungeranno ogni 'scoria' di dialetto, persino nell'inflessione, per adottare un italiano che diventa il linguaggio assoluto che ne suggelli la

---

[6] Secondo Julia Kristeva, sulla scia del pensiero di Melanie Klein, atteggiamenti ansiosi e iperprotettivi da parte dei genitori sarebbero alla radice di un sentimento di onnipotenza nel proprio bambino, dal genitore percepito come una sorta di prolungamento del proprio corpo. Questa onnipotenza si esprimerebbe nel bambino in una accentuata 'semiologia preverbale' che si manifesta nell'area della gestualità, della motricità, nell'area vocale olfattiva, tattile e uditiva. Cfr. Julia Kristeva, *Black Sun. Depression and Melancholia*, New York, Columbia University Press, 1989, pp. 61-62. Nimbo, il protagonista de *Il tempo materiale*, appare dotato di un'analoga 'onnipotenza' e di una spiccata sensorialità e risente di un'esasperata iperprotettività materna. La medesima accusa nei confronti della madre è espressa anche dal narratore di *Spaesamento*.

[7] Come osserva Andrea Bajani, l'operazione alla base della vicenda del romanzo è già in partenza "una battaglia persa, la sconfitta è violenta, e il linguaggio è un mostro che impazzisce, è Frankenstein che prende il sopravvento. Perché dietro ogni tentativo di costringere il caos dentro una formulazione, per quanto articolata, c'è una violenza di fondo. C'è la coazione a una coerenza (il brigatismo non è altro, appunto, che una delle sue declinazioni), a un'ostinazione meccanica, di immensa disperazione" (Andrea Bajani, *Brigatisti per gioco nel centro di Palermo*, "l'Unità", 23/10/2008).

[8] Giorgio Vasta, *Il tempo materiale* cit., p. 259.

loro arrogante superiorità nei confronti di chi sta fuori del loro folle progetto: gli altri, siano essi i familiari che i compagni di scuola o l'umile proletariato di una Palermo degradata, 'preistorica', dove gli esseri umani appaiono subumani, quasi creature mostruose, delle iguane o dei pennuti.

Anche gli animali che popolano il paesaggio urbano sono ributtanti: "gatti divorati dalla rinotracheite e dalla rogna. Sono scheletri storti, poca pelle tirata sopra; infetti, a toccarli si può morire" (9); o gli onnipresenti cani randagi (emblematica da questo punto di vista è la copertina del libro); o piccioni mutili, mostruosi. Persino Roma, in televisione, appare come un animale, "un animale minerale. Contiene i morti" (12). Anche l'ambiente e i fenomeni naturali ci appaiono ostili. Il paesaggio "si strappa filamentoso da se stesso" (38); "lo splendore di marzo [...] illumina di una luce furente" (41). Non è un caso, poi, che la percezione del mondo esterno da parte di Nimbo avvenga prevalentemente attraverso l'organo dell'olfatto. Il personaggio 'annusa' le immagini, i corpi, gli oggetti, come se la comprensione del reale dovesse passare prioritariamente per il tramite della sensorialità.

L'idea di prevaricazione, di violenza, nel protagonista de *Il tempo materiale* si traduce plasticamente in una percezione fisica, corporea: "Cammino lento, pensando, e a ogni metro mi faccio sempre più curvo, come una roncola, come un rovo" (51); "Ho lo sterno carenato, acuminato verso fuori come un rostro vitale, prensile, scagliato contro tutto. [...] sono un senza dio e so tutto, ho il dominio: la vita è il frutto e io sono il suo nocciolo" (42). Persino i momenti in cui Nimbo si ciba sono presentati nella loro scientifica fattualità: "[...] scompongo la cotoletta come un anatomista" (42).

Ogni traccia di trascendenza (nonostante i frequenti richiami alla Bibbia e alla lettura di brani che ne fa il padre di Nimbo), ogni manifestazione di affetto o amore sono assenti in questo mondo allucinato proprio perché non sono riconducibili a un'apprensione scientifica, percettiva, da parte della coscienza dei protagonsiti, e in special modo della voce narrante.⁹ Ne restano cascami degradati, ridotti a pura ostensione di una 'liturgia' senza senso. Come senza senso, avvolte in un'ottusa banalità, appaiono le manifestazioni della società italiana, siano esse politiche, sociali o dell'intrattenimento televisivo e dei media in generale.

Sia ne *Il tempo materiale* che in *Spaesamento* alla rappresentazione fortemente realistica, financo iperrealistica, fanno riscontro momenti di accensione onirico-fantastica. Si assiste, in altre parole, alla traslazione da un realismo quasi da saggio sociologico o antropologico — caratterizzato da uno sviluppo narrativo che richiama la tecnica cinematografica — a una dimensione allegorica.¹⁰ Lo si vede nei numerosi dialoghi tra Nimbo e le varie incarnazioni fantastiche di un interlocutore che, analogamente a quanto avviene nell'attività onirica, assume via via le forme di personaggi, animali o oggetti incontrati nel corso delle peregrinazioni quotidiane del protagonista. Lo stesso fenomeno si verifica nel secondo romanzo, specialmente nella sezione "Terzo giorno", poco prima della conclusione del libro. Come in un dialogo socratico la voce narrante si sdoppia per interrogarsi, analizzare, valutare i dati e le scoperte via via acquisite. Così, infatti, si esprime il protagonista di quest'ultimo romanzo: "[...] per un attimo la donna cosmetica è Socrate e io un elementare Alcibiade, un devoto Fedone. Dunque mi faccio carico delle funzioni dell'allievo. Sollecitare il maestro".¹¹ Non importa che la funzione di interlocutore 'informato' e intellettualmente sofisticato sia demandata di volta in volta persi-

---

⁹ Nella vicenda de *Il tempo materiale* "ogni sfumatura è cancellata da un'intelligenza superiore, da una volontà che vuole conoscere tutto e non avvicinarsi a nulla, perché rifugge ogni affetto", come è stato osservato (Giorgio Fontana, *Recensione di* Il tempo materiale, "il sole24ore.com", 4/11/2008).

¹⁰ Marco Mongelli osserva correttamente, a proposito di *Spaesamento*, che "[i] personaggi e gli eventi, per la loro carica allegorica e metonimica, sembrano [...] romanzati o comunque modificati dall'autore in funzione del suo carotaggio" (Marco Mongelli, *Finzione e verità in* Spaesamento *di Giorgio Vasta*, "404: file not found", 14/11/2011).

¹¹ Giorgio Vasta, *Spaesamento*, Roma-Bari, Laterza, 2010, p. 111.

no a figure in precedenza presentate come inconsapevoli, o degradate, o non umane. Questa zona interstiziale tra realtà e visione, alimentata dalla disposizione malinconica (specie nel secondo romanzo), è spesso, nelle parole del protagonista di *Spaesamento*, un

> dormiveglia [che] si organizza in visioni critiche e autocritiche, autentiche meditazioni sul collasso in atto, sulle ragioni di questo panico ordinato che mi conduce di continuo a fare pensieri di confini, a una nostalgia delle compartimentazioni, al rimpianto generico, una miriade di linee che mi intersecano dietro la fronte cercando di costringere il mondo a un senso. (70)

La "paura primordiale" (79) è sempre in agguato e i sogni si popolano di "apparizioni preistoriche" (79), vere e proprie incarnazioni della regressione.[12]

La Palermo in cui si ambienta *Il tempo materiale* è essenzialmente quella dei quartieri moderni della media borghesia, anonimi quanto sufficientemente funzionali, eppure anch'essi interessati da fenomeni di incuria. Il centro storico, invece, così come leggiamo, "è la geenna del fuoco. Dove non si deve andare. E del resto non ci si va mai, non ce n'è motivo. Ci sono passato qualche volta in macchina, con la Pietra, ho visto poco. Scrostature, squarci nei muri. Un paesaggio geroglifico. Il centro della terra".[13] La descrizione di uno dei mercati storici, in particolare, è di un'espressionistica violenza verbale e figurale:

> Entriamo nel mercato, tra i macellatori, nei vicoli, tra i budelli. I banchi sono vuoti, le saracinesche chiuse. Smobilitazione. L'aria è umidissima, sa di fradicio. Abbandonato in un angolo c'è un pezzo di fegato animale, viola e rosso. È grande, ha la forma di un disco volante. La superficie convessa è cosparsa di faglie sottili e di spaccature; ci sono anche piccoli gorghi gelatinosi, in trasparenza il reticolo delle vene. Accanto al fegato c'è un sacco

---

[12] "[L]a regressione è la nostra evoluzione," afferma la voce narrante di *Spaesamento* (p. 99).
[13] Id., *Il tempo materiale* cit., p. 51.

dell'immondizia sfondato. Un animale nero. Dai buchi, come zampe casuali, divampano bianchissime le ossa. Una più lunga sale verso l'alto, scarnificata, un'anchilosatura che si arrampica sul tufo di una casa. Da un altro foro, sotto, come materia fecale vengono fuori gli organi interni. (51-52)

La pavimentazione delle strade è fatta di basole in pietra, le "balate", che sembrano "pietre tombali" (53). Non meno brutale è la descrizione della popolazione del centro storico, dei quartieri più poveri:

> Fermi nei vicoli, al centro dei catoi, ci sono i palermitani. Parlano gutturali, gastrici, una continua raschiatura di parole nella gola e nella pancia. Esclamano. Il palermitano è una lingua esclamativa. Accade qualcosa, un fenomeno qualsiasi, e il palermitano comincia subito il suo assedio. Spesso è una sola frase ripetuta modificando l'intonazione, in litania dinamica, rilanciando, rincarando, così che il fenomeno si riduce alla sua originaria e autentica natura di scandalo. Ma sempre nella minaccia, nella rabbia. Perché per il palermitano dialettale ogni fatto è orrore. (53)

Nel 'carotaggio' da parte dei tre ragazzini nel centro storico, dove avviene — tra l'altro — uno dei primi misfatti compiuti nella storia, il furto del sale da un ambulante, per la pura voglia di sentirsi colpevoli (54), Palermo appare di una "ruralità cittadina, la cartolina dell'*Intervallo*" (55). Esattamente come 'rurale', premoderna, finta appare tutta l'Italia nelle statiche immagini che per decenni, appunto, la rubrica *Intervallo* ha proposto al pubblico televisivo. Lo stesso viene detto in riferimento alle fotografie appese negli scompartimenti dei treni degli anni in cui si ambienta la vicenda. Questa "ruralità", che è anche dialettalità, è esattamente quanto i ragazzini aborrono. Per loro anche chiedere un'informazione agli abitanti del centro storico in perfetto italiano, ostentando una padronanza delle strutture morfosintattiche più elaborate come il congiuntivo, equivale a una forma di disprezzo. "Parlare in italiano, dice Scarmiglia, parlare complesso per noi vuol dire andarcene. [...] Isolarsi. [...] Ce ne andiamo via da Palermo, continua Scarmiglia, semplicemente parlando" (56), così come leggiamo.

Anche la donna delle pulizie, Crematograsta, che lavora a casa di Nimbo appartiene al proletariato palermitano. Il protagonista, la vede "[e]norme, vecchia, un fazzoletto in testa, scurissima di pelle. La faccia di formica. La nostra formica obesa. [...] respirando sibila, microscopici geyser che esalano dal suo corpo" (60). Più che un essere umano, è presentata come una creatura ancora una volta subumana. Il compagno di classe che sarà designato quale vittima sacrificale dell'agghiacciante progetto dei tre, Morana (con chiara assonanza onomastica con la vittima delle Br, Moro, come ricorda Andrea Cortellessa [14]), incarna "la potenza del disagio [...] prima di tutto sociale"[15] ma anche fisico.

L'empito di indignazione da parte dalla società italiana in seguito al rapimento di Moro è descritto come una manifestazione intimamente falsa, un "gioco". Come leggiamo dal romanzo: "L'eccitazione civile, lo scuotimento etico, sono finzioni. L'indignazione si è subito istituzionalizzata; si è istituzionalizzata la paura" (74). L'Italia intera è colta nel suo immobilismo. Dal seguente passo, in particolare, si ricava l'impressione che a parlare non sia Nimbo, la voce narrante, ma l'autore stesso: "Siamo il paese della desensibilizzazione degli istinti civili, del depotenziamento di ogni forma di responsabilità. Allora ricorriamo a queste periodiche simulazioni nazionali per immaginarci di essere altro" (65). D'altronde la voce narrante sovente si sdoppia in una sorta di voce della coscienza che dialoga con il narratore interno, spesso confutandone le affermazioni. Se la vicenda esaspera all'estremo grado il disprezzo dei protagonisti per la situazione in cui vivono, il passaggio dalla dimensione locale a quella nazionale, e viceversa (come se i ragazzini fossero un riflesso, un esperimento in vitro, di uno stallo nazionale e al contempo una reazione ad esso), fa sì

---

[14] Andrea Cortellessa, *Giorgio Vasta* cit., p. 702.
[15] Giorgio Vasta, *Il tempo materiale* cit., p. 65.

che la critica sociale non si restringa alla dimensione palermitana, e in particolare alla scuola frequentata dai tre, emblema tangibile di uno sfacelo simboleggiato da quel cortile adibito a palestra all'aria aperta che ha più i connotati di una discarica che di una struttura scolastica. Così come espressione di una critica a certi costumi italiani sono le parole che la voce narrante usa per riferirsi all'educazionene ricevuta in famiglia:

> Nel corso del tempo [...], lo Spago [la madre] è riuscita a inoculare in me la paura di tutto, partendo da un'idea di educazione come immobilià e scomparsa. Giocare con la sabbia senza muovere la sabbia; se hai mangiato, niente bagno prima di quattro ore; non disturbare, non respirare, ma non permettere di morire. La vergogna di essere vivi. Limitarsi a immaginare il gioco, a supporre di nuotare. Madri che allevano figli fobici e immaginifici. La trasmissione matrilineare delle paure. (124)

Lo stesso 'bombardamento' mediatico, registrato attentamente dal protagonista ed esemplificato da banali canzonette o dalla comicità incarnata da tanti intrattenitori televisivi, diventa il canale attraverso il quale si esplicita la tagliente critica del romanzo. Come si può leggere dal seguente estratto:

> Noi vogliamo che il mondo ci dia del lei, che ci percepisca e ci rispetti, ma siamo impantanati in un'origine scolastica, puzziamo di quell'acqua terribile che agonizza nelle acquasantiere delle chiese, di tabelline imparate a memoria, di qualche rima incatenata, di segni della croce frettolosi e di eroismi isterici. (76)

Oppure si prenda il seguente lacerto: "L'Italia capisce solo le maschere, i personaggi a una dimensione. Vieni avanti cretino. La paura del Sarchiapone. Appena un personaggio si fa più complesso diventa subito sospetto" (137). Tina Pica interpreterebbe questo tratto dell'italianità moralista e irascibile ma in realtà comunica quell'*'odore'* (non sfugga la predilezione di Vasta per la sinestesia) che, come leggiamo, "è l'odore di Palermo e dell'Italia [...]. È anacronistico. Mi spalanca davanti neri interni piccolo-borghesi, rurali, vischiosi, un'estensione delle cartoline che passano in processione all'*Intervallo*" (137). Anche la nazionale di calcio è investita da questo disprezzo, tanto è vero che ai mondiali del '78 i ragazzini tifano per una squadra straniera, l'Olanda, perché, come leggiamo:

> L'Italia [...] [g]ioca come se fosse ammalata, con una specie di sacco ventrale umido al centro del corpo che zavorra e rallenta. Una femmina grassa, ritrosa e ostile. Una squadra che fin dall'inizio dell'incontro fa perdere le proprie tracce, che non immagina nessun gioco e *immalinconisce* l'avversario attraverso una trama farraginosa e insensata di passaggi, colpetti inutili al pallone che non modifica mai, dentro, le sue atmosfere.[16]

La banalizzazione investe non soltanto il panorama socio-politico italiano ma anche quello locale: "La Fiera del Mediterraneo è uno stato d'animo, una delle forme che può assumere la noia, un camminare senza andare, al massimo un muoversi intercettando a casaccio quello che vende la porchetta o l'autoscontro" (78).

La Palermo di Vasta è un luogo che lo scrittore conosce intimamente. Lo provano le dettagliate descrizioni di strade, angoli, edifici che disegnano una vera e propria cartografia della città, un'operazione simile a quella compiuta da Joyce in *Ulysses*. I personaggi attraversano i luoghi, per lo più a piedi o utilizzando i mezzi di trasporto, ne registrano con estrema precisione i connotati fisici, per studiarli, possederli in qualche misura. Se assente è ogni riferimento alla criminalità mafiosa, comune con la narrativa sulla mafia è questa sorta di controllo del territorio in cui si attueranno i piani di azione preparati con meticolosa esattezza. Sotto questo profilo Vasta può essere annoverato tra i degni successori di Sciascia. Del resto anche l'universo narrativo dello scrittore palermitano ha i connotati di una distopia filosofica e di una allego-

---

[16] Ivi, p. 93. Corsivo mio. Sul concetto di 'malinconia' in Vasta si veda l'analisi più giù.

ria, dove a un massimo di localizzazione dell'ambientazione fa riscontro un'analisi che si estende all'Italia intera, sino a toccare una dimensione universale. Nell'ultimo capitolo de *Il tempo materiale* ("Lander") il procedimento prospettico addirittura si inverte, passando dalla sonda spaziale lanciata su Venere a Palermo e, infine, al protagonista: dal macrocosmo al microcosmo. Che la ragione di fondo del libro stia nella ricognizione del 'male' alla base della società italiana, a partire dalle meditazioni di un ragazzino in qualche modo 'superdotato' ("Un corpo inadatto e fuori luogo" [259], come leggiamo dal libro), si vede proprio dall'invenzione della sonda lanciata su Venere per meglio osservare il pianeta Terra da una prospettiva privilegiata. O meglio, come si legge, "non tutta la Terra ma soltanto l'Italia. Scandagliando la geologia, i fenomeni minuti, la gloria e la miseria. E ancora non basta, il campione sul quale carotare deve essere più contenuto. Una sola città: Palermo. La preistoria" (259).

Spaesamento si incentra esattamente su questa operazione di carotaggio antropologico della realtà palermitana e, per estensione, di quella italiana, come se la città siciliana fosse un campione da studiare in laboratorio per effettuare una diagnosi dell'intera società nazionale.[17] Il termine 'carotaggio' indica la tecnica che si riferisce, come leggiamo nel libro, a "tutte le volte in cui, a scopi ingegneristici archeologici o paleontologici, diventa necessario compiere prelievi di campioni di roccia estratti dagli abissi di un terreno, fino a centinaia di metri di profondità, usando perforatrici idrauliche che riportano in superficie 'carote' di materia, cilindri

---

[17] Come avverte Matteo Di Gesù, non si deve interpretare *Spaesamento* (ma il discorso si estende anche al primo romanzo) "come una cronaca siciliana o, ancora peggio, come un'ennesima pratica di autoesotismo [...]: giacché non è tanto il sottosuolo di Palermo, quanto gli abissi dell'Italia berlusconiana che a Vasta interessa carotare; la città siciliana è a ben vedere un luogo casuale, sebbene assai congeniale, dal quale avviare la campionatura" (Matteo Di Gesù, *Giorgio Vasta incide Palermo*, "Giudizio Universale", 26/7/2010).

di roccia che verranno sottoposti ad analisi".[18] Come il protagonista del primo romanzo, il narratore è una sorta di strumento, di macchina percettiva, che scandaglia con lo sguardo, con i sensi, con l'intelligenza, quello che gli sta intorno. Durante i tre giorni di vacanza trascorsi nella nativa Palermo, corrispondenti alle tre sezioni principali del libro, il protagonista intraprende la sua missione, come leggiamo, "con l'orgoglio limpido e misurato della sonda umana che se ne va per la città a registrare fenomeni, spalancato come una bocca che vuole divorare barbietole di vita" (9).

La complessità antropologica di Palermo è anche la materia della prosa *Palermo: qui e altrove*, dove l'autore descrive le sue peregrinazioni cittadine in compagnia della fotografa Lucia Re, anche lei palermitana, anche lei residente in un'altra città. Della metropoli siciliana due sono, secondo Vasta, le percezioni prevalenti e opposte:

> [...] l'estasi davanti alla bellezza e l'indignazione al cospetto della fatiscenza. Due prospettive che se da un lato rivelano i nuclei più profondi di una città irrisolvibile, dall'altro impongono modalità di lettura che impediscono di riconoscere qualcos'altro ancora: per esempio luoghi che, pur essendo incontestabilmente palermitani, non somigliano alla città che li contiene. Luoghi calmi, veri e propri *altrove*.[19]

Leggendo questa breve prosa ci si accorge subito delle analogie tra le peregrinazioni dei protagonisti dei romanzi e queste pagine autobiografiche, non solo per l'acutezza dello sguardo rivolto fin dentro i dettagli più minuti, ma anche per le peculiarità stilistiche, tra cui l'efflorescenza metaforica, la passione per l'ossimoro, per i costrutti ellittici, la qualità scientifica del lessico, così come risulta evidente anche da questo breve estratto: "Dalla vegetazione aspra viene fuori un gatto: secondo la regola dei randagi palermitani, la

---

[18] Giorgio Vasta, *Spaesamento* cit., p. 5.
[19] Id., *Palermo: qui e altrove*, http://www.humboldtbooks.com/palermo-qui-altrove/, p. 1.

sintesi animale dello spazio urbano. Un gatto di sterpi, di intonaco spaccato, di catrame" (3). Oppure da quest'altro brano:

> Non so da cosa discenda l'impulso locale a chiudere ciò che è scoperto, ma c'è, è un punto di riferimento. Un amuleto, una cultura. Le terrazzine verandate, i balconi verandati. L'alluminio anodizzato, i vetri in plexiglass, gli infissi color oro, la luce che li colpisce e si disperde in particelle. (4)

Richiama *Il tempo materiale* anche il riferimento, in questo stesso scritto, alle Brigate Rosse e all'assassinio del sindacalista Guido Rossa (4).

Palermo, in realtà, appare a Vasta "una città avulsa, sconnessa, fuori asse rispetto al flusso della storia nazionale: sostanzialmente una città autistica".[20] Ma è proprio questa sorta di 'autosufficienza' — io credo — che la elegge a luogo emblematico, metaforico, di vicende e destini che trascendono la dimensione locale. Una città che polarizza lo sguardo, lo abbaglia, lo destruttura, richiedendo all'intelligenza dell'osservatore uno sforzo, un supplemento di analisi. L'autore si chiede come possano coesistere tante contraddizioni nello stesso luogo, come possa la distruzione coabitare con la distrazione, il sentimento con il disastro. Scrive Vasta: "A Palermo ci sono spazi che nascono dissimili, resistono per un poco e poi, attratti da una forza irresistibile, diventano identici a questa matrice che famelicamente divora ogni cosa uniformandola alla distruzione" (5). Alla distruzione lenta, progressiva, segue una sorta di assuefazione, un oblio livellante dove a perdersi, a inabissarsi, non è solo lo spazio e il suo uso funzionale ma anche i nomi stessi dei luoghi, i quali, proprio per la loro anonimità, si convertono in non-luoghi, in altrove. Afferma Vasta, "A Palermo la distruzione è un esercizio minuzioso. Una pratica strutturata e ricor-

---

[20] *Ibid.* Una rapida carrellata di storie ambientate a Palermo e che ne mostrano, tra i molteplici volti, le contraddizioni e i problemi si trova in Massimo Onofri, *Passaggio in Sicilia*, Firenze, Giunti, 2016, pp. 13-19.

rente, un metodo che ha per fine quello di rendere lo spazio anonimo. Uno spazio che non puoi neppure nominare si sperpera, e si perde. Palermo è una città che perde i nomi" (5). Eppure è insopprimibile il bisogno di linguaggio, di rinominare l'anonimo. Così, luoghi e angoli che non hanno nome, o l'hanno perso nell'oblio dell'indistinzione, diventano destinatari di un atto quasi heideggeriano di *cura*. Come leggiamo ancora: "Persino a Palermo, dove a volte il linguaggio sembra scomparire, c'è ancora, teneramente caparbio, quel *prendersi* cura delle cose che si esprime in un semplice elementare dare nomi" (7). Collegato a questa forma di *cura* è, paradossalmente, il caso di recenti costruzioni abbandonate – assurdamente – a uno stato di irriconoscibile sfacelo, mutate, in tal modo, in un "oltrespazio [...], un territorio in cui essendo tutto sospeso è tutto ammesso e la contraddizione è significato, la perdita di coerenza è regola, una specie di cartina di tornasole che tramite il caos rivela il senso di Palermo, il suo sentimento insostenibile, un'inarginabile cupio dissolvi che trabocca e invade" (8).

La matericità linguistica che contraddistingue la narrativa di Vasta prende forma anche nelle analogie organicistiche, biologiche, che investono luoghi e oggetti. Lo vediamo in questa descrizione di Palermo tratta dal secondo romanzo, *Spaesamento*:

> [...] quello che per me è il nucleo essenziale di Palermo, il suo cuore morto, una condizione che ha i tratti della perennità: vale a dire quella che i medici chiamano "tempesta neurovegetativa": lo stato cataclismatico che si innesca in un organismo prossimo alla scomparsa e che si esprime attraverso l'attivazione parossistica delle funzioni vitali. Dall'ipertensione alla tachicardia, dall'aumento della contrattilità cardiaca alla vasocostrizione periferica: una ribellione dell'organismo stesso alla percezione, forse al presentimento, della fine. La fisiologia esplode di vitalità perche *sente* la morte.[21]

---

[21] Id., *Spaesamento* cit., p. 39. Corsivo nell'originale.

Come già detto sopra, il 'carotaggio' cui è sottoposta Palermo si allarga, a ben vedere, a tutta l'Italia.[22] *Spaesamento*, da questo punto di vista, è ancora più esplicito del primo romanzo, come è facile constatare da questo estratto:

> Mi dico che Palermo è una città spietata nei confronti della quale la spietatezza, al limite una tenerezza spietata, è l'unico atteggiamento possibile. Ma questo [...] forse vale per l'Italia intera. [...] In un corpo umano la tempesta neurovegetativa dura circa trenta minuti. Quella in cui vive immersa l'Italia dura da un tempo che non sono in grado di misurare. Ma non conta risalire alle origini, quello che vale è che l'organismo denominato Italia ha risorse sufficienti a protrarre la sua agonia per un periodo interminabile, mescolando tempo e tempesta, continuando a giocare con l'oblio, a puntare tutto sull'oblio. (39-40)

Anche in Vasta, come nel celebre capolavoro di Tomasi di Lampedusa, Palermo è connotata da emblemi di sfacelo e di morte. *Il tempo materiale* pullula di analogie funebri, oltre che di immagini di animali moribondi, infetti, mutili, come già visto. Non solo le lastre delle strade somigliano a pietre tombali ma persino la porta blindata della casa di Nimbo ricorda una bara ("L'ingresso è occupato da una grande lastra di legno, una specie di bara piatta e larga, di un marrone scurissimo, appoggiata sul pavimento".[23]). Le case e le facciate sono spesso scurissime (204); il fratellino del protagonista crea pupazzi dalle forme sinistre: "un gatto nerastro rovinato, un uccello con una zampa senza artiglio, una donna grassa con un grembiule e la faccia da formica, una testa di cavallo con un occhio rosso" (230); gli esempi potrebbero continuare ancora per molto. Anche il secondo romanzo è costellato da un analogo simbolismo mortuario: il telo da mare è "un paramento fune-

---

[22] Come scrive Goffedo Fofi, "Per dire l'Italia, per dire Palermo, Vasta parla di sé a confronto con Palermo, con L'Italia [...] In questo sbigottito gioiello letterario e politico, i personaggi qualsiasi, le situazioni qualsiasi si fanno esemplari, emblematiche" (Goffredo Fofi, *Il triste regno di Draquila*, "l'Unità", 23/5/2010).
[23] Giorgio Vasta, *Il tempo materiale* cit., p. 223.

bre",²⁴ un "telo luttuoso" (44); uno dei bagnanti tiene "le braccia composte mortuarie sul petto" (13); l'addome del protagonista "[è] l'immagine del disfacimento, della vita lentamente estinta" (43); riferendosi a una donna incontrata per caso sulla spiaggia, il narratore scrive che "il desiderio del suo corpo non è solo sorgivo e vitale ma anche scuro, mortifero" (58); il registratore di cassa di un bar ha scomparti che somigliano a "piccole bare per le banconote" (81). Le palme sono emblemi di lutto dopo la distruzione ad opera del punteruolo rosso, così come in decomposizione ci appare il gatto avvolto nella carta di giornale e gettato nel cassonetto. Leggendo la descrizione del cimitero, infine, ancora una volta vien fatto di pensare al *Gattopardo*: "Fiori in putrefazione, rifiuti organici, persino un comicomacabro biancheggiare d'ossa percepibile tra le zolle di terra nera. La morte che si confonde, si rimescola — questa specie di morte caotica palermitana: questa morte viva" (85). Si noti ancora una volta l'impiego dell'ossimoro come espressione di una complessità 'irrisolvibile.'

Pur nella sua lucida consapevolezza del male che affligge la sua terra di origine, il protagonista di *Spaesamento* non riesce a immaginare di essere altrove. Per questo afferma: "[...] so che da Palermo non posso andare via perché non posso andare via dall'Italia, da questa *malinconia euforica* diffusa e permanente che sta fuori e dentro i corpi — perché questa *malinconia* è aria, è la cera fredda che respiro, è il tempo fatto di molecole che io come chiunque assorbo modifico e restituisco" (116; corsivo mio).

Sia per Nimbo che per il protagonista del secondo romanzo la salvezza sta nel riconoscimento del dolore, nella (ri)scoperta dell'umano. La 'malinconia' deve trasformarsi in qualcosa di utile — di eroico, se vogliamo. Senza di questo si resta sommersi nell'*indistinzione* (come sappiamo, un termine chiave per Vasta) della materia che non si articola in pensiero, non si fa linguaggio

---

²⁴ Id., *Spaesamento* cit., p.11.

per decifrare il caos, per dare senso al caso. Come leggiamo dall'"Epilogo" di *Spaesamento*, in una lunghissima frase tipica dello stile dell'autore:

> [...] ma so che quello che cerco è la metamorfosi della *malinconia* in una rabbia lucida e onesta, in una rabbia adulta che sia coraggiosa e corra il rischio del dolore, una rabbia di rialfabetizzare nutrendola di parole critiche e precise – e allora prendo dal pavimento un pezzo e provo a collegarlo a un altro e a un altro ancora perché mi serve una rabbia che separi e leghi, una rabbia che mi faccia comprendere che Palermo è collegata all'Italia che è collegata all'Europa che è collegata all'Occidente, l'Occidente al mondo, e che questo spazio in fuga è mescolato a un tempo centrifugo e tutto dà sempre forma all'umano e l'Italia adesso è una forma dell'umano, una sua declinazione tragica, e noi siamo qui, nella materia, nella matrice, a cercare ancora un modo....
> (117-118; corsivo mio)

Se la letteratura ha un compito civile, come suggerisce tra gli altri David Grossman,[25] se l'intellettuale oggi – al di là di chi ne dà per spacciata la sua funzione – dovrebbe svolgere l'esercizio della critica, che sola può restituire quell'autonomia di giudizio al cittadino come *homo civicus*[26] (per citare Franco Cassano), e non semplice consumatore o cliente, non si può non essere d'accordo con Vasta quando afferma che "guardare ha un valore politico".[27] Così come acquistano particolare rilievo le parole dello scrittore siciliano quando afferma che a Palermo "[a]mministrare [...] dovrebbe voler dire continuare, nonostante tutto, a guardare. Non distogliere mai lo sguardo" (9). Lo sguardo è sempre ricognizione, e dun-

---

[25] Cfr. Grossman, David, *Con gli occhi del nemico. Raccontare la pace in un paese in guerra*, Milano, Adelphi, 2007.
[26] Cfr. Franco Cassano, *Homo civicus. La ragionevole follia dei beni comuni*, Bari, Dedalo, 2004. Valerio Magrelli parla, molto pertinentemente, di "profondo smarrimento civico" riferendosi all'oggetto dell'analisi antropologica condotta in *Spaesamento*. Cfr. Valerio Magrelli, *Emozioni e cosmesi. Viaggio nel Paese che venera il presente*, "la Repubblica", 8/5/2010.
[27] Giorgio Vasta, *Palermo: qui e altrove* cit., p. 9.

que conoscenza, dunque presa di coscienza. Come ci ha abituati anche Valerio Magrelli, dall'ottica all'etica il passo è davvero breve, solo che si sappia – e si voglia – guardare, naturalmente.

Come accennato più sopra, nel secondo romanzo sono esplicitate più chiaramente le istanze analitiche, la ricognizione della società avviata con *Il tempo materiale*. *Spaesamento* palesa sin dall'inizio non solo l'obiettivo perseguito dal protagonista-narratore, il carotaggio umano e sociale, ma anche una speciale disposizione psicologica, un umore che Vasta non esita a designare con il nome di "malinconia". Il termine ritornerà con una frequenza non certo casuale nelle ultime pagine del libro. Sin dall'esordio la nozione di malinconia viene in qualche misura spiegata ricorrendo a termini quali "sentimento", "malumore", "siero grigio" ed è accostata dialetticamente a "rabbia" e "rabbia bianca".[28] In altre parole, lo scrittore parrebbe utilizzare un'interpretazione organicistica, classica, della malinconia, come nella teoria degli umori.

Partendo dagli studi sulla malinconia di Giorgio Agamben raccolti nel volume *Stanze*,[29] vorrei avanzare l'ipotesi secondo cui Vasta ricorre a questo termine, a questa categoria analitica, in modo sistematico e non puramente accidentale, segnatamente nel secondo romanzo. Il concetto è stato, beninteso, oggetto di ampie trattazioni sin dall'antichità. Agamben ne delinea sinteticamente la fitta trama di relazioni genealogiche. Pur non affrontando in questa sede un siffatto groviglio di implicazioni, desidero almeno, e in via prioritaria, sottolineare la complessità delle varie sfaccettature e persino delle apparenti contraddizioni insite nel termine.

Condannata nell'antichità come accidia e, quindi, disposizione essenzialmente negativa, in quanto rifiuto sostanziale del mondo e deroga alle responsabilità individuali, trattata – in altri termini – come una vera e propria patologia cronica causata da un eccesso

---

[28] Id., *Spaesamento* cit., p. 4.
[29] Giorgio Agamben, *Stanze. La parola e il fantasma nella cultura occidentale*, Torino, Einaudi, [1977] 2006.

di bile nera, la malinconia ha, nondimeno, anche un valore decisamente positivo. Essa è infatti collegata all'influsso astrale di Saturno, legato nella mitologia—come noto—sia al dio che ha divorato i propri figli che alle alte imprese del pensiero e della speculazione filosofica. Infatti, come chiarisce Agamben, già Aristotele riscontrava negli uomini più versati nella filosofia, nella poesia e nelle arti una disposizone malinconica, così come Platone associava questo umore alla "mania divina" (17). È con i neoplatonici e con Ficino, in particolare,—in cui si assiste alla coesistenza di spirito saturnino e nobilitante predisposizione contemplativa—che si compie una marcata riabilitazione della malinconia, ricorda ancora Agamben (17). Lo studioso puntualizza, inoltre, che la stessa malinconia è stata collegata nel tempo, ancora una volta a partire da Aristotele, all'eros—anche sotto forma di smodata intemperanza (20). D'altronde è nota l'interpretazione della fenomenologia amorosa nella poesia medievale e nel pensiero di Ficino alla stregua di una patologia. Agamben punta suggestivamente sul rapporto tra la rappresentazione fantasmatica dell'oggetto d'amore (si ricordi in particolare lo stilnovismo) e la creazione artistica, come visto associata allo spirito contemplativo malinconico. Questo spiegherebbe, altresì, la tendenza negli spiriti malinconici a vere e proprie allucinazioni o visioni. In Vasta l'iperrealismo delle situazioni e dei luoghi si accompagna spesso proprio ad accensioni fantastico-visionarie, come accennato sopra.[30] Si pensi, solo per fornire un esempio, alla combustione delle palme devastate dal punteruolo rosso in *Spaesamento*. Una tale propensione visionaria può essere interpretata—io credo—in chiave allegorica. Infatti, come scrive Kristeva, riprendendo il pensiero di Benjamin, "[a]ccording to Walter Benjamin, it is *allegory*, which was powerfully

---

[30] Molto opportunamente Raffaele Donnarumma sottolinea la dimensione metaforica, fantasmatica, de *Il tempo materiale*. Per lui i tre ragazzini "[s]ono l'inconscio di un paese consegnato alla violenza di pulsioni primordiali" (Raffaele Donnarumma, *Recensione di* Il tempo materiale, "Allegoria", 60, dicembre, 2009).

handled in Baroque art, particularly in the *Trauerspiel* (literally, mourning play, playing with mourning; actually, it refers to the tragic drama of the Baroque period), that best achieves melancholy tension".[31]

La famosa incisione di Dürer, *Melencolia I*, studiata in particolare da Erwin Panofsky,[32] sarebbe un'ottima summa del coacervo di stratificazioni simboliche connesse alla complessa nozione di malinconia. Come cercherò di dimostrare più avanti, è la presenza, nella raffigurazione di Dürer, di particolari oggetti e strumenti che può suggerire una possibile chiave di lettura per comprendere meglio questa disposizione dello spirito nella declinazione che ne compie Vasta. Ma prima di affrontare questo aspetto vorrei tornare ancora una volta ad Agamben e alle sue considerazioni sul rapporto tra malinconia e lutto contenute nel breve saggio di Freud dal titolo *Lutto e Malinconia*, del 1917. In questo lavoro Freud evidenzia le analogie tra la sintomatologia connessa al lutto e quella causata dalla malinconia. Nel lutto è la perdita dell'oggetto a provocare il senso di scoramento, il disinteresse verso il mondo e tutto ciò che non sia un ricordo legato alla persona perduta. Ovviamente il lutto non è una patologia, per la semplice ragione che dopo un ragionevole lasso di tempo esso cede il posto a un ritorno a una vita normale. Per Freud ciò significa che l'energia rappresentata dalla libido viene riorientata verso altri oggetti. Nel caso della malinconia, sostiene Freud, in effetti non si sa quale sia l'oggetto perduto dalla persona che ne è affetta. "Nel lutto il mondo si è impoverito e svuotato, nella melanconia impoverito e svuotato è l'Io stesso",[33] scrive l'autore. Nel malinconico la perdita si

---

[31] Julia Kristeva, *Black Sun* cit., p. 101. Kristeva si riferisce al lavoro di Walter Benjamin, *Origine du drame baroque allemand*, Paris, Flammarion, 1985.
[32] Cfr. Raymond Klibansky, Erwin Panofsky and Fritz Saxl, *Saturn and Melancholy. Studies in the History of Natural Philosophy Religion and Art*, London, Nelson, 1964 – Nendeln / Liechtenstein, Klaus Reprint, 1979.
[33] Sigmund Freud, *Lutto e malinconia*, in Id., *Opere (1915-1917). Introduzione alla psicanalisi e altri scritti*, Vol. VIII, Torino, Bollati Boringhieri, 1976, p. 105.

tramuta in una regressione narcisistica, in quanto l'oggetto perduto verrebbe a identificarsi con l'ego stesso. La natura enigmatica del malinconico risiede nel fatto che i sintomi sono quelli di una reazione a una perdita che in effetti non è mai avvenuta. Come chiarisce Agamben, "la malinconia offre il paradosso di un'intenzione luttuosa che precede e anticipa la perdita dell'oggetto".[34] Inoltre, in realtà essa "non sarebbe tanto la reazione regressiva alla perdita dell'oggetto d'amore, quanto la capacità fantasmatica di far apparire come perduto un oggetto inappropriabile" (25-26). Nella malinconia "l'oggetto non è né appropriato né perduto, ma l'una e l'altra cosa nello stesso tempo" (27). Come scrive ancora Agamben: "Ricoprendo il suo oggetto coi funebri addobbi del lutto, la malinconia gli conferisce la fantasmagorica realtà del perduto [...]" (26).

Ora, in entrambi i libri di Vasta incontriamo, come già visto, non solo continue immagini di sfacelo e morte ma anche simboli specificamente connessi al lutto: un telo come paramento funebre, la posizione a braccia conserte tipica di una salma, oggetti che ricordano bare e pietre tombali e così via di seguito. Non c'è spazio né per la gioia, né tanto meno per l'umorismo in questo universo. La disposizione psicologica che prevale è quella tipica di una persona malinconica che filtra tutto ciò che la circonda attraverso un'immaginaria lente scura. Persino il sole spesso appare soffocante, mortifero.[35] Il rischio di questa disposizione, come sapevano bene i padri della Chiesa, citati da Agamben[36], è la figlia peggiore dell'accidia-malinconia, ovvero la disperazione e, dunque, la dannazione. Nel primo romanzo di Vasta Nimbo arriva giusto in

---

[34] Giorgio Agamben, *Stanze* cit., p. 25.
[35] Per i padri della Chiesa (cfr. ivi, pp. 5-6) la malinconia si introduce subdola proprio quando il sole è allo zenith. Si ricordi ancora il titolo dell'opera di Kristeva già citata in queste pagine, *Soleil noir* (*Sole nero*). Il sole non vivifica, ma divora, come una specie di Saturno-Cronos, per Vasta. Come leggiamo: "Palermo e l'Italia intera divorate dall'astro di fine estate." (Giorgio Vasta, *Spaesamento* cit., p. 58).
[36] Giorgio Agamben, *Stanze* cit., p. 25 .

tempo a salvarsi attraverso la scoperta del pianto e del dolore, per il tramite dell'amore (un "amore reale e *inventato*"[37]), e dunque dell'umano[38] che sussume il tutto e le sue 'aporie' in una visione che si apre all'etica. In questa visione, finalmente, all'indistinzione del male subentra la separazione tra il male e il bene. Il libro si conclude, molto significativamente, con questa breve, lapidaria frase: "Ed è solo adesso, quando nella fabbricazione della nostra notte le stelle esplodono nel nero, che alla fine delle parole comincia il pianto".[39] Anche nel secondo romanzo il dolore è segno della necessità etica della 'separazione' ("Questo presente", leggiamo, "[...] non ha rabbia, non ha indignazione. Perché non ha dolore. Senza dolore non c'è separazione".[40]

In *Spaesamento* il narratore tenta, sin dall'inizio di trasformare la propria malinconia in qualcosa di costruttivo, che superi la forza paralizzante dell'immobilismo in cui sembrano sopravvivere e

---

[37] Giorgio Vasta, *Il tempo materiale* cit., p. 274, corsivo mio. Si veda l'analogia di questa 'invenzione' con l'aspetto 'fantasmatico' dell'oggetto amoroso di cui parla Agamben.

[38] D'altronde nessuno è esentato dall' "umano", avverte Vasta, neanche i bambini; quei bambini che—non a caso—hanno tanta parte nella sua narrativa, non solo dunque nel primo romanzo. È stato fatto, a questo proposito, un accostamento tra *Il tempo materiale* e il capolavoro di William Golding, *Lord of the Flies* (London, Faber and Faber, 1954; tr. it. di F. Donini, *Il signore delle mosche*, Milano, Mondadori, 2001). Afferma lo scrittore palermitano: "Il fatto che il bruno e il biondo abbiano sette anni non modifica la questione: nessuno è assolto dall'umano" (Giorgio Vasta, *Spaesamento* cit., p. 78). L'efferatezza dei tre terroristi in erba e l'amoralità e la gratuita crudeltà dei vari bambini presenti anche nel secondo romanzo sembrano rappresentare, da una parte, l'incarnazione della scaturigine del male, dall'altra simboleggiano la proiezione degli effetti della deriva etica di un'intera società. Si può ravvisare anche un'analogia tra lo studio del comportamento violento da branco secondo Vasta e il celebre romanzo di Anthony Burgess, *A Clockwork Orange* (London, Heinemann, 1962; tr. it. di F. Bossi, *Arancia meccanica*, Torino, Einaudi, 2014), del resto adombrato in *Spaesamento* ("[...] mi rendo conto che l'iperbar nel quale mi trovo è il Korova Milk Bar di *Arancia meccanica* e i quattro emo insultati dal barman giovane sono quanto di più somigliante ad Alex Pete Georgie e Dim sia possibile incontrare in giro [...]", Giorgio Vasta, *Spaesamento* cit., p. 33).

[39] Id., *Il tempo materiale* cit., p. 274

[40] Id., *Spaesamento* cit., p. 113.

Palermo[41] e l'Italia tutta in un eterno presente, che nega sia il passato che il futuro, in cui la storia stessa è azzerata, in quanto Palermo rappresenterebbe la *preistoria*. L'immobilità debilitante del presente, contro cui è indirizzato il progetto eversivo dei ragazzini nel primo romanzo, è incarnata, nel secondo, da Berlusconi. Come leggiamo in quest'ultimo libro: "[...] Berlusconi non inventa, non crea, Non genera. Quella è una superstizione di comodo. Berlusconi rivela" (104). L'indistinzione—che è anzitutto obliterazione etica dei confini, della demarcazione tra il lecito e il suo contrario—trova in Berlusconi il suo "enzima [...] perché Berlusconi sente—autenticamente e senza trauma—la nebulosa italiana in cui si emulsionano le distinzioni e tutto si confonde e si annulla, i sì e i no si mescolano, affermazioni opposte si annodano imbrogliandosi e il senso è al collasso".[42] Come ha affermato Vasta in un'intervista, l'inferno sarebbe esattamente "ciò che accadrebbe se dovessimo rinunciare [...] ai nostri tentativi di invenzione di senso".[43]

Tornando adesso alla rappresentazione della malinconia in Dürer, possiamo forse capire meglio il perché della presenza di quella dettagliata descrizione di un oggetto all'apparenza banale come un ventilatore rotto e dello strenuo tentativo da parte del protagonista di *Spaesamento* di capirne il meccanismo e tentare di ripararlo con l'impiego di attrezzi adatti. In altre parole, gli strumenti di misurazione (bilancia, compasso, clessidra, ecc.) e di lavorazione (martello, tenaglia, ecc.) che compaiono nell'incisione parrebbero aiutare a interpretare il complesso allegorismo della

---

[41] Un immobilismo che si accompagna a quella "luce malinconica", quella "malinconia sepolcrale" (Id., *Spaesamento* cit., p. 38) che sembra convivere con l'apparente *jouissance*, con la "retorica della festa, del tripudio" (*ibid.*), che connoterebbero Palermo.

[42] Ivi, pp. 105-106. L'indagine sul senso del presente informa anche la sezione del libro a più mani ideato da Vasta e dal titolo emblematico: Andrea Bajani, Michela Murgia, Paolo Nori, Giorgio Vasta, *Presente*, Torino, Einaudi, 2012.

[43] Marco Benedetti, *L'inferno è rinunciare all'invenzione di senso. Intervista a Giorgio Vasta*, in *Vixi*, "Argo", 17, novembre 2011 (www.argoline.it).

composizione di Dürer. A una presunta mesta constatazione di una crisi del genio creatore, secondo una delle tante letture dell'opera, si contrapporrebbe proprio l'attribuzione di un significato più positivo, quello di un superamento, una trasformazione appunto, della disposizione malinconica verso un progetto umano che si avvalga di tutte le facoltà, da quelle astratte, speculative e della creazione artistica—che partecipa anche della dimensione non razionale del sogno e della visione—a quelle più squisitamente pratiche.[44] In Vasta, comunque, è proprio l'insistenza sul tentativo di riparare il ventilatore con gli specifici utensili a trasformare, a sua volta, questo narratema in un simbolo, un'allegoria, della progettualità, dell'investimento delle proprie energie pratiche e astratte nel *tempo*, e quindi in un futuro che non sia risucchiato nella palude del presente. È in questa progettualità che si dispiega l'umano. Quelli che Vasta chiama 'palinsesti' non sono altro che gli strumenti del pensiero razionale e della creatività umana, riscaldati e illuminati da una coscienza etica, vale a dire i prodotti di un'intelligenza, non sterile, ma che dia luogo ad "azioni concrete e umane capaci di generare conseguenze",[45] come leggiamo in *Spaesamento*. Fondamentali, da questo punto di vista, sono le parole che seguono, tratte dalle ultime pagine del romanzo:

---

[44] Debbo lo spunto per questa interpretazione della malinconia in Vasta alla lettura proposta da Norma Bouchard della malinconia nei romanzi di Vincenzo Consolo. Bouchard ravvisa nello scrittore "metaphors of melancholy [...] endlessly woven into all of his novels" (Norma Bouchard, *Vincenzo Consolo and the Postmodern Writing of Melancholy*, "Italica", Vol. 82, No.1, Spring, 2005, p. 15), ma è in *Nottetempo, casa per casa* che il riferimento a Dürer si fa inequivocabile per via di quell'allusione a oggetti come il compasso, la sfera, la clessidra e la bilancia. Queste immagini, tra le altre presenti nell'incisione, per Bouchard—sulla scia dell'interpretazione dell'incisione da parte di Aby Warburg e dei suoi allievi Panofsky, Klibansky e Saxl—giustificano la visione di una 'malinconia eroica'. Come precisa la studiosa, "[t]his is a melancholy where the sorrowful contemplation of decay and destruction is no longer tied to a sense of purposelessness but, through the epistemological revision brought about by Renaissance humanistic thought, is now seen as the attribute for the intellectual's quest for knowledge" (ivi, p. 16).
[45] Giorgio Vasta, *Spaesamento* cit., p. 113.

Il palinsesto è proprio questo [...]. Tecnologia della forma e del fine. Un argine all'indistinzione naturale. O meglio un contenimento, un tentativo di fare qualcosa. [...] La grammatica è un palinsesto, e l'astronomia, e il codice penale e la carta geografica. La teoria della relatività generale è un palinsesto; anche il fascismo è un palinsesto. [...] La Costituzione è un palinsesto [...], e la trama di una storia è un palinsesto. (111-112)

Per concludere, abbiamo visto come la narrativa di Vasta affonda la propria ragion d'essere nella ricognizione — nel 'carotaggio' — della realtà italiana a partire da un contesto locale specifico a lui intimamente noto — Palermo —, dove situazioni e personaggi assumono una dimensione metaforico-allegorica. L'assunto di base è di natura etica, in quanto la constatazione di uno stallo civile, l'"indistinzione' della materia e dei fenomeni sociali e antropologici, rischia di soffocare ogni progettualità che si faccia promotrice di senso. Attraverso una scrittura di sapiente forza letteraria e immaginifica Vasta investe la sua operazione narrativa con la volontà di riplasmare un linguaggio che sappia interpretare il magma della realtà contemporanea e trasformare la 'malinconia' dell'acquiescenza e di una sostanziale, diffusa 'complicità' in energia costruttiva.

OPERE CITATE O CONSULTATE

Agamben, Giorgio, *Stanze. La parola e il fantasma nella cultura occidentale*, Torino, Einaudi, [1977] 2006.

Bajani, Andrea, *Brigatisti per gioco nel centro di Palermo*, "l'Unità", 23/10/2008.

Bajani, Andrea, Michela Murgia, Paolo Nori, Giorgio Vasta, *Presente*, Torino, Einaudi, 2012.

Benedetti, Marco, *L'inferno è rinunciare all'invenzione di senso. Intervista a Giorgio Vasta*, in Vixi, "Argo", 17, novembre 2011 (www.argoline.it).

Bouchard, Norma, *Vincenzo Consolo and the Postmodern Writing of Melancholy*, "Italica", Vol. 82, No. 1, Spring 2005, pp. 5-23.

Burgess, Anthony, *A Clockwork Orange*, London, Heinemann, 1962; tr. it. di F. Bossi, *Arancia meccanica*, Torino, Einaudi, 2014.

Cassano, Franco, *Homo civicus. La ragionevole follia dei beni comuni*, Bari, Dedalo, 2004.
Cortellessa, Andrea, *Giorgio Vasta*, in Id. (a cura di), *La terra della prosa. Narratori italiani degli anni zero (1999-2014)*, Roma, L'orma, 2014, pp. 701-704.
Di Gesù, Matteo, *Giorgio Vasta incide Palermo*, "Giudizio Universale", 26/7/2010.
Donnarumma, Raffaele, *Recensione di* Il tempo materiale, "Allegoria", 60, dicembre, 2009.
Fofi, Goffredo, *Il triste regno di Draquila*, "l'Unità", 23/5/2010.
Fontana, Giorgio, *Recensione di* Il tempo materiale, "il sole24ore.com", 4/11/2008.
Freud, Sigmund, *Lutto e malinconia*, in Id., *Opere (1915-1917). Introduzione alla psicanalisi e altri scritti*, Vol. VIII, Torino, Bollati Boringhieri, 1976.
Gallerani, Stefano, *Il 1978 e la furia onomastica di Giorgio Vasta*, "Alias", 8/11/2008.
Giorgio, Simone, *La lingua e la colpa. "Il tempo materiale" di Giorgio Vasta*, https://www.centropens.eu/materiali/articoli/item/15-il-tempo-materiale-giorgio-vasta.
Golding, William, *Lord of the Flies*, London, Faber and Faber, 1954; tr. it. di F. Donini, *Il signore delle mosche*, Milano, Mondadori, 2001.
Grossman, David, *Con gli occhi del nemico. Raccontare la pace in un paese in guerra*, Milano, Adelphi, 2007.
Guglielmi, Angelo, *Costruiamo eroi di sabbia*, "Tuttolibri", 26/6/2010.
Klibansky, Raymond, Erwin Panofsky and Fritz Saxl, *Saturn and Melancholy. Studies in the History of Natural Philosophy Religion and Art*, London, Nelson, 1964 – Nendeln /Liechtenstein, Klaus Reprint, 1979.
Kristeva, Julia, *Soleil Noir. Dépression et mélancolie*, Paris, Gallimard, 1987; transl. L. S. Roudiez *Black Sun. Depression and Melanchholia*, New York, Columbia University Press, 1989.
Magrelli, Valerio, *Emozioni e cosmesi. Viaggio nel Paese che venera il presente*, "la Repubblica", 8/5/2010.
Minore, Renato, *A Palermo, nell'anno di Moro, tre ragazzini giocano a fare le Br*, "Il Messaggero", 13/7/2009.
Mongelli, Marco, *Finzione e verità in* Spaesamento *di Giorgio Vasta*, "404:file not found", 14/11/2011.
Onofri, Massimo, *Passaggio in Sicilia*, Firenze, Giunti, 2016.
Panella, Giuseppe, *Questo è il tempo degli assassini*, "Retroguardia 2.0", 2/7/2009, www.retroguardia2.wordpress.com.
Tomasi di Lampedusa, Giuseppe, *Il Gattopardo*, Milano, Feltrinelli, 2011.

Vasta, Giorgio, *Il tempo materiale*, Roma, minimum fax, 2008.
_____, *Palermo: qui e altrove*, http://www.humboldtbooks.com/ palermo-qui-altrove/.
_____, *L'Italia è un paese antigravitazionale*, "minima&moralia", 4/11/2009, http://www.minimaetmoralia.it/wp/1%e2%80%99italia-e-un-paese-antigravitazionale/.
_____, *Spaesamento*, Roma-Bari, Laterza, 2010.
_____, *Perché noi italiani adesso siamo italieni*, "minima&moralia", 17/2/2010, http://www.minimaetmoralia.it/wp/perche-noi-italiani-adesso-siamo-italieni/.
_____,http://www.minimaetmoralia.it/wp/italia-media/.
_____, *Palermo è l'elefante*, "minima&moralia", 6/1/2011, http://www.minimaetmoralia.it/wp/palermo-e- lelefante/
_____, *L'anima del presente nell'Italia anni Zero*, "minima&moralia", 11/3/2011, http://www.minimaet moralia.it/wp/lanima-del-presente-nellitalia-anni-zero/.
_____, *Se il nostro sguardo è sempre culturale*, "minima&moralia", 18/6/2011, http://www.minimaetmoralia.it/wp/se-il-nostro-sguardo-e-sempre-culturale/.
_____, *Il paese baracca*, "minima&moralia", 15/7/2011, http://www.minimaetmoralia.it/wp/il-paese-baracca/.
_____, *Le tre giornate di Palermo*, "minima&moralia", 17/1/2012, http://www.minimaetmoralia.it/wp/le-tre-giornate-di-palermo/.
_____, *La dimensione etica dello spazio in cui abitiamo*, "minima&moralia", 17/2/2012, http://www.minimaetmoralia.it/wp/la-dimensione-etica-dello-spazio-in-cui-abitiamo/.
_____, *Viaggio sentimentale nei luoghi dimenticati*, "minima&moralia", 27/2/2013. http://www.minimaetmoralia.it/wp/recensione-spaesati-antonella-tarpino/.
_____, *Non sapere, per finta e davvero. Appunti su "Belluscone" per una storia culturale di Palermo*, http://www.minimaetmoralia.it/wp/belluscone-franco-maresco/.
_____, *L'altrove di Felicia e Peppino Impastato*, "minima&moralia", 9/5/2016, http://www.minimaetmoralia.it/wp/laltrove-di-felicia-e-peppino-impastato/#respond.
Vizmuller-Zocco, Jana, *The Tragic Limits of Adolescent Creativity in Giorgio Vasta's* Il tempo materiale, "Quaderni del '900", XI, 2012, pp. 101-112.

Mediterraneo (1991): Yesterday and Tomorrow

Jan Marta
UNIVERSITY OF TORONTO

Mediterraneo (1991) — winner of a Foreign Language Oscar, numerous other prizes, and a staple of Italian cinema and Italian cinema studies — is an entertaining sojourn on a fictive Greek island, accompanied by WWII Italian seamen who rapidly integrate into the life of the villagers, from their first awareness of the locals, to their realization that they have been abandoned by their country due to the circumstances of war. Yet, it is also a historical fiction that serves as a commentary on human nature, generally, and when challenged by specific circumstances, as well as on its own times. It provides the spectator with a dream-like diversion, in itself a panacea, and a prescription for surviving troubling times. It is, from beginning to end, an overt *éloge de la fuite* in the meaning elaborated by Henri Laborit in his book-length study of the neurobiology and psychology of flight as a survival strategy, of preserving life through physical and mental escape until there is a time and place to resume the fight of the active realization of the new possibilities dreamt during the flight, when it becomes possible, in part because of the *temps de la fuite*. Laborit's *Éloge de la fuite* (1976) is an exhortation of flight as a legitimate tactic of survival when fight is impossible, as a means to survive, to live on to dream again, that it, to create anew, in order to be able, eventually, to fight in order to realize those dreams. Throughout, the Mediterranean Sea itself serves as an *actant*, or agent of narrative survival, transporting the characters, and the film's spectators, into and out of the Greek archipelago.

The opening quotation, "'*In tempi come questi la fuga è l'unico mezzo per mantenersi vivi e continuare a sognare*' — Henry [sic] Laborit" ("In times like these, escape is the only means to remain alive and to continue to dream"; translation mine), and the final dedication,

Jan Marta • "*Mediterraneo* (1991): Yesterday and Tomorrow"

"*Dedicato a tutti quelli che stanno scappando*" ("Dedicated to all those who are escaping"; translation mine), serve as a frame tale that refers both to the film itself and to its spectators. The Italian military ship, significantly named the "Giuseppe Garibaldi," situates the historical and more realistic setting of the film, as does the British military ship at the end. Indeed, the film moves metaphorically through various historical-political time frames within Italian history, from the Risorgimento, through unification, the loss of WWII, the post-war challenges, the failure of the First Republic, to the eve of political change in Italy. Its open-ended "conclusion" keeps this latter time, the even of political, historical, economic, and social change in Italy a constantly moving horizon for the particular time of viewing. Throughout the film, the personal transformations of the characters mirror the potential for change in the film's spectators, and for further evolutions and circumstances evolve. More specifically, the characters undergo personal transformations, acculturations, and re-acculturations that exemplify processes of moving from outside to inside a culture, and moving within one's shifting identities. Various aspects of the film (for example, the setting, the panoramic, sunny long shots, the music, the movement of dance and sport, and the comedic elements of personalities, regional types, and cultural differences) transport the characters and the spectators beyond both hardship and dreaming. Like the ever-advancing horizon, the film`s temporal frame, "*in tempi come questi*," advances to meet the spectator at the contemporaneous time of watching or re-watching, engaging and re-engaging with the need to dream, the new dreams, their potential realizations.

While the most overt theme of the film is flight, fight—the other physiological survival response—subtends that theme, in the role of flight as a fight for survival, in the elements of fight that occur within the overall flight, in the armed defense of the dream-like island idyll, and in the dreams of returning to the "fight" of the creation of a new country, of renewed personal clives. Both flight, and fight for survival, the Italian seamen's acculturation to life on the Greek island—originally the site of their mission of "*osservazione e collegamento*," of observation and building relationships, now their forced place of refuge from the war—demonstrates the dynamics of moving from an outsider to an insider, of negotiating self and other, of seeing oneself as another, and others as oneself.[1] In the process, the Italians, who are fellow Mediterraneans, become insiders to the Greeks, or more specifically, insider-outsiders. The only other Mediterranean insider, the Turk, is not accorded the same status of insider to the Greeks. For both historical and stereotypical reasons, he remains an outsider to the accepted, fellow Western Christian Greco-Italian group. The farther outsiders, the British, the Germans, and the Americans, remain outside both the Mediterranean groupings of Greco-Italians, and the Turk. In fact, the Germans and Americans remain outside of the film proper, and are only alluded to by the Italian and Greek characters.[2]

The film's narrative, metaphoric, and changing temporal frames make of these universal themes of migration, of insider, insider-outsider, and outsider within an *éloge de la fuite* as a survival response to difficult times, and an opening to improved futures, an enduring message to a series of spectators over time. Viewing the film in our present time, it resonates with the current Mediterranean crisis, the epic displacement of Arab Mediterranean peoples, especially from Syria, traversing land and sea at great peril to escape even greater peril at home. They seek to realize dreams of safety, security, stability, and the achievement of ordinary lives of work, study, family, and community denied by war, famine, and terrorism in their homeland. It also reminds present-day spectators, of a second Mediterranean crisis, that of the sub-

---

[1] Here reflecting concepts developed by French philosopher Paul Ricoeur (1990).
[2] This exclusion from the screen represents a major departure from the original subject and screenplay, as elaborated by Enzo Monteleone (1992).

Saharan economic migrants who risk the land journey to the Mediterranean shores of North African countries to undertake the hazardous sea journey north, especially from Morocco to Spain (Andalucía), and Tunisia to Italy (Lampedusa), the latter journey represented in *Mediterranea* (2015), and most especially, *Fuocoammare* (2016)[3]. Like the Turk of *Mediterraneo*, they are all, Arab and African, conceived of as outsiders, and indeed many move on to farther destinations outside the north Mediterranean shore, to Germany, Britain, and the British Commonwealth.

This article will explore the dynamics of insider-outsider relationships and relate them to the specific periods of Italian history evoked by *Mediterraneo*, then to the current challenges facing the Mediterranean, which indeed have a broader international impact. Three main themes help guide this exploration: the internal dynamics of the film and its characters; its place as a historical fiction in the context of the evolution of neorealist cinema; and the film's resonances with today's socio-historical events, with questions of who are insiders and outsiders, whose "*mare nostrum*" is the Mediterranean, and how we treat our Mediterranean others.

As mentioned, the film is structured within a frame tale, composed of both the opening and closing quotations that emphasize the need for dreaming, escape, in "these times" of 1980's, early 1990s, Italy. The internal dynamics of the film thus begin with explicit permission to the spectators to enjoy a happy cinematic interlude until they have to resume their own present—implicitly referencing the experience of viewing a film at the cinema, the entrance into the theatre and the film's world, the engagement with that world, then the disengagement, and departing both the world of the film and the cinema itself, transformed by the experience. The dialogue, characters, setting, and events of the film create a

---

[3] Part of a genre of Mediterranean migrant films often addressed as "transnational cinema." See for example, Sandra Ponzanesi (2016).

vicarious interlude for the viewer during the time of his viewing idyll. For the spectator the film is a flight from the present into the past that joins up with the present at the end. This is highlighted by the non-verbal frame within that outer verbal one, that of the two wartime naval ships. The Italian "Garibaldi" at the opening of the film brings the Italian seamen to their destination, a small, far off island with no strategic importance whatsoever, where they are assigned the task of observation and developing relations with the Greeks. They observe from their island encampment that an enemy British ship has sunk the Garibaldi, with no survivors, leaving them unknown and abandoned, a fate that is sealed when their radio is broken. Their planned four-month posting becomes an open ended placement. After three years, a now allied British naval ship removes them to an Italy that has undergone profound political and social upheaval during their "Greek vacation." A fourth ship, the tourist yacht that brings the lieutenant back to the island, on the news of the death of the former prostitute, Vassilissa, wife of his wartime adjutant, Antonio Farina, brings "these times" forward, from WWII to the present of the film's making in the late 80's early 90's.

Within this structure the main characters undergo a transformation to their circumstances that is familiar to any migrant—a necessary adaption without necessarily losing their individual identities or their culture of origin. This group of seamen is composed of conscripts from various regions of Italy, different life circumstances, and occupations. Part of the enjoyment of the film, part of its comedy derives from how they represent types, play off each other and find their own ways of adapting. The intellectual, artistic lieutenant, Raffaele Montini, relies on his knowledge as a teacher of Classical Greek to both adapt and aid his troop to do so. His hobby of painting becomes his own diversion, and generates his social role as the restorer of the Church's frescoes. Each member of his troop has a social role as a model for the restored saints.

Yet each finds his own distinct accommodation to island life, in part based on his military designation, but primarily based on his own interests and occupations. The two brothers Munaron, accustomed to mountain life, become the mountain lookouts for the troop, and form a relationship with "the shepherdess." The mule driver, Eliseo Strazzabosco, takes care of a new mule on the island, and forms a relationship with a married Greek woman whose husband has been deported by the invading Germans, along with all the other men on the island, except for the very young and the very old. Sergente Lo Russo, veteran of the North African campaign, continues to organize and boss the others around, yet gradually softens his warlike persona. His aide in this mission, Colasanti, becomes an even more attentive companion and wishes for a romantic relationship, including on their projected return to Italy. The lieutenant's aide, the orphan Antonio Farina, finds the family he lacks in his relationship with the prostitute, Vassilissa, who becomes his wife, and with whom he later starts a restaurant that does a thriving tourist business. The habitual deserter, Corrado Noventa, continues to rely on his relation to Italy, sending letters that are never posted, attempting to desert, and finally succeeding.

By the time they receive news of the war from the Italian flier who lands to repair his plane, they have been completely cut off from their previous lives, their roles have evolved, and they have loosened the social norms of interpersonal relationships. Enabling these changes is the absence of the Greek men who would have been their counterparts on the island, and who would have prevented them from integrating romantically as they did. This is best demonstrated by the scene at the end when the Greeks return, or as Farina puts it, when "those who belong here return," and despite a stare off between Strazzabosco and the Greek husband of his lover, each returns to his rightful place, Strazzabosco on the British boat that will return him to Italy, the Greek husband into the arms of his wife. Similarly, when the Munaron brothers leave the now pregnant shepherdess behind, she is as happy and independent of the village as when they found each other, and none of them is concerned about which one of the brothers might be the actual father. Farina remains on the island, married to a former prostitute none of the Greek men would have wanted to marry, and is the final deserter (after Noventa), though no one presses the point. The Italians have all found their places, as have the Greeks. As the war has ended, the never seen Germans are no longer a threat. The British are finishing their war work of returning the Italians home, appropriately shocked by the Italians turned Greeks and by Strazzabosco with his mule, but in a subdued manner, and eager to accomplish their duty—very British.

While the Germans and British are both outsiders to the Mediterranean, the Italians are outsiders to Greece but insiders to the Mediterranean, and, for a time, insiders to this Greek idyll. Yet one other character is of an importance beyond his screen time—the Turk. Though also of a Mediterranean culture he is the ultimate insider-outsider, one particularly rejected by the Greeks, in view of their historical and religious differences, epitomized in the Greek priest's saying, "*Mai fidarsi ai turchi.*" This Turk is the stereotypical hash dealer and thief,[4] ignorant of all culture and politics beyond his own survival by deception. His actions serve to further bond the Italians and the Greeks, since the latter give the former stored arms to replace those stolen by the Turk. The Greek priest again serves as something of a Greek chorus, explaining that they have always had the arms but chose to be friendly with the Italians, and save them for the defense of the island against others.

In his transformation from the simpleton "*Non so,*" laughing hash purveyor, to the unscrupulous thief taking all, leaving his victims made defenseless by his drugs even more defenseless by his theft of their arms, Aziz becomes the "Terrible Turk" of histor-

---

[4] A specific stereotype of (reactionary) cinema elaborated Gregory Burris (2008).

ical tradition, plying the Mediterranean Sea, raiding and pillaging. He is the antithesis to the union of Western cultures, Ancient Greek and Roman, contemporary Greek and Italian, Orthodox and Catholic. In his irreligiosity and amorality, the Islamically-named Aziz (Arabic rather than Turkish, a nominal signification of his inherited religion), is the antithesis of the religious union represented by the Italian seaman's portraits as the faces of the Orthodox saints painted by Tenente Montini in the Greek church at the request of the Greek priest—of the symbolic reunification of the East and West Churches of the great schism of 1054, of the Byzantine and the Holy Roman Empires.

Similarly, Tenente Montini's book of Ancient Greek poetry represents for him, and for Farina to whom he passes it, Ancient Greece as the cultural cradle of all Western civilizations, particularly of the Italians. It unifies all Westerners in one great family, including the orphaned Farina. In his reading and reciting the Ancient Greek poems in juxtaposed Italian translation, Farina grows as a human being, finishing the maturation process interrupted by the orphaned childhood, and military service during wartime as a young adult. Just as Montini uses his portraits of the villagers to form connections of affection and friendship, Farina uses poetry to build his romantic relationship with Vassilissa, to marry her, and build a life together on the island during the war and after.

Both the Tenente and Farina use their art to find loving relationships, while the other characters find love through other means of connecting. The aptly named Munaron brothers-Felice (happy) and Libero (free)—use humour, circus tricks, and charm to connect with the shepherdess, with whom they already share a mountain habitat and lifestyle. Strazzabosco finds a new mule, and resumes his life as a muleteer, giving him a purpose in the island village, and helping him find a new Greek woman to love. Noventa maintains his love connection with his expectant wife in Italy by his never-ending letter writing and escape attempts to join her.

The hidden Greek boats give him the opportunity to make a final, presumably successful attempt, fleeing the dream world of the island back to the reality of wartime Italy ahead of the rest who will only be repatriated after the war. Colasanti's love for the Sergente grows, and he finds the courage in this foreign land to express it more fully. While it is unrequited, he finds some satisfaction in the platonic love of male friendship offered in return by il Sergente. The latter forms the same bonds of genuine friendship with the Tenente, Farina, the rest of the seamen to a lesser degree, and generally to the Greek lifestyle of the village, savouring the Greek coffee, dancing expertly, comfortable in his Greek peasant attire. Indeed, all the Italian seamen, trained fighters, but on a mission of *Osservazione e Collegamento* (OC-observation and liaison with the Greeks on this strategically insignificant island), spend their Greek campaign making love, not war.

This theme of love running through the film[5], from the first satirical love of Strazzabosco for his mule, Silvana, to the final loving tribute to the recently deceased Vassilissa and to the loving friendship of Farina, il Sergente and il Tenente, is a motif of survival, of the power of flight—including into love—to enable survival, to give the possibility of living on to fight another day, enriched by the generativity of love and the creativity of dreaming to be more capable of realizing the imagined future that will follow this obligatory respite from a losing fight. The final dedication makes this message to the spectator explicit, "*Dedicato a tutti quelli che stanno scappando.*" Those who are escaping, geographically, oneirically, are ensuring their existential survival, both neurophysiologically as for Laborit, and politically, socially, and culturally as for Salvatores.

---

[5] Fittingly, if loosely, inspired by the novel *Sagapò* (*I Love You*) by Italian veteran of the Greek campaign, Renzo Biasion, originally published in 1953 and republished in 1991.

Jan Marta • "*Mediterraneo* (1991): Yesterday and Tomorrow"

Also from the beginning to end of the film, the Mediterranean seascapes and landscapes are the setting *par excellence* for dreaming, loving, imagining, surviving by both the characters and the spectators, giving geographical expression to the film's narrative plot trajectories, and to the historical coordinates embedded within them and in the symbolism of the film, up to and including the temporally progressing "these times" of a specific instance of viewing, those instances advancing like the horizon where sea meets sky, ahead of a prow splitting the waves of time.

While the main frame addresses the spectator of the time of production (the late 80s and 1990) and release of the film (1991), the main temporal setting is the three years of WWII spent by the Italian seamen on the Greek island. The *anni di riflusso* of the 80s bracket the 40s fall of Fascism. The film invites the viewer to flee the political and economic difficulties of the 80s, where fight has become impossible, into a portrait of the WWII Greek Campaign that deliberately evades its brutality to present only an idyll, a dream of non-combat when fight is impossible for this abandoned troop. After the loss of their ship, their isolation is completed with the loss of their radio, freeing them from the war, and the Fascist ideology driving it. They are disengaged from the war to the point where they only learn which side they are now "fighting" on, that of the British, Americans, and the Greeks themselves, when a chance landing by a Sicilian-Italian pilot, Tenente Carmelo La Rosa, brings word of outside world events. Not only has Mussolini fallen, but "enemies are friends and friends are enemies," and Italy is divided north-south in an emerging civil war for control of the post-war peninsula. At war's end, the country will need to be remade; it will require a new Risorgimento to put right the failed unified state, sunk by war, much as their ship the Garibaldi was sunk. The pilot's departure, with a promise to signal their presence on the island to the authorities, definitively marks their re-engagement with the world. Even Farina has been forced by this event to choose to desert, to stay with his wife in the only home he has known The possibility of return and participation in the rebuilding of the country originally excites Sergente Lo Russo, but long before the film's end, in 1990, he has returned to the island to flee the impossibility of fighting to set the post-war country on a better path. At the film's end, Tenente Montini has joined him and Farina, as the end of the failed First Republic approaches.

Though Salvatores received much criticism from certain quarters, notably from Renzo Renzi,[6] for failing to portray the brutality of the Italian Greek Campaign, and for portraying yet another group of *italiani brava gente*, the choice seems a deliberate advocacy of flight in the time of the 1980s symbolically portrayed by this flight from the horrors of Fascism and of the Greek Campaign in the 1940s. Salvatores' preoccupation is with existential themes of survival, by flight when fight is not possible, by the inspiration of a period of dreaming to the realization of a new future when fight becomes possible again. Here Salvatores seems to express how disastrous 1980s Italy was, by analogy with the worst of the 1940s, and justifying flight now by representing flight then. He does so by evading serious ideology for comedic expostulations, and grounding in comradery, nature, love, joy, and delight in simple pleasures in a timeless setting free of daily cares. Such flight is restorative, building resilience, allowing for resistance of paralysing despair, until re-engagement is possible. The Italian seamen are protected on their 1940s Greek island from all the fears of moral, social, cultural, political, and social dissolution of their country then and in the 1980s. Instead, the outsider to both the Italians and the Greeks, the amoral Turk, becomes the symbolic scapegoat, one who voluntarily exiles himself from this mythic island where the myths of Ancient Greece are played out as a now restored ideal

---

[6] Renzo Renzi (2001). See also, Clarissa Clò (2009); Rosalind Galt (2002); Saverio Giovacchini (2007).

unity (Malavasi, 2005). Like the traditional scapegoat of expiation, he is forced from the community by his difference, bearing all its sins.[7] There is no real disharmony or transgression before the Turk arrives, until the night of drugged confessions and "mutiny" (against Sergente Lo Russo) over which he presides, and after his departure harmony is restored, and even reinforced by the Italians' renewed commitment to defend the island, now entrusted by the priest and villagers with the Greek arms and boats.

Indeed, Salvatores' existential commitment to escapism and the creation of a new exodic (Marcus [2002, 76]) social harmony is further evidenced by the situation of *Mediterraneo* in his *oeuvre* as the third in a tetralogy of escapist geographically dis-located films he wrote and directed in the late 1980s and early 1990s — *Marrakech Express* (1989), *Turné* (1990), *Mediterraneo* (1991), *Puerto Escondido* (1992). The collaborative nature of his work, in writing with friends and repeat cast members, in working through scenes together with a familiar ensemble of technicians and actors, reflects not only his history in theatre, or his leftist politics but the very messages of his films that seek to restore social order by escape from the disordered home country. Where Kerstin Pilz includes *Marrakech Express* and *Puerto escondido* in her "Dreams of Escape: Variation of the Italian Road Movie" (139), one could add *Mediterraneo* as a dream of escape by boat, where the seascape become the sea-escape route.

As well as escapist fare, *Mediterraneo* exhibits a kaleidoscope of other genres blended into one unified production.[8] These include

---

[7] As developed by sociologist René Girard (1982).
[8] Rosemary Maule argues that Salvatores' cinema fits the impure and imperfect definitions of Bazin and Espinosa respectively, combining genres, marked by thematic and stylistic heterogeneity, and with the end of the "escape cycle" he moves on to more existential and philosophical themes. She notes the genre combinations in *Mediterraneo* as comedy, romantic comedy, adventure film, war film (2008, 117).

Jan Marta • "*Mediterraneo* (1991): Yesterday and Tomorrow"

the theatrical film, best illustrated by the troop's pulling the "curtain" of hung laundry to reveal a whole new staging of village life, one populated and animated, where until that point the Italians had encountered only uninhabited terrain and buildings, silent death threats in the form of graffiti, then finally an "advance guard" of playful, fleeing children, and a flirtatious shepherdess. It is also in the genre of the comedic war film, with a cast of misfit military personnel, who experience more misadventures than actual fighting or battle, yet are prepared to fight in defense of their protégés. While not a musical, the musical theme is a prominent leitmotiv emphasizing the Italian acculturation to the Greek island, expressed also through their celebration of Greek dance. Some critics have described *Mediterraneo*, with its combination of comedy and social critique, as being in the genre of a *commedia all'italiana* (Marcus, 78, 90, 93; Renzi, 369). Salvatores himself emphasizes that it is a film about the group dynamics of a cast of characters, one that explores Laborit's ideas of the necessity of flight for survival, for preparation to fight, for the ability to dream new ways of being in the world, that can later be realized (Piacenza 2016). Even if these utopian imaginings fail in social practice, they lead to change, and to a new cycle of flight and fight. Yet, Vincenzo Binetti further problematizes Salvatores' presentation of a utopian dreamscape, showing how his "imagined community" is an effective articulation of a pluriversal Mediterranean conceptualization of transnational identity created at the intersection of nation and narration, one that corresponds to the Foucauldian idea of a subversive, transgressive "heterotopia," or "other place," "different place" (77-78)

Critic Rosalind Galt describes *Mediterraneo*, along with *Cinema Paradiso* and *Il Postino*, as "heritage cinema," a genre characterized by historical narratives, themes of national nostalgia, and spectacular mise-en-scène, where landscape serves to articulate, through imagery, ideological and political history, projecting the leftist political losses of the 80s and early 90s onto romantic loss (2002, 158-9). Laura Rascaroli situates *Mediterraneo,* and Gabriele Salvatores' work generally, among that of a group of socially and politically committed *auteurs*, like the Taviani brothers, Giuseppe Tornatore, Nani Moretti, Matteo Garone, and Paolo Sorrentino, who are less concerned about challenging the boundaries of the permissible, like the New Wave cinema *auteurs* who preceded them, than in communicating socio-political messages through entertainment (289). Similarly, Clarissa Clò, views *Mediterraneo* as articulating the need for a new Italian identity and new international relations at the confluence of the internal *anni di riflusso*, the fall of the First Republic, and the shifting international nexi of the end of the Cold War (99-103). Thomas Cragin further elaborates on the film's 1980s historical, political, ideological, and socioeconomic context, and emphasizes how it uses the 1940s *brava gente* myth of disillusionment with Fascism to propose a new post-1980s re-ordering of Italian politics, society, and identity (287-88). Yet here, where the political is comical, *Mediterraneo* conforms to Gaetana Marrone's argument that the political film in Italian cinema is more of a *filone* (a current or thread), rather than a genre (2014).

While it may at times seem as if all Italian cinema and cinema studies lead into and come out of Italian neorealism, in the case of *Mediterraneo* there is a compelling argument to be made for situating it in the line of a *nouveau* neorealism, one that combines neorealist features and realist elements with a new aestheticism, and one that forms part of a reaction to Italian New Wave cinema. Here socio-political critique is expressed through temporal and spatial displacement, romance, humour, and satirical self-reflection by the characters of their position in society, and their political circumstances, even as they are abandoned and living outside of national and international developments. Their most direct comments about past, present, and future political insights are made either in a haze of hashish fueled disinhibition, or in the euphoria for some of the idea of a new Italy to be created in the post-war period. Like the protagonists of many neorealist films these characters are ordinary people engaged in surviving WWII, albeit away from the destruction and turmoil of the Italian peninsula.

Nonetheless, for Millicent Marcus *Mediterraneo* is in part a recasting of *Paisà* in a comic (*commedia all'italiana*) mode: the Sicilian Carmela's generosity to the American Joe is echoed in the shepherdess' generosity to the Munaron brothers; the Naples episode of the children stealing the sleeping African American soldier's boots is reflected in the Greek children tickling the sleeping Farina; in Rome, the failure of the GI Fred to redeem the now prostitute Francesca is recast as Farina's redemption of the prostitute Vassillissa; in the monastery the friendship and camaraderie of the Protestant US army chaplain and the head Franciscan monk is analogous to the Catholic Tenente Montini and Orthodox Greek priest; while the Italian resistance failure in Po River is comically replayed by the withdrawal of Italians off the Greek island by the victorious British (Marcus, 87). For Marcus, the allusions to WWII are among the historical, cultural and cinematic allusions — to Classical Antiquity, to the Risorgimento, the later 20th century — that elevate Salvatores' escapism from simplicity to complexity and moral seriousness, and to metacinematic referentiality to both neorealism and *commedia all'italiana*. The comedic failures of the misfit soldiers, who cannot remember their WWII military passwords based on the Risorgimento — "Regina Marguerita," "Savioa o morte" — mirrors the failure of the "Garibaldi" as a sunken warship, and a failed ideal of Italian unification, repeated in the failures of the immediate post-war period,[9] the 1968 failed revolu-

---

[9] Articulated by Lo Russo in his explication at the end of the film for why he returned to Greece.

tion,[10] and the crumbling First Republic of the 1980s and 1990s[11]. The representation of these intergenerational concerns and failures allows Salvatores to propose a new, more inclusive Mediterranean identity founded in a renewed

Building on Marcus' analysis, Saverio Giovacchini elaborates on the relationships among *Mediterraneo*, neorealism, and the *italiani brava gente* myth (55-69). This myth was a historical, political, and diplomatic creation of WWII Allied propaganda to distinguish the Italians from the Germans, and from their own Fascist leaders. The Italian anti-Fascist government embraced this myth to protect its population from punitive action, and the populace embraced it for the same reasons. Just as neorealism fashioned a new esthetic and a distinct portrayal of Italians freed from the controlling Fascist visions, distancing itself from Fascist nationalism and militarism through its emphasis on ordinary people trying to survive, Resistance fighters, and new social directions, it transmitted the anti-Fascist *italiani brava gente* myth. The Resistance became the new founding unification philosophy of Italy, after the failure of the Risorgimento.[12] In the post-war period the *brava gente* myth remained a useful and enduring revision of history. As portrayed in the highly successful *Mediterraneo* it became newly internationalized (Giovacchini, 59).

Although the main setting of *Mediterraneo* projects back to the 1940s, the frame connects it to the 1990s and to an infinitely advancing time of viewing. Seen today, *Mediterraneo* resonates with new challenges on the transnational *mare nostrum*. Like the Turk,

---

[10] Lo Russo at the end of the film attempts to persuade Farina to return to Italy by echoing the Maoist slogan, "There is great confusion under the sky; the situation is excellent," Marcus (86).

[11] Emphasized by Strazzabosco's "New Age" advice to Noventa to "live in the moment," Marcus (86).

[12] Manuela Gieri's analysis of the representation of the Risorgimento in film echoes this cinematic displacement of the Risorgimento onto the Resistance, the two failed revolutionary ideologies of modern Italy (2014, 654-65).

Jan Marta • "*Mediterraneo* (1991): Yesterday and Tomorrow"

Aziz, today's insiders-outsiders traversing the sea are kept outside by religion, history, and even race. Traumatized migrants from war-torn Mediterranean countries have been forced to flee by conflict, famine, destruction, and ongoing strife that seems to multiply as diverse factions split further, and foreign powers shift sides and strategies. *Mediterraneo*'s dynamics of being insider, outsider, and insider-outsider, with the accompanying challenges of acculturation and re-acculturation thus relate to the contemporary Mediterranean world, where new types of wars (terrorist, proxy, internal) are fought in the countries of the southern and eastern shores. New struggles and controversies challenge the European countries of the north shore creating conflict between them and with other countries of the EU and North America. Migrants, the new insider-outsiders, struggle for survival, travelling by sea and land routes across and around the Mediterranean — especially since 2014, part of the biggest human displacement in Europe since WWII. Their tragedies have been brought dramatically to the forefront of international consciousness through news videos and photographs — none more impactful than that of the drowned Syrian toddler Aylan Kurdi, dead on a Turkish beach, lying as if innocently fallen asleep.

For these migrants who take such risks with their lives, wrenching themselves physically, socially, and psychologically from all that is familiar, the reality of "the country that was their home"[13] necessitates their flight into unknown territories. They follow dreams of a better life elsewhere, of integration as outsiders to new homelands that will hopefully bring them peace and harmony, like the wellbeing of the Italian seaman's interlude from war on their Greek island, or the viewer's interlude from social cares for the time of watching *Mediterraneo*. The trauma of migration is borne through

---

[13] Paraphrasing the title of a multi-generational memoir of displacement and flight from Syria by Alia Malek (2017).

the dream of a new reality that keeps them fleeing forward toward a safe haven, or acculturating to permanent exile in "temporary" refugee camps.

To date there has not been a cinematic equivalent of *Mediterraneo* to capture the dreams of this contemporary migration, even through temporal displacement with historical allusions. Indeed, there have been more documentaries than feature films, which, despite their lyricism and relative successes, do not have the demographic reach of a successful fiction. Although the migration crisis has dramatically altered the landscape and seascape of the Mediterranean, it has not so markedly altered their cinematic representation. A recent critical review of ten "migrant films" by Steve Rose makes this point convincingly (2017, online). He demonstrates how even skilled artists and filmmakers have had trouble integrating the human experience of migration with the experience of the European spectator. Either there is too much distancing through trying to reflect the massive patterns of movement, as in Ai Weiwei's documentary *Human Flow* (2017), or through including a token scene of a migrant's interruption of a white bourgeois social event, as in Michael Haneke's *Happy End* (2017), or Luca Guadagnino's *A Bigger Splash* (2015) Even Gianfranco Rosi's rightfully acclaimed *Fuocoammare* (*Fire at Sea*) (2016) primarily documents the impact of the migration crisis on the islanders of Lampedusa, through its focus on a young boy and on the island physician now also in charge of migrant health. There is recognition and representation of the physical dangers to the migrants, but they are nameless victims in a rescued (alive though ill) and recovered (dead) group.[14] Rose observes:

---

[14] Other recent articles have favourably reviewed "migrant films," especially those that capture life in refugee camps, while the ability to portray nuanced humane cultural interactions between migrants and hosts remains relatively elusive. See for example, Elia Gandolfi (2016) and Nick Vivarelli (2016).

For European cinema in particular, this is a challenge: how to faithfully represent the migrant situation to people who don't necessarily want to hear about it? The influx of refugees and migrants to the continent over the past five years is surely the biggest upheaval Europe has experienced since the second world war. It has altered the landscape in every way—politically, socially, demographically, even physically, when one thinks of the new borders and fences and refugee camps, such as Calais' notorious "Jungle." Europe's film-makers have begun to respond, to the extent that a nod to the migrant crisis is almost becoming obligatory at the awards-friendly end of the business. On the face of it, the personal stories of immigrants and refugees are often highly dramatic and therefore ought to make great cinema, but new modes of cinema may be required.

While the temporal frame of *Mediterraneo* is an ever-forward-moving present, and its explicit audience all those who are fleeing, it cannot actually embed historical allusion to a time that postdates it by a quarter of a century.[15] In the newness of its political engagement, its *nouveau* neorealism, it can however serve as a model for the type of creativity necessary to best capture the elusive contemporary crisis—one that Rose asserts is best represented by the Finnish *auteur* Aki Kaurismaki whose films *Le Havre* (2011) about an African child economic migrant, and *The Other Side of Hope* (2017) about a Syrian child refugee artfully capture the humanity of the migrant experience while genuinely engaging a European audience (Rose, online), through the same sort of artifice, and cinematic intertextuality as does *Mediterraneo*, though not as yet with the same international reach. *Mediterraneo*'s diegetic mission of "*Osservazione e Collegamento*" (*OC*) extends to the mission of its audience, to view these films as escapist fare with powerful messages about contemporary life and the need for political, social, cultural, and identity change, to engage with the escape from dystopic realities toward social reconstruction (Hope 2009, 29, 124).

---

[15] The interview article "*Mediterraneo, 25 anni dopo*" is retrospective in focus.

Jan Marta • "*Mediterraneo* (1991): Yesterday and Tomorrow"

Over the most dramatic years of the Mediterranean migrant crisis (2014-2017) there have been considerable shifts in attitudes within the receiving countries, the destination countries of northern Europe, and in North America toward Arab Muslim refugees. Those shifts in attitude have been on a popular and on a political level, some characterized by increased racism, social, cultural, religious, and economic fears, others by shifts in acceptance and attempts to manage the influx, as in Germany's response. Attitudes towards sub-Saharan African economic migrants have remained largely negative, driven not only by religious difference and economic wariness, but predominantly by race, even as there is acknowledgment that these migrant workers do necessary jobs that Europeans won't. Meanwhile, the crises are ongoing, and as in the film *Mediterraneo*, the roles of enemies and friends are flexible to the point of inversion, predicated on an untenable fatal alternative. As "spectators," we are now faced with choices, opportunities, and challenges regarding those who are outsiders to our nations. Are we willing to extend the words of the Greek priest, "*Italiani, greci, una faccia, una razza*" to others from the diverse corners of the Mediterranean and beyond?

BIBLIOGRAPHY

Biasion, Renzo. *Sagapò*. (1953). Torino: Einaudi Tascabili, 1991.
Binetti, Vincenzo. "A Mediterranean Heterotopia: Gabriele Salvatores and the Poetics of 'Fleeing'." *Mediterranean Studies* 23.1 (2015) 74-85.
Burris, Gregory A. "Sultans of the Silver Screen: The Turk in Reactionary Cinema." *Journal of Popular Film and Television* (2008). 35, 164-72.
Carpignano, Jonas. *Mediterranea*. 2015. Universum Film GmbH. DVD 2015.
Clò, Clarissa. "*Mediterraneo* Interrupted: Perils and Potentials of Representing Italy's Occupations in Greece and Libya through Film." *Italian Culture* XXVII 2 (September 2009): 99-115.
Cragin, Thomas. "Transformations of Fascist Imperialism: Greece from *Le soldatesse* (1965) to *Mediterraneo* (1991)." *Journal of Italian Cinema & Media Studies* 1.3 (2013): 279-94.

Galt, Rosalind. "Italy's Landscapes of Loss: Historical Mourning and the Dialectical Image in *Cinema Paradiso, Mediterraneo* and *Il Postino*." *Screen* 43.2 (Summer 2002), 158-73.

Gandolfi, Elia. "7 Great Films About the Current Refugee Crisis." *Laces*, July 1, 2016. Online.

Gieri, Manuela. *Contemporary Italian Filmmaking: Strategies of Subversion Pirandello, Fellini, Scola, and the Directors of the New Generation*. Toronto: University of Toronto Press, 1995.

———. "Reflections of the Risorgimento in Italian Cinema: 1905-1955." *Italica* 91.4 (2014): 654-65.

Giovacchini, Saverio. "Soccer with the Dead: *Mediterraneo* and the Legacy of *Neorealismo*, and the Myth of *Italiani Brava Gente*." In Michael Paris, Ed. *Repicturing the Second World War: Representations in Film and Television*. London: Palgrave Macmillan, 2007, 55-69.

Girard, René. *Le bouc émissaire*. Paris: Grasset, 1982.

Hope, William. "Gabriele Salvatores' *Marrakech Express* and *Mediterraneo*: Capitalist dystopias, the Marxist sublime, nascent radicalism." *The Italianist* (2009) 29, 115-31.

Laborit, Henri. *Éloge de la fuite*. Paris: Éditions Robert Laffont (Gallimard: Folio), 1976.

Malavasi, Luca. *Gabriele Salvatores*. Milano: Editrice Il Castoro, 2005.

Malek, Alia. *The Country that was Our Home: A Memoir of Syria*. New York: Nation Books, 2017.

Marcus, Millicent. *After Fellini: National Cinema in the Postmodern Age*. Baltimore: John Hopkins Press, 2002.

Marrone, Gaetana. "The Political Film" (195-202). In *The Italian Cinema Book*. Edited by Peter Bondanella. London: Palgrave Macmillan, 2014.

Maule, Rosanna. *Beyond Auteurism: New Directions in Authorial Film Practices in France, Italy and Spain since the 1980s*. Chicago: Intellect Books, 2008.

Monteleone, Enzo. Mediterraneo: *Sceneggiatura del film diretto da Gabriele Salvatores*. Milano: Baldini & Castoldi, 1992.

Piacenza, Paola. "Gabriele Salvatores: 'Vi racconto il mio "Mediterraneo," 25 anni dopo' ." *Io donna*. 29 gennaio 2016. Online.

Pilz, Kerstin. "Dreams of Escape: Variations of the Italian Road Movie." *Romance Studies*, 21.2 (2003), 139. Online.

Ponzanesi, Sandra. "Of shipwrecks and weddings: borders and mobilities in Europe." *Transnational Cinemas*, 7:2 (2016), 151-67. Online.

Rascaroli, Laura. "Italian Cinema in the Post-national Age." (285-94). *The Italian Cinema Book*. Edited by Peter Bondanella. London: Palgrave Macmillan, 2014.

Renzi, Renzo. *La bella stagione: Scontri e incontri negli anni d'oro del cinema italiano*. Roma: Bulzoni Editore, 2001.
Ricoeur, Paul. *Soi-même comme un autre*. Paris: Seuil, 1990.
Rose, Steve. "'They're usually either enemies or victims': the refugee crisis on screen." *The Guardian*, December 5, 2017. Online.
Rosi, Gianfranco. *Fuocoammare*. 2016. RAI Cinema. DVD 2016.
Salvatores, Gabriele. *Marrakesh Express*. 1989. CG ENTERTAINMENT SRL. DVD (2002).
_____. *Mediterraneo*. 1991. CG ENTERTAINMENT SRL. DVD (2002).
_____. *Puerto escondido* (1992). CG ENTERTAINMENT SRL. DVD (2003).
_____. *Turné* (1990). CG ENTERTAINMENT SRL. DVD (2005).
Van Watson, William. "Escape from Patria(rchy), Return to the (M)other: The Italian Invasion of Greece in *Mediterraneo* and *Captain Corelli's Mandolin*." *Literature/Film Quarterly* 33.4 (2005): 313-19.
Vivarelli, Nick. "Five Films that Depict Europe's Migrant Crisis." *Variety*, December 23, 2016. Online.

Voci senza volto e peregrini del mare in cerca del paradiso:
odissee migratorie nella recente narrativa spagnola e latinoamericana

Trinis Antonietta Messina Fajardo
UNIVERSITÀ DI ENNA " KORE"

> *La emigración es ausencia, olvido, muerte.*
> Juan Goytisolo

INTRODUZIONE

Nel contesto europeo attuale l'alterità che raffigura l'Altro proveniente dall'immigrazione porta la società europea contemporanea a una sfida di tipo politico, sociale e culturale. Nell'ambito pubblico europeo riemergono cenni al dialogo tra culture, al multiculturalismo e alla guerra o alleanza tra civili, mentre si discutono questioni come l'integrazione degli immigrati o fenomeni legati alla xenofobia. L'Europa è senza dubbio un'entità mutante e la costruzione culturale dell'identità europea alterna tra l'uno e il diverso, asserisce lo scrittore Claudio Guillén[1] (Iglesias Santos 2010, p. 10). Le società europee sono dunque sempre più plurali e multiculturali, le conseguenze della presenza dell'Altro nella società europea, le sfide che gli immigrati presentano per l'insediamento di nuove forme di convivenza democratica sono riflessioni di molti intellettuali, politologi, filosofi e sociologi.

Nel quadro europeo, la Spagna occupa un posto rilevante visto che negli anni Sessanta e Settanta è stato un paese di emigrazione, e dagli anni Ottanta in poi paese d'immigrazione, grazie al forte

---

[1] Figlio del grande poeta della "Generación del 27", Jorge Guillén, "esempio della pervicacia nella condizione di esule del destierro, come conseguenza vitale dell'esilio politico del 1939" (Grilli 2014). Claudio Guillén al suo ritorno in Spagna ha scritto un importante volume *El sol de los desterrados* sulla condizione dell'esule.

sviluppo economico e sociale, ottenuto durante gli anni della *Transición* e nel periodo democratico, raggiunto dopo la morte di Francisco Franco nel 1975. La conquista della democrazia e l'aumento del benessere portarono all'arresto delle partenze e all'aumento dei rientri nel paese spagnolo. Infatti, a questo periodo risalgono i primi testi di legge sull'immigrazione, come *la Ley orgánica de Extranjería*.

Per quanto riguarda i paesi latinoamericani, gli anni Ottanta hanno segnato un punto di svolta per il declino dell'economia che ha alimentato una continua emigrazione verso ogni parte del mondo e ancora oggi continua. Gli Stati Uniti e i paesi del vecchio continente sono stati le mete scelte dei lavoratori costretti a sfuggire alla miseria e alle pesanti situazioni politiche per potersi creare una nuova vita. L'America Latina vive oggi un cambiamento epocale: se prima, l'immigrato era colui che si spostava in un altro paese e desiderava crescere a livello professionale, oggi invece si sposta per motivi differenti come il superamento della povertà, la violenza e l'inestabilidad politica (Suárez 2002; Iglesias Santos 2010, pp. 11)

I cambiamenti subiti negli ultimi decenni in Spagna hanno comportato la necessità di riflettere sull'impatto della presenza degli immigrati a livello economico, sociale e politico. La Spagna ha preso coscienza della condizione dialogica dell'identità, la presenza dell'Altro ha portato all'annullamento delle categorie doppie nelle quali si fondava la falsa stabilità dell'identità nazionale. Gli spazi più efficienti per questa riflessione sul carattere dialogico dell'identità spagnola dall'arrivo dell'immigrato sono i mezzi di comunicazione e la cultura. Nei mezzi di comunicazione questa realtà presa in considerazione dalla stampa e dalla televisione ha creato un'etichetta dell'immigrato che mette in luce purtroppo l'immagine di un soggetto problematico, resistente all'integrazione e dannoso per la Spagna del terzo millennio, creando spesso allarmismi quando l'immigrazione si trasforma in una questione del dibattito politico (Iglesias Santos 2010). La visibilità del fenomeno è aumentata nel discorso televisivo occupando gli spazi informativi e sono presenti nei tanti e seguiti *reality show*, nei *reportaje* di ricerca, nei *talk show* e nelle *fiction*. In questi programmi gli eventi scorrono, esponendo le ingiustizie del sistema e la vita degli emarginati sociali: gitani, delinquenti, transessuali, malati di mente, drogati, mendicanti, prostitute, ecc. Bisogna aggiungere che in Spagna non esistono partiti che propongono rigide politiche antimmigrazione e forti tendenze xenofobe fra la gente.

IMMIGRAZIONE E LETTERATURA

La letteratura, il cinema e le arti visive, soprattutto la fotografia e la pittura, hanno inserito la figura dell'immigrato aprendo a sua volta una serie d'immagini che modellano la moltitudine di posizioni originate a partire dall'arrivo in Spagna. Scrittori spagnoli come Augustín Cerezales con *Perros verdes* (1989), Eduardo Mendicutti con *Los novios búlgaros* (1993), Lorenza Silva con *Algún día, cuando pueda llevarte a Varsovia* (1997), Lourdes Ortiz con *Fátima de los naufragios* e *La piel de Marcelinda* (1998), Juan Pedro Aparicio con la sua opera *La gran Bruma* (2001) e Andrés Sorel con *Las voces del estrecho* (2000) rappresentano una prova della notevole presenza degli immigrati nella letteratura spagnola e ispanoamericana, che ha contribuito a rompere la barriera del silenzio che è la spada di Damocle della sua finitezza.

Dunque, il cinema e la letteratura sono considerate tra le attività semiotiche più importanti per raffigurare modelli di costruzione e interpretazione della realtà adeguando immagini di forte effetto nell'immaginario collettivo. Fino al 2003, nei discorsi artistici, specialmente nel cinema e nel teatro, le dissertazioni dedicate all'analisi dell'immigrazione erano molto ridotte, e in alcune occasioni lo studio si era soffermato in maniera generale sulle migrazioni o sugli spagnoli emigrati. Da qualche anno si è registrata una maggiore attenzione sulla popolazione di stranieri in corrispondenza con la concentrazione crescente del fenomeno nella società spagnola (Iglesias Santos 2010, pp. 12-15). Oggi, i cittadini non nati in Spagna hanno raggiunto quote altissime, il 10 per cento della popolazione, una delle più alte percentuali di tutta l'Europa.

Tra i gruppi più rappresentati troviamo la nazionalità rumena, seguita dagli inglesi e dai tedeschi; il secondo blocco è formato dagli immigrati provenienti dall'America del Sud, soprattutto dall'Ecuador, dalla Colombia e dalla Bolivia, e da alcuni anni dai venezuelani, vittime del governo dittatoriale imposto, prima da Chávez, e dopo la sua morte, da Nicolás Maduro; il terzo gruppo, il più numeroso, è costituito dagli africani, soprattutto marocchini e sub-sahariani. Dal 2009 i cinesi sono aumentati in modo da diventare oggi, secondo le statistiche, la quarta nazionalità più presente nel Paese.

La ragione per cui gli africani sono i più rappresentati, riguarda le differenze linguistiche, culturali e religiose. Il tema più ricorrente nella maggior parte delle opere è proprio l'immagine dei migranti clandestini che sbarcano con i loro barconi nei porti del paese, influendo con questa "africanizzazione" dell'immigrato sull'immaginario della società spagnola. Nelle opere, gli elementi naturali, il vento, il mare, il deserto, si trasformano in elementi mitici, ricchi di connotazioni fuori da un tempo e da spazi realistici, che coesistono con i racconti biblici.

Gli immigrati latinoamericani sono rappresentati in maniera più limitata e sono connessi a immagini di violenza, delinquenza, prostituzione, ecc., diventando *topos* della *novela negra* (Iglesias Santos 2010, pp. 15-17). La situazione dei latinoamericani è ben diversa, la Spagna per loro è punto di riferimento per motivi storici culturali, linguistici e religiosi (Suárez 2002, p. 16).

I racconti sui barconi e sui migranti nella postmodernità degli anni Novanta e nel XXI secolo sono afflitti di *cercanía* della conoscenza antropologica e storica del vicino Sud. Il loro modello è vicino alla percezione francese e ai tumulti delle *Banlieue*, come anche all'immagine degli immigrati turchi in Berlino o alla letteratura creata negli Stati Uniti sulle *espaldas mojadas*[2], che attraverso l'esperienza del contatto interculturale in Algeciras, Ceuta o Melilla sembra essere un motivo meno poetico e romanzesco.

Gran parte dei primi romanzi ha pagine dedicate al mondo musulmano tradizionale. Negli ultimi anni sono aumentati le opere i cui protagonisti stranieri hanno riportato la diversità culturale nella Spagna dei giorni nostri. Gli scrittori hanno esaminato in particolare le condizioni di vita degli stranieri poveri, la loro situazione instabile in quanto cittadini senza documenti, la loro discriminazione nel mondo del lavoro e spesso, l'ambito sociale con il quale si confrontano. All'interno delle opere che abbiamo analizzato, i personaggi stranieri provengono soprattutto dal Magreb e dall'Africa Subsahariana e dai diversi paesi dell'America Latina. Spesso i motivi dell'immigrazione raccolgono tre prospettive particolari quali le necessità economiche presenti nel paese di origine, la situazione politica e i terribili episodi familiari.

La scrittrice spagnola Dulce Chacón (1954-2003) [3] in *Háblame, musa, de aquel varón* (1998) racconta la storia di Aisha, una ragazza di sedici anni, e il dramma vissuto per la morte atroce del fidanzato Munir nell'angoscioso e terribile nubifragio del barcone duran-

---

[2] *Espaldas mojadas* è diventato un insulto popolare adoperato in California, nell'Arizona e in Messico per designare gli immigrati illegali.
[3] Nonostante abbia iniziato a scrivere nella adolescenza, Dulce Chacón riesce a dare alle stampe la prima raccolta solo nel 1992, a quarant'anni. In sette anni pubblica quattro raccolte, poi riunite nel volume *Cuatro gotas* (2003) e già nel 1995 riceve il primo riconoscimento pubblico, ovvero, il Premio de *Poesía Ciudad de Irún*. Negli stessi anni comincia a scrivere anche opere di narrativa, nelle quali ricorrono il tema della memoria e quello della condizione femminile. Il suo stile curato ed espressivo attinge all'oralità, al monologo interiore e alle forme di cultura popolare, concentrandosi soprattutto sull'interiorità dei personaggi. Nei primi tre romanzi: *Algún amor no mate* (1996), *Blanca vuela mañana* (1997) e *Háblame, musa, de aquel varón* (1998), l'autrice si occupa della psicologia e dei conflitti femminili nella Spagna contemporanea. In quest'ultima opera è presente il tema della violenza domestica attraverso il personaggio di Matilde e, con la figura di Aisha, compare quello della xenofobia.

te l'attraversamento clandestino dello Stretto di Gibilterra. Nella sua rievocazione si sofferma sull'esperienza di Yunus, un personaggio algerino fuggito dall'integralismo del suo paese.

In *Una tarde con campanas* (2004) di Juan Carlos Méndez Guédez (1966)[4], lo scrittore venezuelano, ricrea le vicende dolorose di una famiglia che si vede costretta ad abbandonare la terra di origine a causa del militarismo predominante in Venezuela e per motivi economici. L'uso della lingua spagnola si rivela per l'autore non un espediente comunicativo o una scelta letteraria ma una condizione di esistenza.

La domenicana Daniris, protagonista di *Deshojando alcachofas* (2005), della scrittrice spagnola Esther Bendahan (1957)[5], desidera una vita migliore in un paese dell'Atlantico; altrettanto la protagonista del romanzo *Madre mía que estás en los infiernos* (2008), della giornalista e scrittrice spagnola Carmen Jiménez[6], Adela Guzmán Santana lascia la Repubblica Dominicana per scappare dai maltrattamenti del suo ex marito, il generale Reinaldo Unzueta, con la speranza di poter assicurare una vita diversa ai suoi figli lontana dalla violenza.

Olivia, la domestica ecuadoriana descritta dallo scrittore spagnolo José Ovejero (1957)[7] in *Nunca pasa nada* (2007), emigra in

---

[4] Nato nella città venezuelana di Barquisimeto, ma residente in Spagna, è autore di una ventina di libri tra romanzi, racconti e saggi. Lo sradicamento, i viaggi, l'amore, fanno parte dell'opera narrativa dello scrittore.

[5] Originaria di Tétouan si stabilisce a Madrid dove studia psicologia e filologia francese. È la direttrice del programma televisivo "Shalom" e caporedattrice della Casa Serafad-Israel.

[6] Durante dieci anni lavora presso importanti mezzi di comunicazione spagnoli, fino a quando nel 1996, decise di dedicarsi completamente al mondo delle ONG e alla solidarietà, occupando ruoli di responsabilità in organizzazioni di cooperazione internazionale, infanzia e pro-immigranti. Con il romanzo *Madre mía que estás en los infiernos* (2008) ha vinto il Premio *Café Gijón*.

[7] Assiduo collaboratore di giornali e docente negli Stati Uniti e in altri paesi. Ha pubblicato diverse opere di poesie, letteratura di viaggi e romanzi tra cui *Nunca pasa nada* (2007). È un romanzo sulla migrazione della manodopera, contro gli stereotipi della nuova società di massa e della perversa condizione umana.

Spagna per lavorare e per pagare le spese dell'operazione della madre.

In *Los príncipes nubios* (2003) dello scrittore spagnolo Juan Bonilla (1958)[8], il sudanese Boo, proviene da una tribù africana sacrificata dalla pressione islamista al sud del Sudan.

Anche le storie raccontate dallo scrittore spagnolo Andrés Sorel (1966)[9], in *Las voces del Estrecho* (2016) rappresentano un esempio degli eventi che i *mass media* ci mostrano ogni giorno. Sono voci di uomini e donne fantasmi che hanno perso la vita nelle acque del Mediterraneo mentre attraversavano lo Stretto. Lo scrittore riesce a dare con questo libro una testimonianza dell'angoscia vissuta dei poveri diseredati morti prima di arrivare sulle coste del Mediterraneo.

Con umore e spontaneità invece, l'autore e giornalista spagnolo del romanzo *Los novios búlgaros* (2003), Eduardo Mendicutti (1948)[10], analizza il profilo degli immigrati bulgari che radunati nella madrilena Puerta del Sol, sono costretti a prostituirsi agli inizi degli anni Novanta.

Altro caso di immigrazione schiava è quello raccontato dallo scrittore e opinionista spagnolo Pablo Aranda[11], *Ucrania* (2006), dove si narra la storia di Elena, una ragazza ucraina che si sposa con uno spagnolo solo con lo scopo di ottenere la nazionalità in un paese europeo.

---

[8] Vincitore del Premio *Biblioteca Breve* nel 2003 e del Premio *Bienal de Novela Mario Vargas Llosa* nel 2014. Il romanzo *Los príncipes nubios* (2003) è stato tradotto in sette lingue e il direttore nordamericano Alfredo Devilla ha acquistato i diritti per la sua versione cinematografica.
[9] Scrittore molto noto, ha pubblicato più di cinquanta libri che sono stati tradotti e pubblicati negli Stati Uniti, Cuba, Portogallo, Romania, Inghilterra e Slovacchia.
[10] Il lavoro di Mendicutti percorso da personaggi omosessuali, ha attirato per vari aspetti, una "cronaca etica" di un mondo marginale. L'umorismo pervade tutta la sua opera, il romanzo *Los novios búlgaros* (2003) si caratterizza per il tono dolce e allo stesso aspro col quale narra le vicissitudini degli immigrati dell'Est in Spagna.
[11] Si occupa della formazione di gruppi speciali. Ha lavorato presso una casa di cura con malati di mente. È editorialista per *Diaro Sur* e collabora con *The Traveler* (*El País*).

Tutte queste storie mostrano i veri motivi che portano a lasciare il proprio paese di origine. I primi timori degli immigrati ruotano intorno alla loro situazione legale nel paese di accoglienza. Nelle opere di Chacón, per esempio, Farida dà a Aisha una serie di suggerimenti per adattarsi alla situazione di illegalità, ovvero dare un nome falso per sottrarsi all'espulsione. Dormitila, la vecchietta del racconto di Juan Carlos Méndez Guédez in *Una tarde con campanas* (2004), ostenta quando la polizia le chiede di presentare i documenti; nello stesso romanzo, il piccolo narratore e protagonista riporta come la sua famiglia lo informi sulla risposta da fornire alla polizia dell'Aeroporto di Barajas, Spagna, e cioè che si sarebbe recato per un periodo di circa due mesi in visita dallo zio Paco. In *Los príncipes nubios* l'africana Irene arriva sul litorale spagnolo con un barcone mentre portava in grembo una creatura, una situazione che le avrebbe dato la certezza di poter rimanere nel paese ed evitare l'espulsione. Il bulgaro Kyril è il solo protagonista dei romanzi citati che riesce ad avere il permesso di soggiorno grazie a un contratto di lavoro, ma alla fine approfitterà della gentilezza del suo cliente Daniel Vergara, che per legalizzare la sua situazione, lo assume come autista. Lo scrittore Mendicutti descrive l'oppressione del Consolato Spagnolo a Sofia, davanti al quale si forma ogni mattina una coda interminabile d'immigrati bulgari che richiedono informazioni riguardo alla loro situazione (Zovko 2009, pp. 163-165).

Per quanto riguarda la questione lavorativa, gli immigrati hanno grosse difficoltà a trovare un'occupazione stabile. Da una parte, per ottenere il permesso di lavoro è fondamentale ottenere un posto di lavoro, e dall'altra parte, è necessario ottenere i documenti per il permesso di soggiorno. Spesso per far fronte a questa situazione, gli immigrati svolgono lavori in nero o s'interessano alla delinquenza e alla prostituzione. Nel caso delle donne, molte volte esse sono chiamate a svolgere il ruolo di badanti; altre sono immerse nella prostituzione. La situazione lavorativa può produrre un certo complesso d'inferiorità e sentimenti d'insicurezza. Ed è proprio la mancanza di un lavoro sicuro che porta gli immigrati a condurre una vita in condizioni pessime. Vivono in case che condividono con un gran numero di persone. Daniris in *Deshojando alcachofas* (2005), ammette di aver passato un mese a cercare lavoro e a dormire ogni giorno in un appartamento diverso, ma quando trova un'occupazione ottiene alla fine una casa propria. Olivia in *Nunca pasa nada* (2007), riesce ad avere un appartamento da condividere solo con due ragazze ecuadoriane, dopo un periodo convissuto in un appartamento piccolo, senza cucina ma piena di letti e alla presenza di tante ragazze di cui non si sa il numero esatto. Tutte le storie di questi romanzi hanno un motivo importante che ha ispirato gli autori a darne voce. Tutto questo si unisce alla sfiducia degli spagnoli verso gli stranieri favorendo l'immagine dell'immigrato senza protezione (Zovko 2009, pp. 166-167). Tuttavia, la Spagna rappresenta un caso peculiare di immigrazione/integrazione in Europa poiché non si è verificata quell'ondata di sentimenti di anti immigrazione ai quali siamo abituati negli altri paesi europei (*Migraton Policy Institute*). Ci auguriamo che queste posizioni aperte continuino a persistere nel prossimo futuro nel paese spagnolo.

Alcune opere letterarie riportano i temi della cultura e della religione di queste persone che lasciano o sono costrette a lasciare il loro paese di origine. La nuova vita conseguita in Spagna, lontana dall'immagine sognante, che inizialmente avevano immaginato, genera solitudine e nostalgia. Le difficili condizioni di vita e il senso di non protezione così come la provenienza da alcuni paesi più legati alle tradizioni confluiscono nel far risaltare la religiosità dei personaggi stranieri. Così, Aisha e Farida recitano le loro preghiere insieme e soffrono la fame per il Ramadán. In *Una tarde con campanas* (2004), nella cucina della famiglia sono visibili le statue di San Antonio, Santa Lucia, una di María Lionza[12] e una della Madonna. Gli immigrati si mostrano più fedeli degli spagnoli alle cerimonie tradizionali. Aisha è dispiaciuta di non essersi sposata secondo le culture marocchine; Kyril e la sua fidanzata Kalina, a parte il matrimonio civile in Madrid per facilitare il sistema del permesso di lei, anche loro hanno manifestato il desiderio di tornare in Bulgaria e sposarsi secondo il rito ortodosso, in una chiesa piena di familiari. Le unioni con le culture e le tradizioni dei loro paesi sono importanti per alleviare il dolore causato dai sogni infranti, per rivivere il contatto con le loro radici e superare la forte frustrazione che ha provocato l'immigrazione.

Il sentimento che si presentava all'arrivo in Spagna, come Terra Promessa si trasforma in prigione e in fallimenti interiori dei personaggi le cui vite finiscono per diventare delle vere e proprie tragedie in alcuni casi. Aisha inizia a liberarsi del dolore e del panico che la accompagnano da quando era sprofondata con il barcone, quando conosce in un corso di alfabetizzazione, Pedro, che diventerà suo marito. Olivia muore a causa di una malattia cardiaca che già aveva prima di arrivare in Spagna e della quale per mancanza di denaro non poté operarsi. In Madrid la sua vita si riduce al lavoro in alcuni momenti felici con le sue amiche e ai suoi limiti economici.

Gli unici personaggi che non manifestano nostalgia per aver lasciato il loro paese, sono i personaggi bulgari di Mendicutti. Per loro la Spagna è come una terra d'infinite opportunità di guadagno facile, in maniera illegittima, dove sperano di potersi arricchire senza lavorare duramente.

---

[12] È una divinità venezuelana, dea dell'amore, della pace e della fortuna. Quella di María Lionza è una religione sincretista molto popolare nel paese sudamericano.

Conclusione

Le attuali opere spagnole che affrontano il tema dell'immigrazione pubblicate fino alla fine del XX secolo e gli inizi del XXI si distinguono in termini di qualità letteraria, stilistica e argomentativa. Alcuni romanzi evidenziano un preciso messaggio volto a richiamare l'attenzione sulle tragedie vissute dagli immigrati appena arrivati in Spagna; e al contrario, altri autori inseriscono racconti di personaggi stranieri legati alla rete della mafia e storie che contribuiscono a creare quella nota di mistero e tensione. L'immigrato che entra in scena è soprattutto un immigrato povero, senza educazione, proveniente da strati più bassi della società, vittima sia nel proprio paese sia nel paese di accoglienza.

Gli scrittori spagnoli e latinoamericani desiderano riflettere sulla vita dell'immigrato ed entrare in un mondo interiore per dare la possibilità al lettore di conoscere uno sguardo diverso su una realtà che sta modificando la struttura socio-culturale spagnola e latinoamericana cui siamo abituati a vedere nei mezzi di comunicazione attraverso cifre statistiche o piani di Governo (Zovko 2009, pp. 168-171). Come abbiamo visto gli argomenti che prevalgono nelle opere descritte sono la denuncia dell'emarginazione, il razzismo, la xenofobia, la povertà e il destino tragico dei più sfortunati che sono alla ricerca disperata di una vita più felice e del *paraíso terrenal*.

Bibliografia

Andrés-Suárez, Irene; Kunz, Marco; D'Ors, Inés, *La inmigración en la literatura española contemporánea*. Madrid: Verbum, 2002.

Bellveser, Ricardo, *Lo siento, pero no existe el paraíso*. Madrid: Editorial Casa de Cartón, 2012.

Bendahan, Esther, *Deshojando alcachofas*. Barcelona: Seix Barral, 2005.

Bonilla, Juan, *Los príncipes nubios*. Barcelona: Seix Barral, 2003.

Checa Puerta, Julio Enrique, Otredad y dramaturgias del yo: Entre la política y la obscenidad, In Santos, M. I. (ed.) *Imágenes del Otro. Identidad e inmigración en la literatura y el cine*. Madrid: Editorial Biblioteca Nueva, 2010, pp. 139-156.

Conte Imbert, David, (2010). Espacios discursivos de la inmigración. In Iglesias Santos, M. (ed.) (2010). *Imágenes del Otro. Identidad e inmigración en la literatura y el cine*. Madrid: Editorial Biblioteca Nueva, pp. 33-62.

Chacón, Dulce, *Háblame, musa, de aquel varón*. Barcelona: Planeta, 1998.

Iglesias Santos, Monserrat, Presentar al otro: Los imaginarios de la inmigración. In Santos, Jiménez, C M. I. (ed.) *Imágenes del Otro. Identidad e inmigración en la literatura y el cine*. Madrid: Editorial Biblioteca Nueva, 2010, pp. 10-18.

Méndez Guédez, Juan Carlos, *Una tarde con campanas*. Madrid: Alianza Editorial, 2004.

Mendicutti, Eduardo, *Los novios búlgaros*. Barcelona: Planeta, 2003.

MPI (Migration Policy Institute):
http://www.migrationpolicy.org/research/exceptional-europe-spains-experience-immigration-and-integration?pdf=TCM-Spaincasestudy.pdf (22/04/2017).

Ovejero, José Ramón, *Nunca pasa nada*. Madrid: Alfaguara, 2007.

Shaun, Tan, *Emigrantes*. Australia: Barbara Fiore Editora, 2006.

Sorel, Andrés, *Las voces del Estrecho*. Madrid: Ediciones Akal, 2016.

Zovko, Monica, La imagen del inmigrante en la novela española actual. In *Altre Modernità*. Milano, 2009. Disponibile all'indirizzo: http://riviste.unimi.it/index.php/AMonline/article/view/290/407 (19/02/2016).

τί ἐστί; il Mediterraneo come τέλος

Domenico Palumbo
SANT'ANNA INSITUTE SORRENTO

1. Haecceitas Mediterranea

Del Mediterraneo Aristotele avrebbe detto: è mare[1], è disteso[2], è navigabile[3], è maggiore rispetto agli altri mari[4], è tra le terre[5], è sempre stato[6]. A ciò avrebbe potuto aggiungere, seguendo le ulteriori categorie: sta oltre i confini di Paesi diversi[7], fa crescere gli stessi frutti[8], separa[9] continenti, è circoscritto[10]. Tale siffatta arbitraria descrizione, checché se ne pensi, ha il merito di ordinare ogni giudizio sul Mediterraneo in un 'abbozzo'[11].

Poiché lo Stagirita mostra che ad essere predicabile è solo la sostanza individuata, la conclusione è che il Mediterraneo esiste. Ma siccome 'Mediterraneo' è un aggettivo, ad esistere è solo 'quel mare' che 'per accidente' è 'mediusterraneus', letteralmente 'tra le terre'.

Così 'Mediterraneo' è solo un nome sulla carta e parlare di esso vuol dire parlare dei popoli (e delle lingue) che lo hanno attraversato (e che l'attraversano): è possibile dunque una storia 'sul' Mediterraneo, ovvero su quel medesimo mare situato in una certa località geografica che i turchi chiamavano "Mare bianco", gli ebrei il "Grande mare", i tedeschi il "mare di mezzo", gli antichi

---

[1] Secondo la categoria della sostanza.
[2] Secondo la categoria della quantità.
[3] Secondo la categoria della qualità.
[4] Secondo la categoria della relazione.
[5] Secondo la categoria del luogo.
[6] Secondo la categoria del tempo.
[7] Secondo la categoria della posizione.
[8] Secondo la categoria dell'avere.
[9] Secondo la categoria del fare (o dell'agire).
[10] Secondo la categoria del patire.
[11] ὡς τυπῳ.

egizi il "Grande verde" e i greci lo intendevano esteso da Phasis fino alle Colonne d'Ercole, cioè "fin dove cresce l'ulivo".

Nonostante il Mediterraneo sia individuabile, la domanda su che cosa sia il Mediterraneo resta, sebbene posta in questi termini: è possibile parlare di una storia 'del' Mediterraneo, cioè di una storia dell'identità mediterranea?

La domanda è sensata perché l'imperatore Traiano, portando l'Impero alla sua massima espansione, fa assumere al Mediterraneo una connotazione simbolica: considerato 'terra' sulla quale impera la sola e unica 'Lex' romana, è chiamato 'Mare Nostrum' ed indica un'appartenenza. Gaio nelle sue 'Istitutiones' definisce l'appartenenza come fatto di legge e la legge come "quod populus iubet atque constituit"[12]; Cicerone, rifacendo Panezio[13], spiega poi che la legge è ciò che conveniente alla situazione: pertanto la deduzione che segue dal discorso è questa: parlare del Mediterraneo vuol dire sempre parlare di una 'storia umana' che muta proprio nel suo sviluppo storico. Il che giustifica uno specifico lavoro analitico (dal taglio economico, antropologico, storico o sociale che sia): eppure la domanda sull' 'haecceitas' Mediterranea come identità resta laddove ci si chiede se in tutti gli altri mari del mondo avviene lo stesso.

2. QUALITAS MEDITERRANEA.

Se si considera il Mediterraneo solo come lo sfondo sul quale operano gli attori politici si evidenziano: guerre nate in Stati apparentati da una stessa cultura (la Guerra dei Trent'anni); guerre nate contro Stati di cultura differente (le Crociate); guerre nate da accordi trasversali (come la guerra Franco-Ottomana contro gli Asburgo, al tempo di Solimano). Questa descrizione è da completarsi con un dato significativo: nelle città che si affacciano sul Me-

---

[12] Gaio, *Istitutiones*, I, 3.
[13] La fonte principale dei '*De Officiis*' di Cicerone è Panezio e il suo 'Περί τοῦ καθήκοντος'.

diterraneo si evidenzia una tendenza distinta (per non dire del tutto contraria) a quanto manifestato nell'area di riferimento. Detto altrimenti, in certe città (come Venezia, Salerno, Palermo, come anche Maiorca e Tunisi) si assiste alla convivenza di quei popoli che nell'area limitrofa sono in guerra tra loro.

Nel 1571 infatti cristiani e musulmani combattono la battaglia di Lepanto mentre a Venezia non solo in quegli stessi giorni la Moschea rimane aperta, ma la città stessa diviene anche l'unica potenza europea ad avere plenipotenziari permanenti nelle città più importanti del Vicino Oriente (Damasco, Il Cairo, Alessandria, Tripoli, Aleppo, Istanbul); a Cassino Federico II si impegna per la crociata in Terrasanta (Dieta di San Germano) e a Palermo protegge Lucera, una città interamente di musulmani[14]; nel primo secolo dell'anno Mille gli ebrei sono alleati degli arabi contro i crociati, e a Salerno discutono anche con i cristiani di medicina nella famosa 'scuola salernitana' che, pur non essendo mai stata la prima Università dell'Europa medievale, è certo la più interessante struttura scolastica laica operante nell'alto Medioevo.

Riguardo alle città che si affacciano sul Mediterraneo gli Stoici avrebbero concluso: è il loro modo relativo, quello di essere abitate da popoli diversi; è il modo d'essere, quello di ospitare lo straniero; è la loro qualità quella di 'tener conto' dello straniero[15].

Plotino avrebbe allora notato che non si dà qualità separata dalla sua sostanza[16], per cui avrebbe concluso: il 'tener conto' dello

---

[14] Ibn Wasil scrive: "C'era una città di nome Lucera, i cui abitanti sono tutti musulmani dell'isola di Sicilia; lì si tiene la pubblica preghiera del venerdì, e vi si professa apertamente il culto musulmano. Questa città è così dal tempo dell'imperatore, padre di Manfredi. Egli (cioè Federico II) aveva intrapreso in questa città la costruzione di un istituto scientifico perché vi fossero coltivati tutti i rami delle scienze speculative. E la maggior parte dei suoi familiari e funzionari di corte erano musulmani, e nel suo campo si faceva apertamente l'appello alla preghiera e la preghiera canonica stessa" in Gabrielli, *Storici arabi delle crociate*, Torino, Einaudi, 2002, p. 273.
[15] Stoicorum Veterum Fragmenta, collegit H. von Armin, vol.2, fr. 399- 404, Teubner-Lipsiae, 1924.
[16] Plotino, *Enneadi*, VI, I, 202.

straniero è qualcosa di comune ad ognuna di queste città ed è quello che si potrebbe definire 'Mediterraneità'.

Ockham avrebbe risposto che la sostanza che esiste è sempre una singolaritàe dunque avrebbe riportato il discorso sul Mediterraneo in quanto mare, dicendo: dal momento che questo mare è navigabile in poco tempo, ovvero dal momento che esso garantisce il 'ritorno', questo mareimpone alle città che vi si affacciano di 'tenere conto' dell'Altro.

3. COMPARABLES

Mediterraneo come ritorno dell'Altro e ritorno all'Altro: lo si potrebbe allora definire come 'zona grigia', una zona cioè dai contorni mal definiti che separa, lega e congiunge diverse culture. Dal che segue: parlare 'del' Mediterraneo non vuol dire parlare della storia dei popoli che lo attraversano ma parlare anche di questa zona grigia che vede coesistere diverse culture, distinte tra loro: il che fa del Mediterraneo un 'unicum' rispettoa tutti gli altri mari circondati da terre, poiché esso diviene il posto dove è necessario che avvenga una 'traduzione'.

Banalmente si potrebbe ricordare a titolo d'esempio il commento ad Aristotele da parte di Averroè, commento e dunque traduzione che ha permesso al mondo latino di esercitare il pensiero attraverso le sottigliezze della scolastica; così come la traduzione di Platone da parte di Agostino che ha portato all'interno del cristianesimo le istanze concettuali del mondo greco: basti ricordare la sua traduzione del termine 'ψυχή' con 'anima' per trovare ivi la fonte dei dibattiti che hanno animato tutto il Medioevo e che hanno permesso a Tommaso di scrivere la '*Summa Theologica*' e a Dante poi di scrivere la '*Divina Commedia*'. L'arabo fu lingua veicolare, così come lo fu il latino: Mosè Maimonide, rabbino, scrive il suo commento alla 'Mishnah' in arabo; Tolomeo scrive in greco la sua 'Μαθηματικὴ Σύνταξις' ma il mondo la conosce nella sua versione araba come '*Almagesto*'; Raimondo Lullo che anticipa Leibniz nella ricerca di una 'characteristica universalis' scrive al Papa perché i missionari imparino le lingue: arabo e ebraico innanzitutto.

Tirando le somme: il Mediterraneo è fatto di lingue e di un territorio comune onde cui avviene una traduzione linguistica. Ricouer parla di 'comparables': poiché l'accoglienza dello straniero all'interno della propria lingua è un rapporto privilegiato con l'estraneo; poiché la traduzione è possibile solo se è considerata come un 'fatto'; allora si costruiscono 'comparabili'[17], cioè significati che non esistevano prima nella lingua madre e che si rendono accessibili a partire dall'atto di traduzione di una lingua altra.

Ciò rende la traduzione linguistica di fatto una 'tra-duzione' (un 'trasporto') di concetti. Il che la qualifica come fatto non univoco: la traduzione cioè implica una mutua e reciproca traduzione tra i parlanti. Già Avicenna dà prova di questo quando tenta di far collimare Aristotele e Platone con la religione islamica; o Avicebron che prova a fare la stessa cosa nell'ebraismo. La traduzione circoscrive un territorio a sé, un territorio ideale; ne è esempio la 'Biblioteca' di Alessandria d'Egitto: Demetrio, plenipotenziario della biblioteca fece allestire una traduzione in greco di tutti i testi rilevanti per ogni ogni popolo. Traduzione che permise la creazione di un territorio comune proprio tra quelle culture: per esempio, quando fu chiusa la scuola platonica di Atene per ordine di Giustiniano I, Simplicio, insieme ad altri 6 filosofi, emigrò in Persia.

Ciò mostra che la traduzione estende il Mediterraneo, portandolo oltre i suoi confini geografici.

4. IL LUOGO MEDITERRANEO

Il Mediterraneo dunque non è circoscritto nel suo luogo geografico di pertinenza. Qual è allora il suo luogo? I Romani usavano la parola 'Cum-Finis' per dire il 'termine' in comune che divi-

---

[17] Kaplan, D. M., *Reading Ricouer*, Albany, State University of New York Press, 2008, p. 157.

deva una proprietà da un'altra, distinguendole; il confine era delimitato da 'Limes', barriere atte ad impedire l'accesso di ciò che 'sta di fronte' (da cui il nostro 'frontiera'). La casa invece aveva il 'Limen' la soglia, come ciò che 'de-limita', cioè che pone una 'lira', un solco: ma il 'limen' contraddice i 'limes' poiché permette l'accesso: è infatti ciò che 'tra-duce' l'interno e l'esterno. Di fatto il 'Limen' trasgredisce il luogo, non lo chiude.

Per questo i latini parlavano di 'locus' come di qualcosa che era ritagliato, 'posto' da qualche parte, come lo sono le 'stelle' 'distese nel firmamento'[18]. Così il 'locus' può essere 'amoenus', come il giardino di Alcinoo o il bosco in cui capita l'Erminia di Tasso; oppure 'horridus' come la selva dantesca. Il locus è ritagliato: ma da dove? Dallo spazio.

'Spazio' in greco si dice 'χῶρος' da cui 'χώρᾱ' che sta per Paese: rimanda a qualcosa che è aperto, che si può 'espandere', senso che conserva il latino 'plattus' da cui l'italiano 'piazza'. Lo spazio non si esaurisce: Platone nel '*Timeo*' distingue l'universo in 3 specie: "quello che è generato, quello in cui è generato, quello a somiglianza del quale nasce ciò che è generato"[19]: sta parlando dello spazio come di "potenza che non si esaurisce nel reperire le varie cose che recepisce"[20].

Gilberto Porretano, nel '*Liber six principiorum*', specifica: "Non sono lo stesso il 'Locus' e l'Ubi (il dove)" e specifica: "il luogo si dà in ciò che contiene, mentre il dove consiste in ciò che è circoscritto e circondato". Sta commentando le '*Categorie*' di Aristotele il quale nel IV della '*Fisica*' ammette: "sembra cosa ben difficile la comprensione del concetto di luogo". In greco usa la parola 'τόπος'[21] che sta per qualcosa di 'comune'; sta pensando a qualcosa che esiste autonomamente dai corpi. Infatti si chiede se forse luogo non sia l'analogo di un vaso, poi si risponde che anche l'esterno del vaso è un luogo, per-

---

[18] L'etimologia è la medesima.
[19] Platone, *Timeo*, 50 d. La traduzione, laddove non specificato, è da intendere come nostra.
[20] Platone, *Timeo*, 50 c.
[21] Aristotele, *Fisica*, IV, 4, 212 a8.

tanto esso è ovunque, non ha spazi vuoti, da qui la celebre definizione: "il luogo è il limite immobile e immediato del contenente, in quanto esso è contiguo al contenuto"²². In questo scenario ogni elemento (acqua, aria, terra e fuoco) ha un suo luogo naturale cui tende quando non trova ostacoli: lo Stagirita lega dunque il concetto di luogo a quello di 'ἔσχατον' di ultimo, mentre il 'dove' lo intende come il 'posto'. Il luogo cioè si estende fin dove arriva lo sguardo, il cui 'ultimo' corrisponde all' ὅρος, al confine.

Nel 'Vangelo' di Luca si legge poi del "πλησίον"²³ termine che Leopardi nel suo 'Zibaldone' traduce con 'prossimo' a cui affianca anche il significato di 'simile'²⁴. Ma Abelardo aveva già fatto notare che nel 'luogo' non c'è opposizione ma solo relazione²⁵: e infatti il Mediterraneo non sembra essere affatto il posto dello stare-vicino, ma dell'avvicinarsi, cioè dell'approssimarsi all'Altro: il quale poi, in quanto Altro, si avvicina parimenti, necessitando di essere tradotto.

5. Patria Potestas Mediterranea

I greci distinguono tra 'κράτος' e 'δύναμις'. Il primo è il potere di fare qualcosa: la stessa radice del nome la ritroviamo nel verbo 'κρατείν' che sta per 'realizzarlo perfettamente', senso che ritroviamo nel latino 'perficere'. 'κράτος' è dunque il potere che è solo di Zeus, il quale ha la potenza di fare ciò che vuole, nella stessa maniera in cui attraverso Tommaso, il concetto giunge a Dante: "vuolsi così colà dove si puote". Di contro 'δύναμις' indica 'la possibilità di poter fare' qualcosa: è di un potere che risuona del possibile, di un potere

---

22 Ivi.
23 Καὶ τίς ἐστίν μου πλησίον; Ma chi è il mio prossimo? in LUCA, *Vangelo*, 10, 29-30
24 "Prossimo (ὁ πλησίον, ὁ πέλας), p. *simile* ec., viene anche dal greco per mezzo del cristianesimo, quantunque in Forcellini abbia qualcosa di simile in autori pagani" in Leopardi, *Zibaldone*, nota a pie' pagina, p.4365, in *Pensieri*, Firenze, Le Monnier, 1900, p. 404.
25 "At vero distanti aspatii non operatur contrarietatem, sed maxime naturae oppositio: neque enim haec substantia, si ab alia maximo spatio diversa esset, ullo modo ad eam contraria diceretur" in Abelardo, *Dialectica*, 35-37 in L. M. De Rijik (a cura di), Assen, 1970, p. 75.

che deve tener conto delle "tempestates" come avrebbe detto Machiavelli. In latino la radice indoeuropea di 'Potestas' la ritroviamo nei termini 'Patrizio' e 'Padre' che coniugano il 'fare perfetto' con la 'possibilità del fare': in questo hanno la loro legittimità, cioè hanno un"Auctoritas'. Quest'ultimo termine ha radice nel verbo 'augeo' che indica il 'crescere', il 'generare'. L' Auctoritas è generatrice: è propria di un 'Au-gustus', di un imperatore che fa crescere l'imperium, che lo espande e gli dà senso. Potremmo dire senza commettere errore che se la 'Potestas' è sempre 'Patria', cioè esclude a prescindere il femminile, l'Auctoritas è 'Genetrix', è femminile: solo quando il potere è anche 'Auctoritas' è legittimo. E storicamente abbiamo tre tipi di legittimazione: per elezione, per acclamazione, per cooptazione: nell'agorà i membri venivano 'eletti' (nel senso di 'colti separatamente'); Carlo Magno si fa acclamare imperatore; Federico II viene eletto per cooptazione.

I concetti dell' 'Auctoritas' e della 'Potestas' spiegano bene anche le differenze tra gli attori sul Mediterraneo: se gli Stati Europei riconoscono l' 'Auctoritas' politica come indipendente dall' 'Auctoritas' religiosa[26], il mondo musulmano riconosce l' 'Auctoritas' politica solo se 'in-formata' da principi religiosi; il mondo ebraico riconosce la sola 'Auctoritas' di Dio che è colui che 'governa' ('sarar'), da cui appunto il nome 'Israele'.

Un'ulteriore riflessione permette di continuare il discorso. Il concetto di 'Potestas' fonda anche l'istituto romano della 'Patria Potestas' il quale, nel mondo latino, non veniva mai meno se non in seguito a condanna del padre stesso: tuttavia il codice di Giustiniano esplicita che l' 'emancipatio' seguiva anche dall'assunzione di dignità o cariche elevate[27]. E se il 'fare-traduzione' è una dignità, allora il Mediterraneo è il luogo dell' 'emancipatio' dai doveri derivanti dal 'genos' di appartenenza.

---

[26] Cfr. Sprinoza, *Tractatus theologico-politicus*, Amburgo, 1670.
[27] Codice Giustinianeo, 12.3.5.

Detto altrimenti: il Mediterraneo svincola i popoli dal dover abitarvi esclusivamente secondo l'identità della propria gente.

6. κατέχον

Avvicinandosi ci si 'fra-intende'. Cosa garantisce la separazione? cosa garantisce lo iato che rende a sua volta possibile l'avvicinarsi stesso all'Altro?

Paolo nella *'Seconda lettera ai Tessalonicesi'*[28] introduce il 'κατέχον' come ciò che 'contiene', trattenendo e rallentando, la venuta dell'Anticristo. Questo frammezzo, che si pone tra l'Evento dell'Incarnazione e la battaglia finale contro l'Avversario, è un tempo rilevantissimo. In esso, fa intendere Paolo, agisce un potere che non può essere identificato nell'Anticristo, di cui appunto 'trattiene' l'avvento, ma che neppure coincide con la Chiesa, alla quale è affidato il compito di custodire la speranza nel prolungarsi dell'attesa. Il κατέχον esprime dunque una tensione costante. Per sua natura, tiene entrambe le parti: ha a che vedere con l'Anticristo ('con-tenere' significa 'tenere dentro di sé') e nel contempo partecipa alla battaglia contro l'Anticristo. Il principale attributo dell'Anticristo, infatti, consiste nell'essere 'Placidus': "l'Anticristo produce la sua pace, rendendoci tutti perfettamente uguali [...] eliminando così anche ogni autentica prossimità"[29]. Regna l'ordine, e questa è la fine. A patto, si capisce, che si sia compiuto anche l'altro passo decisivo, e cioè l'apostasia della Chiesa, la 'secessio' dei credenti dalla fede. Lo scrittore russo Solov'ëv nel suo *'Racconto dell'Anticristo'* lo immagina Presidente degli Stati Uniti d'Europa, pacifista, filantropo, ecologista, spiritualista e perfino credente: "Popoli della terra! Io vi ho promesso la pace e io ve l'ho data. Il Cristo ha portato la spada, io porterò la pace". È l'atteggiamento del Grande Inquisitore di Dostoevskij, il cui trionfo coincide, non a caso, con il ritorno di Cristo: se l'Anticristo ha

---

[28] Paolo, *Lettera ai Tessalonicesi*, 2, 6-7.
[29] Cacciari, M. – Martini, C.M., *Questa nostra benedetta maledetta città: VIII cattedra dei non credenti*, Torino, Gribaudi, 1996, p.94.

avuto la meglio, solo Cristo può tornare a dargli battaglia. Così Carl Schmitt, facendone una figura teologico-politica, deduceva che dovesse esserci stato un 'katéchon' per ogni epoca a partire dalla nascita di Cristo, come l'Imperatore del Medioevo cristiano e la Chiesa di Roma; una cosa che già Dante aveva in mente, parlando nel Canto 26 del Paradiso di due soli: rispetto a Gioacchino da Fiore che parla di 'novus dux' e fa del 'canis, pastor angelicus'[30] per Dante la 'renovatio' dell'uomo e della società non può avvenire senza una restaurazione dell'autorità imperiale, la quale assicuri il benessere in terra, contribuendo così al raggiungimento della beatitudine celeste: perché con l'universalità dell'impero e l'accettazione dell'autorità imperiale, la Chiesa dovrà rinunciare ad ogni interesse mondano e dedicarsi esclusivamente alla cura e alla salvezza delle anime. Riflettendo sulla disgregazione di ogni 'katéchon', cioè di ogni 'potere che frena' Cacciari conclude: "questo è l'Evo dell'insecuritas e delle crisi permanenti"[31].

Ma il katéchon non può essere una 'Potestas', poiché diverrebbe 'la' Potestas per eccellenza, con tutte le conseguenze che ne deriverebbero come mostra abilmente Pasolini: nel portare sul grande schermo la '*Medea*', egli propone il conflitto irriducibile e insanabile tra due opposti inconciliabili: il mondo del 'logos', della città, di Giasone; e quello di Medea, il mondo della campagna, del 'mythos'. Gli opposti sono destinati a non trovare una sintesi, a rimanere tali, ma quando la 'Potestas' del mondo tecnico razionale cancella e annulla l'irrazionalità e le sue forme allora accade la tragedia: l'amore, pur essendo stato il tentativo - quantunque fallimentare - di incontro tra i due opposti, si trasforma in odio; il mondo razionale non riesce a immaginare né a comprendere il figlicidio; il potere fondato sulla ragione (il palazzo) viene distrutto dalla violenza dell'irrazionalità[32].

---

[30] Tavola XII del *Liber Figurarum*.
[31] Cfr. Cacciari, M., *Il potere che frena*, Milano, Adelphi, 2016.
[32] "E allora in un certo senso in Medea ho voluto dimostrare (in un modo assolutamente favoloso e mitico e narrativo) proprio questo: la violenza incancellabile

Ritornando al discorso dunque, la conclusione è netta: il 'katéchon' è 'Auctoritas'. Dunque Mediterranea è la 'Potestas' che spinge ad avvicinarsi; il Mediterraneo è invece 'Auctoritas' perché 'katéchon', garantisce lo iato.

7. Fare Mediterraneo

Si potrebbe usare una metafora per dire questo, dicendo che il Mediterraneo è un 'fare', non potendo essere un 'dove' in quanto del tutto poroso. Ma Platone permette di completare il discorso: nel *'Simposio'* fa di 'Poros' il padre di Eros, il quale sta sempre 'μεταξύ', così come il pensiero è 'α-οἶκος', cioè senza casa, perché sta sempre sulla soglia. E se il filosofo è l'innamorato della Verità, Raimondo Lullo poi, riprendendo la distinzione del *'Simposio'* tra amante e amato, parla di amico e amato; e se Platone fa dell'amante la persona più cara al dio, nelle 'esclamazioni mistiche' del Maiorchino amato e Dio si identificano. L'amato non ha un 'dove'. Nel *'Sefer Ha Zohar'*, il 'Libro dello Splendore' di Shimon Bar Yochay, si legge: "sopra il mio letto, durante la notte, cercai Colui che l'anima mia ama: Lo cercai e non Lo trovai"; 'sopra', una distanza che Bonaventura colma attraverso "le sei ali del Serafino" che "possono significare rettamente le sei elevazioni illuminanti"[33] perché a differenza della mistica indiana, quella cristiana non prevede l'annientamento, piuttosto l'esperienza di un tempo autentico.

Il Mediterraneo sembra essere proprio questo: da spazio attraversato diventa l'esperienza di un tempo autentico.

Una cosa questa che forse aveva intuito Dante: Ulisse - l'uomo che non si accontenta, colui che attraversa il mare approdando in posti diversi, colui che non dimentica il ritorno - nelle pagine dantesche

---

dell'irrazionalità" in F. Francione (a cura di), *P.P.P. Sconosciuto*, Alessandria, Falsopiano, 2010, p. 239.

[33] "Nam per senas alas illas recte intelligi possunt sex illuminationum suspensiones, quibus anima quasi quibusdam gradibus vel itineribus disponitur, ut transeat ad pacem per exstaticos excessus sapientiae christianae" in Bonaventura, *Itinerarium mentis in Deum*, Rusconi, Milano, 1996, p. 3.

muore vedendo davanti a sé la montagna del Purgatorio che è nell'eterno. All'inferno è punito in quanto consigliere fraudolento, eppure pronuncia un discorso aristotelico sulla conoscenza: contrariamente agli altri peccatori il suo discorso non rivela la sua colpa. Piuttosto testimonia quanto Aristotele sostiene essere costitutivo di ogni uomo, cioè la brama di sapere; una brama che però lo conduce verso "il mondo sanza genti", là dove Averroè diceva: "sotto la linea equinoziale non può darsi abitazione naturale per i viventi"[34].

È l'Alighieri stesso a dare la chiave di interpretazione di questa incongruenza: nel '*Convivio*' scrive del "diritto appetito"[35] e del "contentarsi"[36]: questo 'mezzo' permette a lui, in quanto personaggio stesso della *Commedia*, di attraversare l'eterno da vivo e di ritornare da profeta. Ma prima Hegel e poi Marx noteranno: quando i mezzi diventano la condizione necessaria per la realizzazione di qualsiasi fine, i mezzi diventano essi stessi il primo fine. In questo caso dunque: se per il Dante personaggio 'diritto appetito' e 'contentarsi' sono mezzi, una volta divenuti imprescindibili (per non fare la fine di Ulisse) essi diventano di fatto il primo 'fine': e infatti su entrambi si incarna proprio la 'renovatio hominis'.

---

[34] "Sub aequinoctiali non potest esse habitatio naturalis viventibus" in Pico Della Mirandola, Conclusiones secundum Avenroem, n.29, in *Conclusiones Nongentae*, 1486.

[35] Dante, *Convivio*, III, 8: "E però dico che la biltade di quella piove fiammelle di foco, cioè ardore d'amore e di caritade; animate d'un spirito gentile, cioè informato ardore d'un gentile spirito, cioè diritto appetito, per lo quale e del quale nasce origine di buono pensiero".

[36] *Ivi*: "E dico che nello suo aspetto apariscono cose le quali dimostrano de' piaceri di Paradiso; ed intra li altri di quelli, lo più nobile, e quello che è frutto e fine di tutti li altri, si è contentarsi, e questo si è essere beato; e questo piacere è veramente, avegna che per altro modo, nell'aspetto di costei. Ché, guardando costei, la gente si contenta, tanto dolcemente ciba la sua bellezza li occhi de' riguardatori; ma per altro modo che per lo contentare in Paradiso, [ché lo contentare in Paradiso] è perpetuo, che non può ad alcuno essere questo".

Conclusioni

Al Dante che parla di 'renovatio hominis' seguirà Bruno e la sua 'renovatio mundi' che coincide con la riforma del cielo stesso; al 'fare' dell'uomo corrisponde il 'fare' del mondo stesso. Ma Aristotele nell' *Etica a Nicomaco* aveva notato che l'ambito pratico del 'fare' è legato a quello del 'fine': usa il termine greco 'τέλος' che tra i molti significati ha quello di 'compimento' di una cosa e anche del 'potere di realizzare quella cosa'.

Dunque: se il Mediterraneo è un 'fare' allora è anche τέλος, il compimento di qualcosa. Di cosa, è tutto un altro discorso.

"I'm a man. I got a lot of hormones in my body"
The Italian Man in Kasdan's *I Love You to Death*

Ilaria Parini
UNIVERSITY OF MILAN

The fact that the representation of Italians and Americans of Italian descent in Hollywood films has mostly been stereotypical has been thoroughly investigated by many scholars[1]. Indeed, Italian Americans usually appear oversimplified and fall into predetermined categories, such as the immigrant, the boxer, the cook, the mobster, and the Latin Lover. Referring to the representation of Hollywood Italians, Di Biagi (2010: 61) claims, "Hollywood's screenwriters still seem to be convinced that the Italian American character corresponds to one of four possible typologies: mafia, mamma, mozzarella or mandolin. It is the theory of the four Ms [...]. There is also the theory of the Bs: bandits, boors, buffoons, bigots, bimbos. And there might be a theory of Ps: pizza, pasta, peasants, poor, pluggers" (my translation). Indeed, whether represented as *dagos* (immigrants), *palookas* (prize-fighters), *Romeos* (Latin lovers), or *wise guys* (mobsters)[2], Italian Americans have most often been portrayed as 'the Other'. In fact, even if today the Italian American community is an integral part of American society and culture, "Hollywood Italians continue to stand out as a group in the Hollywood pantheon, remaining far more 'ethnic' than their real counterparts" (Bondanella 2004: 12).

The process of stereotyping implies the simplification of the characters' identity, whose representation usually relies on a series of peculiar traits that are selected and encoded in such a way

---

[1] See in particular: Bondanella 2004; Camaiti Hostert and Tamburri 2002; Casillo 2006; De Stefano 2006; Di Biagi 2010; Gardaphé 2006; Muscio et al. 2010; Parini 2009a, 2013, 2016, 2017; Szcepanski 1979; Tamburri 2011; Torresi 2004

[2] This is the terminology used by Bondanella (2004) to describe the various representations of Italian Americans in Hollywood cinema.

that viewers are presented with standardized stereotypes. Consequently, the characters present a series of recurrent stereotypical features that make them easily recognizable. In comedies, the stereotypical traits that contribute to the characterization of Italian Americans in films are overemphasized, with the purpose of adding to the comicality of the products.

In spite of the number of Hollywood comedies starring Americans of Italian descent, the literature dealing with the topic is still quite scant. Geoff King's very detailed book on the cinematic genre of comedy, "Film Comedy" (2002), for instance, does not deal with the representation of Italians at all, in spite of a section devoted to ethnic comedies. Indeed, the author reflects upon the representation of African Americans, Jews, and British characters in comedies, but does not cover Italians[3].

The genre of the Italian ethnic comedy includes some films which have definitely been successful at the box office[4], and it provides interesting material worth being analyzed. This paper will analyze the stereotype of the Italian American man in the comedy *I Love You to Death*.

I LOVE YOU TO DEATH AND THE ITALIAN MAN

I Love You to Death is a 1990 American black comedy directed by Lawrence Kasdan and starring Kevin Kline, Tracey Ullman, Joan Plowright, River Phoenix, William Hurt, and Keanu Reeves. The screenplay by John Kostmayer is loosely based on an attempted murder that happened in 1983, in Pennsylvania, where a woman called Frances Toto repeatedly tried to kill her husband,

---

[3] Exception made for a brief reference to the film *Mickey Blue Eyes*, where, however, the author mainly discusses the stereotypical embodiment of "posh, effeminate" Englishness portrayed by Hugh Grant, and only hints at the fact that the film revolves around a series of Italian American gangsters.
[4] Such as: *Fatso* (Bancroft 1980); *Moonstruck* (Jewison 1987); *My Cousin Vinny* (Lynn 1992); *Kiss Me Guido* (Vitale 1997); *Everybody Wants to Be Italian* (Ipson 2007).

Anthony, unsuccessfully. The film tells the story of Joey Boca (Kevin Kline), an Italian American pizza chef, who is married to Rosalie (Tracey Ullman), a woman of Yugoslavian descent, but has numerous lovers. When Rosalie finds out about Joey's unfaithfulness, she is devastated, but rather than divorcing and leaving him free to have other women, she plans to kill him with the help of her mother (Joan Plowright) and her young friend Devo (River Phoenix), who works with them at the pizzeria.

Although the film is usually defined as a dark comedy, it is no doubt also an ethnic comedy. Indeed, ethnic comedies are centered on ethnic conditions, commonalities, and differences and Joey embodies many of the stereotypes usually associated to Hollywood Italians, as will be shown. However, it is worth noting that Kevin Kline is not Italian and has no Italian origins whatsoever (he is actually American of German and Irish descent); therefore, his portrayal of an Italian man is totally artificial and overemphasized for comic purposes.

VISUAL, NARRATIVE AND CULTURAL REPRESENTATION

First, the representation of Joey's character acts on a visual level. He wears a black moustache, which is quite stereotypical in the representation of Italian men. On a couple of occasions he pretends to be going to fix the pipes in one of the flats he rents (although he is actually going to see one of his lovers); he wears a red cap and he holds his tools box in his hand and resembles very much Super Mario, the Italian plumber who is the protagonist of the namesake Nintendo videogame.

Moreover, the characters' gestural and facial expressiveness is another recurrent element in films starring Italian Americans, already identified in previous studies (Parini 2009a: 161; 2013: 78; 2017: 114). Italian Americans in films do gesticulate quite a lot and in comedies this feature is indeed amplified for comic purposes. Joey Boca's gestures are evocative of these specific characters and his facial expressions, which are very picturesque and amusing, are also definitely accentuated.

As far as his representation from a narrative perspective is concerned, his characterization embodies various stereotypes. The most immediate one is the image of the Italian womanizer, which is no doubt another very recurrent figure in Hollywood cinema. As Bondanella (2004: 133) remarks, "if there is any stereotypical image of Italians that has a longer history than the gangster, it is the 'Latin Lover'". Indeed, Joey is the classic Latin lover who makes a move on virtually every single woman he meets and has affairs with most of them. In the very first scene of the film, he is in church and asks the priest in the confessional to forgive his sins, among which adultery, and when the priest asks him how many times he has cheated on his wife, after counting and recounting, he replies, "It's hard to say, Father. I didn't exactly keep count, but… let's say a dozen times in the last two weeks, give or take a few times".

The importance of being masculine (and of being perceived as such) is a recurrent element in the characterization of Italian womanizers in Hollywood films, and Joey is no exception. For him, being masculine equals to having many women. When asked by one of his lovers about the reasons why he commits adultery, he justifies himself by stating, "I'm a man. I got a lot of hormones in my body". On another occasion, while he is talking to Devo, he claims, "I know, I look at other women, okay, so what? That's only natural, I'm a human man". Therefore, according to him being interested in many women is a natural fact intrinsic in a man's nature. His wife Rosalie tolerates the fact that Joey appreciates other women (before finding out that he does not limit himself to watching), and she condones his behaviour saying, "He's Italian. He's allowed to look", as if all Italians were basically womanizers and feeling attracted by other women other than their wives were a natural thing for them, as if it were in their DNA.

Despite his unfaithfulness, however, Joey feels a deep love towards his wife. This may seem to be in contrast with his behavior, but, as can be often observed in the portrayal of Italian men in Hollywood films, the wife is always the most important woman in a man's life (after his mother, as will be seen later), no matter how many lovers he might have. Joey explicitly claims this while speaking with Devo, as he says, "There's nobody like Rosalie. She's the best". At the end of the film, after being miraculously saved by the police, he realizes that he misbehaved with his wife, refuses to press charges and bails Rosalie and her accomplices out of jail. After meeting Rosalie again, he begs her to take him back.

Besides, the character of Joey also embodies another recurrent stereotype associated with Italians or Americans of Italian descent in Hollywood cinema — especially in comedies — namely the figure of the buffoon or *fesso*[5]. In fact, a number of comedies starring Italian Americans represent the characters as not particularly smart or intelligent[6]. In January 2012, in an editorial to the Independent, Guy Adams reported the following statement by a spokesperson for the Italic Institute of America, who remarked, "In Hollywood's eyes, if you are Italian-American, you're either a criminal or a buffoon"[7]. Joey Boca definitely conforms to the canons of this stereotype: he does not seem to be very bright, he is very superficial, quite ignorant, and he does not understand what people really mean when they speak to him. When Devo is trying to tell him that he should not cheat on Rosalie, he does not get the message and turns things to his own benefit:

---

[5] See Gardaphé 2015, Parini 2017.
[6] See, among the others, *A Fish Called Wanda* (Crichton 1988), *Everybody Wants to Be Italian* (Ipson 2007), *Moonstruck* (Jewison 1987), *My Cousin Vinny* (Lynn 1992).
[7] Adams, Guy (2012) "Shaduppa ya stereotype! Italian-Americans fight back", *The Independent* http://www.independent.co.uk/news/world/americas/shadduppa-ya-stereotype-italian-americans-fight-back-6283808.html

JOEY: Even if she knows, she don't care. That's how she is.
DEVO: Oh, yeah? Well, that's pure projection.
JOEY: Pure what?
DEVO: Projection. It's projection, what you want to think.
JOEY: What I want to think?
DEVO: Yeah, it makes you feel good to think that she's happy
JOEY: Yeah! As long as she's happy, I'm happy.
DEVO: I'm glad we understand each other.

Finally, the character of Joey Boca is also the perfect epitome of the stereotype of the Italian *mammone*, a term used to refer to a son tied to his mother's apron strings. With reference to the Italian *mammone*, Hooper (2015: 162) claims:

> Equivalent terms can be found in other languages. In English, he would be 'a mother's boy'. Like 'mother's boy', *mammone* is not a term any man would take as a compliment. But Italian is possibly unique in having a word to describe the phenomenon of sons duly dependent on their mothers: *mammismo*. It is a fact sometimes put forward as evidence that the stereotype is correct and that a uniquely intimate—some would say unhealthy—relationship links a disproportionate number of Italian males to their mothers.

At a first glance, the figure of the *mammone* might appear to be in contrast with that of the Latin lover, who apparently seems to be strong and independent. However, according to psychologist Roberto Vincenzi (2008: online; my translation):

> The Latin lover is quite often a *mammone*. The Latin lover is not psychologically an adult and mature man. The Latin lover does not take on the responsibility of a long-term relationship or a family. His relationships do not last long. After the excitement of seduction and conquest, there is often not much left. The only important woman in the Latin lover's life is ultimately his mother.

Actually, this description does not completely apply to the character of Joey. Indeed, he is very fond of his wife and his family, as already mentioned. However, the figure of the mother is definitely of paramount importance for him. Although Joey's mother actually only appears in one scene of the film, he makes continuous references to her. Joey mentions his mother especially in relation to the food element, which is another recurrent trait in films starring Americans of Italian descent, and in this specific film is purposefully taken to the highest levels, as will be seen more in detail. When complaining about the presumed scarcity of food in their house, Joey tells Rosalie, "My mama's house, there's always plenty of food to eat". On another occasion, when complimenting on his wife for the quality of the pasta she has prepared, he claims, "It's the best spaghetti ever, Rosalie. Nice and spicy. Just like my mother's". As already mentioned, the character only appears in one scene, towards the end of the film, when Joey is in hospital after being shot twice (once in his head), and miraculously survived. When his mother visits him, after knowing that Joey has been unfaithful to his wife, she rebukes him and hits him repeatedly on the wounded head. In this scene, the stereotype of the Italian matriarchal mother is taken to its extremes. She is the "boss", and Joey accepts her reprimands submissively.

Furthermore, Joey also presents a series of specific and identifiable elements which recur in Hollywood films and contribute to the construction of the stereotype of the Italian American man, even more so in comedies, where they are accentuated for comic purposes.

Firstly, the feeling of pride for his origins is particularly evident as he often stresses the fact that he is Italian. On several occasions, he makes comments about Italy and Italians, even claiming, "America was discovered by one Italian and it's named after another. This proves that America is an Italian country". When one of his lovers tells him that she could cook for him, he replies, "No, you can't cook for me. You're not my wife. You're not even Italian". Moreover, when he is about to have sex with a girl he has met in a disco club, he induces the girl's dog to leave the room and tells the girl, "Well, I'm Italian, you know. I can't make love to a woman with a German shepherd in the room. It's awkward for him."

Secondly, the element of food is extremely important in this film. Joey is a pizza maker and owns a pizzeria; consequently, several scenes are set in the restaurant. Most importantly, Joey eats incredible quantities of food at home and he clearly states that this is connected to his origins when he tells Rosalie, "I'm Italian. I like to eat." Food is also one of the means that Rosalie and her mother use to attempt murdering Joey, as they put two bottles of sleeping pills in his spaghetti (though he does not die after eating three bowls of it). Moreover, whenever somebody comes to his house for whatever reason, Joey asks Rosalie to cook something for them. For example, when the police come to investigate following Joey's aggression by a man wearing a mask, he asks her to make eggs and bacon. When he wakes up after being shot by the two junkies Marlon and Brandon (Keanu Reeves and William Hurt), he insists on offering them various things to eat ("Some cheese and crackers? Maybe some pretzels?... We could send out for Chinese... We got spaghetti...") even if they constantly repeat that they are not hungry.

Another recurrent element that contributes to the creation of the stereotype of the Italian American man is his faith in Catholicism. Joey always wears a golden cross at his neck. Moreover, he goes to church to confess his sins, and on the walls of his pizzeria there are images of Jesus, of the Virgin Mary, and of Pope John Paul II (next to Frank Sinatra's). In addition, when talking about Yugoslavia, he defines it as "a good Catholic country".

Music can also be considered as an element of characterization as Joey repeatedly sings the song *Non dimenticar*, by P.G. Redi.

Moreover, in one scene shot inside the pizzeria it is possible to hear in the background the song *Futura*, by Lucio Dalla.

In sum, it is clear how the evident exaggeration of all these characterising elements — which are usually associated with the figure of the Italian man in Hollywood films — succeeds in making the character of Joey Boca comic. This is why *I Love You to Death* should not be considered only a black comedy, but also an ethnic comedy, as the comicality of the film does not rely only on the events narrated, but also and particularly on the excessively accentuated features of the main character.

LINGUISTIC CHARACTERIZATION

As has been demonstrated in previous studies (Parini 2009a; 2013; 2016; 2017), language plays an important role in the construction of the stereotyped identity of Italian characters in Hollywood films. Indeed, the final result is achieved not only through the elements previously considered, but also thanks to the interaction of these features with the linguistic ones. In fact, this is observable in most audiovisual products whose main characters are connoted from an ethnic and/or social perspective, as underlined by Di Giovanni (2003: 210):

> (i)n films, the juxtaposition of signs from different systems very often follows conventional patterns, a necessary feature for media products to appeal to large audiences. As one of the codes used in making the film narrative, the interaction of verbal language with other audiovisual signs, even if conventional, is therefore all the more important in shaping cultural representations.

Indeed, the use of connoted varieties in films is a long established practice. In films, language is manipulated and is purposefully used as a tool in the construction of character. Accent and language variation undoubtedly allow to attribute to the characters certain characteristics in a quick and easy way. As has been extensively shown (Armstrong and Federici 2006; Ellis 2012; Federici 2009; Lippi Green 1997; Parini 2009a, 2009b, 2013, 2016, 2017; Sønnesyn 2011; Van Lierop 2014), they are an efficient tool to convey ethnic origins. Stories about people who come to the US from other countries often lean hard on accent to establish the origin of the characters. In other cases, "accent is used as a shortcut for those roles where stereotype serves as a shortcut to characterization" and language becomes a quick way to build character and reaffirm stereotype (Lippi-Green 1997: 84-85).

The language variety spoken by the protagonist of the film analyzed for this paper is heavily loaded with connotations. Such connotations definitely contribute to the characterization of the speaker, conveying his ethnic origins in an exaggerated way in order to accentuate his comicality. Previous studies (Parini 2009a; 2013; 2016; 2017) have shown that the Italian American ethnolect spoken in Hollywood films usually presents a series of recurrent elements both on a phonological and on a lexical level. From a phonological perspective, first of all it is possible to observe deviation from American English standard intonation, especially due to the recurrent lengthening of the stressed vowel, a pattern which is typical of the Italian American ethnolect. Secondly, the variety deviates from standard American English also from the point of view of pronunciation, as it presents a series of recurrent features which can be easily associated with the Italian American ethnic group, such as:

- \<th\> interdental voiceless fricative pronounced as /t/ instead of /θ/: [tæŋks] for *thanks*; [nʌtɪŋ] for *nothing*;
- \<th\> interdental voiced fricative pronounced as /d/ instead of /ð/: [dɪs] for *this*; [dæt] for *that*; [den] for *then*;
- \<er\> in word ending pronounced as /ɑ/ instead of /ə/: [nevɑ] for *never*; [mætɑ] for *matter*;
- \<ow\> in word ending pronounced as /ɑ/ instead of \<əʊ\>: [aʊs] for *house*; [aʊ mʌtʃ] for *how much*;

- silent /h/ in words beginning with aspirated /h/: [aʊs] for *house*; [aʊ mʌtʃ] for *how much*;
- /k/ sometimes pronounced as /g/: [əʊgeɪ] for *okay*; [it wəʊg mi ʌp] for *it woke me up* [8]

The analysis of the variety spoken by Joey Boca has shown that these peculiar phonological traits are overemphasized if compared to dramatic films. This, once again, is related to the purposes of comedies, as a heavy and exaggerated use of accents adds to the comicality of the characters.

From a lexical perspective, the two strategies that are mostly used in Hollywood films in order to convey the origins of characters with Italian origins are the use of code switching and code mixing (see Parini 2013: 94-122; 2016: 174-177; 2017: 117-119). As far as code switching is concerned, this occurs only in one scene, where Joey speaks to his mother-in-law in Italian, and she, who is originally from Yugoslavia, replies to him in Serbo-Croatian. By code switching, in fact, we usually refer to a phenomenon through which the speaker switches from one linguistic code to another one, in this case from English to Italian, at an intersentential level. The two of them do not understand each other and keep going on discussing, presumably insulting each other. The scene turns out to be hilarious not because of the actual meaning of the dialogue, but because of the situation:

JOEY:	Che razza di persona porta un motore a un ristorante? E' pazza!
ROSALIE:	Joey basta, ti prego.
NADJA:	(speaks Serbo-Croatian)
JOEY:	Quante volte t'ho detto di non parlare quella lingua con me?
NADJA:	(speaks Serbo-Croatian)
JOEY:	Non parlare quella lingua con me!
ROSALIE:	Zitto Joey!

---

[8] For studies about Italian American pronunciation, see Haller 1987a, 1987b, 1991, 1993; Menarini 1939.

JOEY: Che ho fatto per meritare tutto questo? ... Vecchiaccia pericolosa.
ROSALIE: Can we eat?
JOEY: Sì, mangiamo!

As far as code mixing is concerned, with this term linguists usually refer to a phenomenon which involves a switch in the linguistic code used at an intra-clause level. In other words, code mixing refers to the insertion of foreign words or phrases (in this case, again, Italian) within the discourse. Joey's variety occasionally presents instances:

"*Madonna mia*, what am I doing in a library?"
"*Madonna mia*, what a beautiful night!"
"Oh, *sì*, good idea, sure."
"*Va bene*. Okay. *Sì, sì mamma*, good idea."

In sum, it is clear that in this film language is exploited as a tool to draw character quickly, and, in Lippi-Green's words, it is used as a shortcut to characterization (1997: 81). Language variation, and its excessive accentuation, combined with all the overemphasized cultural elements previously analyzed, is an extremely powerful means in the construction of the comic stereotype of the Italian American man.

ITALIAN DUBBING

Previous studies (Parini 2009a: 22) have shown that "the tendency observable nowadays in Italian dubbing as far as the diatopic dimension is concerned is that of making the language as *neutral* and *unmarked* as possible, so that any potential regional characterization of the variety spoken tends to be avoided". Indeed, as Galassi (1994: 67) claims, "it is impossible to establish an analogy between a regional dialect in the United States and an Italian regional dialect" (my translation).

However, this is not always the case. It is a fact that the use of the Sicilian regiolect in Italian dubbing has become an established practice in some specific contexts, which is used to amplify the connotations related to characters of Italian descent. Nevertheless, apparently this device is mainly utilized in two specific cases: with mobsters and with comic characters (Parini 2009a). With the former, the Sicilian regiolect seems to be employed to further connote the stereotype of the Italian American criminal. It is a fact that, since the mafia originated in Sicily, Italian spectators expect Mafiosi to speak with a Sicilian accent (Parini 2013). With the latter, it is used in order to emphasize their speech to the extent of making them caricatures.

The acting of Joey's dubbing actor, indeed, is no doubt extremely exaggerated and presents all the features which are typical of the Sicilian regiolect. Such choice on the part of the dubbing professionals is therefore successful in achieving the aim of maintaining the comic features of the character.

More in detail, the linguistic characterization of Joey Boca in the Italian dubbed version occurs on various levels (just as it happens in the original version). On a phonological level, first of all the intonation of his speech follows the¹ pattern of the Sicilian regiolect, with constant pitch in conclusive and declarative sentences and lengthening and/or diphtongization of the stressed vowel. This latter feature, in particular, is definitely stressed and clearly artificial.

Still talking about phonology, as far as pronunciation is concerned, Joey's variety presents many elements that deviate from standard Italian and are typical of the Sicilian regiolect, and, as in the original version, these features are excessively marked with the purpose of making him sound caricatural. Here follow some examples:

- /r/ at the beginning of a word is very strong and it is lengthened if preceded by a vowel; when followed by a

consonant there is complete assimilation between the two consonants: [kuellokerrapinava] for *quello che rapinava*; [larrobba] for *la roba*; [dannatorrubbinetto] for *dannato rubinetto*; [konnuti] for *cornuti*; [pekkottesia] for *per cortesia*;
- Consonant clusters /tr/, /dr/ and /str/ pronounced as /tʃr/, /dʒr/ and /ʃr/: [tʃre] for *tre*; [patʃre] for *padre*; [madʒre] for *madre*; [ʃronzo] for *stronzo*;
- Intervocalic affricate /tʃ/ pronounced as fricative /ʃ/: [baʃio] for *bacio*; [piaʃere] for *piacere*; [suoʃera] for *suocera*;
- Affricate /dʒ/ and plosive /b/ are lengthened when intervocalic: [addʒile] for *agile*; [le tubbature] for *le tubature*; [labbokka] for *la bocca*;
- Preconsonantic fricative /s/ pronounced as /ʃ/: [aʃpetta] for *aspetta*; [ʃtato] for *stato*;
- Intervocalic voiced fricative /z/ pronounced as voiceless fricative /s/: [mɪ skusɪ] for *mi scusi*; [affettuoso] for *affettuoso*;
- Plosive voiceless /t/ between consonants pronounced as voiced /d/: [niende] for *niente*; [alkuando] for *alquanto*;
- Consonant cluster /ns/ pronounced as /nts/: [dimentsioni] for *dimensioni*; [nontsolo] for *non solo*; [pentso] for *penso*

The Sicilian regiolect also presents several peculiar and very recognizable structures as far as morphosyntax is concerned and the Italian dubbed Joey Boca uses all of them. Here follow some examples:

- Marked word order: in standard Italian the unmarked order is SVO, while in Sicilian regiolect it is common to find the verb at the end of the sentence (especially with the verb *essere—to be*): "Pazza sei?"; "Una pizza è"; "Io italiano sono"; "Questa nuova è"; "Questo un ristorante è"; "Quella donna un masculo è"; "Un altro uomo sono";
- Personal pronoun *ci* (standardly used for 1st plural person) used for the dative of 3rd singular person (instead of standard feminine *le* and masculine *gli*): "A lei non ci importa"; "Dacci una tazza di caffè al detective"; "Come ci piace la pastella?"; "Ci dissi che ci pensavo";
- 1st singular personal pronoun *me* instead of standard *mi* with reflexive verbs: "Non me sento bene"; "Me sono svegliato";

- Use of the verb tense *passato remoto* (which is not only typical of the Sicilian regiolect, but of Southern regiolects in general; in Northern Italy, on the contrary, it is more common to use *passato prossimo*)[9]: "Ma io che feci per meritarmi sta nemica dentro casa?"; "Che facesti? Che è stato?"; "Che dissi?"; "Che fu?";
- Use of *voi* as polite form (as for *passato remoto*, this use is quite common in all Southern Italy, while the use of *lei* is the norm in Northern Italy): "Beneditemi padre"; "Come state?"; "Perdonatemi";
- Transitive verbs used as intransitive (followed by the preposition *a*): "Io guardo *alle* altre donne"; "Non vuole dire che non amo pure *a* lei"

On a lexical level, sometimes it is possible to observe in Joey's lines the use of code switching or code mixing. The terms code switching and code mixing have traditionally been used by linguists to refer to the two phenomena analyzed in the previous pages of this paper, involving the alternation of two different language varieties either at an intersentential or at an intrasentential, or intraclause, level. Such phenomena, however, do not necessarily imply the alternation to take place between two distinct national standard varieties (such as, for example, English and Italian, as previously seen). Indeed, scholars seem to be inclined to use the terminology in question also to refer to cases when the switch occurs between standard varieties and dialects spoken in the same national geographical territory (D'Achille 2003; Baldo 2008). Consequently, in this section I will refer to the two phenomena to analyze the cases when dubbing professionals have opted for making Joey switch from Italian to Sicilian. Also in this case, the two strategies are used to further connote the variety from a regional perspective, even when the original version does not present any equivalent strategies. Here follow some examples of use of code mixing in Joey's Italian dubbed lines:

---

[9] Although *passato remoto* is also very common in Tuscany.

"Ah finiscila! É una *picciridda*"
"Quella femmina un *masculo* è!"
"Una bellezza come a te si sta buttando via per un tipo *accussì*?"
"Bravo, *picciriddu* mio"
"Ora piglia il libro e *amuninne*"
"*Connuti*! Figli di grandissima *bottana*!"
"Mi voleva colpire con una mazza da baseball! *Bedda madre*! Incredibile è!"

As far as code switching is concerned, the Italian version of the film presents only one case, and specifically in correspondence with the scene previously analyzed, when in the original version Joey switches from English to Italian to insult his mother-in-law. In the Italian dubbed version, Joey switches from Italian to Sicilian, so that the scene is successful in maintaining its humour:

JOEY:	Chirrazza di cristiani fanno i riparazioni nel ristorante? Jé pazza!
ROSALIE:	Joey, finiscila, per favore.
NADJA:	(speaks Serbo-Croatian)
JOEY:	Quante volte te l'aju dittu chi 'un voglio sentiri 'sta parrata?
NADJA:	(speaks Serbo-Croatian)
JOEY:	Non me la mannare la mala noma!
ROSALIE:	Zitto, Joey!
JOEY:	Ma io che feci pemmeritamme 'sta nemica entra me casa? ... Vecchiazza iettatrice.
ROSALIE:	Possiamo mangiare?
JOEY:	Sì, mangiamo.

Other elements that contribute to connoting Joey's variety from a regional perspective are the occasional use of some Sicilian phraseologisms, such as "*oggi non è cosa*" (meaning "today is not a good day for it"), "*cose belle*" and "*tante belle cose*" (greeting formulas) and the Italianization of his wife's first name from *Rosalie* to *Rosalía*.

Therefore, it is clear that language is exploited as a tool to draw character quickly also in the Italian dubbed version of the film and is used as a shortcut to characterization. Moreover, the Italian version turns out to be even more accentuated in comparison with the original. Indeed, the variety spoken by Joey is definitely much more connoted, as it employs variation not only on the levels of intonation and pronunciation and through the use of code mixing and code switching, but also through the use of marked morphosyntactic forms and phraseologisms.

CONCLUSIONS

This paper aimed at analyzing the figure of the Italian man in ethnic comedies, taking as a case study the film *I Love You to Death* (Kasdan, 1990). Indeed, as shown by many studies, Italian Americans in Hollywood films are most often portrayed as stereotypical characters and this is even more evident in the case of comedies. Humour in ethnic comedies relies on the representation of specific ethnic conditions, commonalities, and differences, which are accentuated and amplified for comic purposes. In the case of Joey Boca, the analysis has proved that his ethnic representation is overemphasized as he embodies many of the stereotypes usually associated to Hollywood Italians, such as the womanizer, the buffoon and the *mammone*. Kevin Kline (who has no Italian origins whatsoever) exaggerates both his ways and his speech so as to achieve a comic effect.

The study also considered the Italian dubbed version of the film, in order to ascertain whether the strategies usually used to transpose the Italian American ethnolect have been employed also in this case. The results of the research have confirmed the tendency to use the Sicilian regiolect to represent Joey's *otherness* so to distinguish him from the other characters, and especially to make him comic. Moreover, the analysis has highlighted the fact that Joey's speech in the Italian dubbed version is even more accentuated than the original, and consequently he turns out to be even more comical.

In sum, it is possible to confirm once more that stereotypical representations of Italians can be found in most Hollywood films, and, in the case of comedies, they are taken to the highest levels. Indeed, all the elements that contribute to the construction of this ethnic stereotype are stressed and accentuated, and the Italian dubbing further contributes to this process.

REFERENCES

Adams, Guy. "Shaduppa ya stereotype! Italian-Americans fight back", *The Independent*, 2012, www.independent.co.uk/news/world/americas/shadduppa-ya-stereotype-italian-americans-fight-back-6283808.html.

Armstrong, Nigel and Federici, Federico Eds. *Translating Voices, Translating Regions*. Roma: Aracne. 2006.

Baldo, Michela. *Translation as Re-Narration in Italian Canadian Writing*. University of Manchester (unpublished PhD book). 2008.

Bondanella, Peter. *Hollywood Italians*. New York & London: Continuum, 2004.

Camaiti Hostert Anna and Anthony Julian Tamburri, eds. *Screening Ethnicity*, Boca Raton: Bordighera Press, 2002.

Casillo, Robert. "The Representation of Italian Americans in American Cinema: From the Silent Film to The Godfather." *The Italian in Modernity*, University of Toronto Press, 2011, pp. 493–640, www.jstor.org/stable/10.3138/j.ctt2tv33v.11.

D'Achille, Paolo. *L'Italiano Contemporaneo*, Bologna, Il Mulino. 2003.

De Stefano, George. *An Offer We Can't Refuse*. New York: Faber & Faber, 2006.

Di Biagi, Flaminio. *Italoamericani tra Hollywood e Cinecittà*. Recco-Genova: Le Mani, 2010.

Di Giovanni, Elena. "Cultural Otherness and Global Communication in Walt Disney Films at the Turn of the Century". *Screen Translation*, Special issue of *The Translator. Studies in Intercultural Communication*, Ed. Yves Gambier. Vol. 9, No. 2. Manchester: St Jerome, 2003. 207-224.

Ellis, Tiffany. *Through the Looking Glass: A Sociolinguistic Analysis of Disney and Disney-Pixar*. Muncie: Ball State University, 2012.

Federici, Federico, ed. *Translating Regionalised Voices in Audiovisuals*. Roma: Aracne, 2009

Galassi, Gianni G. "La Norma Traviata". *Il Doppiaggio. Trasposizioni Linguistiche e Culturali*. Eds. Raffaella Baccolini, Rosa Maria Bosinelli Bollettieri and Laura Gavioli. Bologna, CLUEB, 1994. 61-70.

Gardaphé, Fred L. *From Wiseguys to Wise Men. The Gangster and Italian American Masculinities*. London & New York: Routledge, 2006.

_____. "Italian American Humor: From Sceccu to Chooch. The Signifying Donkey." *L'Italia allo Specchio. Linguaggi e Identità nel Mondo*. Eds. Fabio Finotti and Marina Johnston. Venezia: Marsilio Editori, 2015. 363-372.

Haller, Hermann W. "Italian American Speech Varieties". *Geolinguistic Perspectives*. Eds. Jesse Levitt, Leonard R.N. Ashley, Kenneth H. Rogers. Lanham, MD: University Press of America, 1987 (a). 259-266.

_____. "Italian Speech Varieties in the United States and the Italian-American Lingua Franca". *Italica*, Vol. 64, No.3, 1987 (b). 393-409.

_____. "Atteggiamenti Linguistici nelle Comunità Italo-Americane". *Rivista di linguistica*, No.3, 1991. 389-405.

_____. *Una Lingua Perduta e Ritrovata. L'Italiano degli Italo-Americani*. Firenze: La Nuova Italia, 1993.

Hooper, John. *The Italians*. London: Penguin, 2015

King, Jeoff. *Film Comedy*. London and New York: Wallflower Press, 2002.

Lippi-Green, Rosina. *English with an Accent: Language, Ideology, and Discrimination in the United States*. London: Routledge, 1997.

Menarini, Alberto. "L'Italo-Americano degli Stati Uniti". *Lingua Nostra*, No.18, 1939. 152-160.

Muscio, Giuliana; Sciorra, Joseph; Spagnoletti, Giovanni and Tamburri, Anthony Julian, eds. *Mediated Ethnicity. New Italian-American Cinema*. Studies in Italian Americana 2, John D. Calandra Italian-American Institute, 2010.

Parini, Ilaria. "The Transposition of Italian American in Italian Dubbing". *Translating Regionalised Voices in Audiovisuals*. Ed. Federico Federici. Roma: Aracne, 2009a. 157-178.

_____. "The Changing Face of Audiovisual Translation in Italy". *The Changing Face of Translation*. Ed. Ian Kemble. Portsmouth: University of Portsmouth, 2009b. 19-27.

_____. *Italian-American Gangsterspeak. Linguistic Characterization of Italian-American Mobsters in Hollywood Cinema and Italian Dubbing*. Saarbruken: LAP, 2013.

_____. "Dagos, mobsters, cooks, Latin Lovers, saints and whores: Italians in Spike Lee's *Summer of Sam*". *The Mediterranean as Seen by In-*

siders and Outsiders. Eds. Antonio C. Vitti and Anthony Julian Tamburri. New York: Bordighera Press, 2016. 159-189.

_____. "When Benny the Groin and Tommy the Tongue whacked Lou the Wrench. Cultural and linguistic representation of Italians in mafia comedies" *The Mediterranean Dreamed and Lived by Insiders and Outsiders*. Eds. Antonio C. Vitti and Anthony Julian Tamburri. New York: Bordighera Press, 2017. 103-127.

Roberti, Vincenzo. "Il Mammismo", *Psychology Today*, March/April, 2008.

Sønnesyn, Janne. *The Use of Accents in Disney's Animated Feature Films 1995-1999: A Sociolinguistic Study of the Good, the Bad and the Foreign* (Unpublished MA Thesis). University of Bergen, 2011.

Szcepanski, Karen A. "The Scalding Pot: Stereotyping of Italian-American Males in Hollywood Films." *Italian Americana*, vol. 5, no. 2, 1979. 196–204. www.jstor.org/stable/29775974.

Tamburri, Anthony Julian. *Re-viewing Italian Americana. Generalitis and Specificities on Cinema*. New York: Bordighera Press, 2011.

Torresi, Ira. *Stereotypical Traits of Italian-Americanness in the American Cinema of the 1990s*. Naples, University Federico II (unpublished PhD book), 2004.

Van Lierop, Paola. *Linguistic Character Building: The Use of Accent in the Pixar Animation Studios' Animated Features (1995-2013)* (Unpublished MA Thesis). Leiden University, 2014.

La Grande Madre mediterranea e l'enigma dell'anima italiana.
Metamorfosi di un mito dalla letteratura alla politica.

Daniela Privitera

L'origine femminile dell'antichità non è una fantasia dei movimenti femministi ma una tesi ormai accreditata da autorevoli studiosi che, nei vari campi dell'archeologia, dell'antropologia e della scienza hanno dimostrato che per decine di migliaia di anni prima dell'avvento del patriarcato (orientativamente impostosi dal 5000 a.C.) le società matrilineari erano l'unica forma di società.

Successivamente, l'indottrinamento della fallocrazia e l'establishment di matrice cattolica hanno inculcato l'idea dell'homo *erectus* che predomina e caccia con la clava, mentre la donna, accovacciata e succube, cucina vicino al fuoco.

Con la nascita delle religioni monoteistiche il patriarcato cominciò ad attestarsi in maniera ufficiale, anche se una forma di ribellione al potere mortifero e violento dell'uomo e del dio è già visibile nei testi del persiano Mansur Al-Hallaj, il martire sufi e ribelle, morto nel 922 d.C. che, riconoscendo la centralità della donna, aveva per primo tentato di smascherare la bugia originaria sulle origini dell'umanità e sul presunto potere del patriarcato.[1]

In questo lavoro, per ovvie ragioni di spazio e di contenuto, non si farà la storia del grande femminino archetipale, che già Bachofen definiva ginecocrazia e Jung (Torino:1982) spiegava come una sorta di inconscio collettivo riconducibile alla magica autorità del femminile contraddistinta da una forte ambivalenza "perché fondata su "ciò che è benevolo, protettivo tollerante; e [...]ciò che divora seduce, intossica".

L'intento di queste mie riflessioni mira a cogliere il processo di degradazione di un mito, qual è quello della grande madre mediterranea che, se da un lato, nel processo evolutivo tenta con l'arte

---

[1] Al poeta e martire persiano sono attribuiti numerosi aforismi uno dei quali è il seguente : "Mia madre ha partorito mio padre".

e la letteratura di ripristinare l'esperienza sublime e unificatrice del mito, dall'altro, si svuota di senso e si banalizza a contatto con gli aspetti più deleteri della politica.

Per moltissimo tempo, dal 30.000 a.C. fino al 3.000 a.C., l'umanità ha fatto ricorso alla "Dea Unica", ma solo dal 3.000 a.C. ad oggi nell'immaginario collettivo, alla dea è stata sostituita la figura del Dio maschio.

Alla dea unica venne dato il nome di Grande Madre e il suo archetipo si diffuse per tutto il Mediterraneo attraverso l'alternanza e le sovrapposizioni dei vari popoli che fecero del mare nostrum un luogo ideale di incontri e scontri.

Ritenuta capace di partenogenesi, la Grande Madre veniva raffigurata spesso con degli attributi prettamente sessuali quasi a voler sottolineare la sua precipua funzione: quella di dare la vita. E' probabile che sia questa la ragione per cui la Grande Madre è spesso identificata con la terra e pertanto legata al ciclo biologico delle stagioni che, nel loro alternarsi, simboleggiano il ciclo della vita umana.

Dea tellurica e ctonia (si pensi a Proserpina e al mito di Kore, sempre collegato all'idea delle stagioni e perciò al ciclo di morte e rinascita) la Grande Madre era conosciuta con diversi nomi presso i vari popoli che solcarono il Mediterraneo: Inanna per i Sumeri, Iside in Egitto, Mater Matuta per gli Etruschi, Gea, Gaia e in seguito Atena per i Greci.

Il succedersi di società matrilineari lungo il corso della storia si perpetuò almeno fino al Neolitico quando improvvisamente la dea apparve in compagnia di un dio maschile: il *paredro* (letteralmente) "colui che gli sta accanto."[2]

Si potrebbe pensare alla fine della ginecocrazia che invece si protrasse almeno fino all'inizio della civiltà greca e della nascita della tragedia.

Il paredro è anch'egli assimilabile ai campi e alla natura ma inizialmente è sacrificabile proprio alla dea Madre per lasciar spa-

---

[2] Sull'origine e l'evoluzione del culto della Grande Dea in area mediterranea si veda M. Eliade (1976), M. Gimbutas (1990), e U. Pestalozza (1954).

zio a un compagno più giovane.

Studiosi quali Bachofen, Neumann (1981) ed altri ancora concordano nel ravvisare nel binomio Grande Madre / Paredro quel lungo periodo della storia dell'umanità durante il quale si verificano i primi scontri che, con le invasioni di popoli indoeuropei, segnarono la fine delle società matrilineari.

Il passaggio avvenne già a partire dal 3.500 a.C. quando, le società tipicamente agricole furono soppiantate da una cultura di tipo maschile basata sulla guerra, sulla caccia e su un'economia predatoria. Lentamente, la Grande Dea fu sostituita dall'idea maschile della divinità identificabile con il potere di morte, di guerra e di violenza. Fu quello il segnale della fine della ginecocrazia e l'inizio della civiltà occidentale fortemente maschilista e fallocratica, come ci racconta anche la storia della tragedia greca con la trilogia di Eschilo dove assistiamo gradualmente al passaggio dal matriarcato al patriarcato.

Da *Agamennone* alle *Coefore,* fino alle *Eumenidi,* Eschilo affronta, l'iter che porterà alla società patriarcale, se è vero che nell'*Agamennone*, la moglie Clitemnestra, governando la città e scegliendo Egisto come amante, alla fine uccide il paredro-Agamennone; nelle *Coefore*, invece, Oreste, il figlio di Agamennone uccide per vendetta la madre suscitando la furia delle Erinni (dee che difendevano il diritto materno) che lo perseguiteranno; nelle Eumenidi, infine, Eschilo ci narra il definitivo asservimento della donna all'uomo. Oreste, infatti, viene assolto dall'accusa di matricida, le Erinni diventeranno benevole (letteralmente di animo buono) e si trasformeranno in Eumenidi.

Con il definitivo passaggio dal preellenismo all'ellenismo, si sancisce, pertanto, il trionfo della società patriarcale.

La donna e la dea, perdendo importanza, autonomia e potere si trasformano nelle vittime di un mondo in evoluzione.

Va rilevato che, nel passaggio dal mito alla storia, l'assoggettamento della grande Madre al maschio padrone si identifica, anche nell'opposizione natura/ cultura, veicolata dalla trasformazione delle società agricole in industriali. Queste ultime, infatti, per definizione, proprio perché lontane dal ciclo biologico, escludono l'idea di rinascita legata alla terra e al culto della Grande Madre.

Se adesso dal mito passiamo alla sua più legittima evoluzione qual è la letteratura, si comprende perché Pasolini definiva il regno dei padri un modello negativo di società moderna e omologata nella quale "la faccia del borghesuccio scuro di pelo e tutto bianco d'anima" (Pasolini: 1964) rappresenta l'immagine di una società di padri folli, progettisti di egoismo distanti dall'immagine della Grande Dea lontana dagli eccessi di un potere meramente individualistico e maschilista.

Se la Grande Madre viene simbolicamente uccisa dal progresso della Storia, essa, tuttavia, rinasce attraverso l'appello della letteratura come avviene nella poetica pasoliniana.

Poesia in forma di rosa (1964) ne è una testimonianza a partire dai simboli riposti nel titolo già opportunamente analizzati da tanta parte della critica.[3]

A tal proposito, si pensi alla rosa, vettore di rinascita e fertilità, fiore sacro alla Grande Madre analizzato nelle sue implicazioni simboliche da Mircea Eliade e Jung, autori noti a Pasolini. Per ultimo si associ il mito della Dea Mediterranea alla madre di Pasolini, Susanna, personaggio centrale sempre evocato ed invocato nella vita e nella poetica del Nostro.

A questo punto sarebbe lecito chiedersi come e perché sopravvive il mito della Grande Madre nella poesia del friulano.

Se si correla l'idea materna a quella della terra e della rinascita legata al ciclo della natura, la prospettiva pasoliniana si muove allora nella direzione opposta dell'antitesi, perché l'essenza della Grande Madre uccisa dalla civiltà emerge, già, nella *Ballata delle madri* (primo inno della raccolta) ove si profila un modello di madre completamente opposto a quello della Grande Dea, poiché es-

---

[3] Alla rosa, simbolo femminile di rigenerazione, maternità e sacralità pagana e cristiana oltre che potente simbolo alchemico è riconducibile una vasta congerie di scritti di natura psicologica, psicanalitica e antropologica a cui spesso si collega il mito della grande madre. Il titolo della celebre raccolta pasoliniana viene interpretata secondo un coagulo di senso che per Zigaina (1989) veicola, insieme ad altre liriche presenti nella raccolta, la rievocazione del mito della Grande Madre. Per questo argomento vedi anche Anna Marzio (2015).

sa non dà origine a una vita degna di essere vissuta, spiegando come l'essere madre sia stato sradicato dalla donna nel passaggio dalla società alla modernità, dalla collettività alla gerarchia (Gerda Lerner, 1990).

> Mi domando che madri avete avuto.
> [...]
> Madri servili, abituate da secoli
> a chinare senza amore la testa,
> a trasmettere al loro feto
> l'antico, vergognoso segreto
> d'accontentarsi dei resti della festa.
> Madri servili, che vi hanno insegnato
> come il servo può essere felice
> odiando chi è, come lui, legato,
> come può essere, tradendo, beato,
> e sicuro, facendo ciò che non dice.
>
> Madri feroci, intente a difendere
> quel poco che, borghesi, possiedono,
> la normalità e lo stipendio,
> quasi con rabbia di chi si vendichi
> o sia stretto da un assurdo assedio. (Pasolini: 2015)

Il corpo della letteratura, tuttavia, coincide con quello gettato nella lotta che per rinascere deve morire, perciò, come la morte di Pasolini anche la lotta e la carneficina che gli ultimi possono condurre contro i padri folli non saranno vane per rinascere finalmente a nuova vita. La *facies* ctonia e terribile della grande Madre ritorna e con prepotenza emerge anche nel poemetto *La realtà* di Pasolini per il quale

> Solo un mare di sangue può salvare,
> il mondo, dai suoi borghesi sogni destinati
> a farne un luogo sempre più irreale!
> Solo una rivoluzione che fa strage
> di questi morti, può sconsacrarne il male! (Pasolini: 2015)

Nel regno dei padri borghesi i figli imparano a possedere la vita ma non ad amarla (Pasolini): per restituire il senso all'esistenza e salvarne la diversità occorre distruggere la pseudo civiltà dei padri purificandola con il sacrificio della morte, per rinascere e ricongiungersi finalmente alla primigenia società delle madri.

A chiudere il cerchio de *La realtà* sarà l'amore per la vita vera che si personifica nei versi: "il mio amore – sostiene Pasolini – è solo per la donna: infante e madre. Solo per essa impegno tutto il mio cuore".

Ritorna in chiusura la madre del poeta, ma anche il mito eleusino di Persefone e della Grande Madre con un Pasolini disperatamente ancorato all'incanto salvifico della letteratura che tenta di risanare il dolore della perdita perché, forse "la poesia se da un lato manifesta un disagio, dall'altro, trova anche la strada per risolverlo costituendosi come atto comunicativo che riconduce ad unità la parola ed il corpo." (Savoca, 2000: 133).

Poesia in forma di rosa, riattualizza il mito della grande Madre indicandolo come un'alternativa percorribile all'imperialismo culturale e d egoistico del regno dei padri.

Il mito della Grande Madre mediterranea subirà, invece, un diverso trattamento, a contatto con il mito dell'Italianità come autorappresentazione pubblica e politica dell'anima italiana.

E' stato per primo Ernst Bernhard (amato in particolare da Federico Fellini che non era indifferente al Mito della Grande Madre mediterranea)[4] a riconoscere la centralità della figura materna nell'immaginario collettivo dell'anima italiana:

> La chiave che permette di schiudere l'enigma dell'anima italiana è la constatazione che in Italia regna la Grande Madre mediterranea, la quale non ha perduto nei millenni né di potenza né di influenza. Essa è la premessa archetipica che si ravviva in ogni singola donna italiana se si fa appello alle sue qualità materne. [...] La mancanza di puntualità e di fidatezza degli italiani si fonda in parte su questa fondamentale struttura psichica, poiché a chi è dominato dalla Grande Madre mancano capacità d'astrazione e

---

[4] Vedi, a tal proposito, A. Caruso (2007), "Le radici junghiane del cinema italiano d'autore"; A. Carotenuto (1977).

di disciplina virili, o meglio queste soccombono inesorabilmente quando vengono a conflitto con la Grande Madre. Tutto ciò che è impersonale, per principio, essa cerca di trasformarlo in rapporto personale, attraverso il quale, come è noto, in Italia si può raggiungere quasi tutto". (Bernhard, 1969: 168-174)

In altre parole, se la letteratura invoca il ritorno al mito, la storia, e nella fattispecie la politica, ne degradano il senso facendo scivolare la gloria del mito nello stereotipo del mammismo, un vizio morboso tutto italiano.

Quello che viene fuori è "un ritratto disincantato, cinico, immobilista del carattere nazionale, incarnato, magnificamente nel cinema — secondo Silvana Patriarca (2010) — anzitutto da Alberto Sordi e dai suoi personaggi familisti, amorali, opportunisti, vili.

"Nel dibattito politico, soprattutto, gli stereotipi su carattere e identità tornano ad affermarsi come segni di una natura immutabile, ma tutto sommato sopportabile" (Donnarumma).

Inoltre, va rilevato che, secondo F. Merlo ("La Repubblica" 10/2007) in Italia, "il mammone e poi il Bamboccione sono la conseguenza di quella Ragion di mamma che è più forte della Ragion di stato [...] e in un paese dove il familismo amorale surroga il merito con il cognome, il mammismo e il bamboccionismo sono l'altra faccia della medaglia, il meglio che può esprimere il mito fondativo dell'identità italiana; quello della sacra famiglia, la capanna del presepe, il calore attorno alla culla del bambin Gesù".

Non è senza significato inoltre che, secondo Bernhard,

> Nella società Italiana l'elemento maschile indifferenziato tende in linea di massima a fissarsi in una condizione di "figlio di mamma", sovente nella forma di eterno Puer, cioè in una psicologia di pubertà. Questo produce per un verso l'attaccamento e la venerazione che l'uomo italiano ha per la propria madre, e con essi il suo tradizionalismo e il suo conservatorismo in tutti i domini, naturalmente anche nei confronti della Chiesa.
> Per altro verso, questa psicologia di pubertà così caratteristica per l'uomo si manifesta [...] negativamente come faciloneria, esibizionismo, vanità, gallismo o disprezzo della donna [...] e come tendenza a ogni possibile eccesso" (Ivi, 168-174)

Alla luce di queste considerazioni, i vizi e i limiti del Peter Pan Italiano sembrano proprio risiedere nel surrogato al ribasso del mito della grande Dea.

Infatti, se la madre è l' elemento di coesione familiare e, per estensione nazionale, e il familismo risulta essere una peculiarità del costume italico, si comprenderà facilmente come non abbia destato stupore, nell'immaginario collettivo, il caso dell'eurodeputata di Forza Italia, Laura Comi che nel 2009 volle al suo fianco la madre come assistente parlamentare, contro le regole europee che vietano di assumere parenti:

"Mi aiutava a preparare i discorsi—ha dichiarato la Comi—A sbagliare non sono stata io ma il mio commercialista" (Repubblica.it 08/03/2017).

Il mammismo, come spiega Marina D'Amelia (2005), ha rappresentato uno dei tratti fondativi dell'identità italiana risalente ufficialmente al 1952 quando Corrado Alvaro[5] ne coniò la definizione. E tuttavia, esso, attraverso l'evoluzione dei tempi, ha generato la convinzione secondo la quale la madre di ogni figlio maschio debba sostenere e sacrificarsi al figlio considerandolo eroe di gesta future.

La storia—come precisa Ornella Martini (2017)—è ricca di esempi eloquenti come dimostra il caso di Maria Drago madre di Giuseppe Mazzini. Col passare del tempo lo stereotipo della mamma si trasforma in un eccezionale *frame* mediatico declinato ad arte nella comunicazione politica come nel caso della "Signora Rosa", mamma di Silvio Berlusconi.

> In personaggi come Berlusconi il riferimento alla madre indica un nuovo inizio mentre il padre rappresenta la genealogia sociale, la continuazione.
>
> Se ti presenti in nome della madre sei un capostipite, il cui

---

[5] Nel 1952 lo scrittore Corrado Alvaro pubblicò il volume dal titolo *Il nostro Tempo e la Speranza—saggi di Vita contemporanea*. Si tratta di una raccolta di saggi e prose pubblicate su varie riviste negli anni compresi dal 1930 al 1950. Uno dei saggi contenuti nella raccolta è intitolato "Il Mammismo".

mandato ti è stato affidato appunto da tua madre. La genitrice diventa la regina, la logica è quella del figlio cavaliere che parte e porta il trofeo. Berlusconi sa bene che la relazione madre figlio in Italia ha un effetto speciale grazie alla devozione diffusa per la Madonna. Il richiamo frequente a sua madre ha contribuito ad avvicinarlo ai ceti più popolari toccando le corde più sensibili degli affetti e delle pulsioni.[6]

Alla luce di queste considerazioni appare chiaro che, nella cultura italiana, la mamma appare più come un' istituzione che come una persona reale, assumendo spesso le dimensioni di un mito quasi universale che mette d'accordo tutti: comunisti, cattolici liberali e forzisti.

Si pensi alla retorica vincente del "rottamatore" per eccellenza, Matteo Renzi, che dal nume familiare comunque non è immune, la cui ventata giovanilistica e sbarazzina sbandierata attraverso il *pop-speaking* di un *premier* eternamente colpito dalla sindrome di Peter Pan traspare dalle parole pronunciate sulla legge elettorale nel 2014 : "se non vi va bene chiamate Goldrake" o dal senso di immaturità generale mostrata di fronte alle proteste popolari contro riforme fallimentari promosse dal suo governo.

Gli esempi di *degradatio* di un mito potrebbero continuare fino a stemperarsi nella retorica molle e commovente di un repertorio musicale che ha fatto della mamma anche una questione di marketing canoro e commerciale, favorendone a volte il decremento semantico passando per Beniamino Gigli e Bennato solo per fermarci ad alcuni esempi. [7]

In definitiva, se guardiamo all'archetipo della Grande Madre mediterranea, non c'è nulla oggi che attesti che dietro l'onnipresente figura materna, nell'immaginario del popolo italiano, ci possa essere un legame di filiazione con la grande Dea.

In uno Stato profondamente incentrato sul patriarcato e sul potere della chiesa cattolica, immaginare una grande dea come so-

---

[6] La citazione è della psicologa Silvia Vegetti Finzi in seguito ad un'intervista rilasciata al *Corriere della Sera* il 4/02/2009 citato in F. Boni.
[7] Si pensi al celebre brano di B. Gigli nel 1940 " Mamma" fino ad arrivare alla *performances* canore di Bennato (*W la mamma*) ed altri .

strato culturale ancora agente sarebbe impensabile.

Il mammismo dell'anima italiana è, come diceva Alvaro, che pure criticava l'eccessivo protagonismo che il figlio ha per la madre italiana, il frutto della necessità politica e psicologica, all'indomani della seconda guerra mondiale, di cercare nuovi miti unificanti.

Il resto lo ha fatto la storia e il malvezzo di certa italianità.

Cosa rimane allora oggi della grande Madre Mediterranea? Forse il *Mammifero italiano* (2007) che dà il titolo a uno degli ultimi libri di Giorgio Manganelli per il quale il nostro Paese è e rimarrà in fondo una madre avara e insieme indulgente, che "non dà il dovuto ma si lascia insolentire", garantendo così "una lamentosa e innocua esistenza."

BIBLIOGRAFIA

Alvaro, Corrado. *Il nostro Tempo e la Speranza – saggi di Vita contemporanea*. Milano: Bompiani, 1952.
Bachofen, Johann Jacob, *Il matriarcato. Ricerca sulla ginecocrazia nel mondo antico nei suoi aspetti religiosi e giuridici*, 2 voll., a c. di Giulio Schiavoni (Torino: Giulio Einaudi editore, 1988).
Bernhard, Ernst. *Mitobiografia*. Milano: Adelphi, 1969.
Boni, Federico. *Il superleader. Fenomenologia mediatica di Silvio Berlusconi*. Roma: Meltemi, 2008.
Carotenuto, Aldo, *Jung e la cultura italiana*. Roma: Astrolabio-Ubaldini, 1977.
Caruso, Amedeo. "Le radici junghiane del cinema italiano d'autore. Intervista a V. De Seta", *Giornale Storico del Centro Studi di Psicologia e Letteratura* 4 (2007). http://centrostudipsicologiaeletteratura.org.
Colombini, Francesca e Monica Di Bernardo, *Il principio materno per una società egualitaria e solidale*. Milano: La Feltrinelli, 2013.
D'Amelia, Marina, *La mamma*. Bologna: IL Mulino, 2005.
Donnarumma, Raffaele, Silvana Patriarca, "Italianità. La costruzione del carattere nazionale". https://www.allegoriaonline.it/index.php/70-tremila-battute/6318/469-silvana-patriarca-qitalianita-la-costruzione-del-carattere-nazionaleq.
Eliade, Mircea. *Trattato di storia delle religioni*. Torino: Boringhieri, 1976.
Flórez, Arriaga, M. "Pier Paolo Pasolini: le madri vili generano la società borghese", *Cuadernos de filologia italiana*, 23, 2016.
Gimbutas, Marija. *Il linguaggio della dea*. Milano: Longanesi, 1990.
Goettner-Abendroth, Heide. *Le società matriarcali. Studi sulle culture indi-

gene del mondo. Roma: Venexia, 2013.

Jung, Carl Gustave. *Gli aspetti psicologici dell'archetipo della madre*, in *Opere*, voll. 9. Torino: Bollati Boringhieri, 1982.

Lerner, Gerda. *La creaciòn del patriarcato*, Editorial Crítica, 1990.

Merlo, Francesco. "Bamboccioni, Il futuro della generazione assistita", *La Repubblica*, October 9, 2007.

Manganelli, Giorgio. *Il mammifero italiano*, a cura di M. Belpoliti. Milano: Adelphi, 2007.

Martini, Ornella. *Dare corpo: idee scorrette per una buona educazione*. Antonio Tombolini Editore: 2017.

Marzio, Anna. "Il mito della Grande Madre: una possibilità di lettura di Poesia in forma di rosa di Pasolini", *Revista Internacional de Culturas & Literaturas* (2015). http://www.escritorasyescrituras.com.

Neumann, Erich. *La grande Madre. Fenomenologia delle configurazioni femminili dell'inconscio*. Roma: Astrolabio, 1981.

Pagliaru, Alessandra. *L'altro mondo del matriarcato* in ilmanifesto.it (15/10/2014).

Pasolini, Pier Paolo. *Poesia in forma di Prosa, 1961-1964*. Milano: Garzanti, 2015.

Patriarca, Silvana. *Italianità. La costruzione del carattere nazionale*. Bari: Laterza, 2010.

Pestalozza, Uberto. *Eterno femminino mediterraneo*. Venezia: Neri Pozza, 1954.

Rubino, Monica. "Lara Comi: 'Avevo solo 26 anni, volevo la mamma,'", in http://www.repubblica.it/esteri/2017/03/08/news/lara_comi_avevo_solo_26_anni_volevo_la_mamma_monica_rubino-160054522/?refresh_ce

Savoca, Giuseppe. *Lessicografia letteraria e metodo concordanziale*. Firenze: Olscki, 2000.

Zigaina, Giuseppe. *Pasolini tra enigma e profezia*. Venezia: Marsilio Editori, 1989.

Zigaina, Giuseppe. *Hostia. Trilogia della morte di Pierpaolo Pasolini*. Venezia: Marsilio Editori, 1995.

Tanti popoli, una lingua comune.
Aspetti socio-linguistici della lingua franca del Mediterraneo[1]

Roberto Sottile e Francesco Scaglione
UNIVERSITÀ DEGLI STUDI DI PALERMO

> [L]engua que en toda la Barbería,
> y aun en Constantinopla,
> se halla entra cautivos y moros,
> que ni es morisca ni castellana
> ni de otra nación alguna,
> sino una mezcla de todas las lenguas,
> con la cual todos nos entendemos.
> (Cervantes, *Don Quijote de la Mancha*,
> Parte I, Cap. XLI)

1. INTRODUZIONE

Con questo contributo intendiamo soffermarci sull'aspetto più strettamente linguistico della cultura mediterranea, concentrandoci sull'antica lingua franca, conosciuta e parlata lungo le coste nordafricane e nei porti del Mediterraneo tra il XVI e il XIX secolo. Una lingua *for special purposes* (un pidgin) parlata principalmente in ambito commerciale, ma anche da pirati, schiavi, intellettuali e in ambienti diplomatici, che raccoglie e fonde elementi dei diversi idiomi che si affacciano sul *Mare Nostrum* (portoghese, spagnolo, catalano, francese, provenzale, italiano e dialetti italo-romanzi, arabo, turco), in grado, quindi, di testimoniare e "raccontare" le vicende e i processi socio-culturali, oltre che linguistici, che hanno interessato la "civiltà mediterranea" nei secoli più recenti.

Lo studio mira a tracciare un quadro sociolinguistico sulla genesi e l'evoluzione della lingua franca, fino ai mutamenti storico-sociali che, verso la fine dell'Ottocento, ne hanno determinato l'estinzione. Questi mutamenti sono in fondo gli stessi fattori extralinguistici alla luce dei quali è possibile leggere gli aspetti interni più

---

* Sebbene il lavoro sia frutto di riflessione comune dei due autori, segnaliamo che i parr. 2-3 e 5 sono di F. Scaglione, mentre il par. 4 è di R. Sottile; i parr. 1 e 6 sono di redazione comune.

problematici (e interessanti) di questo particolarissimo codice, tra cui le caratteristiche in termini diacronici e diatopici della lingua lessificatrice e il rapporto piuttosto complesso con la lingua di sostrato. Fornito il quadro sociolinguistico, ci si concentrerà sull'analisi delle strutture e soprattutto del lessico e, in quest'ultimo caso, sulle possibili influenze italoromanze provenienti dai dialetti (soprattutto da quelli meridionali e dal siciliano), principalmente tramite uno spoglio della fonte scritta più autorevole (sebbene assai complessa e problematica), ovvero il *Dictionnaire de La Langue Franque ou Petit Mauresque* (1830). Di autore anonimo, questo dizionario Francese-Lingua Franca costituisce una sorta di *vademecum* linguistico, approntato per i soldati francesi alla conquista di Algeri (in quel tempo sotto il dominio ottomano), che testimonia la fase finale della lingua franca, conosciuta nel XIX secolo con il nome di *sabir*. Infine, verranno evidenziate alcune delle caratteristiche che accomunano la lingua franca ai pidgin "prototipici" e ci si interrogherà, cercando possibili soluzioni, sugli altri fenomeni che, invece, la rendono un vero e proprio *unicum* nella storia linguistica e culturale del Mediterraneo.

2. ASPETTI SOCIO-LINGUISTICI DELLA LINGUA FRANCA DEL MEDITERRANEO

La lingua franca del Mediterraneo (LFM) nasce come codice di scambio tra europei di lingua romanza e arabofoni, la cui stabilizzazione, databile intorno al XVI secolo, mostra lo sviluppo di un pidgin con lingua lessificatrice essenzialmente italoromanza (ma con numerosi inserti iberoromanzi) e una lingua di sostrato di matrice araba molto debole e di scarso apporto.

La diffusione e la conoscenza di una o più varietà romanze in ambiente arabofono non costituisce un fenomeno risalente ai soli secoli di stabile attestazione del pidgin, ma rappresenta una realtà molto comune già in epoca medievale, incoraggiata dai rapporti commerciali (e dalla pirateria) tra la sponda europea e africana, e favorita anche dai numerosi presidi, fortezze ed *enclaves* europei (soprattutto spagnoli e italiani) lungo le coste nordafricane. In particolare, il primato dell'italiano (e dei dialetti italoromanzi) trova una spiegazione nel prestigio di cui la lingua godeva all'interno del bacino del Mediterraneo (Migliorini 1960), lingua che, nella "versione" parlata dagli arabofoni (o più in generale da chi non aveva una varietà italoromanza come L1), fungeva da vero e proprio codice veicolare, rappresentando con molta probabilità la base o, meglio, una sorta di pre-pidgin da cui si sviluppò lungo le coste nordafricane occidentali (Tunisia, Algeria, Tripoli) un pidgin stabile; nella zona del Levante, invece, si ritiene dovette permanere una varietà "corrotta" di italiano (di base soprattutto veneziana), come dimostrano le scarse documentazioni di area orientale, linguisticamente poco coerenti (cfr. Minervini 1996).

Nonostante la stabilità del pidgin e il ruolo indiscusso dell'italoromanzo come lingua lessificatrice, anche nella fase cronologica (XVI-XIX secolo) e nell'area geografica in cui la LFM mantiene maggiore fissità (corrispondente all'idea di *lingua franca barbaresca* di Cifoletti 2011 [2004], condivisa anche da Nolan 2015: 105-106), il codice non era del tutto estraneo a variazione diacronica e diatopica. Infatti, in diacronia i testi più antichi testimoniano uno stadio iniziale di una maggiore influenza italiana, a cui subentra nei documenti del XVII secolo un considerevole influsso iberoromanzo, motivato storicamente dalla fine della *Reconquista* (1492) e dall'espulsione dalla Spagna dei Mori i quali, stanziandosi soprattutto nel territorio algerino, trasferirono con molta probabilità parte della loro competenza dello spagnolo nella LFM (Martínez Díaz 2007: 224). Nella fase finale, intorno al XIX secolo, si riscontra un intenso apporto lessicale di provenienza galloromanza che faciliterà l'assimilazione del pidgin alla lingua coloniale.

Sul versante diatopico, invece, è plausibile ipotizzare che la LFM presentasse una serie di dialetti (da intendere, d'accordo con Coseriu 1980, in senso secondario). Seppur senza chiari esempi di varianti fonetiche e/o geosinonimiche, ciò viene confermato da due importanti testimonianze che rilevano una chiara variabilità del pidgin dipendente dal fattore "luogo". La prima fonte è l'opera del prete spagnolo Diego de Haedo, *Topragraphia e historia general de Argel* (1621), in cui gli esempi riportati della LFM algerina mostrano un maggiore uso di termini di provenienza spagnola, molto spesso in alternanza con i corrispettivi di matrice italoromanza (ad esempio, *cabeza/testa*, *bueno/bono*, etc., Cifoletti 2011 [2004]: 148). Ma la variazione diatopica viene più chiaramente esplicitata nella prefazione al *Dictionnaire* (1830) in cui, avvalorando la testimonianza di Haedo, si puntualizza che il codice "diffère même sur plusieurs points, suivant les villes où il est parlé, et le petit mauresque [LFM] en usage à Tunis, n'est pas tout-à-fait le même que celui qu'on emploie à Alger; tirant beaucoup de l'italien dans la première de ces régences, il se rapproche au contraire de l'espagnol dans celle d'Alger".

2.1. Un modello sociolinguistico

Tentando di schematizzare gli aspetti finora considerati, la LFM mostrerebbe il seguente assetto sociolinguistico:

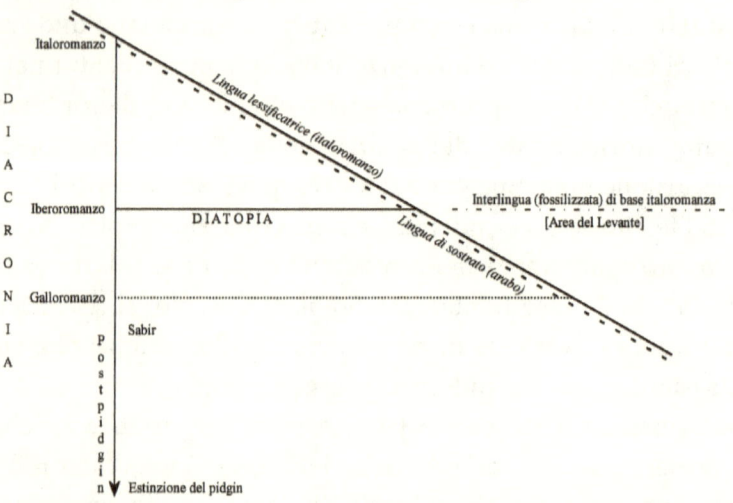

Schema 1. Modello sociolinguistico della LFM con propaggine orientale

Nello Schema 1 le due linee oblique, una piena e l'altra tratteggiata, indicano rispettivamente la lingua lessificatrice e quella di sostrato, le quali rimangono abbastanza stabili dalle prime fino alle ultime attestazioni del codice; la linea piena verticale e orizzontale rappresentano, invece, l'una asse diacronico, l'altra quello diatopico. In diacronia ritroviamo una fase iniziale che coincide linguisticamente con il momento di massiccia presenza italoromanza. Scendendo lungo l'asse diacronico registriamo l'influenza iberoromanza a cavallo tra il XVI e XVII secolo e l'apporto galloromanzo attestato nel XIX secolo che, ad ogni modo, non determina una sostituzione della lingua base che rimane sempre italoromanza (come indicato dalla linea puntinata che rappresenta la costante presenza della lingua lessificatrice). Infine, ci addentriamo nella fase coloniale del pidgin (che a questa altezza cronologica va sotto il nome di *sabir*, cfr. MacCarthy-Varnier 1852), nella sua "continuazione" ottocentesca, caratterizzata da una serie di cambiamenti sociali (l'istituzionalizzazione del francese nei paesi nordafricani e una costante e intensa esposizione alla nuova lingua *target*) da cui prende piede un processo di depidginizzazione e di avvicinamento della LFM verso una delle sue fonti lessicali, e da cui scaturiscono esiti linguistici (soprattutto dopo la seconda metà dell'800) ormai assimilabili a vari stadi di interlingua francese. In diatopia è possibile invece cogliere l'influenza iberoromanza nel dialetto di area algerina, mentre spostandoci sul versante orientale si osserva un maggiore influsso italoromanzo. Infine, nel tentativo di restituire un quadro della realtà sociolinguistica mediterranea, indichiamo, inoltre, all'estrema destra dell'asse diatopico, tramite una linea irregolare e staccata rispetto al grafico principale, la presenza di un italiano "corrotto" di base veneziana che potremmo considerare come una sorta di interlingua fossilizzata, diffusa nell'area del Levante e costante nel corso dei secoli, che, in ragione della sua vicinanza alla lingua lessificatrice del pidgin stabile di area magrebina, doveva mostrare un alto grado di intellegibilità con la LFM.

3. ALCUNI ASPETTI STRUTTURALI

Passando agli aspetti più rilevanti che riguardano le strutture del codice desumibili soprattutto dal *Dictionnaire*, è possibile notare a livello morfosintattico una serie di esiti tipici di una lingua pidginizzata, connessi a processi semplificativi e soprattutto a fenomeni di isomorfismo. Sul versante della semplificazione, il sistema verbale della LFM prevede due sole coniugazioni (*-ar* e *-ir*), un solo ausiliare (*star*)[2] e, come specificato nella *Prefazione*, gli unici modi e tempi verbali ammessi sono l'infinito e il participio passato (in *-ato/a* e *-ito/a*). Ciò nonostante, l'idea di futuro viene resa tramite una perifrasi esprimente la modalità deontica, costruita con *bisogno/bisognio* e infinito (ad esempio, '*bisogno mi andar* 'J'irai', *dounqué bisogno il Bacha querir paché* 'Le Pacha sera donc obligé de demander la paix'). Sebbene l'opposizione del genere (con *-o* per il maschile e *-a* per il femminile) sembri mantenersi, un ulteriore processo semplificativo a livello nominale riguarda la neutralizzazione del numero tramite la mancanza di morfemi per il plurale (*Questi Signor star amigo di mi* 'Ces Messieurs sont mes amis').

Tuttavia, l'aspetto più interessante a livello morfosintattico, ma con chiari risvolti in ambito semantico, consiste nella tendenza a un isomorfismo che sfocia in strutture frasali trasparenti e perfino iconiche. In primo luogo, si osserva la formazione analitica del superlativo (*mouchous bello* 'Admirable', *molto bouno* 'Délicieux') e la resa del possessivo nonché dei pronomi clitici tramite gli stessi pronomi che nel codice svolgono la funzione di soggetto, ma preceduti da preposizione (*qouesto libro star di mi* 'ce livre est mien', *mi star contento mirar per ti* 'Je suis bien aise de vous voir'). Tutta-

---

[2] Non mancano, però, casi di totale omissione dell'ausiliare, come ad esempio *ti fato colatzione?* 'Avez-vous déjeuné?'

via, la trasparenza morfosintattica e semantica appare evidente soprattutto a livello verbale tramite la tendenza a sciogliere alcune sfumature morfo-semantiche e aspettuali attraverso specifiche perifrasi, come il caso di *tornar* seguito da infinito che assume valore iterativo (*far tornar amigo* 'Réconcilier (se)')[3] o incoativo (*tornar rosso* 'Rougir'). Passando, invece, all'espetto propriamente semantico, in molti casi il rapporto tra francese e LFM non si realizza in una corrispondenza 1:1, ma si risolve ancora una volta tramite l'uso di perifrasi molto trasparenti e di significato composizionale (ad esempio, *mettir in oun logouo* 'Poster', *far signal* 'Signaler'). Tali meccanismi appaiono ancor più produttivi quando il verbo in francese (ma anche nella lingua lessificatrice e in spagnolo) presenta prefissi, elementi di certo poco trasparenti per un parlante con L1 non romanza, che vengono solitamente sciolti tramite costruzioni con verbo generico seguito da un sostantivo o un sintagma preposizionale (*far loumé* 'Éclairer', *mettir in terra, messo in terra* 'Enterrer, enterré -ée' e *passar per metzo* 'Traverser').

4. Le componenti del lessico del *Dictionnaire*. Qualche appunto sulle voci di probabile origine italoromanza

Cifoletti (2011 [2004]: 313) rileva come le componenti del lessico del *Dictionnaire de La Langue Franque ou Petit Mauresque* siano per lo più di origine romanza con una sparuta minoranza di voci di origine araba. «[N]el lessico l'elemento italiano supera quello spagnolo, e si riesce a ricavare questo dato non solo dal *Dictionnaire* ma anche da una visione d'insieme di tutti i documenti». Ma riguardo alla componente lessicale riconducibile all'italiano, restano di grande interesse i diversi vocaboli della LFM provenienti dai dialetti settentrionali e meridionali. Ciò in relazione alle specifiche dinamiche di contatto linguistico-culturale che nel passato hanno

---

[3] Non mancano, tuttavia, casi in cui l'aspetto iterativo viene espresso anche in forma sintetica con prefisso verbale, come *redire, ablar encora* 'Répéter' in cui il tipo prefissato è accompagnato anche da uno in forma perifrastica.

interessato il bacino del Mediterraneo: in una sorta di gioco degli specchi, le parole della LFM possono essersi scontrate, incrociate, rinforzate, in virtù della loro presenza o assenza in una o più aree del Mediterraneo. In questa prospettiva, la selezione, da parte della lingua franca, di alcuni tipi lessicali rispetto ad altri, potrebbe essere dipesa da condizioni particolarmente favorevoli determinate dall'ampia circolazione di certe voci. Alcune parole, pur originatesi in una specifica area linguistica, ma avendo "viaggiato" nel Medioevo lungo le sponde del Mediterraneo ed essendosi stabilizzate in una o più lingue tra quelle che hanno contribuito alla formazione del lessico della LFM, possono essersi affermate a scapito di altre, proprio in virtù della loro pervasività. Senza dubbio una parola come *cantar* 'quintale' si deve alla lingua araba, ma, d'altra parte, occorrerebbe interrogarsi se la presenza nel *Dictionnarire* di arabo *cantar*, in luogo – poniamo – di spagnolo *quintal* o di italiano *quintale*, non debba riconnettersi alla sua diffusione (come arabismo) in Sardegna, Sicilia, e Italia meridionale, diffusione che può aver agito come meccanismo di rinforzo per la sua affermazione. Tenendo sullo sfondo tali considerazioni, analizzeremo in questo paragrafo alcune voci, per lo più diffuse nell'Italia meridionale, il cui ingresso nel lessico della LFM potrebbe essere stato facilitato (o determinato) da condizioni di forte e complessa mobilità linguistico-culturale all'interno del Mediterraneo plurilingue, cosicché in molti casi la loro presunta "meridionalità" potrebbe essere riletta nei termini di una "mediterraneità" dovuta, come per molte altre parole diffuse nel *Mare nostrum*, alla loro circolazione «all'interno di una ampia rete di contatti e di correnti che hanno attraversato spazi geografici e sociali di grandissima estensione. Correnti che, intrecciandosi e sovrapponendosi, rendono talvolta problematica la individuazione di precisi percorsi in un quadro intricato di rapporti tra mondo arabo-islamico, Penisola Iberica, Sicilia, Sardegna, Napoli e Mezzogiorno d'Italia» (Ruffino-Sottile 2015: 7).

cantar 'quintal'

La parola è di origine araba (*qinṭār* 'misura di peso pari a 100 rotoli') e attraverso il commercio si è diffusa in tutto il Mediterraneo: antico francese *quintar* 'poids de cent livres', catalano *quintar* 'pes equivalent aproximadament a quaranta-un quilogram i mig' (anche *chintars* e *quintal* già nel XIII sec.), spagnolo *quintal* (XIII sec.), portoghese *quintal*. L'ispanismo *quintale* appare nell'italiano intorno al 1300, ma è vero che la parola spagnola *quintal* è tradotta con *cantaro* ancora nel XVI secolo (quindi *cantaro* è anche dell'italiano antico). Se italiano *quintale* è di mediazione spagnola, così non è per il siciliano *cantaru* che proviene direttamente dall'arabo. La voce è presente anche nel sardo che ha *kantare* e in tutto il Mezzogiorno d'Italia: calabrese *cantaru*, *candaru*, salentino *cantaru*, *candarë*, napoletano *cantaro*. Non è facile stabilire se nel siciliano e nei dialetti meridionali il passaggio della prima vocale -*i*- → -*a*- sia una reazione locale o se le forme con -*a*- siano dovute a una variante dialettale arabo-magrebina. Per Caracausi (1983: 156), in effetti, tutte queste forme [dell'Italia meridionale] «postulano una variante araba **qanṭār* mutuata per via commerciale, in Sicilia forse direttamente, la cui esistenza è provata da malt. *qantár* 'quintale, cantaro' (Barbera III 886) e turco *kantar* 'stadera'». Ma per Varvaro il tipo |*cantaro*| «in alcune regioni può essere stato mediato da altri dialetti rom., come il sic., o dal lat. med. *cantarium*», attestato a partire dalla fine del XII sec. «in documenti imperiali sempre it. merid., ma che è a Genova nel 1140 [...] e a Venezia nel 1229». Per l'affermazione nella LFM della voce *cantar* si potrebbe dunque ipotizzare una importante pressione dall'italoromanzo tramite i dialetti del Meridione o quelli della Sicilia.

casana 'armoire'

La parola è dell'arabo che ha *ḫazāna* 'bottega, cella, armamentario, biblioteca, armadio; credenza, scaffale incavato nel muro' (Pellegrini 1972: 156). Documentata anche per la Sicilia nelle forma *gazzana, gasena, casena* (cfr. VS, per ulteriori varianti) col significato prevalente di 'armadio a muro', essa sembra qui un arabismo diretto diffusosi poi nel Meridione d'Italia, come si trae dalle annotazioni alla Carta n. 901 dell'AIS, (vol. V, "Dietro l'armadio") e dalla documentazione contenuta in NDDC (I, 368). Il tipo lessicale è solo dell'arabo e dell'italoromanzo giacché nella penisola iberica i continuatori della voce semitica coincidono con il tipo |*alasena*| (Corominas – Pascual, vol. I: 102). Pertanto, sebbene la voce possa considerarsi di chiara origine araba, non è da escludere che il suo ingresso nel lessico della LFM possa essere stato facilitato dalla sua diffusione in Sicilia e nell'Italia meridionale.

fora 'dehors'

La parola è considerata di origine veneta da Cifoletti (2011 [2004]: 315), ma essa è data come voce del catalano da Corominas – Pascual (vol. II: 971, s.v. *fuera*). Oltretutto, la sua diffusione in tutti i dialetti italoromanzi (AIS, Vol. 1, Carta 356, "fuori!") può averne facilitato l'affermazione nel lessico della LFM a scapito dell'italiano *fuori* o dello spagnolo *fuera*, senza che la sua presenza nella lingua franca debba necessariamente ricondursi (esclusivamente) all'influenza veneta.

giara 'cruche' (brocca, orciolo); 'jarre'

Poiché nel *Dictionnaire* la parola traduce tanto 'jarre' quanto 'cruche' (brocca, orciolo), potrebbe trattarsi di un italianismo al quale farebbe pensare anche la notazione della voce con la vibrante scempia (sebbene, quanto alla distinzione tra le geminate e le scempie, essa sia spesso indicata nel *Dictionnaire* «a sproposito», Cifoletti 2011 [2004]: 294). Si consideri, infatti, che tutte le forme non italiane hanno -*rr*-: «ant. prov. *jarra* 'sorte de cruche pour l'huile, etc. (dal sec. XIV), fr. med. e mod. *jarre* 'vaisseau de terre cuite, a 2 anses et a large ventre, ou l'on conserve de l'huile' (dal 1449 [...]; èn nome di recipienti di vario tipo [...]), cat., sp., port. *jarra* (cat. dal 1284, sp. dal 1251[...])» (Varvaro 2014: 439). Si noti inoltre che il significato di queste voci è per lo più quello antico di 'recipiente per l'olio' (tutte le attestazioni in TLIO, e tutte del XIV sec. presentano l'accezione di 'ampio recipiente, gen. di terracotta, usato per trasportare o conservare alimenti liquidi o oleosi'), mentre il significato di 'orciolo, brocca', oltre che dell'antico provenzale, è tipico dell'italiano sei-ottocentesco: il valore 'boccale di cristallo o di maiolica, senza piede e fornito di uno o due manici, adoperato un tempo per bere' è registrato nell'italiano dal XVII al XIX sec. e appare tipico solo di alcune aree dialettali come si trae da Varvaro (2014) e dalle carte dell'AIS (in particolare vol. 5, Carta 968 "Il boccale"): lucano *ćarl* 'bicchiere grande con due manichi', napoletano *giarra* 'specie di bicchiere di corpo più grande dell'ordinario, gotto', irpino *ciarla* e *giarla* 'giara, giarra, vaso da bere', salentino *ciarla*, *ciarra* 'giara, boccale per uso di bere, brocca' e *giarlə* 'giarra, piccola anfora senza piede', foggiano *giarra* 'vaso di terra cotta, aperto, a quattro boccucce, abruzzese *ggiarrə* 'bicchiere a calice nel quale si prende il sorbetto' (corrispondente, dunque, a siciliano *giarra* - pl., documentato da Mortillaro - 'piccoli vasetti, dove dansi i gelati men densi'); boccale, vaso di vetro a due manichi, per contenere acqua; giara, di terracotta, senza piede e con due manichi, o anche con un manico, e il becco'. Varvaro (2014) richiama l'attenzione su diverse aree dialettali italiane con analoghi tipi formali e semantici: una centro-meridionale – pugliese e campana settentrionale e molisana – con i tipi |giarra| e

|giarla|, una sarda con |ǧara|, una ligure con il tipo |giara| e una veneta che ha |zara|).

La forma e il significato della voce registrata nel *Dictionnaire*, con la vibrante scempia e col significato di 'cruche' oltre a quello di 'jarre', lascerebbero dunque propendere per un aprobabile origine italoromanza.

dgiléko 'Gillet'

La storia della parola è ricostruita in Varvaro (2014: 272-274) che la riporta all'influenza turca: «voce di quasi tutte le aree costiere del Mediterraneo occ., dal turco *yelek* 'giubbone', irradiato tra '500 e '700 dal Maghreb attraverso galeotti e schiavi». Ma la voce magrebina è *galīka*, mentre tra le varianti euromediterranee solo lo spagnolo ha *gileco* accanto a *jaleco* e *chaleco* (il portoghese e il catalano hanno *jaleco* e il francese *gilet*). Le forme italiane sono tutte abbastanza vicine, se non praticamente identiche, alla voce della LFM: siciliano *gileccu/cileccu*, calabrese *gileccu* 'corpetto, panciotto', napoletano *gilecco* 'panciotto, corpetto', genovese *gilecco* 'farsetto', italiani *giulecco* (XVII sec.) 'veste corta o farsetto per schiavi e galeotti'. Secondo Varvaro «[p]oiché i mediatori tra Maghreb e Europa saranno stati galeotti liberati e mercanti, non c'è ragione di pensare che in Italia la parola sia ispanismo». Se, al contrario, dovesse essere ispanismo la voce della LFM – come sembrerebbe confermare la consonante scempia –, non è da escludere che le forme italoromanze possano aver giocato un qualche ruolo di rinforzo che ne abbia facilitato l'affermazione, a scapito delle altre varianti spagnole (*jaleco* e *chaleco*).

mousquita 'Cousin. (Insecte)'

La voce appartiene alla famiglia lessicale di spagnolo *mosquito* (dim. di *mosca*) portoghese *mosquito*, catalano *mosquit*, francese *moustique* [1654; *mousquite,* 1611, cfr. Corominas – Pascual, vol. IV: 160]. Ma *muschitta,* al femminile e con -*u*- nella prima sillaba è solo della Sicilia (cfr. VS e AIS vol. III, Carta 477 "La mosca", con annotazioni su "La zanzara") dove è ampiamente attestata anche al maschile, *muschittu,* come pure in Sardegna. La forma fonetica e la morfologia della voce registrata nel *Dictionnaire,* apparendo quasi del tutto identica a quella siciliana (che Michel 1986 considera di origine iberica), non permette di escludere per essa una provenienza siciliana.

sartan 'Poêle (utensile de cuisine)'

Si tratta di un latinismo (< SARTĀGO) diffuso nei dialetti dell'Italia meridionale (Abruzzo, Campania, Lucania, Puglia, Calabria settentrionale), nella Sardegna meridionale e nella Sicilia orientale. Lo spagnolo ha *sartén* e il portoghese *sarta,* ma la voce del *Dictionnaire* lascerebbe propendere per un'origine aragonese, giacché Corominas – Pascual (vol. V: 172) documenta la «forma aragonesa *sartán,* frecuente en los inventarios antiguos de esta región». La presenza del continuatore di SARTĀGO anche in Sicilia e nell'Italia meridionale non permette di escludere che le varietà italoromanze del sud Italia abbiano potuto influenzare la selezione di questo tipo lessicale rispetto al continuatore di lat. PATELLA.

suzar 'réveiller / se réveiller'.

Il verbo sembra rifatto su lat. SŪ(R)SUM, avverbio che, pur diffuso nell'area romanza, solo nell'Italia meridionale annovera tra i suoi continuatori una forma verbale: napoletano *sosere* 'levarsi su, levarsi dal letto, alzarsi', catanzarese *susitivi* 'alzatevi; *susutu* 'alzato'; cosentino *susere, susire* 'alzarsi'; siciliano *sùsiri, susìrisi* 'alzare, tr.; alzarsi rifl.' (cfr. Varvaro 2014). Quanto all'uscita del verbo nel *Dictionnaire,* la sua appartenenza alla prima coniugazione potrebbe essere il risultato di una sua "normalizzazione" (ma si noti che AIS vol. 4, Carta 660 "Ci leviamo" – a parte *susimu* in Calabria sett. – ha *susamu* in qualche punto lucano e cilentano). La voce potrebbe dunque essere di provenienza italoromanza meridionale e la sua trascrizione con -z- non sembra porre alcun problema data la tendenza da parte degli autori del *Dictionnaire* a scambiare, per le sibilanti, le consonanti sorde con quelle sonore (cfr. Cifoletti 2011 [2004]: 290).

5. UNA POSSIBILE IPOTESI DI GENESI(?)

In base alle caratteristiche evidenziate da Thomason & Kaufman (1988: 168-169), un pidgin nasce all'interno di un contesto sociale che vede l'interazione tra membri di comunità linguistiche diverse che sviluppano, in seguito a un contatto generalmente poco intenso e saltuario, un mezzo di comunicazione adoperato per usi ristretti (soprattutto commerciali), acquisito *ad hoc* da due o più gruppi di parlanti. Inoltre, il codice, a livello strettamente linguistico, mostra una certa stabilità interna, processi di chiara semplificazione e un rapporto tra le lingue interagenti in cui il gruppo linguistico più "potente" e prestigioso fornisce l'apporto lessicale, mentre quello più "debole" lascia chiare influenze a livello fonetico, ma soprattutto morfologico e sintattico (anche se non è da escludere del tutto tracce in ambito lessicale). Ora, la LFM sembra soddisfare *in toto* l'aspetto sociolinguistico del pidgin, ma l'analisi linguistica, a partire soprattutto dallo spoglio della sua fonte principale (ma non solo), sembra mostrare tratti che sicuramente rendono più difficoltosa la sua analisi. Infatti, se da una parte, è possibile apprezzare fenomeni riconducibili a processi di semplificazione, dall'altra, è evidente un apporto molto scarso della lingua di sostrato giacché, escludendo alcuni tratti fonetici[4], il lessico (con

---

[4] Sebbene l'aspetto fonetico fosse di certo soggetto a una considerevole variabilità individuale, legata alla L1 del singolo parlante, i principali apporti di matrice araba riguardano la chiusura delle vocali italiane (ma anche spagnole) imedie [e]

la presenza sì di arabismi, ma di ampia diffusione tra le lingue che si affacciano sul Mediterraneo) e soprattutto gli aspetti morfosintattici non sembrano evidenziare una rilevante e stabile influenza araba. Pertanto, come è possibile giustificare la presenza di un pidgin (unilaterale) con caratteristiche che effettivamente lo rendono un *unicum* all'interno del panorama sociolinguistico del contatto? Un prima, ma parziale risposta, d'accordo con Cifoletti (2011 [2004]: 265-266), viene suggerita da fattori legati più chiaramente al prestigio delle lingue interagenti. Infatti, se, come indicato, l'italiano (o meglio, l'italoromanzo) già a partire dal Medioevo godeva di un considerevole prestigio in termini socio-culturali, di contro, l'arabo (come anche il turco) soprattutto in età moderna aveva raggiunto il momento di maggiore declino. Tuttavia, spingendoci un po' oltre, in considerazione dello status "privilegiato" dalla lingua italiana, conosciuta e adoperata in ambito burocratico in tutte le corti dei sultani, è possibile ipotizzare, come suggerito da Camus Bergareche (1993: 450-451), che la LFM fosse nata da una varietà di interlingua araba-(italo)romanza abbastanza diffusa che raggiunge in epoca moderna una maggiore stabilizzazione dei tratti. Pertanto, tale codice non si sarebbe sviluppato da un meccanismo di pidginizzazione prototipica, e quindi, da un contatto incostante e poco lineare tra due lingue, ma da un processo di pidginizzazione diverso, che definiamo *pidginizzazione secondaria*, scaturito da una base linguisticamente più stabile (un'interlingua), orientata in modo sproporzionato verso la lingua di prestigio. Tale processo sembra quindi opporsi parzialmente a quei meccanismi di normale e canonica pidginizzazione, che preferiamo chiamare *primaria*, da cui si determina un codice in cui i diversi contributi delle lingue interagenti appaiono più "bilanciati". Pertanto, alla luce di tali fenomeni, non sembra effettivamente stupire lo scarso

---

e [o] che passano a vocali estreme [i] e [u], e la generale tendenza alla monottongazione dei dittonghi romanzi (come *fora, bono logo, dez*, etc.) (Camus Bergareche 1993: 444; Cifoletti 2011 [2004]: 290-291)

apporto dell'arabo all'interno della LFM che non poteva non risultare ancora più attenuato e "sbiadito" nel passaggio dalla fase di interlingua a quella di pidgin stabile.

6. Conclusioni

Dalla veloce analisi proposta, risultano evidenti le problematicità intrinseche a questo particolarissimo codice che presenta interessanti peculiarità, ma anche aspetti di difficile analisi e interpretazione a causa della vicinanza genetica tra le varietà romanze coinvolte. In particolare, non sempre è facile definire univocamente gli apporti delle singole varietà interagenti, come non è facile tracciare con chiarezza gli itinerari lessicali e semantici che hanno caratterizzato le diverse parole (e ciò anche in ragione delle fitte reti di contatti e scambi di varia natura che nei secoli hanno attraversato e unito l'intero bacino del Mediterraneo). Analoghe difficoltà si rilevano anche quando si voglia definire lo specifico rapporto interno tra lingua lessificatrice e lingua di sostrato, rapporto che in parte sembra trovare una sua spiegazione nell'azione interrelata di aspetti linguistici ed extralinguistici.

La LFM rappresenta, pertanto, un fenomeno della cultura mediterranea che meriterebbe di essere ulteriormente indagato e approfondito al fine di ottenere uno spaccato più completo di un'antica e complessa civiltà di cui la dimensione linguistica sembra in grado di restituire una sintesi importante.

Bibliografia

AIS = K. Jaberg e J. Jud, *Spach- und Sachatlas Italiens und der Suedschweiz (AIS)*, 8 voll., Zofingen, 1928-1940 (consultabile anche on line: *NavigAIS - AIS Digital Atlas and Navigation Software*, digitalizzato da Tisato G., www3.pd.istc.cnr.it/navigais-web/)

Anonimo (1830), *Dictionnaire de la Langue Franque ou petit Mauresque, suivi de quelques dialogues familiers, et d'un vocabulaire de mots arabes les plus usuels; a l'usage des français en Afrique*, Marseille, Feissat et Demonchy.

Camus Bergareche B. (1993), *El studio de la lingua franca: cuestiones pendientes*, «Revue de linguistique romane», 57, pp. 433-454.

Caracausi G (1983), *Arabismi medievali di Sicilia*, Palermo, Centro di studi filologici e linguistici siciliani.
Cervantes (de) M. (1605), *Don Quijote de la Mancha*, ed. de John Jay Allen, Madrid, Cátedra.
Cifoletti G. (2011 [2004]), *La lingua franca barbaresca*, Roma, Il Calamo.
Corominas J. - Pascual J. A. (1991 [1987]), *Diccionario crítico etimológico castellano e hispánico*, 6 voll., Madrid, Gredos.
Coseriu E. (1980), *'Historische Sprache' und 'Dialekt'*, in Göschel Joachim, Ivic̆ Pavle & Kehr Kurt (eds.), *Dialekt und Dialektologie*, Wiesbaden, Steiner, pp. 106-122.
Díaz Martínez E. (2007), *An approach to the Lingua Franca of the Mediterranean*, «Quaderns de la Mediterrània», 9, pp. 223-227.
Haedo (de) D. (1927 [1621]), *Topografía e historia general de Argel*, Madrid, Sociedad de Bibliófilos Españoles.
MacCarthy-Varnier (1852), *La Langue Sabir*, in *L'Algérien, journal des intérêts de l'Algérie* (11/05/1985).
Michel A. (1996), *Vocabolario critico degli ispanismi siciliani*, Palermo, Centro di studi filologici e linguistici siciliani.
Migliorini B. (1960), *Storia della lingua italiana*, Firenze, Sansoni.
Minervini, L. (1996), *La lingua franca mediterranea. Mistilinguismo, plurilinguismo, pidginizzazione sulle coste del Mediterraneo tra tardo medioevo e prima età moderna*, «Medioevo Romanzo», 20, pp. 231-301.
NDDC = Rohlfs, G. (1977), *Nuovo dizionario dialettale della Calabria*, Ravenna, Longo.
Nolan J. (2015), *Lingua Franca – a not so simple pidgin*, «SOAS Working Papers in Linguistics», 17, pp. 99-111.
Pellegrini G. B. (1972), *Gli arabismi nelle lingue neolatine con speciale riguardo all'Italia*, 2 voll., Brescia, Paideia.
Ruffino G., Sottile R. (2015), *Parole migranti tra Oriente e Occidente*, Palermo, Centro di studi filologici e linguistici siciliani.
Thomason S. G. & Kaufman T. (1988), *Language contact, Creolization, and Genetic Linguistics*, Berkeley-Los Angeles-London, University of California Press.
TLIO = *Corpus testuale*, www.ovi.cnr.it
Varvaro A. (2014), *Vocabolario Storico-Etimologico del Siciliano*, 2 voll., Palermo-Strasbourg, Centro di studi filologici e linguistici siciliani - Édition de linguistique et de philologie.
VS = *Vocabolario Siciliano* (1977-2000), a cura di Piccitto G. (Vol. I), diretto da Tropea G. (Voll. II-IV), a cura di Trovato S. C. (Vol. V), Palermo-Catania, Centro di studi filologici e linguistici siciliani.

Mafia e mito: un rapporto dialettico

Rosario Giovanni Scalia

Questo intervento riassume alcune questioni che ho fatto oggetto di una più ampia riflessione in un *qualifying paper*, dal titolo omonimo, scritto sotto la direzione del prof. Antonio Nicaso presso la Scuola italiana del Middlebury College[1].

L'accostamento tra mafia e mito potrebbe apparire a prima vista paradossale e ossimorico, considerato che il mito evoca l'idea di una tradizione che è patrimonio comune, diffuso nello spazio e nel tempo, creato perché sia tramandato e conosciuto, la mafia invece viene associata spesso dall'immaginario collettivo a quell'impermeabile segretezza che per anni ha fatto persino dubitare della sua stessa esistenza.

Può quindi esistere una mitologia mafiosa, risultato, come ogni mitologia, di una co-costruzione della comunità sociale che ha assistito al sorgere e allo sviluppo al proprio interno del fenomeno mafioso da una parte, e della mafia stessa, che questo mito avrebbe quindi alimentato, sostenuto, curvato ai propri fini, dall'altra?

La questione non è banale, e il tentativo di dare una risposta al quesito non può che prendere le mosse da una riflessione su dati di fatto, comportamenti, dinamiche, che offrano, se non una soluzione univoca, almeno delle suggestioni significative.

Punto di partenza è l'idea che il mito è sempre l'espressione di una comunità umana, del suo modo di rappresentare, in una forma mediata e per così dire trasfigurata, la propria realtà e i propri valori presenti, la propria storia passata e le proprie aspirazioni

---

[1] Mi riferisco in particolare alla *Summer Session* 2016 della Scuola Italiana del Middlebury College, ospitata annualmente dal Mills College (Oakland, CA), presso la quale frequento il corso di dottorato. Al prof. Antonio Nicaso, che mi ha fatto l'onore di citare il mio *Qualifying paper* all'interno del volume Gratteri / Nicaso, 2017, 18-19 e 113-14 e al prof. Antonio Vitti, direttore della scuola, vanno i miei più sinceri ringraziamenti.

future. Tale trasfigurazione ha il fine di conferire solennità e nobiltà ad una tradizione e di fissarne in forma simbolica e allegorica gli aspetti salienti che, in quanto consacrati dal mito, finiscono per costituire una sorta di atto fondativo della comunità. Di questo atto l'evoluzione della comunità è diretta emanazione, poiché il mito continua ad esercitare un influsso diretto e permanente sulla storia presente del gruppo, condizionandone il futuro sviluppo.

Nel caso della mafia, il mio *qualifying paper* provava a delineare alcune direttrici fondamentali che permettessero di fare ordine nel ginepraio di racconti, leggende, storie, favole che costituiscono l'intricato ed eterogeneo immaginario della mitologia mafiosa, distinguendo tra miti di fondazione, miti esoterici ed essoterici, ed infine etero - rappresentazioni. Cercavo infine in quella ricerca di dare conto dei tentativi di commercializzazione del mito mafioso all'interno di una logica di profitto e delle possibilità di demitizzazione e di demistificazione della mitologia mafiosa.

Non potendo, dato lo spazio a disposizione, offrire una panoramica generale dell'intera ricerca, ho deciso di concentrarmi su alcuni suoi aspetti, e di mostrare in particolare, nel corso del presente intervento, come alcuni miti utilizzati dalla mafia, a partire da quelli fondativi, si basino su schemi antropologici antichissimi, per così dire ancestrali, e quindi capaci di esercitare una facile e profonda suggestione su chi ne è destinatario, sia all'interno che all'esterno dell'organizzazione.

Quello che invece questo intervento non vuole dimostrare, anzi tenta di confutare, è che esista una derivazione antropologica del fenomeno mafioso da uno specifico *background* geografico e sociopolitico; un paradigma che tenta di interpretare la mafia come un fenomeno regionale o regionalistico, espressione di uno *spiritus loci*, come quello siciliano, ad esempio[2].

---

[2] Si veda per esempio la celebre spiegazione del termine *mafia* in Pitrè 1877-1888, II, 287-97.

Relativamente ai miti di fondazione, si può senz'altro affermare che essi sono rinvenibili in ogni mitologia e costituiscono, per così dire, la storia sacra della comunità che li ha prodotti. Esempi celeberrimi di miti di fondazione possono essere considerate le pagine introduttive del libro biblico della Genesi, o la grandiosa rappresentazione cosmica che Esiodo tratteggia nella sua Teogonia.

In virtù del loro carattere fondativo, su questi miti si regge tutta la successiva storia della comunità, la sua rappresentazione del mondo e della vita, il suo codice di valori. In quanto cardine di un'intera civiltà, il loro cessare o anche solo la loro messa in discussione costituirebbe di fatto la crisi della stessa civiltà che li ha prodotti.

I miti di fondazione della mafia non hanno ovviamente la grandezza cosmica della Bibbia o della Teogonia e non pretendono di fornire una spiegazione dell'intera origine dell'Universo e della vita, e quindi del suo significato e del suo senso.

Essi si limitano a narrare la genesi di quella particolare comunità umana che è la mafia, illustrandone - sempre negli stilemi trasfiguranti e idealizzanti del mito—protagonisti e cause. Ciò non rende tuttavia meno fondativo il loro carattere e meno potenzialmente devastante, per la società mafiosa, la loro messa in discussione o la loro abiura. Questo è, per inciso, un buon motivo per ingaggiare quella battaglia culturale che è l'antimafia della demistificazione e della demitizzazione.

Proprio perché riferibili al sorgere di una comunità umana nella forma di una società segreta, i miti di fondazione mafiosi appaiono facilmente assimilabili a quelle storie mitologiche che raccontano la fondazione e il sorgere di una nuova città, come avviene nella mitologia classica per Troia, Cartagine o Roma. Un tale parallelismo può essere interessante per chiarire alcuni aspetti della costituzione dei miti mafiosi di fondazione.

Spesso una comunità, all'atto stesso del suo sorgere, non ha piena consapevolezza di quello che esattamente sarà: i pastori e i commercianti di sale che posero i loro primi insediamenti sulle rive del Tevere presso l'Isola Tiberina erano con tutta probabilità ignari di quel che Roma un giorno sarebbe diventata e della gloria che il suo Impero avrebbe raggiunto. Più pragmaticamente essi erano attratti da un luogo che offrisse buoni pascoli per le loro greggi, efficaci difese naturali contro le invasioni, un guado più agevole del fiume per i loro commerci.

Un analogo inizio, balbettante e fortemente legato a ragioni contingenti, possiamo immaginare anche per la mafia, che nella prima metà del XIX secolo si andava costituendo in Sicilia come braccio armato dei latifondisti, atto a mantenere uno stato di asservimento dei braccianti agricoli, tramite i campieri, ed a provvedere alla riscossione dei fitti e delle imposte, con i gabellotti.

Né i primi abitanti di Roma né i primi mafiosi avevano al loro sorgere consapevolezza di una eventuale, futura grandezza delle loro fondazioni, ed è molto improbabile che essi abbiano pensato, già in quell'epoca, alla creazione di miti fondativi.

L'esigenza del mito, per Roma come per la mafia, nasce in seguito, e si collega probabilmente ad una fase di forte espansione della comunità, in grado di consolidare il proprio potere e di renderlo duraturo nel tempo. Al sorgere di tale esigenza, la Roma repubblicana, insoddisfatta della scarna mitologia latina che narra le proprie origini, aveva connesso il mito indigeno di Romolo e Remo a quello greco del glorioso eroe troiano Enea, figlio della dea Venere, diventato così padre nobile della stirpe romana.

Così è con tutta probabilità avvenuto anche per la mafia. È stato solo dopo avere acquisito un certo *status* e avere dimostrato la propria capacità di diffondere il proprio potere e perpetuarlo nel tempo che la mafia si è preoccupata di saldare la propria ingloriosa origine a più nobili tradizioni.

Tali tradizioni dovevano necessariamente affondare le proprie radici in un tempo lontano, così da conferire un'improvvisa tridimensionalità diacronica ad una storia altrimenti appiattita sul presente. Collegare la propria storia a luoghi, eventi, personaggi lontani di secoli poteva conferire ai mafiosi, ancorché retrospettivamente, una nuova e dignificante vetustà[3].

Come nel celebre romanzo *Il Gattopardo* di Tomasi di Lampedusa il *parvenu* Calogero Sedara, genero del campiere *Peppe Merda*, vantava al cospetto del Principe di Salina una presunta quanto improbabile discendenza baronale, comprata a suon di tarì, così la mafia dovette dotarsi di un altrettanto improbabile patrimonio mitologico che mescolava pagine eroiche dell'indipendentismo siciliano (i duecenteschi Vespri) o del Risorgimento Italiano (Garibaldi e Mazzini, *in primis*)[4], con leggende di sette segrete, di incappucciati vendicatori, di cavalieri esuli ed erranti, di detenuti giustizieri.

Tra tutte, particolare rilievo ha la storia leggendaria dei Beati Paoli[5]. I fasti medievali di questa setta, rinverditi agli inizi del '900 dallo scrittore Luigi Natoli che, con lo pseudonimo di William Galt, firmò due voluminosi *feuilleton* [*I Beati Paoli* (1909) e *Coriolano della Floresta* (1930)], costituirono per le famiglie siciliane di ogni

---

[3] Cfr. Trumper 2014, 87: "Lo scopo di un racconto del genere (*scil.* una leggenda storica legata ad un passato remoto) è quello di spostare nel tempo (passato) e fuori dalla storia (mito) l'origine vera del fenomeno".
[4] Esistono persino improbabili correlazioni tra i Vespri Siciliani e il nome Mafia, che sarebbe l'acronimo di *Morte ai Francesi Italia Anela* (o *Indipendenza Aneliamo*). Cfr. Dainotto 2015, I, *Dr. Galati's Lemon Gardens*, pos. 479. Nicaso / Danesi 2013, V, *The Gang*, pos. 2390-97, dopo aver menzionato il precedente acronimo, ne riportano anche uno che metterebbe in relazione il nome della Mafia con i movimenti risorgimentali, e con Mazzini in particolare (*Mazzini Autorizza Furti Incendi*). Per quanto riguarda eventuali riferimenti alla figura di Garibaldi, si veda Trumper 2014, 89-90, relativamente alla figura di un tale Peppino Montalbano, di cui viene proposta l'identificazione con l'eroe dei due mondi. Sulle similarità tra il giuramento di mafia e i giuramenti della Carboneria e della mazziniana *Giovine Italia* si veda Trumper 2014, 145-50.
[5] Sulle possibili origini settecentesche di questo mito e sul rapporto tra le leggende dei *Beati Paoli* e il rito di affiliazione a Cosa Nostra, prova del suo carattere fondativo, si veda Nicaso / Danesi 2013, V, *Foundation Myths*, pos. 2390 e Dino 2008, 2.6, *Regole di una morale mafiosa*, pos. 1216. Sulla leggenda di questa setta si veda anche Nicaso 2016, II, *I Beati Paoli*, pos. 525.

estrazione un patrimonio comune e celeberrimo, almeno fino alla metà del Novecento.

Protagonisti della saga erano un gruppo di sicari incappucciati che, nella Palermo del XII secolo, celando la loro identità e muovendosi abilmente nell'intricato dedalo di cunicoli della città sotterranea, compivano giustizia sommaria di quei malfattori ai quali, con ogni probabilità, la legge dello Stato avrebbe assicurato l'impunità. Varianti tipologiche di questo mito sono la leggenda dei Vendicosi[6] e quella dei detenuti che, nella fortunata opera teatrale di Giuseppe Rizzotto e Gaspare Mosca, *I mafiusi di la Vicaria* (1863), assicurano la giustizia, con lo stesso ostentato sprezzo della legge[7].

Tutti e tre questi miti, a carattere storico-letterario, si caratterizzano per il ricorrere di alcuni elementi comuni, che appaiono appunto fondativi dell'associazione mafiosa: 1) la segretezza dell'agire, per cui le imprese portate a termine da questi uomini sono opera tangibile e visibile di un'entità invisibile, misteriosa e astratta, e per questo avvolta in un'aura leggendaria; 2) l'arrogarsi un potere, l'amministrazione della giustizia, che uno Stato assente, oppure inefficiente e corrotto, esercita in maniera arbitraria; 3) la pena irrogata senza possibilità di appello ed irrimediabile, in quanto consistente in una sentenza di morte, che conferisce alle storie l'elevatezza tragica di uno scontro ultimativo tra bene e male per la vita e per la morte; 4) l'estrazione sociale dei vendicatori, appartenenti alla classe media, la quale a differenza dell'aristocrazia, non possedeva guarnigioni a propria difesa, e che aveva trovato nella vendetta privata un modo per fare giustizia per i deboli e gli indifesi[8].

---

[6] I *Vendicosi* sono una società segreta menzionata in alcuni codici del XII secolo, per i quali si veda Nicaso / Danesi 2013, V, *Foundation Myths*, pos. 2390.

[7] Su *I mafiusi di la Vicaria* si veda Nicaso / Danesi 2013, I, *The Origins of the Mafia*, pos. 127ss., che considerano il dramma come il momento di svolta per l'inclusione della parola *Mafia* nel dialetto siciliano. Si veda anche Nicaso 2016, I, *Il nome e la cosa*, pos. 149 - 77.

[8] Circa la relazione tra *middle-class* e aristocrazia in Sicilia, in relazione alla nascita del mito mafioso, si veda Nicaso / Danesi 2013, II, *Omertà*, pos. 675-83.

Si aggiunga anche che una storia come quella de *I Beati Paoli*, universalmente nota, forniva al pubblico un correlativo oggettivo di immediata evidenza rispetto a quella rappresentazione che la mafia voleva promuovere e diffondere di sé.

Le componenti del mito che abbiamo enucleato rivelano tratti fortemente archetipi, che parlano, ancor prima che alla ragione dei lettori, alla loro sfera inconscia, suscitando istinti ancestrali, appagando aspirazioni inconfessabili e agitando paure fortemente radicate. Dinamiche simili sono alla base, anche oggi, delle saghe televisive o a fumetti dei supereroi, anch'esse incentrate su un protagonista la cui identità è segreta e gelosamente custodita, sulla surroga da parte dell'eroe di un potere istituzionale debole e corrotto, su una giustizia sommaria e ultimativa, che raramente conosce pietà, irrogata a difesa dei deboli e degli indifesi, su una società che talora non comprende l'eroe, ne fraintende l'operato, finisce per perseguitarlo.

La mafia si radica quindi su miti fondativi che descrivono i mafiosi come supereroi solitari dalla fama leggendaria, incoraggiano l'identificazione tra eroi/mafiosi e pubblico, inducono a parteggiare per il successo delle loro imprese.

Il mafioso incarna di fatto, al pari di *Batman* o *Spider Man*, il cosiddetto *Shadow Archetype* (Jung), il mito del Cavaliere Oscuro, la cui presa sul pubblico è di sicuro effetto proprio in virtù del forte valore archetipico della rappresentazione.

Il cavaliere nero non compie la sua giustizia nelle aule di tribunale, né reclude i malfattori nelle carceri. Il suo tribunale è la strada, spesso avvolta nell'oscurità della notte, e la pena viene irrogata nel corso di un solitario corpo a corpo dalle suggestioni epiche; solo al diradarsi delle tenebre l'esecuzione è scoperta, effetto tangibile di una giustizia misteriosa e oscura. Una giustizia pre-statale e carnale, fatta di violenza e sangue, che ha un suo possibile parallelo nei giustizieri dei film *western*, capaci anch'essi di creare un forte senso di identificazione nello spettatore. Entrambi i generi, in fondo, presentavano al pubblico americano il mito del *self made man*[9].

La retorica del giustiziere che, come vedremo, punteggia tutta la storia della mitologia mafiosa, è quindi un elemento fondante della mafia, in quanto già presente nei miti che sono stati prescelti per raccontarne l'origine. Essa fornisce un alibi nobile ad uno dei caratteri basilari del DNA delle associazioni mafiose: il ricorso sistematico alla violenza come strumento di risoluzione delle controversie.

Ai miti di fondazione legati alla figura del giustiziere si aggiunge la storia dei cavalieri erranti, che ne costituisce l'ideale prosecuzione. La vulgata più nota è quella che li identifica con Osso, Mastrosso e Carcagnosso, tre cavalieri spagnoli, anche loro inquadrabili nell'archetipo del giustiziere[10].

Intolleranti dei soprusi, i tre cavalieri sono stati infatti costretti a lasciare la Spagna dopo avere ucciso un notabile reo di aver vio-

---

[9] In realtà, se i miti *western* e quelli mafiosi fanno capo al tipo umano del *self made man*, quest'ultimo richiama a sua volta il modello eroico della tragedia. Quello di un eroe solo che con coraggio e dignità affronta il destino che incombe su di lui. In questo senso appaiono interessanti le parole di Francis Ford Coppola, che sembra avere chiaro come nel suo film agisca il meccanismo dell'archetipo tragico dell'eroe, quando dichiara: "*Godfather I* is a romance about a king with three sons", con un chiaro riferimento a suggestioni shakespeariane (Cfr. Dainotto 2015, IV, *The Godfather*, pos. 2224 ss.).

[10] Sul mito dei tre cavalieri si veda Nicaso 2016, II, *Osso, Mastrosso e Carcagnosso*, pos. 698-725. Tra le numerose fonti di questa leggenda, citiamo qui il Codice di Rosalì e il Codice di Toronto, per i quali si veda Trumper 2014, 84-90, dove si menzionano, tra l'altro, altri appellativi con cui viene identificata questa triade. Nel Codice di Pellaro si propone addirittura l'identificazione dei tre, i cui appellativi sarebbero nomi in codice, con Gaspare, Melchiorre e Baldassarre, i nomi, secondo la tradizione popolare, dei tre Magi (cfr. Trumper 2014, 129-30). Sui possibili collegamenti della leggenda dei tre cavalieri con la saga spagnola della Garduña, una setta segreta medievale nata nelle carceri spagnole, si veda Nicaso / Danesi 2013, I, *The Origins of the Mafia*, pos. 196-219 e V, *Foundation Myths*, pos. 2409, ed inoltre Trumper 2014, 131-3. Chi tenta di fornire una collocazione temporale della storia dei tre cavalieri, li colloca tra la metà del XIII e la prima metà del XIV secolo ed ipotizza come causa di questa commistione culturale ispano—sicula gli stretti vincoli intercorsi all'epoca del Viceregno; cfr. Trumper 2014, 84-5.

lentato una giovane indifesa (in alcune versioni del mito i tre cavalieri sono fratelli e la giovane violentata è loro sorella). Dopo una tappa sull'isola di Favignana, o - in alcune versioni - in cima a un monte[11], i tre giungono in Sicilia e qui si separano, andando a fondare ognuno una diversa società mafiosa: la Mafia, la 'Ndrangheta e la Camorra.

Agli archetipi già evidenziati, questa storia ne aggiunge altri, di fondamentale importanza: 1) i tre cavalieri incarnano l'archetipo dell'innocente perseguitato, che costituisce uno degli stereotipi più abusati nella cultura mafiosa, vittime innocenti dell'accanimento giudiziario da parte di uno Stato inefficiente, corrotto e persecutore[12]; 2) l'isola o la montagna suggeriscono il tema dell'isolamento, della separazione dal mondo, intermezzo purificatorio e contemplativo tra il passato che i cavalieri si sono lasciati alle spalle e la nuova vita che si accingono ad intraprendere. L'immagine dell'isola o del monte ricorda in questo caso il valore simbolico di luoghi analoghi: il deserto, la foresta, la grotta sotterranea, che a vario titolo ricorrono nella mitologia delle religioni iniziatiche, e sono solitamente il luogo della prova, nel quale l'aspirante adepto purifica le passioni, tempra il carattere e saggia la sua potenziale

---

[11] Cfr. Trumper 2014, 95-9. L'isola di Favignana, tra l'altro, permetteva di inserire nel mito un altro elemento topico caro all'immaginario mafioso: il carcere. Sull'isola di Favignana, infatti, nella fortezza di Santa Caterina, già in epoca medievale e fin quasi ai nostri giorni, sono stati imprigionati detenuti o esiliati al confino. Sulla possibile assimilazione, in ambito calabrese, della leggendaria montagna con il santuario della Madonna della Montagna di Polsi in Aspromonte, cfr. Trumper 2014, 122-5.

[12] La rappresentazione del mafioso come capro espiatorio è anch'esso un *topos* del mito mafioso, che ricorre in molte occasioni in comunicazioni interne all'organizzazione (per esempio nei famosi *pizzini* di Bernardo Provenzano), in dichiarazioni processuali e in interviste ai mafiosi. Singolare, anche per il riferimento dotto che apre scenari inediti circa la fisionomia dei nuovi capimafia, è la trattazione di questo *topos* in una lettera del 2004 di Matteo Messina Denaro, citata da Dino 2008, 2.8, *Dio sceso in terra*, pos. 1407-22, dove il boss si paragona a Malaussène, il personaggio creato dallo scrittore francese Daniel Pennac, che fa per professione il capro espiatorio in un centro commerciale. Segue, per inciso, una citazione di Jorge Amado sulla giustizia.

forza. Sempre in questi luoghi, ai margini di ogni insediamento umano, l'adepto cerca un contatto diretto e personale con il divino. Nello stesso contesto si colloca, ad esempio, anche il racconto evangelico del digiuno di quaranta giorni da parte di Gesù nel deserto, cesura evidente tra la sua precedente vita e la missione che si accinge a compiere, preparazione spirituale alla sua predicazione e lotta mistica contro le tentazioni del demonio. Anche l'aspirante uomo d'onore è spesso sottoposto ad un periodo di prova, nel quale è chiamato a "farsi le ossa"[13]; 3) il tema dell'unità delle Mafie, tutte derivate da un'unica fratellanza iniziale significativamente indicata dal numero tre, simbolo della trinitaria perfezione divina[14].

Nel loro complesso, dunque, i miti di fondazione conferiscono alla mafia la nobiltà di una storia secolare, e pertanto destinata a durare nel tempo, il crisma di una giustizia equa e implacabile, la santità - che potremmo definire cristologica - dell'eroe perseguitato, ingiustamente condannato, tradito dal Giuda di turno. Una tale immagine produce un forte impatto sull'immaginario collettivo dell'intera comunità sociale, suscitando di volta in volta sentimenti di fiducia, rispetto, venerazione, timore reverenziale.

Al contempo tali miti costituiscono una potente attrattiva per gli aspiranti *adepti*, lusingati dalla prospettiva di entrare a far parte di una fratellanza antica e nobile, e agiscono di fatto come uno strumento straordinariamente efficace di proselitismo. I miti di fondazione forniscono infine a chi già fa parte dell'organizzazione, gli affiliati, una giustificazione pseudostorica al loro giuramento di omertosa fedeltà all'organizzazione, un alibi etico e

---

[13] Cfr. Nicaso / Danesi 2013, III, *Initiation and Passage Rites*, pos. 1266-80, dove si fa riferimento al periodo di separazione dal mondo in cui l'aspirante si prepara all'ingresso nella nuova vita.
[14] Circa il ricorrere del numero tre, si vedano anche le altre possibili interpretazioni fornite da Trumper 2014, 90, in cui si fa riferimento sia alle tre "funzioni principali" percepite come cardine nella società antica (potere regale/sacerdotale, militare ed economico), che sarebbero poi passate nel genere della fiaba.

un'aura leggendaria alle azioni disoneste e violente che essi intraprenderanno, una parvenza di martirio in cui trovare conforto nel tempo duro della latitanza e della detenzione da parte di uno Stato corrotto e oppressore.

Altri paradigmi antropologici utili a comprendere le origini del mito mafioso e a demistificarlo sono quelli della cosiddetta "società della vergogna", dell'opposizione *ghènos/polis*, dell'ereditarietà della colpa.

Tali modelli, benché nel corso della trattazione saranno esemplificati a partire dalla loro presenza nella cultura greca arcaica, sono modelli universali, utili come sostrato per la mitologia mafiosa in qualunque parte del mondo e a qualunque latitudine, al punto che simili archetipi antropologici potrebbero essere ugualmente rinvenuti anche in realtà mafiose lontanissime dalla Cosa nostra siciliana, come la Mafia Russa o la Yakuza giapponese.

Tra i miti fondativi della mafia un posto importante è riservato al tema dell'umiltà, che costituisce un elemento ricorrente nei racconti e nelle leggende. Il termine umiltà ha però in questo contesto un'accezione differente, o per lo meno traslata, rispetto al suo uso comune. Una caratteristica peraltro propria di tutte le sette, che si dotano di un vocabolario in cui anche parole di uso corrente acquistano accezioni del tutto particolari e spesso comprensibili solo agli iniziati[15].

Nel mondo della mafia, il termine umiltà è spesso collegato al concetto di omertà, al punto che le due parole diventano talora sinonimi o che l'etimologia dell'una viene desunta dall'altra. L'umiltà mafiosa, quindi, non farebbe riferimento ad un atteggiamento austero, riservato, scevro da presunzione e vanità, quanto piuttosto alla capacità dei membri di mantenere il silenzio e serbare gelosamente i segreti, primi fra tutti quelli della propria affilia-

---

[15] Interessanti esempi del lessico mafioso, del linguaggio traslato, dei codici, dei nomi propri e delle parole chiave si trovano in Trumper 2014, specialmente nei capitoli finali (155-228).

zione mafiosa, dell'identità degli altri uomini d'onore, degli affari dell'organizzazione. Tale capacità è strettamente collegata con la virilità (umiltà e omertà vengono messi in relazione, in maniera apparentemente paretimologica, con il latino *homo*) e costituisce il fondamento dell'etica dell'uomo d'onore[16].

Uomo d'onore è dunque innanzi tutto colui che sa mantenere la segretezza e per nessuna ragione è disposto a tradirla. Chi viola tale patto, come accade per esempio nel caso dei collaboratori di giustizia, si pone per ciò stesso al di fuori dell'organizzazione, viene considerato infame e disonorato, e perciò meritevole di morte.

Agisce in questa dinamica un preciso modello antropologico che lo studioso Eric Dodds, nel suo celebre saggio *The Greeks and the Irrational* (1951), riscontrò già nella società omerica, da lui definita "società della vergogna"[17]. Nelle comunità sociali "della vergogna", secondo Dodds, il codice etico, identico per tutti i membri della comunità, è rigido e presenta caratteri assoluti e dogmatici. I valori della comunità sono inderogabili e non contrattabili, ed ogni relativismo etico è bandito. L'osservanza delle norme etiche da parte dei membri della comunità è pertanto estremamente scrupolosa, ed è garantita non tanto da un'intima adesione della coscienza del singolo al sistema dei valori, e dal conseguente senso di colpa che il reo matura in caso di trasgressione, caratteri questi della società della colpa, quanto piuttosto da un rigido controllo sociale che sanziona ogni infrazione con l'estromissione del colpevole dalla comunità.

Esempio paradigmatico di questa dinamica è, nel racconto omerico, il celebre episodio del cosiddetto "addio alle porte Scee" (*Iliade* VI, 404-93). L'eroe troiano Ettore, *leader* della sua comunità, viene esortato dalla moglie Andromaca a non recarsi in battaglia contro

---

[16] Sul legame tra omertà e umiltà si veda Nicaso / Danesi, I, *The Origins of Mafia*, pos. 233-40 e II, *Omertà*, pos. 588-743.
[17] Cfr. Dodds 1951, in particolare il cap. II, *From Shame-Culture to Guilt-Culture*, 28-63, nel quale lo studioso oppone i due modelli antropologici della società della vergogna e della società della colpa.

Achille, che sicuramente lo ucciderà, lasciando lei vedova e orfano il figlio Astianatte ancora infante. Ettore dichiara, al solo pensiero, di *provare vergogna* nei confronti del suo popolo, dei Troiani e delle Troiane, e di preferire la morte al disonore che verrebbe a lui e ai suoi da una sua eventuale astensione dal combattimento. Più della sconfitta e della morte, quindi, egli teme il disonore di cui la comunità lo investirebbe.

Un disonore che, come lo stesso Ettore dichiara, non si limiterebbe alla sua persona, ma, secondo il principio antropologico dell'ereditarietà della colpa, ricadrebbe fatalmente anche su suo figlio e su tutta la sua futura stirpe.

L'eroe omerico, protagonista della società della vergogna, vive quindi per il *klèos*, la gloria, e per la *timè*, l'onore. Un possesso la cui conquista è ardua tanto quanto il suo mantenimento. Se per conquistare l'onore bisogna dar prova di ardimento e coraggio, per mantenerlo bisogna essere in grado di difenderlo dalle molte insidie cui esso è sottoposto. L'offesa da parte di un avversario è per l'eroe omerico un attentato gravissimo al proprio onore, cui è necessario rispondere con un'immediata e cruenta vendetta.

È ad esempio quello che cerca di fare Achille snudando la spada e avventandosi contro Agamennone, all'inizio del libro I dell'*Iliade*, allorché questi vuole portargli via la schiava Briseide, suo bottino di guerra (*Iliade* I, 188-95).

Il modello antropologico della società della vergogna, già esistente nella cultura greca arcaica, percorre poi tutta la cultura occidentale ed è alla base ad esempio, del codice etico cavalleresco, dalle saghe medievali, come le cosiddette *Chanson de geste* o la saga di Robin Hood[18], ai poemi rinascimentali come l'*Orlando Furioso* o la *Gerusalemme Liberata*, alla cavalleria spagnola, da cui è stato

---

[18] Al suo arrivo in Sicilia, nel 1876, Leopoldo Franchetti, autore insieme a Sidney Sonnino della famosa *Inchiesta in Sicilia*, definì la Mafia come un "sentimento medievale" (cfr. Dainotto 2015, I, Dr. *Galati's Lemon Gardens*, pos. 472ss.). Sull'inchiesta Franchetti - Sonnino si veda Nicaso 2016, I, *L'inchiesta di Franchetti e Sonnino*, pos. 217-42.

tratto di peso il mito mafioso dei tre cavalieri Osso, Mastrosso e Carcagnosso, fino ai nostri tempi, dove tale etica cavalleresca ha trovato esiti nuovi sia nel genere *western* che nelle saghe dei supereroi.

Ed ovviamente di questa letteratura "alta" è sempre esistita una volgarizzazione che ne consentisse la diffusione anche tra le masse popolari, al fine di veicolare un codice etico e di radicarne gli archetipi[19], in una sorta di "enciclopedia tribale"[20].

Il cavaliere, senza macchia e senza paura, è un uomo eccezionale rispetto agli altri uomini, e come tale al di sopra del bene e del male, e ovviamente al di sopra della legge, che è fatta per i deboli e gli inermi. Egli ha giurato fedeltà al suo sovrano e a lui solo deve obbedienza; il suo comportamento è improntato esclusivamente al codice etico dell'onore, da cui gli deriva il riconoscimento sociale e l'apprezzamento della sua comunità.

Un codice etico che egli è in grado di riconoscere e di stimare anche nel nemico, al punto che molte scene di duelli all'ultimo sangue sono preceduti da una legittimazione reciproca dei due avversari.

Qualunque deviazione rispetto a tale codice costituirebbe per l'eroe un peccato imperdonabile che lo priverebbe immediatamente del suo *status*, dell'onore e del prestigio conquistato, e lo renderebbe, per usare un termine omerico, *àtimos*, disonorato o, con un sinonimo anch'esso caratterizzato da un prefisso privativo e particolarmente diffuso tra gli uomini d'onore, *infame*[21].

---

[19] Cfr., per esempio, Pitrè 1877-1888, 121-341, che dedica un'amplissima sezione della sua monumentale opera sugli usi e costumi del popolo siciliano alle tradizioni cavalleresche popolari.
[20] Il paradigma dell'enciclopedia tribale (*tribal encyclopedia*) è stato proposto da Havelock 1963, parte I e, in particolare, 61-86, che attribuisce all'epica omerica il ruolo di enciclopedia orale dei saperi e dei valori della comunità greca arcaica.
[21] Sulla derivazione massonica di questo termine, come appellativo per i traditori, si veda Nicaso / Danesi 2013, III, *Rituals and Rites*, pos. 1130ss., che riportano il punto di vista dello storico G. Giarrizzo.

Su tale tradizione cavalleresca ed eroica si è innestata la malintesa concezione mafiosa dell'onore, requisito imprescindibile per chiunque voglia essere considerato parte di quella che appunto viene spesso definita l'*onorata società*. Come il sovrano per il cavaliere, così soltanto tale società, rigidamente compartimentata e gerarchizzata, è giudice e censore del comportamento dei suoi membri, la cui vita dipende da tale giudizio. In questa condizione di perenne sospensione, ossessionato dal continuo timore di perdere la sua onorabilità per sua colpa o per altrui offesa, vive l'uomo d'onore, che fa di questo valore / disvalore il nodo centrale della sua etica.

Nella mitologia mafiosa l'uomo d'onore, come l'eroe omerico o il cavaliere, è in grado di apprezzare l'onore dell'avversario, e persino del nemico, al punto di presentargli l'onore delle armi, come nel celebre dialogo immaginato da Leonardo Sciascia, ne *Il giorno della civetta*, tra il capitano dei carabinieri Bellodi e il capomafia don Mariano Arena, in cui ognuno dei due contendenti rende omaggio al valore dell'altro[22].

La tradizione letteraria del codice cavalleresco e l'etica mafiosa dell'onore trovano un punto di confluenza nella celebre opera verghiana *Cavalleria Rusticana*, uno dei testi di riferimento della mitologia mafiosa, nella sua triplice versione: la novella (1880), la *pièce* teatrale (1884) e l'opera lirica di Pietro Mascagni (1890)[23].

---

[22] Ecco le battute centrali del dialogo: "- Lei, anche se mi inchioderà su queste carte come un Cristo, lei è un uomo... - Anche lei – disse il capitano, con una certa emozione. E nel disagio che subito sentì di quel saluto delle armi scambiato con un capo mafia, a giustificazione pensò di avere stretto le mani, nel clamore di una festa della nazione, (...) al ministro Mancuso e all'onorevole Livigni". Cfr. Sciascia 1970[14], 100-101.

[23] Il successo presso il grande pubblico del racconto verghiano dipende in larga parte dalle sue versioni teatrali: quella in prosa, portata in scena in giro per l'Europa dal famoso attore catanese Giovanni Grasso, che contro la volontà di Verga accentuava gli aspetti folkloristici e grotteschi della vicenda, e ancor di più quella operistica, celebre in tutto il mondo. Già in essa Mascagni e i librettisti Targioni-Tozzetti e Menasci avevano compiuto un'evidente mitizzazione della novella di Verga, creando una Sicilia oleografica e pittoresca che si allontanava decisamente dai canoni veristi dell'autore catanese. Il connubio opera – mafia è

Il fulcro della narrazione, in *Cavalleria Rusticana*, è proprio il tema dell'onore e della sua difesa. A concederlo o a negarlo è la comunità, che osserva con attenzione azioni e reazioni di ognuno dei due protagonisti: Compare Alfio, marito tradito, e Turiddu Macca, amante della moglie di lui e traditore.

L'onore di entrambi è nelle mani della comunità, che pretende dal primo la vendetta cruenta dell'adulterio subito, e dall'altro il coraggio di raccogliere la sfida e di battersi all'ultimo sangue. Nessuno dei due può tirarsi indietro e non battersi, pena la perdita dell'onore agli occhi della comunità e la conseguente morte sociale. Anche Turiddu, come Ettore, presentisce il tragico epilogo per sé di quel duello, ma non vi si può sottrarre.

Come si vede, l'onore qui è una questione privata e maschile, che coinvolge l'individuo e la sua comunità; non è affare da aule di tribunali, denunce e sbirri, ma pretende un intervento personale e diretto del provocatore e dell'offeso. Solo alla fine, dopo l'uccisione di Turiddu, nella *pièce* teatrale (e non nella novella) irrompevano in scena i carabinieri e portavano via l'assassino (una scelta di regia che peraltro Verga non amava e che il celebre attore Giovanni Grasso aveva preteso). Una comparsata finale che da un lato dimostrava la sostanziale estraneità dello Stato a questa logica del clan, e dall'altro l'impossibilità di ridurre a un fatto di legge quello che nel clan è mortale offesa e diritto di vendetta, e quindi la sostanziale incomunicabilità dei due mondi.

---

stato peraltro uno stereotipo largamente diffuso nella letteratura sulla mafia. Si pensi ad esempio al *Padrino parte terza*, dove una sequenza centrale del film si svolge al Teatro Massimo di Palermo, proprio durante l'esecuzione di una produzione della *Cavalleria Rusticana* dove il ruolo di Turiddu è interpretato da Anthony Corleone, figlio di Michael, tenore (cfr. Dainotto 2015, I, *Of Rustic Knights and Godfathers: The Origin of the Mafia*, pos. 173ss.). Nicaso / Danesi 2013, II, *Honor*, pos. 573, ricordano come il famoso intermezzo dell'opera sia stato usato anche da Martin Scorsese nel film *Toro Scatenato*, per sottolinearne i temi legati all'orgoglio e all'onore. Il legame mafia—opera è stato anche oggetto di parodia nel fortunato film di Roberto Benigni *Johnny Stecchino* (1991), nella scena girata nel Teatro "V. Bellini" di Catania.

Una società di questo tipo si regge per sua stessa natura su una propria autonomia normativa, assoluta e incontestabile, cui fa da contraltare un totale disprezzo di qualunque differente codice etico. Così l'uomo d'onore è chiamato a vivere all'interno dell'organizzazione e secondo le sue regole, mentre contemporaneamente trasgredisce e calpesta l'etica pubblica e la legge dello Stato. Anche da questo punto di vista si può dire che la Mafia è, o almeno si rappresenta, come uno Stato nello Stato.

Tale disprezzo per la legge, che traspare in molti miti fondativi delle organizzazioni mafiose, è anch'esso legato alla contrapposizione, antropologicamente fondata, tra il clan familiare (*ghènos*) e l'entità statuale (*pòlis*). Il mafioso vive nel *ghènos* e opera secondo le sue leggi[24]. Egli riconosce il sangue come unico vincolo di appartenenza: quello che lo lega geneticamente agli altri membri della sua famiglia biologica, quello che mescola con altri membri dell'organizzazione tramite il rito sacramentale del matrimonio, quello iniziatico che gli viene chiesto di versare al momento della sua affiliazione all'organizzazione, durante il rito della "punciùta", e che lo affratella idealmente a tutti gli altri membri della grande famiglia mafiosa; quello, infine, che si è sparso insieme, cooperando nella realizzazione di un omicidio[25].

L'orizzonte sociale del mafioso si realizza compiutamente all'interno del *ghènos*. Secondo le leggi del *ghènos* si regola la nascita, la

---

[24] Nicaso / Danesi 2013, II, *Omertà*, pos. 603, ricordano come "This principle (i.e. quello della giustizia privata) reflects a common attitude in various Latin and Mediterranean societies, that recourse to the law for offenses involving personal insult is unmanly. In fact, the Sicilian word for omertà (*umirtà*) connotes not only humility, but also manliness". Ad ulteriore conferma di quanto l'opposizione antropologica *ghènos* / *pòlis* sia vitale nella mafia, i due autori riportano a seguire l'estratto di un'intercettazione, in cui un mafioso spiega al figlio cosa sia la mafia partendo proprio dalla differenza tra *legge* e *famiglia*.

[25] Sul legame di forte intensità emotiva che affratella quegli uomini d'onore che hanno cooperato alla messa in atto di un omicidio, si veda Dino 2008, 2.8, *Dio sceso in terra*, pos. 1364. Sul significato antropologico dei legami di sangue in generale, all'interno della logica del *ghènos*, si veda Trumper 2014, 139-42.

vita e la morte di ogni mafioso. Ogni contrasto viene appianato al suo interno, ogni colpa giudicata e sanzionata.

Anche in questo caso, un mirabile paradigma antropologico dell'opposizione tra *ghènos* e *pòlis* è nella trilogia tragica dell'Orestea di Eschilo, che su tale dissidio costruisce la vicenda mitica dell'eroe Oreste. Egli, in ossequio alla legge del *ghènos*, è chiamato a vendicare personalmente l'assassinio del padre Agamennone. Ma colpevole del delitto è Clitemestra, sua madre, e la vendetta si trasforma in un matricidio, scatenando contro Oreste le forze oscure delle Erinni, implacabili dee vendicatrici che si levano contro chiunque sparga il sangue consanguineo, e quindi numi tutelari del *ghènos*.

Nel complesso mondo concettuale eschileo, le Erinni sono il simbolo delle forze oscure e incontrollabili che una faida familiare scatena, al di là della stessa volontà degli attori coinvolti.

Oreste alla fine della trilogia troverà pace dalla persecuzione solo sottoponendosi al giudizio di un tribunale cittadino, l'Areopago di Atene, che rappresenta simbolicamente il trasferimento della controversia dal piano familiare del *ghènos* a quello politico della *pòlis*, e quindi la fine del potere dei clan familiari a favore di un potere condiviso e democratico fondato sulla terzietà della giustizia. È il tribunale dell'Areopago, in Eschilo, a dirimere la controversia, e ad evitare così il protrarsi della faida familiare.

Ma nella società mafiosa il passaggio dalla legge arcaica del *ghènos* a quella moderna e democratica della *pòlis* non avviene mai. Gli Alfio e i Turiddu continuano a battersi nel sostanziale disprezzo della legge dello Stato secondo le regole fissate dal clan. E la giustizia continua ad essere esercitata, come in un eterno ritorno del matricidio di Oreste, con lo spargimento di sangue consanguineo: quello simbolicamente consanguineo degli altri affiliati, o, come non raramente capita, quello realmente consanguineo dei propri stessi parenti di sangue, in una infinita faida nella quale ogni mafioso, come Oreste, è ossessionato dalle Erinni vendicatrici che gli rinfacciano i delitti commessi, fino a pretenderne la morte[26].

BIBLIOGRAFIA

N.B. I libri preceduti da un asterisco (*) sono stati consultati in versione digitale (e-book). Nelle note a piè di pagina, al fine di rendere più facilmente reperibile il passo cui si fa riferimento, esclusivamente per questa tipologia di libri, viene indicato anche capitolo e titolo del paragrafo, oltre alla posizione digitale del brano in esame, secondo la numerazione assegnata dall' e-reader Kindle.

* Dainotto, Roberto M. *The mafia. A cultural history*. London: Reaktion Books, 2015.
* Dino, Alessandra. *La mafia devota. Chiesa, religione, Cosa Nostra*. Bari: Laterza, 2008.
Dodds, Eric R. *The Greeks and the Irrational*. Berkeley: University of California Press, 1951.
Gratteri, Nicola / Nicaso, Antonio. *L'inganno della Mafia*. Roma: Rai Eri, 2017
Havelock, Eric A. *Preface to Plato*. Cambridge, MA – London: The Belknap Press of Harvard University Press, 1963.
* Nicaso, Antonio / Danesi, Marcel. *Made Men. Mafia Culture and the Power of Symbols, Rituals and Myth*. Lanham: Rowman & Littlefield, 2013.
* Nicaso, Antonio. *Mafia*. Torino: Bollati Boringhieri, 2016.
Pitrè, Giuseppe. *Usi e costumi credenze e pregiudizi del popolo siciliano*, raccolti e descritti da Giuseppe Pitrè. I-IV. Firenze: Barbera Editore, 1877-1888.
Sciascia, Leonardo. *Il giorno della civetta*. Torino: Einaudi, 1970[14] [1961].
Trumper, John B. / Nicaso, Antonio / Maddalon, Marta / Gratteri, Nicola. *Male lingue. Vecchi e nuovi codici delle mafie*. Cosenza: Pellegrini, 2014.
* Vinci, Anna. *Gaspare Mutolo. La mafia non lascia tempo. Vivere, uccidere, morire dentro Cosa Nostra*. Milano: Rizzoli, 2013.

---

[26] Sulle ossessioni e le angosce che punteggiano la vita dell'uomo d'onore esistono varie testimonianze di collaboratori di giustizia. Si veda per esempio Vinci 2013.

Appunti su una nuova critica sulla letteratura degli americani italiani[1]

Anthony Julian Tamburri
JOHN D. CALANDRA ITALIAN AMERICAN INSTITUTE
QUEENS COLLEGE, CUNY

> "[E]tichettare il fenomeno della letteratura italofona contemporanea, o della letteratura degli immigrati, o della letteratura nascente, della LIM [Letteratura Italiana della Migrazione] ecc. non ha alcun senso, anzi contiene ed esprime una mente passatista e forse addirittura tardo-positivista, creando e imponendo etichette che valgono come una ghettizzazione, vagamente razzista (43)[2].
>
> — Armando Gnisci
> "È ora di parlare di letteratura italiana"

ALCUNI PENSIERI PRELIMINARI

Alla fine del 2017, ho portato a termine uno studio sul concetto di una "letteratura italiana" negli Stati Uniti[3]. Metto fra virgolette la frase letteratura italiana, proprio perché secondo l'*establishment* italiano tale classificazione di scrittura creativa non può esistere che in Italia. Questa nozione di un'esigenza geografica come punto determinativo è più che limitativa, specialmente quando si tratta di un fenomeno che ormai ha notevolmente superato il concetto stesso, il quale, per motivi inscrutabili, la cultura dominante italiana non lo ha mai preso in considerazione nonostante il fatto che la stessa quantità di prodotti letterari smentisca tale

---

[1] Il mio uso di "americani italiani" anziché "italo-americani" per il sostantivo e, come si leggerà qui in avanti, il binomio aggettivale "italiano/americano" risale al mio studio *To Hyphenate or not to Hyphenate: the Italian/American Writer: Or, An Other American?* (Montreal: Guernica Editions, 1991, che adesso appare in italiano con il titolo *Gli scrittori "italiano[-]americani": Trattino sì trattino no?* Poggio Rusco (MN): MnMprintedizioni, 2018.
[2] "È ora di parlare di letteratura italiana. Se non ora, quando?" *e-scrita Revista do Curso de Letras da UNIABEU* 2.4 (gen.- apr., 2011): 42-54.
[3] Si veda il mio *Un bi-culturalismo negato: la scrittura "italiana" negli Stati Uniti*. Firenze: Franco Cesati Editore, 2018.

opinione reduttiva di questa cultura "ufficiale" al potere.

I cinque scrittori (Alfredo de Palchi, Rita Dinale, Luigi Fontanella, Emanuele Pettener, Joseph Tusiani) discussi nel suddetto volume sono rappresentativi di una lunga tradizione di scrittura in italiano negli Stati Uniti. Individuare il punto d'origine storico non sarà sempre compito facile. Anzi, se si dovessero considerare parte di tale fenomeno linguistico-culturale anche quegli scritti non puramente letterari, ci si troverebbe in una specie di vortice senza né capo né coda. Intanto, quello che sappiamo di sicuro è che una documentazione di tale fenomeno esiste, per cui possiamo rifarci addirittura alla fine del Settecento per degli scritti non prettamente letterari di alcuni personaggi storico-culturali importanti quali Filippo Mazzei, Carlo Bellini, e, forse più noto fra tanti di questo periodo, Lorenzo Da Ponte. Ho in mente a tal proposito i due volumi curati da Francesco Durante, *Italoamericana* 1 (2001) e *Italoamericana* 2 (2005), due opere che tracciano un panorama storico e letterario dalla fine del Settecento fino a metà del Novecento[4].

Di scrittori italiani negli States ce ne sono stati — e ce ne sono ancora — tanti. Assieme a coloro presenti nelle antologie di Durante e in altri volumi pubblicati, e non tutti oggi disponibili[5] — che rappresentano per la maggior parte un inventario storico — si ricordino alcuni scrittori della seconda metà del Novecento e dell'inizio del ventunesimo secolo, che hanno avuto un riscontro

---

[4] *Italoamericana*, vol. 1, curato da Francesco Durante. Milano: Mondadori, 2001, e *Italoamericana*, vol., 2, curato da Francesco Durante. Milano: Mondadori, 2005. Un'altra raccolta che metterei sotto questo largo ombrello italiano/americano è l'antologia dei racconti intitolata *Figli di due mondi. Fante, Di Donato & C. Narratori italoamericani degli anni '30 e '40*. Roma: Avagliano, 2002. Quanto agli scritti non specificamente letterari, ricordo al lettore anche il libro di Giuseppe Massara, *Viaggiatori italiani in America (1860-1970)*. Roma: Edizioni di Storia e Letteratura, 1976.

[5] Ricordo dunque al lettore il lavoro editoriale che Ferdinando Alfonsi aveva svolto in USA dalla fine degli anni 80 a metà degli anni 90: *Poeti Italo-Americani e Italo-Canadesi/Italo-American and Italo-Canadian Poets*. Catanzaro: Carello Editore, 1994, e *Dictionary of Italo-American Poets*. New York: Peter Lang, 1989.

positivo lungo le rispettive carriere letterarie e continuano tuttora a svolgere attività letterarie: Luigi Ballerini, Alessandro Carrera, Peter Carravetta, Tiziana Castro Rinaldi, Ned Condini, Nino Del Luca, Bruno Gulli, Ernesto Livorni, Irene Marchegiani, Chiara Marchetti, Giorgio Mobili, Antonio Monda, Mario Moroni, Pier Maria Pasinetti, Nino Provenzano, Giose Rimanelli, Annalisa Saccà, Angelo Spina, Victoria Surliuga, Orazio Tanelli, Paolo Valesio, Pasquale Verdicchio e altri tuttora. Tutto questo per dire che c'è un terreno molto fertile seppure non ancora coltivato per approfondire ancora di più questo fenomeno di chi scrive in italiano negli Stati Uniti[6].

UNA NUOVA CRITICA

Insieme con quegli studiosi che hanno già discusso in modo approfondito questo fenomeno italiano negli States (ad es., i summenzionati Carravetta, Fontanella, Valesio), vorrei, in ciò che segue, puntare l'attenzione su quelle voci critiche più recenti — coloro dottoratisi dopo il 2000 — che hanno, da un lato, già contribuito ad una nuova prospettiva e, dall'altro, assieme a voci più odierne, parteciperanno alla cristallizzazione di una base critico-interpretativa per interrogare in modi più ampi questa produ-

---

[6] Rammento al lettore ciò che era già stato fatto a tal proposito negli States su chi abita negli USA. Si veda il capitolo 7, "Italian/American Writer or Italian Poet Abroad? Luigi Fontanella's Poetic Voyage" nel mio *A Semiotic of Ethnicity. In (Re-)cognition of the Italian/American Writer*. Albany, NY: SUNY P, 1998. 109-17. Fra gli altri saggi acuti su questo argomento si notino: Andrea Ciccarelli, "Fuoricasa: scrittori italiani in Nord America", *Esperienze letterarie* 29.1 (2004): 83-104, dove, in chiusura, si accenna anche al rapporto tra la letteratura in lingua italiana scritta fuori d'Italia e quella invece che si considera normalmente "letteratura italiana"; i saggi pertinenti a questo argomento nella raccolta a cura di Jean-Jacques Marchand, *La letteratura dell'emigrazione: gli scrittori di lingua italiana nel mondo*. Torino: Edizioni della Fondazione Giovanni Agnelli, 1991; Paolo A. Giordano, "Emigranti, espatriati e/o esiliati: Italiani e letteratura negli Stati Uniti" ne *Lo Straniero*, a cura di Mario Domenichelli e Pino Fasano. Roma: Bulzoni Editore, 1998: 169-84; e, *last but not least*, Luigi Fontanella, *La parola transfuga*. Firenze: Cadmo, 2003; adesso rielaborato in inglese col titolo *Migrating Words: Italian Writers in the United States*. New York: Bordighera P, 2012.

zione culturale che possiamo anche chiamare *sensu amplissimo* italiano/americana. E a questo punto aggiungo qui anche quelle opere letterarie scritte in lingue più diverse, nella lingua cioè della nazione ospitante. Vale a dire, mentre è importante il riconoscimento della letteratura scritta in italiano all'estero, risultano sempre essenziale a mio avviso la testimonianza e l'eventuale accettazione di una cultura più ampia che si può senza alcun dubbio individuare come parte di una tradizione italianeggiante che, negli Stati Uniti, ad esempio, si chiama italiano/americana.

Come si è già detto sopra, sarà difficile individuare il punto di orgine del riconsocimento—seppur soltanto informale—della letteratura degli italiani all'estero, ma un evento alquanto significativo per il nostro discorso letterario sarà stato il convegno internazionale "La letteratura dell'emigrazione di lingua italiana nel mondo", tenutosi all'Università della Losanna nel 1990[7]. A tal proposito, pertanto, bisogna tener presente il lavoro di Martino Marazzi in questo settore; tale documentazione è anche frutto delle sue prestazioni editoriali. Il suo *Voices of Italian America*, ad esempio, si figura come ottimo compagno al primo volume di Durante giacché è apparso nel 2004, un anno prima del secondo volume durantiano. Marazzi inoltre ha anche contribuito al dialogo tra l'Italia e gli Stati Uniti con diversi saggi. Fondamentale è il suo *A occhi aperti: letteratura dell'emigrazione e mito americano*. Il volume interroga a fondo la cultura letteraria della collettività emigrata e, tramite una lente storica, presenta al pubblico italiano una convincente lettura critica degli autori e delle opere più rilevanti dell'esperienza emigratoria italiana negli States. Pertinente pure il suo *Danteum*, in cui dedica ben due terzi delle pagine a Dante in America, con un capitolo centrale dedicato alla presenza di Dante fra gli americani italiani. Qui, infatti, si legge dell'interazione e

---

[7] Il convegno ebbe luogo dal 30 maggio al 2 giugno 1990 e un anno dopo la Fondazione Giovanni Agnelli pubblicò gli atti; si veda la nota precedente per le informazioni bibliografiche.

del rapporto tra il poeta fiorentino e i diversi americani italiani tra cui Arturo Giovannitti, Pietro di Donato, Joseph Tusiani, John Ciardi, e infine, Lawrence Ferlinghetti, Nick Tosches, e Robert Viscusi. Con la sua antologia, questi due studi, e uno dei suoi primi libri dedicato ad una tematica simile, Marazzi oggi si figura in Italia tra i più significativi studiosi della cultura letteraria, in senso ampio, degli americani italiani[8].

Della stessa generazione di Marazzi ma questa volta americanista di formazione, Leonardo Buonomo si divide tra ricerche su americani che potremmo definire canonici e, dall'altro canto, su quelli non canonici, gli americani di orgine italiana. I suoi tre libri, ad esempio, anche se dedicati per la maggior parte agli scrittori americani *mainstream*, trattano nel contempo dei diversi temi pertinenti alla questione italiana negli States. Ecco dunque che il suo primo libro, seppur concentrato su scrittori del canone, interroga le opere dal punto di vista del trattamento dell'Italia negli scritti di Margaret Fuller, James Fenimore Cooper, Nathaniel Hawthorne, ed altri (*Backward Glances: Exploring Italy, Reinterpreting America (1831-1866)* [Madison, NJ: Fairleigh Dickinson University Press, 1996]). Il secondo libro è, a sua volta, dedicato a soggetti strettamente italiano/americani, ed esamina scrittori di origine italiana sia canadesi che statunitensi (*From Pioneer to Nomad: Essays on Italian North American Writing, and Immigration* [To-

---

[8] I libri summenzionati sono: *Voices of Italian America: A History of Early Italian American Literature with a Critical Anthology*. A cura di Martino Marazzi, traduzioni di Anne Goldstein. Bronx, NY: Fordham University Press, 2011; pubblicato già da Fairleigh Dickinson University Press nel 2004; *A occhi aperti: letteratura dell'emigrazione e mito americano*. Milano: Franco Angeli, 2011; *Danteum: studi su Dante imperiale nel novecento*. Firenze: Franco Cesati Editore, 2015; e il suo primo volume, *Little America: gli Stati Uniti e gli scrittori italiani del novecento*. Milano: Marcos y Marcos, 1997.

Colgo l'occasione qui di ricordare al lettore che sotto la cura di Peter Carravetta il primo documento di un incontro di questo genere ("poesaggio") – che aveva avuto luogo al convegno inaugurale del Purdue University Conference on Romance Languages, Literatures, and Film nel 1989 – si intitola "Italian and Italian/American Poets" in *RLA: Romance Languages Annual* I (1990): 3-27.

ronto: Guernica Editions, 2003]). Il terzo libro, invece, va oltre la specificità dell'italiano e approfondisce argomenti relativi a immigrazione, etnicità, e classe sociale, i tre punti cardine di una buona parte della letteratura nordamericana (*Ethnicity and Class in American Writing (1830-1860: Reading the Stranger* [Madison, NJ: Fairleigh Dickinson University Press, 2014])[9].

Altri della generazione successiva che hanno già lasciato un'impronta indelebile con saggi sulla letteratura e sul cinema — sia in forma di articoli che di libri — includono sia italiani tra cui Sabrina Vellucci, Carla Francellini, Caterina Romeo, sia americani italiani quali Ilaria Serra, Emanuele Pettener, Chiara Mazzucchellli, Steven Belluscio, Cristina Lombardi-Diop, Teresa Fiore, Clarissa Clò, Marcella Bencivenni, e tra i più giovani, Ryan Calabretta-Sadjer, ed altri ancora, tutti studiosi bilingui che riescono loro stessi a dialogare con entrambe le culture.

Americanista di formazione, Sabrina Vellucci divide le sue energie intellettuali fra americani in senso largo, i presunti canonici, e americani italiani. Insieme a libri e co-curatele (ad es., *New Girls. Adolescenti nella cultura statunitense (1865-1890)* [Napoli: Loffredo, 2008]; *Miti americani oggi* [Reggio Emilia: Diabasis, 2005]; *Miti americani fra Europa e Americhe* [Venezia: Mazzanti, 2008]), i suoi arguti saggi dedicati agli americani italiani includono come oggetto di studio Don DeLillo, Louise De Salvo, Carole Maso, Sandra M. Gilbert, Rodolfo Valentino, Salvatore Scibona, Donna Jo Napoli, Nancy Savoca, Marylou & Jerome Bongiorno, e Kym Ragusa. Costituiscono questi scrittori e cineasti il proverbiale *Who's Who* degli americani di orgine americana. Con un lavoro scientifico già rilevante, Vellucci si impegna pure in attività editoriale come componente della redazione della rivista *Letterature*

---

[9] Altri nomi si accostano a Marazzi e Buonomo. Fra questi, Sebastiano Martelli, italianista e comparatista, ha pubblicato un bel numero di saggi sui temi di emigrazione, con particolare riguardo alle opere di Giose Rimanelli, inclusa la curatela *Rimanelliana*. New York: FILIbrary, 2000. Elisabetta Marino, a sua volta, ha pubblicato più di una dozzina di contributi su rivista e in diversi atti di convegni.

d'America, e, è stata ideatrice e organizzatrice insieme a Carla Francellini del convegno internazionale "Re-Mapping Italian America. Places, Cultures, Identities" (maggio 2016), un incontro determinante in cui si radunava per la prima volta dopo più di quindici anni un numero notevole di studiosi da entrambe le sponde dell'oceano dediti sia alla letteratura che al cinema degli americani di origine italiana[10].

Formazione in Letterature Comparate e Traduzione del testo letterario, Carla Francellini ha finora dedicato le sue energie sia alla saggistica che alla traduzione. Insieme a sagaci studi su Tony Ardizzone, Mary Caponegro, Anton Coppola, e Lisa Ruffolo, ha anche curato e tradotto un'antologia di racconti di americani italiani, *Uè Paisa. Racconti dall'identità italoamericana* (Lecce: Manni, 2012). È un volume di notevole importanza proprio perché presenta al lettore italiano dei campioni della generazione attuale di scrittori italiano/americani e, al tempo stesso, aiuta a colmare quel vuoto editoriale dovuto alla mancanza delle antologie non più in stampa. Da notare è pure il suo volume *Women in Translation / Donne in traduzione* (Roma: Artemide, 2014), una miscellanea di saggi che mettono in risalto il valore odierno della presenza della donna nel mondo delle traduzioni.

Altra comparatista di formazione e studiosa di *gender*, insieme ai suoi intuitivi saggi sulla cultura sia italiano/americana sia colonialista (ad es., *Narrative tra due sponde. Memoir di italiane*

---

[10] Due convegni precedenti di particolare rilievo si rifanno al 1996 e al 1999. Nel 1996, all'Istituto Suor Ossola Benincasa si tenne una convegno internazionale sull'emigrazione italiana verso gli Stati Uniti. Seguì due anni dopo la pubblicazione degli atti (*Il sogno italo-americano: realtà e immaginario dell'emigrazione negli Stati Uniti*. A cura di Sebastiano Martelli, introduzione di Carmine Di Biase. Napoli: CUEN, 1998). Il secondo convegno di rilievo a tal proposito ebbe luogo a Lecce nel 1999, "Emigrazione, esilio, sogno: il sogno americano", presso l'Università del Salento. La rivista *Italiana*, di Bordighera Press, pubblicò due anni dopo il volume, "Esilio, migrazione, sogno Americano", numero speciale, a cura di Paolo A. Giordano e Anthony Julian Tamburri. *Italiana* X [2001]). Ce ne saranno stati anche degli altri, ma convegni quasi sempre con un ritaglio un po' ristretto riguardo all'argomento e ai partecipanti.

d'America [Roma: Carocci, 2005]; *Postcolonial Italy: Challenging National Homogeneity*, a cura di Cristina Lombardi-Diop e Caterina Romeo [New York, Palgrave-Macmillan 2012]), Romeo ha anche tradotto alcune scrittrici italiano/americane: *Vertigo* di Louise De Salvo (2006) e *La pelle che ci separa* di Kym Ragusa (2008).

Le suddette mansioni extra-critiche che queste tre studiose svolgono sono molto significative per la promozione in Italia della letteratura italiano/americana. Tale lavoro risulta necessario all'interno del desiderato continuum del discorso critico-letterario. Alle spalle ci sono studiosi precedenti, non tanti, diciamo pure, che hanno fatto strada per altri. E qui apro una parentesi, per così dire, con il desiderio di mettere in risalto due cose. Innanzitutto, parecchio del lavoro di Durante non è più disponibile; esaurito, e a quanto pare non ci sono piani per le ristampe. Secondo, bisogna pure riconoscere il lavoro di altri che, anche se i riferimenti all'argomento italiano/americano sono pochi, si sono dedicati alle culture diasporiche, sia quelle in arrivo sia quelle in partenza. E a tal proposito ho in mente la collana della casa editrice Cosmo Iannone Editore *Quaderni sulle migrazioni*, che ha pubblicato più di una trentina di volumi. In simil modo si deve anche riconoscere la casa editrice Mazzanti Editori per la sua collana *Soglie americane*. E, *last but not least*, c'è una nuova casa editrice, MnM Print Edizioni, che è nata nel 2014 con tre libri dedicati all'emigrazione italiana: *Italiani agli Stati Uniti*; *Italiani in Scozia e a Londra*; *Italiani nelle Americhe*. Il sito, infatti, comunica che MnM Print Edizioni "è nata per creare e diffondere libri sulla cultura materiale e intellettuale italiana irradiatasi nel mondo, attraverso l'emigrazione verso i cinque continenti e le innumerevoli vicende da essa scaturite"[11].

A tale proposito, pertanto, vengono in mente nomi sia in Italia sia negli Stati Uniti, alcuni già menzionati sopra: Helen Ba-

---

[11] Si veda, http://www.mnmprintedizioni.com/1/chi_siamo_3914046.html.

rolini, Rose Basile Green, Giorgio Bertellini, Peter Bondanella, William Boelhower, Anna Camaiti Hostert, Luisa Del Giudice, Francesco Durante, Luigi Fontanella, Fred Gardaphe, Paolo Giordano, Sebastiano Martelli, Laura Ruberto, Joseph Sciorra, Cosma Siani, Rudy Vecoli, Pasquale Verdicchio, Robert Viscusi, Vito Zagarrio, fra gli altri—tutti per la maggior parte studiosi di letteratura o di cinema, se non di entrambi[12].

Gli americani italiani, intanto, risultano più numerosi. In *pole position* metto Ilaria Serra, che già in Italia aveva pubblicato uno dei primi volumi dedicati alla rappresentazione degli immigranti nei media, *Immagini di un immaginario: L'emigrazione italiana negli Stati Uniti fra i due secoli: 1890-1925* (Verona: Cierre, 1997; rielaborato in inglese presso Fairleigh Dickinson University Press, 2009). Da quando svolge le sue attività negli Stati Uniti dedica le sue penetranti energie ad ambedue i campi di *Italian Studies* e *Italian/American Studies*. Un altro volume fra i primi studi sull'argomento è il suo, *The Value of Worthless Lives: Writing Italian American Immigrant Autobiographies* (New York: Fordham University Press, 2007). Una qualità particolare della sua attività intellettuale è che si muove assai facilmente tra lo scritto e il visuale alternando al tempo stesso gli argomenti in questione. Organizza anche lei convegni sulla cultura italiana diasporica, l'ultimo "Italy in Transit" (già due edizioni, 2017 e 2018); ed è pure fra i tre componenti della redazione della rivista *Online Working Papers* dell'AATI (American Association of Teachers of Italian).

Formazione in italianistica e in studi comparativi, Emanuele Pettener oltre ad essere autore di tre romanzi in italiano—uno oggetto di studio in questa sede, come si è visto—e un volume di racconti in inglese, pubblica anche saggistica. Per la sua narrativa

---

[12] Tra tutti questi letterati e/o studiosi del cinema includo anche due folcloristi, Del Giudice e Sciorra, perché il loro lavoro costituisce un contributo indispensabile per la collettiva discussione estetica che si porta avanti anche per altri settori di produzioni di creatività.

ha sempre riscontrato successo, verificato dalle numerose recensioni positive, una delle quali apparsa nel settimanale *Publishers Weekly*, il più prestigioso periodico negli States per le recensioni di libri. Il suo perspicace volume su Fante, nel contempo, è stato uno dei primi sull'autore italiano/americano, *Nel Nome del Padre, del Figlio, e dell'Umorismo: i romanzi di John Fante* (Firenze: Franco Cesati Editore, 2010). Curatore ("Essere o non essere italoamericani", numero speciale di *Nuova Prosa* [Milano: Greco&Greco, 2009]) e traduttore (con Irene Marchegiani, la poesia di Joelle Biele, *La scopa* [New York: Bordighera Press, 2014]), egli fa parte pure della redazione della casa editrice Priamo, per la quale è anche *talent scout*.

Come Serra e Pettener, tutti e tre di formazione comparatistica a livello del PhD e proveniente dallo stesso programma, Chiara Mazzucchelli è autrice di numerosi solidi saggi e di un volume significativo dedicato alla sicilianità in scrittori americani di origine italiano/siciliana: *The Heart and the Island: A Critical Study of Sicilian-American Literature* (Albany, NY: SUNY Press, 2015). Già direttrice della rivista *Voices in Italian Americana* ha anche tradotto diversi saggi e racconti. Fulbright Fellow nel 2003, ha vinto in seguito altri premi sia per le sue ricerche che per il suo insegnamento. Quanto poi alla didattica, ha scritto il manuale *Cristo si è fermato a Eboli: Learning Italian Through Film* (New York: Edizioni Farinelli, 2009).

Altra studiosa di formazione comparatistica a livello del dottorato è Teresa Fiore, titolare della cattedra Inserra Endowed Chair in Italian and Italian American Studies alla Montclair State University. Autrice del recente volume, *Pre-Occupied Spaces: Remapping Italy's Transnational Migrations and Colonial Legacies* (Fordham University Press, 2017) e curatrice di un numero speciale della rivista *Quaderni del '900* ("The Road to Italy and the United States: La creazione e diffusione delle opere di John Fante" [2006]), Fiore si concentra su una serie di temi italiani e italiano/americani che include letteratura italiana moderna e contemporanea, la cultura degli americani di origine italiana, e l'immigrazione dell'Italia contemporanea. Il suo libro, ad esempio, è un acuto lavoro interdisciplinare sugli spazi culturali, in cui l'analisi delle storie sulle migrazioni sia da che verso l'Italia, e sui trasferimenti legati al colonialismo, fa luce sulla storia della formazione nazionale e dell'identità italiana.

Compagna di classe PhD con Fiore, Clarissa Clò si occupa pure lei di una serie di tematiche legate a letteratura e cinema italiani, musica e cultura popolare, ed altri studi su postcolonialismo e diaspora; e inclusa come oggetto di investigazione intellettuale è la cultura degli americani di origine italiana. Le sue competenze critiche e analitiche sono apparse per la maggior parte come contributi alle maggiori riviste (ad es., *Diacritics, Diaspora, Transformations*) e importanti miscellanee (ad es., *Postcolonial Italy* [2013]; *The Cultures of Migration* [2011]) che dovrebbero essere consultati oggigiorno da chiunque studi tali argomenti. Ha inoltre curato due numeri speciali di riviste; uno sugli studi culturali regionali dell'Emilia Romagna (*Il lettore di provincia* [2006]), e l'altro sui documentari italiani contemporanei (*Studies in Documentary Film* [2014]). Quello che Clò riesce a fare con le sue pubblicazioni, specialmente quelle in riviste non specificamente di studi italiani, è di mettere in rilievo, in un contesto più ampio di quello prevalentemente italiano, degli argomenti se non italiani di per sé, almeno italianeggianti, per mancanza di altri aggettivi in questo contesto. Dunque, tutti questi studiosi del post-2000 contribuiscono alla discussione alquanto più vasta — e necessaria per una più profonda consapevolezza di che cosa signifìchi essere "italiano" — di quelle fatte dal vecchio establishment critico-analitico italiano.

Steven Belluscio ha conseguito il dottorato in American Studies, un percorso di studio che integra sia la storia che la letteratura. Assieme alla pubblicazione del volume *To Be Suddenly White: Literary Realism and Racial Passing* (Columbia: University of

Missouri Press, 2006), si è anche dedicato al lavoro di bibliografia e di curatela. Nel primo ambito ha pubblicato un volume dei primi trentatrè anni della bibliografia della American Italian Historical Association (oggi Italian American Studies Association), rendendola più agevolmente consultabile per questo primo periodo di vita dell'associazione[13]; e nel secondo ambito ha curato i tre romanzi di Garibaldi M. LaPolla, un progetto di recupero necessario per altri scrittori italiano/americani[14]. Questo suo lavoro editoriale ha dato vita, in seguito, ad una monografia su LaPolla, *The Novels of Garibaldi M. LaPolla* (New York: Boridghera Press, 2017).

Formazione in letteratura comparata a NYU, Cristina Lombardi-Diop si è specializzata in colonialismo italiano e le sue conseguenze razziali. Ottima lente anche per studiare la diaspora italiana, i suoi acuti studi riescono a portarvi una nuova prospettiva per poter allargare gli orizzonti di *Itailan Studies*. Co-autrice con Gaia Giuliani di *Bianco e nero: Storia dell'identita' razziale degli italiani* (Firenze: Le Monnier, 2013), co-curatrice con Caterina Romeo di *Postcolonial Italy: Challenging National Homogeneity*, e autrice di altri saggi, la sua è una voce indispensabile nel continuum della discussione transnazionale sia del colonialismo italiano e le sue ripercussioni sia pure della diaspora italiana.

Formata sia in Italia sia negli States (PhD in storia presso il CUNY Graduate Center), come altri qui sopra, Marcella Bencivenni è in questa sede inclusa come storica fra tanti letterati perché, è fra i pochi storici che si rifanno in modo efficace anche ai prodotti culturali. Tant'è vero che la nuova attenzione negli Sta-

---

[13] *Constructing a Bibliography. AIHA: 1968-2003, American Italian Historical Association*. Lafayette, IN: Bordighera Press, 2003.
[14] *The Grand Gennaro*. Con introduzione e a cura di Steven J. Belluscio. New Brunswick, NJ: Rutgers University Press, 2009; *The Fire in the Flesh*. Con introduzione e a cura di Steven J. Belluscio. New York: Bordighera Press, 2012; *Miss Rollins in Love*. Con introduzione e a cura di Steven J. Belluscio. New York: Bordighera Press, 2016.

tes dedicata oggi allo scrittore/attivista Arturo Giovannitti ha le sue origini nel libro di Bencivenni, *Italian Immigrant Radical Culture: The Idealism of the Sovversivi in the United States, 1890-1940* (New York: NYU Press, 2011)[15]. Ha anche co-curato "Radical Perspectives on Immigration", un numero speciale della rivista *Socialism and Democrocy* (2008), e sta completando un libro sull'importante seppur dimenticato radicale americano italiano Carl Marzani.

Questi sforzi di recupero editoriale e critico, che compiono qui sia Belluscio che Bencivenni, risultano più che necessari nella ricostruzione della storia socio-culturale degli americani italiani negli Stati Uniti. È vero che tale vuoto di attività intellettuale viene riempito dalla presenza di studiosi vogliosi di impegnarsi. Ma è pur vero che occorrono altresì i programmi post-laurea, vale a dire a livello di dottorato, che possano preparare tutta una nuova generazione di intellettuali e critici culturali per poter ri-scoprire e infine restituire alla storia socio-culturale degli Stati Uniti quell'importante capitolo estetico-ideologico dei contributi degli italiani d'America.

Fulbright fellow per il 2017, Ryan Calabretta-Sadjer, il più giovane tra tutti nella lista, è formato in *Italian Studies* con una tesi sul cinema. Autore dell'intelligente monografia *Divergenze celluloidi: Colore e identità sessuale nei film gay di Ferzan Ozpetek* (Milano: Mimesis, 2017), ha anche curato un volume dedicato all'opera pasoliniana, *Pasolini's Lasting Impressions: Death, Eros, and Literary Enterprise in the Opus of Pier Paolo Pasolini* (Fairleigh Dickinson University Press, 2018). Argomenti dei suoi saggi includono Joseph Tusiani, Luigi Pirandello, e il regista italiano/americano Bob Giraldi (*Dinner Rush*). Inoltre, i suoi interessi per la cultura italia-

---

[15] Mentre usciva negli States il suo volume sui sovversivi con un capitolo appunto su Giovannitti, in Italia usciva una miscellanea di autori vari su Giovannitti, *Il bardo della libertà*, a cura di Norberto Lombardi. Isernia: Cosmo Iannone Editore, 2011.

na e italiano/americana *queer* vengono rispecchiati nei suoi lavori in corso che includono nel mondo della diaspora italiana una monografia (*Dandyism in the Socio-Economic Context of Italian Americana: Robert Ferro*) e il saggio "Sex, Power, and Coming Out of the Closet in *Nunzio's Second Cousin*".

Tutti insieme, questi summenzionati protagonisti costituiscono infine una parte integrante del nuovo contingente di studiosi e di intellettuali che, come si è detto all'inizio di questi appunti, hanno completato il dottorato dopo il nuovo millennio e che inoltre si sono ormai già affermati; formano per l'appunto una nuova équipe da ambedue le nazioni che indubbiamente rinforzerà e consoliderà gli studi italiano/americani tra le due sponde se non pure oltre. Perché, in fin dei conti, occorre, *sensu latissimo*, con sempre più urgenza, mettere in risalto l'esistenza della più totale cultura italiana al di fuori del Bel Paese e che non è necessariamente articolata soltanto in lingua italiana[16]. Anzi, l'italiano, per quanto possa figurare a volte più desiderato di altre lingue come canale comunicativo, e in un certo qual modo rendere l'opera in questione più vicina alla cultura del Bel Paese, non dovrebbe tuttavia rivelarsi l'unico veicolo linguistico tramite il quale chi scriverà poesia o narrativa potrà esprimere e/o comunicare la sua sensibilità *italiana*.

---

[16] So di convergermi con il concetto di "Italici" che Piero Bassetti porta avanti sin dal 2002. Ne aveva parlato per la prima volta nel suo saggio "Italicity: Global and Local", in *The Essence of Italian Culture and the Challenge of a Global Age*, a cura di Paulo Ianni e George F. McLean (Washington, DC: The Council for Research in Values and Philosophy, 2002) 13-24, ed elaborato ulteriormente in *Italici. Il possibile futuro di una community globale* (Milano: Casagrande, 2008). Si veda pure il suo più recente *Svegliamoci italici!: Manifesto per un futuro glocal* (Venezia: Marsilio, 2015).

Dalla fame alla fama:
da un paesino della Ciociaria a Montparnasse.

Maria Rosaria Vitti-Alexander
NARAZETH COLLEGE

L'unificazione della penisola del 1861 porta in molte parti dell'Italia del Centro Sud altra miseria, altra tragedia e altra ignoranza.[1] Nella zona Sud del Lazio, area denominata Terra di Lavoro o Ciociaria, le popolazioni contadine, già povere e per la maggior parte analfabete, come conseguenza dell'endemico stato di indigenza in cui si ritrovano, vedono parte della propria gente ricorrere per pura sopravvivenza, a vere e proprie azioni illegali. Con il persistere di un sistema di privilegio, d'ingiustizia e di miseria, tali sporadici fenomeni di rivolta si consolidano in organizzata lotta armata che prende il nome di brigandaggio. Per molti il brigantaggio viene a significare l'unica ed ultima arma di difesa, e conseguentemente vede l'adezione di tanti. Nel Basso Lazio e in Ciociaria il brigantaggio nasce verso la fine dell'800 e in queste zone boscose e impervie perdura per quasi venti anni. È importante ricordare inoltre che la Ciociaria è zona limitrofa con le terre della Chiesa, e dunque si scopre facile rifugio per queste bande di briganti sconfinare al sicuro nelle terre boscose dello Stato Pontificio. Ben presto gli agguerriti gruppi si fanno conoscere anche fuori del loro territorio divenendo tristemente famosi per le loro scorribande, ed i nomi dei loro capobanda superano i confini della Ciociaria. Tra i tanti basta ricordarne quelli più noti quali Chiavone, Mammone, Fra Diavolo, Molitano, senza ovviamente tralasciare le brigantesse tanto belle quanto spietate, tra cui l'affascinante Michela De Cesare.[2]

---

[1] Per una dettagliata e chiara storia del Sud si veda il volume di Piero Bevilacqua, *Breve storia dell'Italia Meridionale*.
[2] Per un'attenta lettura sul brigandaggio nella zona della Ciociaria si veda l'elenco dei libri a fine saggio.

Con l'unificazione le straziate terre della Ciociaria si fanno palcoscenico di un altro efferato fenomeno denominato *La tratta dei fanciulli Italiani*.[3] È grazie al rapporto del vice console Lionello Scelsi e alla pubblicazione dell'avvocato Ugo Cafiero che si viene a conoscenza della vergognosa e drammatica presenza di questo laido e ben esteso mercato di piccoli italiani, una comprovendita di ragazzini che spariscono nel buco nero del traffico di merce umana. Un mercato fatto di vergogna e di dolore che ha trovato terra fertile nelle zone miserissime della Ciociaria. Rassicurati da una prospettiva di vita migliore per i loro figli, genitori disperati e ignari della vera realtà di tale transazione, affidano i loro ragazzini a paesani impostori che garantiscono per loro sicurezza e lavoro redditizio all'estero. Centinaia di giovani dai dodici anni in sú sono allontanati dalle loro famiglie e portati lontano in Francia, Inghilterra, Belgio e messi a lavorare in posti indescrivibilmente insicuri e pericolosi. Stormi di ragazzini riempiono le strade delle capitali europee, scalzi, affamati e malvestiti, costretti a far di tutto, e devono improvvisarsi suonatori e venditori ambulanti, ammaestratori di scimmie, distributori di bigliettini di fortuna, raccatta stracci. Per molti di essi il freddo delle strade, i maltrattamenti e la fame non lasciano scampo. In Francia il buco nero dello sfruttamento sono le vetrerie francesi, e la turbecolosi diventa la morte più sicura per questi giovanissini emigranti italiani. Scrive Filippo Ranaldi, barbiere:

> Ho vergogna d'essere italiano, perché i miei connazionali sono il disprezzo del popolino inglese, perfino nel giornale di caricature. Sono dei contadini, che vengono a fare i venditori di sorbetti, di castagne. Di patate con una stufa su una carrettella, musicanti, ammaestratori di scimie cui fanno tirare le sorti, ragazzi mendicanti, giovinette che le intere giornate, sino a tarda sera, sedute a terra, con una gabbia di uccelli infissa sopra un palo, aspettano

---

[3] *La tratta dei fanciulli italiani*, in *La Riforma Sociale* – Anno VIII, Vol. XI

chi vada a farsi tirar la sorte. Esauste si trovano spesso piangenti.[4]

A questa deposizione fa eco la voce del dottor Cimmina, residente a Parigi, che nella sua deposizione al processo Vozza (famoso negriero del mercato dei fanciulli) attesta:

> Stringe il cuore anche ai francesi vedere dopo la mezzanotte, nei mesi di dicembre e gennaio, a Parigi molti fanciulli italiani offrire in vendita le statuette, che loro assegnano i padroni, con la minaccia di non rientrare a casa se non portino una data quantità di soldi. I fanciulli, tremanti dal freddo, singhiozzano ai passanti: "Datemi di che rientrare, il padrone mi batterà."[5]

Ecco dunque la terribile realtà del Basso Lazio negli anni fine Ottocento inizio Novecento, dove le popolazioni spinte dalla miseria e dal bisogno espatriano. Partono in tanti, piccoli e grandi, donne e uomini, a Sora per esempio nel 1900 in soli due mesi partono in 260; a Casalvieri circa 200 persone all'anno lasciano la zona; a Caprati al Volturno lo spopolamento è al punto che manca chi lavora nella campagna. Ad Arpino la chiusura di tutte le antiche fabbriche di lana crea una miseria estrema che vede famiglie intere riparare all'estero.

Eppura la fame che forza tanti all'emigrazione non si fa tragedia per tutti. Per molti di questi giovani della terra ciociara la loro sfortuna si trasforma in gloria. Non si conoscosco le storie di tutti ma vale la pena raccontare di quelle note perché indice del carattere del popolo ciociaro che riesce a trasformare la fame dell'immigrazione in fama dei propri sogni.

È nella Parigi della seconda metà del XIX secolo che voglio fermarmi, anni importanti per la capitale francese che diviene epicentro della vita culturale europea, città che vede numerosi artisti da ogni parte d'Europa e dell'America che la eleggono loro luogo

---

[4] Vedi *La tratta dei fanciulli*, Vol. XI, p. 572.
[5] Vedi *La tratta dei fanciulli*, Vol. XI, p. 574.

di lavoro e di studio. È in questa Parigi che gli emigranti dei paesini della Media Valle del Liri si fermano. In un primo momento la diversità fisica di questi giovani li segna negativamente, ma la loro pelle olivastra, gli occhi neri, il loro sorriso e la loro forza catturano l'attenzione di artisti francesi e inglesi che vedono nella bellezza di questi giovani visi e corpi un'immagine da immortalare sulle loro tele.

Gaetano Venturini in una bellissima ed elegiaca pagina sulla Ciociaria e i suoi Ciociari così scrive:

> Seriche vesti fluenti, carezzano riposte bellezze muliebri, rivelando snelli fianchi, turgore dei seni. E sui volti di greco profilo s'aprono occhi grandi, profondi, vellutati, col barbaglio della libera ebbrezza di seduzione millenarie.[6]

Si attesta così nella Parigi di questi anni l'immagine della donna italiana di bellezza "orientale" con occhi grandi e neri, caratteri somatici esotici e di forme perfette, creando il mestiere di modello per questi ragazzi. Molti giovani ciociari, tanti giovinissimi, poco o niente istruiti, fuggiti da una situazione impossibile nel paese d'origine offrono, per un guadagno minimo o addirittura per niente, quella loro bellezza ormai divenuta epica allo sguardo degli artisiti che vogliono dipingerli, fotografarli, scolpirli. Oggi possiamo ammirare bellissimi lavori di quegli anni -olio su tela di Vincent Van Gogh che immortala una giovane contadina italiana, disegni a matita di Pablo Picasso, sculture di McMonnies, fotografie di Naudet e tanti altri. L'immaginario degli artisti del tempo di una bellezza *italienne* è ormai assodato, e da quelle visioni nasce l'incanto:

> ...e poi vedete scendervi incontro una di queste belle spose dalla carnagione d'un colore bruno pallidissimo, quasi trasparente, dai volti di madonna incorniciati di capelli neri largamente on-

---

[6] "In Paesi del Comino," *Ciociaria, Amministrazione provinciale di Frosinone. Sessantennale Della Provincia 1927-1987* (Frosinone: Dismisura, 1987).

dulati, dagli occhi grigioscuri, ora languidi e poi d'un subito stralucenti nel sorriso, dalle spalle delineate con ogni morbidezza, dalle mani pulite, e ben formate...[7]

C'è anche da sottolineare che essendo questi giovani di provenienza italiana, al fascino fisico si aggiunge fondendosi con esso, quello del glorioso passato artistico dell'Italia e ne risulta l'idea che l'attitudine a posare di questi giovani emigranti non è altro che un retaggio del periodo rinascimentale, dunque ben accetto.

Con la fine del XIX secolo - 1889 circa - si assiste a Parigi ad un salto di qualità di questi giovani della Ciociaria che da semplici modelli che offrono il corpo agli occhi degli artisti, si fanno a loro volta artisti e fondatori di accademie di arte. A Parigi le accademie fondate da emigranti di origine ciociara che fioriscono e si stabiliscono solidamente nel mondo dell'arte in questi anni sono ben tre, l'Accadémie Carmen, l'Accadémie Colarossi e l'Accadémie Vitti.

L'Accadémie Carmen è fondata dalla giovane Carmela Caira di Gallinaro. Dopo un inizio da modella la giovane impreditrice aspira ad altro, il ruolo passivo finora tenuto le va ormai stretto e passa alla creazione artistica: diviene animatrice e fondatrice e nasce l'Accadémie Carmen. Molti sono gli artisti che si aggregano alla Accadémie Carmen prestando il loro talento e diventandone docenti, tra i più conosciuti ricordiamo James Abbott McMeill Whistler, uno dei promotori dell'impressionismo inglese, William MacMonnies, Frederick Carl Frieseke ed altri.

Sempre a Montparnasse nasce un'altra galleria di matrice ciociara, la Accadémie Colarossi, e le modalità di seguenza degli eventi sono le stesse. Il fondatore Filippo Colarossi è di Picinisco, un altro piccolo paese della Ciociaria. Filippo come Carmela ha iniziato la sua carriera artistica facendo il modello. Le sue capacità artistiche lo portare in un primo tempo ad affrontare la creatività della scultura, poi a fondare il suo proprio studio d'arte. Nasce

---

[7] A. Baldini: "Ciociaria di Bonincontro," *Ciociaria* op. Cit. p. 48.

l'Accadémie Colarossi. Come le altre accademie l'Accadémie Colarossi vede tantissimi artisti che ne gravitano intorno e che impiegano la loro arte per l'insegnamento. Tra i tanti i più noti sono la scultrice Camille Claudel, Paul Gauguin, Jeanne Hebuterne, il nostro Amedeo Modigliani, e Aldons Mucha, il più accreditato dell'Art Nouveau. Una menzione a parte è dovuta alla pittrice Frances Hodgkins che fu la prima donna a insegnare in questa accademia. È importante inoltre sottolineare il tocco pionieristico dell'Accadémie Colarossi che permette alle alunne di disegnare corpi maschili dal vivo, cosa invece ancora assolutamente proibita in tutti gli altri luoghi di studio.

La terza accademia è l' Accadémie Vitti fondata nel 1889, che rimane una delle più frequentate e conosciute fino al 1914, inizio della Prima Guerra Mondiale. Due giovani ciociari Maria Caira di Gallinaro e Cesare Vitti di Grotte dell'Acqua, frazione del comune di Casalvieri, altro piccolo paese della Ciociaria, si sposano a Parigi. Il lavoro dei due giovani è simile a quello degli altri, lui lavoratore a giornata e modello, lei modella ben conosciuta e apprezzata. Con il matrimonio i due giovani, non più soddisfatti dei loro ruoli decidono di prendere il destino nelle proprie mani e aprono la loro scuola d'arte, l'Accadémie Vitti che diviene uno dei luoghi più stimati da noti artisti di vari paesi.

Per Maria Caira è il suo passato da modella a farle da trampolino di lancio nell'organizzazione dell'accademia. La giovane aveva iniziato il suo viaggio nel mondo dell'arte come modella già all'età di sedici anni ed è a quegli anni infatti che risale la statua dello scultore americano William MacMonnies che dà alla sua dea Diana le forme e il viso di Maria Caira. Più tardi quando Maria Caira apre la sua scuola d'arte è al MacMonnies che si appoggia, e questi ne diviene non solo grande sostenitore ma uno dei suoi illustri insegnanti. Grazie al prestigio in precedenza acquisito presso pittori e scultori, per Maria Caira è alquanto facile convincere molti ad entrare a far parte del corpo docente dell'Accadémie Vitti assicurando in tal modo la crescita della scuola. La collaborazione con Frederick MacMonnies determina nell'inverno 1895-1896 un afflusso di allieve americane e inglesi sotto la guida di altri artisti quali Janet Scudder, Lorado Zadoc Taft e Enid Yandell. L'anno successivo registra una crescita sia di studentesse americane che di altre nazioni. L'Accadémie Vitti è ormai posto conosciuto, affidabile scuola riservata a sole donne che vanta insegnanti Maestri quali Paul Leroy, Luc-Olivier Merson e Louis Joseph Raphael Collin.

Maria Caira, grande animatrice e anima dell'Accadémie, coinvolge anche le due sorelle minori Giacinta e Anna. Alla giovane età si tredici anni Giacinta Caira inizia l'arte di modella, come rivelano delle foto scattate dall'illustre fotografo Charles Naudet. Bellissime le due foto che la mostrano coperta dal tradizionale costume ciociaro, gonna con ampie pieghe e orlatura inferiore munita di frange sopra la quale si trova un zinale (grembiule) con bordatura. Sul capo un copricapo bianco (tovaglia).

Anna Caira la più giovane delle sorelle, segue la stessa strada. Stupendo l'olio di Juana Romani (Carolina Carlesimo anche lei ciociara) che la ritrae nella sua acerba bellezza immortalandola con il titolo *A dark haired beauty*, che richiama il mito della donna *italienne*. Per Anna Caira il destino vuole farle incontrare il suo futuro marito proprio nell'Accadémie Vitti, il nobile Henrie des Pruraux, artista anche lui, unione che le permette di dedicarsi alla poesia e alla prosa.

Guardando le immagini lasciate da qualificati fotografi ci si avvede che Maria Caira in Vitti pur dedicandosi all'organizzazione, animazione e supervisione dell'Accadémie continua tuttavia a posare per gli artisti della sua scuola. La predilezione di questa donna è per modelli classici greci, le piace coprirsi con tuniche leggere, fasce decorate da foglie di meandro e cordini alla vita. Il Naudet è uno dei fotografi ricordati, l'anno è il 1896. Bellissima la foto, sempre del Naudet, di Anna e Maria Caira che si tengono abbracciate in un suggestivo ed intenso gioco di sguardi.

Con l'avvento della guerra del 1914 la famiglia Caira - Vitti fa ritorno in Ciociaria, un trasloco non drammatico se i tre possono trasferire ad Atina quasi tutta la mobilia e i quadri accumulati. In contrada Schito oggi sorge il piccolo ma importante museo Accadémie Vitti che raccogli i meravigliosi schizzi e disegni di nudi, fotografie di modelle in costume, quadri e altro che documentano la vita delle scuole di pittura a Parigi in quegli anni e testimoniano il sogno di giovani italiani emigrati per fame e approdati alla fama dell'arte.

> La Ciociaria "...circoscritta ai due estremi dalle conche di Sora e di Cassimo, su di un pianoro mosso e vario [...] Paesi turriti e schivi [...] aggrappati altri come in cordata sugli speroni violacei dei monti [...] E il nastro sinuoso del Melfa la incide e vivifica [...]Da questa luce abbagliante di terre e d'acqua, di piane e di monti, di piante e d'animali emergono a cerchio, un poco assonnate, Atina e Picinisco, Casalvieri e Casalattico, Gallinaro e Settefrati, S. Donato, Alvito e Vicalvi."[8]

Sono partiti in tanti da questi paesi della Ciociaria, famiglie intere alla ricerca di un destino più giusto, giovani senza futuro che si lasciano dietro luoghi belli e pittoreschi ma duri e restii a offrire un pur piccolo futuro. Ma molti riescono a trovarselo altrove, a farsi riconoscere per quello che possono offrire. Si creano rinascendo dalla cenere dei loro simili. Dalla fame alla fama, una fama trovata con la tenacia e la forza di carattere che caratterizza questa popolazione, ieri come oggi:

> gente piuttosto brusca e rude, e questo era il segno di una dignità personale, di una indipendenza e libertà, con vecchie solide virtù e una indulgenza a solidi gusti del vivere...Bruschi e realistici, pratici, industriosi, amanti dei liberi mestieri.[9]

---

[8] Gaetano Venturini, " Paesi del Comino," in *Ciociaria*, op. cit. p. 112
[9] Vedi Alvaro, in "*Ciociare* a Roma," in *Ciociaria*, Op.cit. p. 223.

BIBLIOGRAFIA

Piero Bevilacqua, *Breve Storia dell'Italia Meridionale*. Roma: Donizelli Editore, 2005.

Ciociaria, Amministrazione Provinciale di Frosinone. Sessantennale della Provincia 1927-1987. Frosinone: Realizzato da Dismisura, 1987.

Cesare Erario e Eugenio M. Beranger, *Accademie Vitti, 49 boulevard du Montparnasse, La storia e i protagonisti*. Biblioteca statale Antonio Baldini.

Benedetto Launetti, *Brigandi di Ciociaria. Indagine su una congiura dimenticata*. Torino: Edizioni del Capricorno, 2016.

Chiara Recchia, *Le facce travisate con la farina. Casalvierani nel brigantaggio postunitario*. Roma: Aracne, 2016.

Maria Scerrato, *Fiori di finestra, donne briganti lungo la frontiera 1864-1868*. Modena: Arte Stampa editore, 2016

La Storia e la ministoria raccontate da un inconsueto privilegiato che si ritrova subalterno

Antonio Carlo Vitti
INDIANA UNIVERSITY

Nel 1998 la Wake Forest University nella North Carolina nel Sud Est degli Stati Uniti d'America ha inaugurato *The Giuseppe De Santis Collection*, un archivio contenente foto, lettere personali, contratti, copie in videocassette dei film, ma anche sceneggiature mai realizzate del summenzionato regista ciociaro.[1] La decisione di lasciare una buona parte del proprio materiale ad una università americana è scaturita da una lunga meditazione che ha rappresentato per Giuseppe De Santis una sorta di testamento personale e di riappacificazione con la cultura americana iniziata con il suo primo viaggio negli Stati Uniti dove tenne conferenze e lezioni nell'autunno del 1989 in vari atenei statunitensi.[2] Nel 1991 trascorse l'estate come ospite d'onore e *Artist in Residence* alla Scuola Italiana del Middlebury College, dove nel 1993 insegnò un *Directing Practicum* che produsse il suo unico film girato negli Stati Uniti: *Ciao Middlebury*. È ben noto come il regista ciociaro amava

---

[1] In ARCHIVAL OUTLOOK 2015 Published by the Society of American Archivists on p. 4 – DIRECTOR"S CUT. Italian Neorealism Film and the Giuseppe De Santis Papers by Craig Fansler, Preservation Librarian, Wake Forest University – wrote: Every archives has a niche and attempts thorough collection development policies to build a strong body of scholarly material that strengthens their collection focus. [...] the Giuseppe De Santis Papers, a collection of film materials, photographs, and scripts from the career of a relatively unknown Italian film director, Dr. Antonio Vitti [...] engineered the acquisition of the De Santis Papers at the ZSR Library.
[2] Foreword [..] Sometime in spring 1989 I received a call from Antonio Vitti, [...]. He told me he had met Giuseppe De Santis and wanted to arrange the Italian film director's first North American tour, and he asked if I would be interested in co-sponsoring the trip. My answer, qualified by the usual fiscal constraints, was immediate and enthusiastic. Ben Lawton, Purdue University – Foreword in *Giuseppe De Santis and Postwar Italian Cinema* by Antonio Vitti. University Press of Toronto, 1996.

la cultura cinematografica e letteraria americana e allo stesso tempo temeva la politica e l'ideologia capitalista e consumista degli Stati Uniti. Il suo amore-timore si ripete immancabilmente in tutti i suoi film, ma basta guardare il suo film più conosciuto nel mondo: *Riso amaro* (1949), per cogliere l'influenza hollywoodiana e l'avversione politica del regista al capitalismo e all'imperialismo culturale statunitense.

Nel 2017 l'archivio *The Giuseppe De Santis Collection*, in seguito a una lunga trattativa durata quasi un anno con la WFU e grazie anche alla collaborazione dei docenti d'italiano della WFU è stato trasferito presso la Lilly Library della Indiana University a Bloomington; un trasferimento che idealmente aveva soprattutto lo scopo da parte di chi scrive questo saggio di riunire simbolicamente le opere di Giuseppe De Santis con quelle del suo grande amico e collaboratore Carlo Lizzani (Immagine 1) che aveva lasciato il suo archivio alla Lilly Library dopo una lunga trattativa.[3]

---

[3] LIZZANI, CARLO MSS.
The Lizzani, Carlo mss, ca. 1941-2010, consist of the writings, photographs, scripts, audio-visual materials, correspondence, awards, newspaper and periodical articles, and unpublished diary of Italian filmmaker Carlo Lizzani. The written materials in the collection are mainly in Italian. Born in Rome in 1922, Lizzani worked as a critic and essayist for the group CINEMA before becoming associated with *La rivista*, which formed the base for the "Neorealismo" movement in Italian filmmaking, collaborating with notable filmmakers Roberto Rossellini, Giuseppe De Santis, Michelangelo Antonioni, Luchino Visconti, Gianni Puccini and Antonio Pietrangeli. His collaboration as a screenwriter with Vittorio De Sica, Cesare Zavattini and Alessandro Blasetti was interrupted by World War II. After WWII, he collaborated on such notable films as *Germany Year Zero* (1948) with Rossellini, *The Mill on the Po* (1949) with Alberto Lattuada, and *Caccia tragica* (1947) and *Bitter Rice* (1949) with De Santis; it was for *Bitter Rice* that Lizzani received an Academy Award nomination for Best Original Story. Lizzani went on to direct his own films, including the internationally acclaimed crime thriller *Banditi a Milano* (Bandits in Milan), released in the United States as *The Violent Four* (1968). At the time film critic Pauline Kael wrote, "*The Violent Four* shows more understanding for visual movement and more talent for movie-making than anything that's been made in America this year."
The collection is organized into the following series: I. Films; II. Associations; III. Documentaries; IV. Writings; V. Legal; VI. Publicity; VII. Interviews; VIII. Correspondence; IX. Publications; X. Audio-Visual; XI. Awards and Honors.

Antonio C. Vitti • "La Storia e la ministoria"

BREVE PREMESSA

Giuseppe De Santis è un pezzo della storia italiana e non solo di quella cinematografica. Fu partecipe del periodo pre-neorealista come critico e recensore per la rivista frondista *Cinema*. Divenne un protagonista dei momenti di gloria della Resistenza e con il suo primo film *Caccia tragica* (1946) creò uno dei pochi capolavori cinematografici realizzati e apprezzati nel mondo sulla ricostruzione prima del '48.[4] Fu uno dei primi registi ad entrare nel dibattito su arte e politica e a confrontarsi con la cultura di massa e i mass media, ma la sua visione artistica di regista impegnato che nei suoi film offriva soluzioni ideologiche ai problemi dell'epoca, lo rese vittima della Guerra Fredda fra i blocchi che negli anni Cinquanta si contendevano il dominio politico e culturale (Immagine

---

The Films series contains written materials pertaining to motion pictures directed by or otherwise involving Carlo Lizzani; actual reels of film are not in the collection. Assocations include materials for organizations of which Lizzani was a member. Documentaries contain written documents for documentary films made by Lizzani. Writings include articles and accompanying materials written either by or about Carlo Lizzani. The Legal series contains general legal records. Publicity materials include flyers and invitations to screenings and other events. The Interviews series features published interviews with Lizzani in periodicals and newspapers. Correspondents include: Giulio Andreotti; Becky Ottolenghi Behar; Luigi De Laurentiis; Giorgio Napolitano; Renzo Rossellini; Walter Veltroni; Cesare Zavattini. Publications include general periodicals and newspapers collected by Lizzani. The Audio-Visual series contains numerous photographs of Lizzani films and events, as well as DVDs consisting mainly of his films. The final series, Awards and Honors, includes plaques, statuettes and certificates received by Carlo Lizzani over the course of his career.

[4] Le recensioni pubblicate in Francia quando il film viene presentato alla fine dell'anno 1947 grazie a una serata organizzata alla Maison de la Chimie della Federazione francese dei Cineclub furono tante, tra esse spicca quella di George Sadoul che sul settimanale *Lettres fancaises* scrive; "*Caccia tragica* è uno dei capolavori della scuola italiana, merita di essere accostato a *Paistà*, *Sicuscità* e *Il sole sorge ancora*. La scuola italiana è, in questa parte dell'Europa, quella che guarda piu' spesso per la strada. Il suo messaggio ci giunge tanto meglio in quanto è in parte generato da Renoir e Feyder, e ci arriva in un'epoca in cui un ampio settore del nostro cinema rasenta la mediocrittà o l'accademismo." In *Caccia tragica. Un inizio strepitoso* a cura di Marco Grossi e Virgilio Palazzo. Quaderni dell'Associazione Giuseppe De Santis, 2000, p. 16.

2). Il suo sorriso ironico, durante la sua lunga assenza dal set cinematografico, non riusciva a nascondere il rammarico di avere al suo attivo solo undici film, difatti si autodefiniva: "Il regista dimezzato".

Nell'archivio, tra i tanti soggetti mai realizzati dal regista, ho trovato e riletto *Il suo cavallo*, scritto in collaborazione con Gianni Puccini e Rodolfo Sonego nel 1954.[5] Questo soggetto cinematografico appartiene ai numerosi sogni nel cassetto del regista e questo studio segna una tappa importante nel fare conoscere oppure nel divulgare un soggetto cinematografico non incluso nell'ultima parte (dedicata ai soggetti non realizzati), dell'ottimo volume curato da Sergio Toffetti, *Rosso fuoco. Il cinema di Giuseppe De Santis* (Torino: Museo Nazionale del cinema, 1996).

Introduzione

Il SUO CAVALLO..., è un soggetto cinematografico (Immagine 3) composto di trentadue pagine dattilografate per un film mai realizzato che avrebbe dovuto raccontare undici anni della storia d'Italia dal 25 luglio del 1943 al 1954, con una visuale inconsueta, che spazia dal patetico, al grottesco ma prevalentemente umoristica, tutte presentate attraverso le peripezie di *Atlantico*, il SUO cavallo,[6] conosciuto e ammirato dagli italiani che adulavano il Duce.

---

[5] Una rivista dal titolo "Il suo cavallo", con riferimento al destriero bianco di Mussolini fu presentata al Teatro Valle nel 1944. Una compagnia di attori ben conosciuti furono messi insieme da Dino De Laurentiis e riscosse un successo strepitoso. Il testo era di Steno e Castellani (anche regista) con il supporto ombra di Leo Longanesi e Mario Soldati, musiche di Nino Rota, balletti di Aurel M. Millos. Sulla scena Paola Borboni, Carlo Campanile, Vittorio Caprioli, Sergio Tofano, Paolo Stoppa. Il fascismo era alle spalle, si poteva finalmente parlare e dire tutto, con gran sollievo.

[6] Nel soggetto benché mai nominato, è avvio che si riferisca al cavallo bianco di Mussolini che in realtà si chiamava *Aprile*. In *Sport e fascismo*—AA. VV.—Google Libri—ho letto la seguente affermazione di Mussolini: "Ho sei cavalli nelle mie scuderie: quattro arabi e due italiani. I cavalli arabi mi sono stati donati da sovrani d'Arabia e d'Africa, e da capi indigeni delle nostre colonie. Sono i più begli animali che abbia visto in vita mia. Non sono alti come i miei due cavalli italiani,

Atlantico è il protagonista che ha una sua "umanità" difatti intorno a lui si incontrano una vasta gamma di personaggi, esseri umani che danno concretezza ai vari episodi. Nel soggetto la storia è esposta in prima persona ma è una convenzione. Nel film ci sarebbe stato "uno speaker", una voce fuori campo che si sarebbe sentita molto meno degli speakers consueti di tanti film di quel periodo storico. In questa particolare storia il cavallo non avrebbe parlato con gli uomini ma soltanto con se stesso e con gli altri animali — ma in una sorta di monologo interiore — e avrebbe espresso i pensieri di *Atlantico* nel linguaggio degli esseri umani. Lo stesso espediente sarebbe stato usato per far parlare gli altri cavalli e gli altri animali che appaiono nella storia, in modo da trasmettere i loro sentimenti, i loro dialoghi e le loro idee. I cavalli avrebbero comunicato senza aprire la bocca e una voce fuori campo avrebbe tradotto i loro pensieri e le loro "annusate" come fanno i cavalli quando parlano fra loro e adoperano il naso e non la bocca. Nel corso del film diverse voci avrebbero tradotto nel linguaggio umano le parole di tutti i cavalli, i muli, i cani, i gatti e le galline che figurano nella storia.

IL SOGGETTO MAI GIRATO

Il film sarebbe iniziato con un discorso introduttivo in diretta: "Questa che voi vedrete è la mia storia [...] Non è una storia comune, anzi è la storia di un personaggio che è stato qualcuno, che

---

che provengono da un allevamento governativo, e più precisamente mi sono stati assegnati dal ministero della Guerra. I cavalli arabi sono vivaci e nervosi, sempre pronti a scattare in aperta campagna, qualora io lo richieda. Ma il mio cavallo favorito è Ruzovich, di allevamento italiano. Gli voglio bene perché è il mio migliore compagno, mi conosce, risponde al mio tocco ed ha il trotto che mi piace."
In:
https://books.google.it/books?id=SW_q8y721EwC&pg=PA29&lpg=PA29&dq=i+cavalli+di+mussolini&source=bl&ots=KPElC1hu_A&sig=h5Bo8uUSIswFubNkZTSpGWYxR-Lo&hl=it&sa=X&ved=0ahUKEwiWnfvsvpbYAhXL1xQKHcWbBx44ChDoAQgxMAU#v=onepage&q=i%20cavalli%20di%20mussolini&f=false

si è innalzato ai massimi fastigi sociali. [...] Si può ben dirlo: io sono arrivato addirittura a conquistare il potere [...] io non sto qui a raccontarvi balle, ma tutte cose vere. [...] comincio da questo tramonto [...] le mie parole vi guideranno nelle avventure che mi aspettano; e non saranno poche avventure [...].

NUOVA SCENA[7]

Da una ripresa di Roma, una città unica, al tramonto in un giorno che resterà nella memoria degli uomini, segue una dissolvenza, seguita da un piano sequenza in cui una macchina entra nel giardino della villa del re. Dalla macchina scende un uomo che tutti sanno chi è, ripreso da dietro, che con passo bersaglieresco malgrado la pinguedine e la vecchiaia che cerca di nascondere, esce di spalle dall'auto, il narratore ci dice che non racconterà la storia di quell'uomo ma la propria storia personale, anche se dipesa dalla fortuna di quell'uomo appena sceso dalla macchina.[8] Poi aggiunge, con voce fuori campo, che da quell'uomo hanno anche origine le sue presenti disgrazie.

NUOVA SCENA

L'uomo entra nella villa, il narratore dall'esterno, vede delle ombre di persone che si muovono furtivamente che lo speaker definisce: "goffi passi di lupo" – "facce pallide da congiurati che hanno paura di esserlo". All'esterno l'auto lussuosa che aveva accompagnato l'uomo, viene allontanata e al suo posto viene fatta arrivare un'ambulanza. Imbarazzo, paura, angoscia sono percepiti tra i congiurati. L'uomo visto all'inizio esce ed è fatto entrare nell'ambulanza. È il venticinque luglio del 1943: finisce un'era.

NUOVA SCENA

"Questo sono io. Sono proprio io, questo bel cavallo bianco, bianco come la neve e come il gesso delle statue equestri. Mi avete

---

[7] Il soggetto dattilografato non ha una divisione delle scene che ho inserito per rendere la lettura del testo scorrevole.
[8] Nel riassumere la trama ho scelto il tempo presente per rendere la lettura e la comprensione del testo scorrevole e facile da seguire.

visto tante volte, e anch'io mi vedevo, mentre le mie parole richiamavano sullo schermo celebri brani di repertorio dell'epoca […] — Ammirato dagli italiani mentre le truppe sfilano per via dell'Impero, fiero impettito, sotto di lui — […] oppure mentre io salgo su un aereoplano, per andarlo a precedere ad Alessandria d'Egitto, pronto per una parata che non ci potè mai essere […] Ero il "suo" cavallo. Mi chiamavo *Atlantico*; proprio un nome da cavallo imperiale — sopra di me non c'era nessuno: soltanto lui."

Un'introduzione che fa pensare in vena sarcastica e satirica al perfetto accoppiamento tra *Bucefalo* che accompagnò Alessandro Magno creando nell'immaginario storico il connubio perfetto tra condottiere e cavallo. Ci viene anche in mente che Napoleone aveva 130 cavalli e che il suo preferito era sicuramente un piccolo e bianco stallone Arabo, a cui aveva dato il nome di *Marengo*.

Dopo l'introduzione, il nostro narratore afferma di non essere stato cattivo, di non essere stato guerrafondaio ma che ora dopo l'arresto stava per perdere il suo posto e di avere paura in quanto legato al motto che aveva esaltato le dote atletiche di quell'uomo appena portato via: "Spunta il sole canta il gallo/ il dittatore monta a cavallo".[9]

Il cavallo si trova nel parco della villa dell'uomo portato via, al venire della sera resta fuori perché nessuno viene a portarlo in stalla, con lui c'è anche *Foemina*, la cavalla di "lei".

CAMBIO DI SCENA — ALLA VILLA DI LUI

Sera di preoccupazioni e trambusti — la macchina di lui non arriva e neanche lui — dal di fuori si vede molta gente, si capisce che si trama qualcosa e che si fanno tanti discorsi. Cani e gatti sono mandati in ricognizione e riportano ai cavalli strani discorsi. Gli animali non sono stati curati, non hanno ricevuto da mangiare.

---

[9] Sicuramente gli autori hanno riscritto in tono comico e allusivo il famoso verso di Cuzio Malaparte apparso nelle Cantate dell'Arcitaliano: "S'alza il sole canta il gallo/Benito Mussolini monta a cavallo.

Tutti gli animali si chiedono che cosa faranno? Si preoccupano. Il narratore ci rivela che "la maggior parte degli animali nella villa sono dittatoristi—tutti si preoccupano dell'annuncio sentito alla radio: "la guerra continua [...]. Hanno tutti paura quella notte— Sono tutti come gli esseri umani nella villa dittatorista, hanno paura dell'avvenire—tra gli animali si comincia a sentir dire: "noi non c'entriamo con la guerra, non l'abbiamo voluta noi"—Gli stessi discorsi fatti dagli esseri umani—*Atlantico* inizia a pensare di dover imparare a vivere da cavallo e farne una ragione— Nessuno trova risposta alla domanda: "Che cosa ci faranno?"

NUOVA SCENA

Arriva una pattuglia di carabinieri, sentiamo: "Non credo di avere colpe, sono *Atlantico* il suo cavallo", tutti gli altri animali scappano e "il suo cavallo" bianco viene portato via e separato dalla sua amica cavallina [....][10] mentre si chiede: "La rivedrò mai più?"

NUOVA SCENA

Strade di Roma tra la folla impazzita di gioia. Tutti lanciano imprecazioni contro "lui" —Si bruciano camicie nere e distintivi— si ignora il suo cavallo, nessuno lo riconosce—invece alle stanghe di botticelle o di carretti, altri cavalli lo riconoscono e lo insultano, alcuni lo accompagnano con un lungo nitrito di scherno—Lo portano in una caserma dove anche i soldati fanno festa.

NUOVA SCENA

Il giorno dopo in una stalla con i cavalli del reggimento. I soldati sono entusiasti di averlo con loro, mentre invece i cavalli lo insultano, alcuni gli sferrano calci negli stinchi—il suo cavallo non reagisce—poi i cavalli a loro volta meno fortunati di lui gli dicono:

---

[10] La mattina del 26 luglio 1943 tutti e tredici i cavalli di Mussolini sparirono dalla scuderia di Montesacro, trafugati furono magiati dalla popolazione affamata. In:https://books.google.it/books?id=SW_q8y721EwC&pg=PA29&lpg=PA29&dq=i+cavalli+di+mussolini&source=bl&ots=KPElC1hu_A&sig=h5Bo8uUSIswFubNkZTSpGWYxR-Lo&hl=it&sa=X&ved=0ahUKEwiWnfvsvpbYAhXL1xQKHcWbBx44ChDoAQgxMAU#v=onepage&q=i%20cavalli%20di%20mussolini&f=false

"Ora farai la naja anche tu! — Uomo a uomo — Cavallo a cavallo —
"Io non c'entro, seguivo gli ordini" risponde *Atlantico*, ma gli altri cavalli gli dicono che tutti i dittatoristi dicono la stessa cosa. *Atlantico* capisce di essere coinvolto nell'odio contro il suo padrone, di essere colpa delle sue colpe. Vorrebbe vivere da cavallo, essere un cavallo, vorrebbe farlo ma come? Spetta a lui dimostrarlo — con il tempo vorrebbe farne una norma, una convinzione. Inaspettatamente un generale arriva e furtivamente monta sopra "il suo cavallo" per atteggiarsi come "lui" con la speranza di poter diventare come "lui". *Atlantico* pensa che sia un nostalgico (termine che avrebbe imparato dopo assieme al concetto espresso dagli ufficiali della caserma che si stava meglio quando si stava peggio — avrebbe imparato con il tempo il significato di quelle parole). Il generale tronfio e contento se ne va.

Nuova scena

Un altro giorno, al suono delle trombe e delle fanfare, spinto da un riflesso incondizionato, *Atlantico* si impenna per abitudine, per riflesso chiamato condizionamento.

Nuova scena

I giorni passano — si mangia poco: una papparella rubata dai soldati, chiamata Energon che il governo passa ai cavalli sotto le armi ma che mangiano anche gli uomini per sopravvivere. *Atlantico* non sa fare niente e non può lavorare, nessun lavoro va bene per lui. Inaspettatamente incontra Giovanni, il primo uomo che gli vuole bene. Giovanni, povero con cinque figli, lo accarezza davanti alla gente, è un uomo alla mano, mentre 'lui' nemmeno lo guardava quando non era davanti alla gente — il contadino Giovanni coltivava un fazzoletto di terra prima della guerra — vorrebbe tornare a casa alla fine della guerra — si comporta diversamente dagli altri — parla da pari a pari con il cavallo, non lo tratta da scimunito. Essendo un servo dei potenti sa distinguere tra padrone e servo. Giovanni non è il generale — si avvicina perché è stato l'attendente del generale ma *Atlantico* capisce che non è giusto identificarlo con lui, Giovanni ha perfettamente imparato come tirare dritto quando si è in guerra.

NUOVA SCENA

Molti soldati si cambiano e scappano. *Atlantico* viene caricato su un camion tra confusione e angoscia, si odono spari in lontananza: è arrivato l'otto settembre—Giovanni è scomparso. Inaspettatamente *Atlantico* è di nuovo nel lusso, in un parco, ha una nuova padrona. Tutti la chiamano Contessa. Lui la conosce benissimo, lei gli è rimasta devota—Una fanatica che lo ha tratto in salvo con l'accordo del generale. Aspetta "lui" e il suo cavallo deve essere in forma per il suo ritorno. *Atlantico* rivede personaggi noti dell'epoca—teste rasate—ma si sente odiato da tutti e se ne rende sempre di più conto. Inaspettatamente intorno a lui, vede tutti ubriaci e felici che festeggiano in "suo" onore. Difatti "lui" è stato liberato ed è stato portato in Settentrione.

NUOVA SCENA

Atlantico viene messo in un camion per andare verso nord per essere riconsegnato a lui. Il camion viene fermato dai bombardamenti e tutti fuggono impauriti dalle incursioni aeree. Chiuso dentro il camion, dimenticato, colpito da una bomba è salvo per miracolo *Atlantico* riesce a scappare dal camion abbandonato.

NUOVA SCENA

Durante la notte *Atlantico* corre libero in aperta campagna, nel suo sangue lipizzano affiorano ricordi dell'infanzia—si sente giovane e pensa che sarebbe meglio vivere vent'anni da cavallo che un giorno da destriero, un'ora da corsiero e un minuto da palafreno ma erano giornate spaventose e durante una notte d'autunno illuminata dalla luna viene preso dai Tedeschi e pensa: "Che ceffi i Tedeschi e l'amico di lui" e il bianco suo cavallo finisce con il tirare un cannone.

NUOVA SCENA

All'alba ancora tira il cannone ma arrivano i partigiani (*Atlantico* non sa chi siano) diventa il centro di una vera battaglia, non si curano di lui—le due parti non lo riconoscono, quello che conta è il cannone, i partigiani si prendono il cannone e il cavallo con il cannone.

NUOVA SCENA

Con in groppa un partigiano *Atlantico* va verso una fattoria, il padrone viene incontro ai partigiani e chiedono uno scambio, non serve loro un cavallo. Non sanno di *Atlantico* il suo cavallo, non hanno bisogno di un cavallo, non vogliono denari, ma una caldaia piena di castagnaccio appena cotto; un paio di pasti per loro in montagna, *Atlantico* si sente umiliato, un cavallo lipizzano, "il suo cavallo" scambiato per una caldaia di castagnaccio.

NUOVA SCENA

Il nuovo padrone ha grano ma non l'ha voluto dare. Ha tutto: ortaggi, salumi, frutta e prosciutto, ma non riesce a trovare un'occupazione per il cavallo, *Atlantico* pensa che gli uomini si intenerirebbero di lui se solo sapessero chi veramente è. Il nuovo padrone coinvolto nel regno della borsa nera, tratta con uomini che vengono da Roma con i camion, pagano con collanine d'oro, lenzuola, abiti, coperte e materassi, ma mandano via una vecchietta che vuole scambiare cibo con una campana di vetro.

NUOVA SCENA

Il nuovo padrone lo vuole vendere all'asta in mezzo all'aia. Giovanni che aveva perso il bue sotto le bombe, vorrebbe comprarlo a rate per coltivare il suo pezzetto di terra per non finire a far la fame. Il nuovo padrone non gli risponde, infine un romano lo acquista, anche un cavallo che non sa fare nulla va bene per lui che ha un portafoglio gonfio. Il suo cavallo viene comprato e portato via. Il viaggio di ritorno a Roma avviene con una decina di diversi cavalli di tutte le razze e di tutti i generi, molti segnati dagli anni e dalle fatiche vissute. *Atlantico* impara dagli altri cavalli, compagni di viaggio che saranno portati al mattatoio e che con loro il romano si ripropone di fare grossi guadagni a causa della fame degli abitanti di Roma e la penuria di bistecche. *Atlantico* viene scambiato per un cavallo da circo dai suoi compagni di viaggio che non leggono e vanno al cinema e non sanno chi veramente sia—soltanto uno lo riconosce ma non rivela la sua identità agli altri—*Muso Basso*, un cavallo mal ridotto, la cui stanchezza nasconde il desiderio di evitare noie. Cavalli da tutta l'Italia con accenti diversi lo trattano senza l'alterigia mostrata dagli uomini quando si sentono superiori agli altri—tra di loro gli inferiori sono i muli, i negri della loro specie—*Atlantico* ha le orecchie intronate di cento cose—non si sente razzista ma ricorda che "lui" tenne un discorso alle gerarchie per galvanizzarle, da sopra la sua sella tuonava contro le razze inferiori e allora gli aveva creduto. Scopre che anche i muli hanno un cuore e che guardano agli zoccoli come portafortuna; hanno imparato dagli uomini, dai quali hanno anche appreso le loro massime e comandamenti: Ama il tuo cavallo come te stesso —Non fare male ai cavalli —Sei polvere e polvere ritornerai —Non commettere peccati di orgoglio —Piglia il padrone com'è: non si può scegliere —È vano cercare il pelo nell'uomo.

I quadrupedi mostrano anche un profondo pessimismo verso gli uomini con le loro massime: L'uomo cambia cappello ma non il viziobvIl cavallo propone e l'uomo dispone —Campa uomo che il grano cresce —Non ci si può fidare delle umane promesse.

Esite anche una sapienza cavallina da secoli riflessa in molti detti che invocano la misericordia umana: Dacci oggi il nostro fieno quotidiano e massime sui cavalli apprese dal loro rapporto con gli uomini: Cavallo di polso —Cavallo di mondo (io per esempio). Esistono anche modi di dire umani applicati ai cavalli: Siamo cavalli oppure caporali —Montare sull'uomo di Orlando —Chi pecora si fa l'uomo la mangia —Uomo da battaglia —Ho un febbrone da uomo.

Nuova scena

Atlantico finisce con il saltare dal camion e scappare per la campagna. Alle soglie di un paesino durante il mercato e con la piazza piena di gente, con file di persone davanti ai negozi con poca roba da mangiare, tutti torturati dal terrore del tutto esaurito, *Atlantico* in piazza viene preso da un bambino, mentre cammina vede tutto intorno: faccie ossute e fameliche, e capisce subito che lo vogliono uccidere per mangiarlo dato che non mangiano carne da mesi, e sognano di fare di lui bistecche, e offrire un chilo di carne al bambino per compenso.

NUOVA SCENA

Tra tutto questo trambusto *Atlantico* vede un monumento equestre e sente un tonfo al cuore, il monumento è una copia dell'originale eretto al Littoriale di Bologna,[11] anche se nella riproduzione è sconciato rispetto all'originale, 'lui" è senza testa, e al cavallo hanno apportato l'ornamento virile. Ad *Atlantico* viene nostalgia ripensando ai giorni passati con "lui" nel giardino della sua villa, ripensa ai giorni gloriosi, agli squilli di fanfare, fortunatamente viene salvato dal romano che lo aveva comprato che fa valere i diritti della proprietà privata sulla fame della gente che vorrebbe mangiarlo.

NUOVA SCENA

Vede i Tedeschi che si ritirano a testa china. Arrivano gli Alleati. È il 4 giugno. *Atlantico* viene venduto come bestia da fatica e portato in Via del Gelsomino dove i vetturini e i carrettieri cercano cavalli a causa degli eventi bellici, e finesce comprato assieme a *Muso Basso*.

NUOVA SCENA

Inizia una nuova vita — con gli alleati — alle stanghe di una botticella viene riconosciuto dai romani, preso a sassate dai ragazzini e spesso i grandi lo indicano a dito e gli tirano calcetti — I GI americani lo vogliono galoppare e fotografare. Mister Carey lo vuole comprare per portarlo in America nell'Illinois; vivo oppure imbal-

---

[11] *Il mistero de testone scomparso* —
http://www.ilgiornaleditalia.org/news/cultura/852885/Il-mistero-del--testone-.html

samato ma non porta mai a termine i suoi progetti a causa del suo perenne stato di ubriachezza.

NUOVA SCENA

Il vetturino fa affari d'oro, ora "il suo cavallo" vive in una stalla proletaria e lavora per Sor Annibale che ha due figlie femmine da sposare e teme gli americani, spasima di gelosia pensando che i nuovi arrivati le portino via per avviarle alla prostituzione. Sor Annibale deve proteggere l'onore.

NUOVA SCENA

Atlantico non ha abitudine alla carrozza e prova molta stanchezza – vorrebbe essere lasciato in pace dalla gente e ha il timore delle parate. Un giorno a Piazza Venezia all'angolo con via dell'Impero a una sfilata delle truppe alleate che si congedano da Roma, al suono delle trombe e al rullar dei tamburi, "il suo cavallo" ritrova il passo caracollante dei bei tempi e non si accorge neanche delle frustrate che gli piombano sul groppone. Ancora non è guarito dai suoi vizi e dai riflessi condizionati.

NUOVA SCENA

Un'alttra volta in piena salita del Tritone incrocia un'altra carrozzella e avviene l'incontro con *Foemina* l'amata di un tempo, la cavallina nera che aveva perduto di vista. Si è trovata un nuovo partner – si è risposata, il passato è morto e sepolto, ora sta con un cavallo da tiro, durante il loro ultimo incontro, gli sceneggiatori non perdono l'occasione per deridere i celerini che arrivano ma non possono arrestare i due cavalli, il loro incontro per strada che ha rallentato il traffico non è una infrazione prevista dal regolamento.

NUOVA SCENA

Nella sceneggiatura non manca un riferimento ai nostalgici, difatti una notte arrivano alla stalla dei giovinastri dittatoristi, non amati dagli abitanti del rione che con i pennelli scrivono "sul suo cavallo" un omaggio a "lui". Per evitare problemi, il proprietario fa finire *Atlantico* al galoppatoio.

NUOVA SCENA

"Il suo cavallo" viene subito riconosciuto dai ricchi pariolini, soprattutto da giovani e signorine del genere gagà che vengono a trovarlo e lo trattano bene. *Atlantico* rivede anche il generale dei 45 giorni che di nuovo si mette in posa come "lui". Ora scrive articoli sui giornali desiderando l'arrivo di un altro "lui" — Con il passare del tempo anche "il cavallo di lui" passa di moda e viene dimenticato dai nostalgici, non trovando troppa gente che voglia affittarlo un cliente convince il deluso padrone del galoppatoio di fargli fare il generico nel cinema.

NUOVA SCENA

Atlantico finisce a Cinecittà in un colosso storico cinematografico americano girato in abiti romani antichi, si gira *Quo Vadis?*.[12] "Il suo cavallo" rivive per un attimo l'incontro con l'imperatore, pensando che fosse 'lui' preso dalla rabbia e dal terrore con uno strattone lo fa rovinare a terra e poi fugge.

Di nuovo gli scenaggiatori non perdono l'occasione per mettere in risalto che partiti i GI americani sono arrivati gli imprenditori cinematografici per dare vita a Hollywood sul Tevere, difatti il film menzionato fu il primo dei colossi storici hollywoodiani girati dopo la guerra a Roma.

NUOVA SCENA

Altlantico finisce con Giovanni che era stato l'attendente del generale dittatorista, ad arare il campo al posto del bue ucciso in guerra. Diventa il cavallo che vuole diventare e non quello che volevano per lui. Il cavallo ha capito che non si vive di solo fieno. Lavora pazientemente, non ha grilli per la testa, non è più *Atlantico* ma un bravo, modesto laborioso *Bianchino* e per questo non gli

---

[12] *Quo Vadis?* — 1951 di Mervyn LeRoy con Robert Taylor, Peter Ustinov, Deborah Kerr, Leo Genn, Patricia Laffan, Buddy Baer, Finlay Currie e Marina Berti. Tratto dal romanzo di Henryk Sienkiewicz, premio Nobel nel 1905. Film recensito da ilMorandini con pochi apprezzamenti: "Quasi 3 ore di noia monumentale con frammenti di istrionismo ben temperato, una magniloquente colonna musicale." Fu il primo dei colossi storici hollywoodiani girati dopo la guerra a Roma.

tocca sentire: Carogna, Brenna, Brocco, Carcassa, e ora ha quasi dimenticato il suo vecchio nome di *Atlantico* lavorando umilmente per Giovanni. Con questa scelta cessano le disgrazie e non ha più nulla da spartire con l'incombente peso del passato e con l'eredità lasciata dal più cattivo di tutti, ora può pensare alla salute e alla vita. Ha imparato che gli uomini fanno impazzire, soffrire, che eseguono ordini e seguono ordini. Le sue orecchie presto smetteranno di fischiargli, e non ricoderà di chiamarsi *Atlantico* e di essere stato il "suo" cavallo.

Dopo aver presentato la trama, nella parte che segue di questo scritto mi prometto di fornire una riflessione sul soggetto, scritto negli anni Cinquanta ma non realizzato. Tenterò di contestualizzare il soggetto in un determinato periodo storico e paragonandolo ai film che ebbero successo in quello stesso periodo e prendendo anche in esame i nuovi generi sviluppatisi in quegli anni: il melodramma e la commedia del neorealismo rosa e i primi film della commedia all'italiana includendo delle premesse su come questi generi si sono sviluppati. Rifletterò, in seguito, su quale tipo di società viene messa in scena nei film di questi generi a partire dagli anni Cinquanta e su come questa società veniva rappresentata attaverso i tipi che creava. Inoltre mi servirò del soggetto non realizzato per commentare la restaurazione in corso in Italia negli anni Cinquanta.

Secondo il critico Lino Micciché dopo un breve periodo il cinema del neorealismo inizia una fase d'involuzione nella qualità del prodotto filmico a causa della mutata situazione politica.[13] Per Masolino D'Amico, invece il gusto dello spettatore medio a partire dagli anni Cinquanta si stava orientando soprattutto verso il cinema d'evasione e in risposta all'orientamento del pubblico si era sviluppato il sottogenere del neorealismo rosa dove alcuni elementi del cinema del dopoguerra si erano mantenuti anche se in

---

[13] Lino Micciché, *Il cinema italiano degli anni '60*. Venezia: Marsilio editore, 1975, p. 76.

chiave più leggera.[14] Andrea Bini descrive il nuovo genere che si evolve dopo il neorealismo come un cinema costituito da storie romantiche, tradizionali, inserite in un contesto che mostra la distruzione e il degrado italiano del dopoguerra,[15] Masolino D'Amico sostiene che il ruolo esercitato dalla censura non favoriva la distribuzione di quelle opere che risultavano più impegnate politicamente.[16]

Per poter poter dare più peso alla mia tesi includo un passaggio di una mia conversazione con G. De Santis registrata a Fiano Romano nel 1990 sulla definizione che il regista ciociaro dava al cinema popolare.

De Santis: "Oggi se mi metto a guardare con più distacco con più anche ironia, il mio cinema, capisco che tutto quello che mi faceva concepire quel tipo di cinema e non un altro, era dovuto alla mia particolare sensibilità, alla mia particolare personalità, all'interno, ripeto, di questo movimento [neorealismo]. Ognuno ha avuto la sua cifra. Io ho sempre amato il cinema da baraccone, il cinema come un fatto di circo equestre, con tutte le possibili finzioni che il cinema ti offre come possibilità di linguaggio. Ho sempre amato queste possibilità, ma questi sono bagagli culturali che mi porto dentro, che lavorano nel mio proprio inconscio ma è anche una questione di natura mia. Lo spettatore deve apprezzare la trasfigurazione come un dato che viene dalla realtà, come un dato iperbolico della realtà—Io facevo un cinema che voleva parlare alle grandi masse, cioè rispettavo le ragioni e le origini della nascita del cinema—Il cinema è un grande mezzo di comunicazione di massa, e allora io non volevo, e non voglio ancora oggi, difatti continuo a pensare che un regista debba essere un interlocutore con le grandi masse e il grande pubblico. Il grande pubbli-

---

[14] Masolino D'Amico, *La commedia all'italiana: il cinema comico in Italia tra 1945 e 1975*. Milano: Arnoldo Mondadori editore, 1985.
[15] Andrea Bini, *Male Anxiety and Psychopathology in Film: Comedy Italian Style*. New York: Palgrave Macmillan, 2015.
[16] Si veda Masolino D'Amico, *La commedia all'italiana*, treccani.it.

co è sempre il pubblico popolare, è sempre il popolo, ma questo non significa che io abbia fatto un cinema popolare per il popolo, perché questo è un altro discorso, ma il che non significa che io abbia trattato problematiche, temi, tematiche che riguardavano direttamente la classe subalterna, i lavoratori, e i contadini per essere popolare. Il cinema popolare si deve intendere in questo modo, interlocutore del popolo, perché per esempio molto spesso il mio cinema è stato erroneamente considerato come un cinema popolare e non portavoce dei desideri, dei gusti e dei desideri del popolo."

Alle affermazioni del regista ciociaro aggiungerei che i film neorealisti potevano definirsi tali per la loro attitudine ad accostarsi e a mostrare la realtà problematica delle classi sociali più povere. Rossellini, ad esempio sosteneva che il film realista "pone e si pone dei problemi" e parlando dei registi neorealisti diceva che: "noi ci siamo posti, nel dopoguerra, proprio di fronte a questo impegno; e nessuno di noi ha cercato di fare quel che si dice un film di «trattenimento». Dal mio punto di vista critico per tutti i registi all'epoca contava la ricerca della verità, la corrispondenza con la realtà. Si potrebbbe semplicemente affermare che per i primi registi italiani detti neorealisti si è trattato di un vero e proprio atto di coraggio. Dunque il neorealismo come cinema di impegno, dove la difficile condizione delle classi sociali meno abbienti, come i contadini, i pastori, il proletariato urbano, i disoccupati, i pensionati, nell'immediato dopoguerra, viene portata alla luce.

Inoltre aggiungerei che le idee di De Santis sono molto vicine ad alcuni critici che non erano marxisti e che per molti dei film più rappresentativi del neorealismo italiano il carattere "realistico" debba essere concepito in termini ancora più ampi. Si potrebbe affermare che film da *Roma città aperta* a *Riso amaro*, siano anche esempi artistici di quel "realismo critico" teorizzato da Lukàcs: siano cioè "tipici" di quel tempo, nel senso che rispecchiano la vita, tutte le contraddizioni più importanti, sociali e morali e psicologiche dell'epoca. E in questo senso, cioè relativamente all'impegno sociale, all'attenzione ai più deboli, al carattere di realismo critico dei film neorealisti, parlando di *Ladri di biciclette* di De Sica è ovvio che la crudele solitudine cui l'uomo è condannato dalla lotta per l'esistenza, rivela meglio anche la natura della sua polemica sociale e morale, che non è fine a se stessa, ma è simbolo d'una condizione umana.

PLAUSIBILI CONCLUSIONI

Sebbene non si possa sapere come sarebbe stato il film da un punto di vista artistico o cinematografico il contenuto del soggetto preso in esame ci porta a delle considerazioni non soltanto sullo sviluppo della filmografia desantisiana, ma anche a fare delle speculazioni sul ruolo avuto da Rodolfo Sonego e in conclusione sull'importanza storica del soggetto e su un possibile sviluppo di un genere di comico cinematografico nel cinema italiano degli anni Cinquanta.

Come abbiamo discusso il soggetto inizia con una veduta di Roma con la voce fuori campo del cavallo che dopo una breve premessa inzia in flashback a raccontare i fatti storici a partire dal fatidico 25 luglio 1943, la notte dell'arresto del Duce avvenuta davanti alla villa del re d'Italia. Alla prima scena seguono i ricordi gloriosi del cavallo che con in groppa "lui" sfila nei cortei "imperiali" con superbo passo. La paura si avvera con la caduta del fascismo, l'arresto del cavallo con conseguente trasporto in caserma, tentata fuga per mezzo dell'amante di "lui", (nel testo chiamata la Contessa), cattura da parte dei Tedeschi che lo forzano a tirare un cannone, breve permanenza con i partigiani, vendita a un losco commerciante di borsa nera che lo rivende a un incettatore voglioso di guadagno che a sua volta consegna il cavallo a un mattatoio. Il nostro destriero è salvato dalla Liberazione. Il nuovo evento storico vede *Atlantico* a tirare una vettura nella Roma popolata da Americani desiderosi di farsi una foto con il cavallo di "lui" e da nostalgici desiderosi di un ricordo imperiale. La conclusione è a sorpresa con l'ormai non più giovane cavallo che finisce con il tirare l'aratro di un reduce, contento di lavorare nell'anonimato senza rimpianti, rafforzato dall'ottimismo della ragione e dalla consapevolezza degli errori passati.

Il suo cavallo, scritto nel 1954, se fosse stato girato sarebbe stato un film unico nella storia cinematografica italiana d'autore per quanto narra la storia d'Italia durante il regime fascista da un angolo visuale inconsueto. Negli anni Cinquanta, De Santis aveva scritto *Noi che facciamo crescere il grano*, soggetto cinematografico che si articola sulle condizioni generali dei braccianti calabresi, e mostra la loro miseria per legittimare la protesta e la richiesta di giustizia sociale. La storia mai girata avrebbe denunciato questo stato di cose e sarebbe stato parte di una trilogia sul Meridione assieme ad un film sulla figura del sindacalista Giuseppe Di Vittorio e un soggetto sullo sciopero a rovescio attuato dai contadini in rivolta: *La strada nella valle*. Se fossero stati realizzati, oggi la filmografia di Giuseppe De Santis sarebbe diversa e la storia del cinema italiano avrebbe capitoli di un romanzo cinematografico sui contadini del Mezzogiorno che non si è mai girato. I progetti non furono mai realizzati perché negli anni cinquanta De Santis fu vittima della politica del partito al governo riguardo all'occupazione delle terre nel Meridione e delle ripercussioni sull'industria cinematografica italiana della seconda ondata repressiva anticomunista scatenata dal governo americano. La restaurazione condotta in nome della la continuità dello Stato era iniziata dal 1945 come sostiene Corrado Stajano:

> [...] La Resistenza fu tradita subito dopo il 25 aprile 1945, quando il processo di restaurazione – la continuità dello Stato – ebbe partita vinta. Tornarono "da remote caligini i fantasmi della vergogna". Burocrati, militari, politici, furono riammessi rapidamente con tutti gli onori nella vita pubblica nel nome della lotta contro il bolscevismo. Qualche esempio: Vincenzo Eula, il pm del tribunale di Savona che nel 1927 chiese le condanne di Ferruccio Parri,

Sandro Pertini e Carlo Rosselli per l'espatrio di Filippo Turati, divenne procuratore generale della Cassazione; Gaetano Azzariti, presidente del Tribunale della razza, divenne nel 1956 giudice e poi presidente della Corte costituzionale e, come denunciò Emilio Lussu nel 1949, il capitano Carlo Ciceri, già comandante di brigata nera, torturatore di partigiani nella caserma di via Asti, tristemente nota a Torino, come a Roma la casa di via Tasso, condannato a vent'anni di reclusione, fu riammesso nel suo grado e nella sua funzione al comando di una compagnia, nella stessa caserma di via Asti. "È come", disse Emilio Lussu, "se in via Tasso continuasse a prestar servizio un capitano delle SS tedesche". L'amnistia Togliatti, del 22 giugno 1946, non contribuì a creare un clima di pacificazione. Archiviare? Si è tentato di tutto per farlo, nei decenni: l'operazione fu osteggiata dalle solite minoranze, Sarebbe un delittto o, meglio, un suicidio. La memoria non è un'astrazione , ma la radice di un popolo. Il suo orgoglio, in questo caso. [...]

[...] Non mi sembra che il Pci abbia tratto grandi vantaggi dal ruolo preminente avuto nella guerrra di liberazione. Le formazioni garibaldine furono certamente maggioritarie, ma non mi pare che l'indubbia egemonia culturale della sinistra di allora sia nata dall'eredità della Resistenza. Dalla qualità degli uomini piuttosto, che in carcere: in esilio avevano studiato per il futuro del paese. Anche oggi si preferisce dimenticare l'egemonia popolare della Dc e della Chiesa: furono i giornali non certo di sinistra, la radio, la tv soprattutto, quando nacque, negli anni Cinquanta, a plasmare abilmente, per decenni, l'opinione pubblica.[17]

A causa del clima politico dell'epoca, nel 1954 De Santis, dopo le polemiche e accuse rivolte a *Roma, ore 11* (1952)[18] oltre al tenta-

---

[17] LA RESISTENZA E I FANTASIMI DELLA VERGOGNA di Corrado Stajano in *MicroMega* 3/2015, pp.76-79.
[18] Dopo l'uscita di *Roma, ore 11*, De Santis fu vittima della nuova azione legislativa adottata dal governo conservatore del Primo Ministro Mario Scelba (da gennaio 1954 a giugno del 1955). Il film venne posto al centro dell'inchiesta governativa che voleva scoprire se avesse ricevuto finanziamenti dall'Unione Sovietica e se parte dei guadagni avessero finanziato attività legate al Pci. Il nome del regista apparve in cima alla lista nera del governo distribuita ai produttori. La lista fu pubblicata dall'ARI. Il 22 aprile del 1954 il Ministro Giuseppe Ermini difese le nuove misure in un articolo apparso su <Il Messaggero>, p.11.

tivo di creare una commedia paesana colta e realizzata con il film *Giorni d'amore* (1954), si era anche interessato a fare un film con risvolti comici e surreali come dimostra il soggetto: *Il suo cavallo*. Che valore avrebbe ora il film? È impossibile giudicare un soggetto non realizzato ma conoscendo gli altri film di De Santis e prendendo in considerazione che il soggetto è molto cinematografico e che il regista prediligeva una struttura narrativa corale per i suoi film si possono fare le seguenti ipotesi.

Il suo cavallo, nasce dal concetto desantisiano che l'arte ha la funzione di toccare profondamente le vicende spirituali e umane di un popolo, i problemi, le crisi, le aspirazioni, le lotte e le conquiste. Per De Santis il cinema del dopoguerra fece sua questa verità che in breve riassume il concetto di neorealismo del regista. A differenza degli altri registi che si attenevano a mostrare le sofferenze e le ingiustizie il regista ciociaro voleva mostrare i colpevoli e indicare una via di uscita. Le disavventure di *Atlantico*, il cavallo di "lui", scritto nel 1954 se paragonato agli altri soggetti desantisiani non realizzati dello stesso periodo mostra delle differenze notevoli anche mantenendo dei temi cari al regista. I braccianti calabresi di *Noi che facciamo crescere il grano*[19] rappresentavano una realtà italiana di un popolo in lotta, nel processo di sviluppo dialettico, il che permetteva a De Santis di mostrare i fatti non come casi particolari e i partecipanti non come vittime ma come protagonisti di un dramma collettivo coinvolti in un processo di auto-

---

[19] Questo film-mi disse De Santis—è un vecchio progetto che ho dal 1949. La sceneggiatura la scrissi nel 1950, dopo i tragici avvenimenti di Melissa, insieme a Corrado Alvaro, Basilio Franchina, Fortunato Seminara, Libero de Libero e Rodolfo Sonego [...] È costato molto sangue questo movimento di braccianti agricoli nel Meridione per l'occupazione delle terre. Purtroppo non ebbi fortuna, i tempi non erano maturi per varare un progetto simile, perché si ricorderà l'epoca politicamente drammatica di quegli anni: le sinistre furono buttate fuori dal governo e c'era meno spazio per esse di agire, e quindi anche possibili appoggi che avrei potuto trovare in seno a certi apparati, ministeri, banche per il finanziamento, non ci furono [...] le banche e i produttori venivano sconsigliati dai governanti dell'epoca. *De Santis in Il cinema di Giuseppe De Santis tra passione e ideologia* di Antonio Parisi. Fondi: Edizioni Confronto, seconda edizione 2002, p. 126.

determinazione ed emancipazione. Al regista non interessava una rappresentazione del mondo soltanto da un punto di vista degli interessi sentimentali come centro del conflitto, il problema doveva essere sociale e politico, le rinunce della povera gente erano meno importanti delle capacità di lottare per i cambiamenti e di cogliere gli individui come rappresentanti di una classe in conflitto con quella avversa. Quello che stava più a cuore al regista era la possibilità di parlare a tutti e a far conoscere al pubblico pezzi di storia italiana appartenenti agli umili attraverso cui riuscire a conquistare gli spettatori. Tale proposito è evidente anche nel soggetto *Il suo cavallo*.[20]

Andrea Bini e Masolino D'Amico[21] concordano nel far nascere la nuova commedia con *Lo sceicco bianco* (1952) di F. Fellini. Come asserisce anche Miccichè[22] siamo di fronte al cinismo di una società individualistica che si riflette anche nell'arte. I nuovi eroi, anzi antieroi, sono personaggi il cui tratto distintivo è la mediocrità, la capacità di arrangiarsi e conformarsi alla cultura piccolo borghese e alle sue aspettative. L'ottica della mediocrità e dell'assenza di una morale etica che coincide con l'egoismo superficiale dell'arran-

---

[20] Riguardo alle affermazioni per cui il neorealismo sarebbe finito anche e soprattutto per propria consuzione, io vorrei dire questo: noi avevamo da fare i conti già col marxismo, il che era un'impresa molto grande e che mi pare gravitasse con maggior forza e importanza di quanto non fosse ad esempio per l'esistenzialismo e la psicanalisi, che invitano alla ricerca delle istanze individuali, delle angosce personali, che pure sono molto importanti, certo, da esplorare, ma che noi in quel momento ritenevamo non piu' importante del fatto di dare un quadro delle condizioni generali dell'Italia .. Quelle affermazioni sembrano quadi un invito a seguire le correnti alla moda. Quello appunto che hanno fatto altri registi che sono andati al seguito di certe egemonie culturali boerghesi. Proprio perche' c'e' stata questa involuzione generale in Italia dovuta alla prepotenza ee alal sopraffazione della Democrazia Cristiana. De Santis in *Il cinema di Giuseppe De Santis tra passione e ideologia* di Antonio Parisi. Fondi: Edizioni Confronto, seconda edizione 2002, pp. 124-5.
[21] D'Amico, Masolino. *La commedia all'italiana: Il cinema comico in Italia dal 1945 al 1975*. Milano:
Mondadori, 1985.
[22] Lino Miccichè, *Il cinema italiano degli anni '60*. Venezia: Marsilio editore, 1975.

giarsi e del conformarsi che sono spesso legati all'attualità creando un incontro con le esigenze del pubblico borghese e piccolo borghese con uno sguardo satirico, umoristico e comico in cui si riflettono i loro ideali.

Secondo Bini uno degli elementi di novità riguardo al nuovo comico va rintracciato nella carenza del «lieto fine». Nella commedia all'italiana lo spettatore non prende le parti di chi essendo «ricco di spirito» riesce con l'arguzia a sovvertire la sua sorte; questo meccanismo secondo il quale i poveri di spirito sono oggetto di vicende comiche è in questi film reso problematico.

Lo scopo del soggetto non realizzato qui discusso evidenzia che spinto dalla nuova situazione politica che era ostile a finanziare film politici sull'attualità storica, come la summenzionata trilogia sul Meridione, De Santis negli anni Cinquanta è ricorso alla collaborazione di Sonego e Puccini per scrivere una fiaba politica. Rileggendo attentamente il soggetto oltre alla morale politica desantisiana si intuisce l'apporto degli sceneggiatori. Con Gianni Puccini, De Santis aveva lavorato nella redazione di *Cinema* e in *Ossessione* (1943) e *Riso amaro* e molto è stato già scritto sulla loro collaborazione, per cui la novità è rappresentata dall'apporto di Sonego. Nel 1954 lo scenografo era poco conosciuto ma ripercorrendo alcuni dei film ai quali ha collaborato, basti pensare ad *Una vita difficile* (1961), film panoramica su venti anni di storia italiana vissuta da Alberto Sordi nei panni di un ex-partigiano, senza tralasciare la sceneggiatura scritta proprio per il debutto di Sordi alla regia, *Nestore – L'ultima corsa* (1994), storia patetica di un vetturino che deve separarsi dal suo cavallo bianco con una digressione su un aneddoto mussoliniano e possiamo cogliere il ruolo avuto dallo scenografo nel soggetto *Il suo cavallo*. La capacità che lo scenografo ha mostrato di fare rivivere e rileggere comicamente e grottescamente la storia d'Italia è evidente.[23] Inoltre il comico-grottesco

---

[23] Il ruolo avuto da Sonego è stato riconosciuto da Tatti Sanguineti autore di *Il cervello di Alberto Sordi. Rodolfo Sonego e il suo cinema*. Adelphi, 2015.

che insieme alla lezione politica desantisiana presenti nel soggetto anticipano le tematiche della commedia all'italiana ma calata in un contenuto politico e storico e rappresentano una innovazione nelle tematiche e nei generi cari al regista. Gli autori sfruttano infatti lo schema della favola classica per raccontare attraverso un cavallo i riflessi automatici simbolicamente imparati dagli italiani durante il regime. *Atlantico* rappresenta l'italiano non cattivo che imbevuto dalla retorica fascista si abitua a stare "sotto le natiche di lui" e illudendosi di essere superiore alle altre razze si insuperbisce marciando agli squilli di fanfare. Solo la guerra e la fame riportano l'italiano al buon senso e a fargli capire che "s'era montato la testa."

Il suo cavallo è un soggetto cinematografico che impartisce una lezione mescolando l'ironico, il grottesco, il comico, il patetico e il tragico, elementi che vanno ben oltre le trame delle commedie degli anni Cinquanta. Il soggetto studiato presenta le caratteristiche della commedia all'italiana di raccontare mescolando i generi, inoltre attraverso un cavallo narra le disavventure dell'italiano medio cogliendone i vizi ed esaltando i pregi del proletario che umilmente ricostruisce il suo futuro sul lavoro onesto. In altri termini, nel soggetto di De Santis c'è l'opposto di quello che avviene nel comico delle commedie dell'epoca. Sfortunatamente la favola sul cavallo di "lui" come la trilogia sul Meridione non furono mai realizzati. La svolta che De Santis cercava non avvenne a causa del clima politico dell'epoca ma anche perché la cultura egemone italiana del tempo non era pronta ad accettare un cavallo parlante che avrebbe potuto riaprire molte ferite storiche e "oltraggiare l'onore nazionale" secondo i continuatori della ragion di Stato. Ci resta il soggetto e la speranza che questo scritto faccia uscire all'aperto un sogno per anni rimasto chiuso nel cassetto che ci dia una dimensione diversa di quella che sarebbe potuta essere la cinematografia di Giuseppe De Santis e il cinema comico del dopoguerra, e che ci aiuti a capire meglio e da un'altra prospettiva un'epoca non troppo lontana, che sopratutto nella storia cinematografia viene ricordata e studiata attraverso film di genere per lo più appartenenti ai melodrammi, alle commedie paesane e cittadine e alla nascente commedia all'italiana.

GIUSEPPE DE SANTIS (Fondi 1917 – Roma 1997)

FILMOGRAFIA
Caccia tragica, 1947
Riso amaro, 1949
Non c'è pace tra gli ulivi, 1950
Roma ore 11, 1952
Un marito per Anna Zaccheo, 1953
Giorni d'amore, 1954
Uomini e lupi, 1956
La strada lunga un anno, 1958
La garconnière, 1964
Italiani brava gente, 1964
Un apprezzato professionista di sicuro avvenire, 1972

VIDEO
Ciao, ciao Middlebury (Good-bye Middlebury) 1993
Oggi è un altro giorno (Today is Another Day) 1995

SCENEGGIATURE
Marco Grossi, Virginio Palazzo (a cura di), *Caccia tragica. Un inizio strepitoso*, collana "Quaderni dell'Associazione Giuseppe De Santis", Fondi, 2000;

Vito Zagarrio (a cura di), *Non c'è pace tra gli ulivi. Un neorealismo postmoderno*, Scuola Nazionale di Cinema – Associazione Giuseppe De Santis, Quaderni della Cineteca, Roma, 2002;

Marco Grossi, Virginio Palazzo (a cura di), *Riso amaro nel fuoco delle polemiche*, collana "Quaderni dell'Associazione Giuseppe De Santis", Fondi, 2003;

Giovanni Spagnoletti, Marco Grossi (a cura di), *Giorni d'amore. Un film di Giuseppe De Santis tra impegno e commedia*, Torino: Lindau – Associazione Giuseppe De Santis, 2004.

BREVE BIBLIOGRAFIA

Camerino, Vincenzo, *Il cinema di Giuseppe De Santis*, Lecce: Elle Edizione, 1987;

Farassino, Alberto, *Giuseppe De Santis*, Moizzi Editore, Milano, 1978;

Giampiero Cleopazzo, *Il neorealismo di Giuseppe De Santis*, Galantina: Editrice Salentina, 1980;

Grossi, Marco e Spagnoletti, Giovanni (a cura di), Dossier: *Giuseppe De Santis – l'escluso*, in *Close-Up*, Anno 1 – n. 2 – settembre 1997 cinema di Venezia;

Lizzani, Carlo, *Riso amaro: un film diretto da Giuseppe De Santis*, Roma: Edizioni Officina, 1978;

Marcus, Millicent, De Santis' "Bitter Rice": a Neorealist Hybrid, in *Italian Film in the Light of Neorealism*, Princeton: University Press, 1986;

Masi, Stefano, *Giuseppe De Santis*, Firenze: La Nuova Italia, 1982;

Micciché, Lino, De Santis e la "trilogia della terra", in *La ragione e lo sguardo*, Cosenza: Lerici, 1979;

Parisi, Antonio, *Il cinema di Giuseppe De Santis tra passione e ideologia*, Roma: Cadmo Editore, 1983;

Vitti, Antonio, *Giuseppe De Santis and Postwar Italian Cinema*, Toronto: UPT, 1996

Wagner, Jean, *Giuseppe De Santis. Dossiers du cinéma*, in Cinéastes II, Bruxelles: Casterman, 1971.

APPENDICE 1

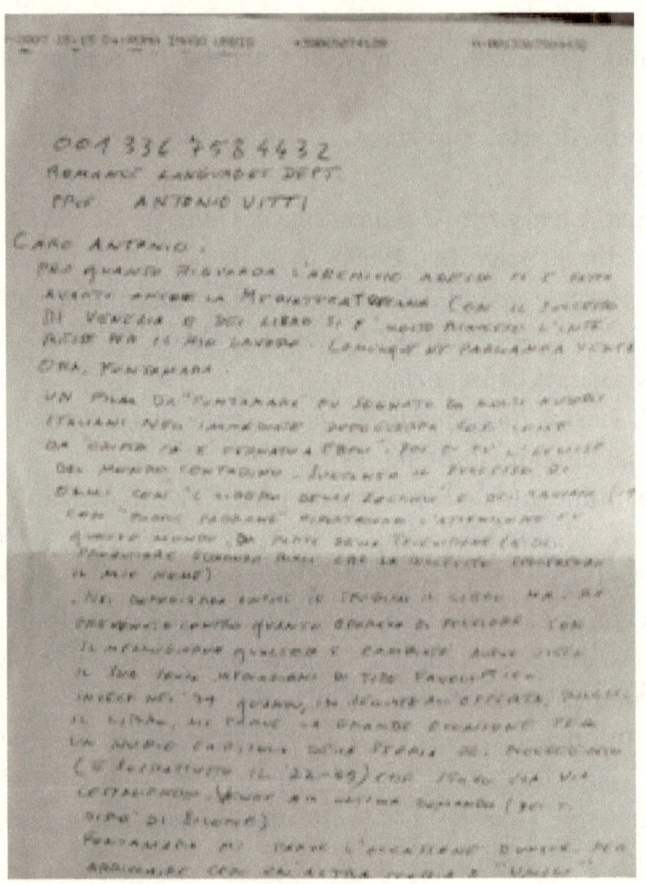

Immagine 1

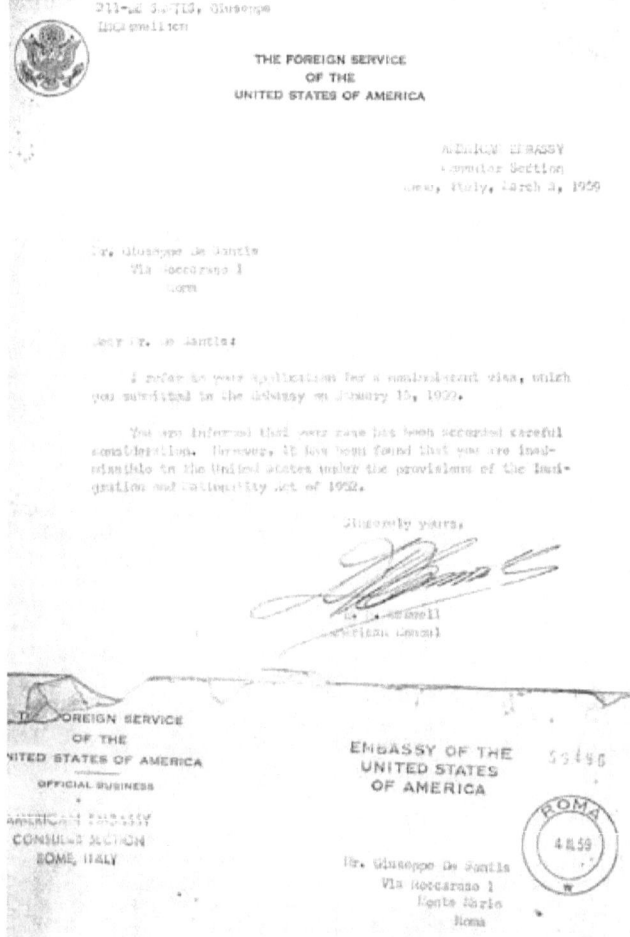

Copia della lettera inviata a De Santis e relativa al rifiuto da parte del governo statunitense di concedergli l'ingresso negli Stati Uniti per la premiazione del film *La strada lunga un anno.*

Immagine 2

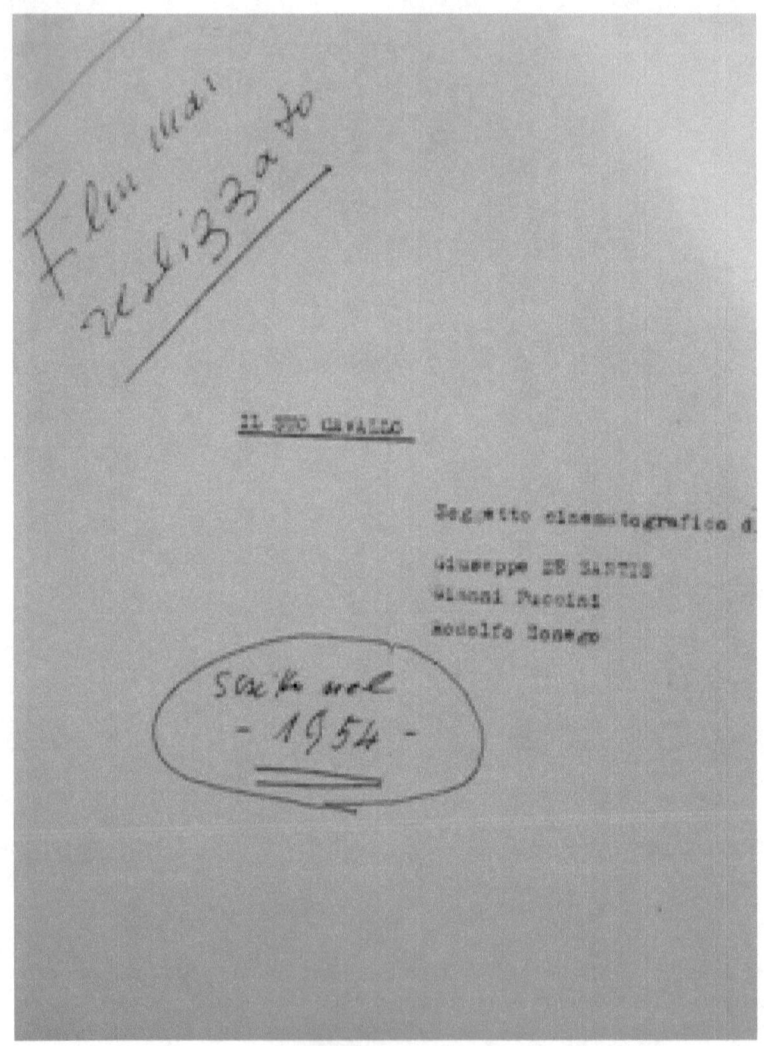

Immagine3

Appendice 2

Spunta il sole, canta il gallo, Mussolini monta a cavallo!

Questa foto è del 1942. Dopo i primi successi militari in Africa, Mussolini si fa ritrarre in posa da condottiero trionfatore, a cavallo e con la spada sguainata. Siccome però non pare bello che un eroico condottiero si faccia tenere ferma la bestia da un servente...

... ecco che scompare il servente: molto più eroico così, giusto? Inoltre, tanto per non farsi mancare niente, scompare pure il militare a sinistra (il vero trionfatore è solo, non divide la gloria con nessuno!) e così si vede bene pure la palma sullo sfondo, che fa tanto Africa anche se la foto è stata scattata a Roma...

Bassorilievo di Mussolini a Bolzano che campeggia sulla facciata del palazzo delle finanze: accanto al bassorilievo che vede al centro un'immagine del duce a cavallo è stata collocata una grande scritta: "Nessuno ha il diritto di obbedire", che è una citazione della scrittrice Hannah Arendt come risposta a Credere Obbedire Combattere che appaiono sotto il ventre del cavallo.

Sopra, Mussolini a Villa Torlonia con *Aprile*

Ritratto a cavallo di Benito Mussolini. Il Duce veste l'alta uniforme dell'esercito fascista.

Mussolini in uniforme imperial.

Antonio C. Vitti • "La Storia e la ministoria"

Lettera di De Santis scritta a Pietro Ingrao, all'epoca Direttore de *L'Unità* – riguardo al ruolo avuto dal cinema nel Meridione e l'eccidio di Melissa.

Caro Ingrao,

proprio in questi giorni m'é accaduto di pensare a come sono nati i migliori film italiano del nostro dopoguerra. Da una notizia di cronaca, dalla commozione suscitata nell'opinione pubblica attorno a urgenti problemi nazionali. Dall'impulso, insomma, di scrivere sulla pellicola vere e proprie "inchieste". Già, inchieste : le più drammatiche, forse, che si siano compiute in questi anni, in Italia.
E' per questo che domenica scorsa ho letto con una certa sorpresa il tuo editoriale : nel quale, mentre davi notizia del grande successo ottenuto dalla tua proposta d'invitare la stampa di ogni corrente politica a far luce sui luttuosi avvenimenti di Calabria, trovavi anche occasione per allargare il tuo appello e sollecitare l'umana partecipazione di quegli scrittori calabresi come Alvaro, Perri, Repaci, De Angelis, e non calabresi come Levi e Angioletti che nelle loro opere hanno "documentato" le condizioni di miseria e di schiavitù in cui versano le popolazioni del Mezzogiorno. Questo invito mi é sembrato particolarmente importante perché dimostra come, nonostante l'incuria tradizionale dei governi verso il Sud, non da oggi l'arte e la cultura italiana hanno dedicato commosse testimonianze in favore delle umili popolazioni del Meridione; e poi perché ci rendiamo tutti conto che il problema umano e sociale del Mezzogiorno può essere ancora fonte d'ispirazione drammatica per i nostri scrittori migliori. Ma la mia sorpresa era tutta qui : perché non hai invitato anche il cinema italiano a portare le sue macchine da presa sui campi e sulle strade di Melissa, di Strongoli, di Borticello, di Cutro? E vero che tu, opportunamente, ti sei rivolto nel tuo appello a quegli scrittori calabresi e non calabresi che si sono più esplicitamente occupati dei problemi del Meridione, ma proprio a questo proposito tu, che sei sempre stato amico del cinema e ne hai sempre seguito attentamente le sue manifestazioni artistiche, avresti dovuto almeno ricordare alcune delle sue prove più importanti del cinema italiano ispirate al Mezzogiorno ed altri-carsi quel lontano, ma ancora quanto attuale "1860" di Blasetti, che esaltava le gesta dei pastori siciliani nella lotta per l'unità d'Italia. Il dramma della piccola borghesia siciliana in "ANNI DIFFICILI" di Zampa, e, nello stesso film la breve ma toccante scena in cui due poveri braccianti affamati sono costretti ad arruolarsi per una guerra alla quale tuttavia non credono. Gli episodi meridionali in "PAISA" di Rossellini. E "IN NOME DELLA LEGGE" di Germi che racconta con crudezza il dominio feudale di un barone siciliano sugli operai della "sua" miniera e sui braccianti de "suoi" campi. E "LA TERRA TREMA" di Visconti che presenta le feroci condizioni di sfruttamento cui sono sottoposti i pescatori della costa ionica.
    Come vedi caro Ingrao, ho citato cinque "inchieste" e te altre potrei citarne che sarebbe troppo lungo elencare. Inchieste non poss'altro contano proprio per le possibilità che ha la cinematografia di poter parlare, più di ogni altro mezzo d'espressione a milioni di uomini.

E' per questo che penso: il cinema italiano, quel cinema che grazie ai suoi uomini migliori - registi, produttori, scrittori, attori, tecnici - ha permesso in questi anni alla cultura e all'arte italiana di arricchirsi di nuovi valori, quel cinema non può e non deve rimanere assente dall' "inchiesta" sugli avvenimenti di Calabria e sulle condizioni di vita delle popolazioni rurali calabresi. Tu mi dirai: allora un film sulla mostruosa strage di Melissa? Non credo. Difficilmente si troverebbero i produttori per un film del genere, e, quand'anche si trovasse, qualcuno disposto a tirar fuori i milioni per una tale impresa, l'attuale Governo, i prefetti, i questori, gli esercenti di cinema, di tanta parte d'Italia certamente non ne permetterebbero l'uscita. Ma un film sulle dure sofferenze degli umili contadini calabresi, un film che mostri il bisogno di aiuto che essi hanno da parte di tutta la Nazione, lo stato di arretratezza in cui sono tenuti da secoli, un film semplice ed umano, senza fronzoli retorici, ed un film che si tenga a tale misura, sì, io credo che si possa e si debba fare. Mi conforta, in questa idea, la larga pubblicità che tanta parte della stampa italiana ha dato ai fatti di Calabria e il modo davvero appassionato con cui giornalisti di ogni corrente politica - da Vittorio Gorresio sulla Stampa, a Corrado Calvo sul Messaggero, da Ugo Martegani sul Momento, al sacerdote Don Pisoni sull' Italia -, hanno richiamato l'attenzione di tutti: Paese, Parlamento, Governo. Mi conforta anche il fatto che i più illuminati dei nostri produttori hanno già dato modo ad alcuni registi italiani di produrre, come sopra ho ricordato, opere quali "1860","ANNI DIFFICILI","LA TERRA TREMA", "IN NOME DELLA LEGGE".

Migliore occasione di questa non poteva, dunque offrirsi ad un regista italiano. Ed io, caro Ingrao, che ero proprio in questi giorni alla ricerca del tema del mio prossimo film, ho pensato che non dovevo farmela sfuggire. Aggiungi che da tempo andavo accarezzando il proposito, ma senza trovare via d'uscita, di un film da girarsi nel cuore del Mezzogiorno, io meridionale che sebbene abbia già diretto tre film sui contadini, non avevo ancora avuto modo di raccontare a fondo una storia delle mie terre con i contadini di casa mia e i loro problemi di fame e di lavoro a protagonisti. Per questo vorrei partire anch'io con i giornalisti che accogliendo il tuo invito si recheranno in ######### ######### Calabria, vorrei andare anch'io a "vedere". Ritornerei certamente con un abbozzo di film da proporre ai produttori perché il sangue versato una domenica di Novembre a Melissa dai contadini calabresi per una causa giusta e legale, che non é soltanto loro ma di tutta l'Italia, venga ricordato al più grande numero di italiani.

Tuo affezzionatissimo

GIUSEPPE DE SANTIS

Oltre a non essere ammeso negli Stati Uniti per la premiazione del film *La strada lunga un anno*, De Santis fu colpito anche dalla scomunica per essere iscritto al Pci.

LA SCOMUNICA AI COMUNISTI

1. NON È LECITO
iscriversi a partiti comunisti o dare ad essi appoggio.

2. NON È LECITO
pubblicare, diffondere o leggere libri, periodici, giornali o fogli volanti, che sostengono la dottrina o la prassi del comunismo, o collaborare in essi con degli scritti.

3. NON SONO AMMESSI AI SACRAMENTI
i fedeli, che compiono consapevolmente e liberamente gli atti di cui sopra.

4. SONO SCOMUNICATI COME APOSTATI
i fedeli, che professano la dottrina del comunismo materialista ed anti-cristiano, ed anzitutto coloro che la difendono e se ne fanno propagandisti.

LA SCOMUNICA è una pena medicinale per la quale uno viene escluso dalla Comunione dei fedeli con gli effetti sanciti dal Diritto Canonico.

L' APOSTASIA è l'abbandono della fede cattolica.

Dovere dei fedeli è dare la più ampia diffusione al relativo Decreto del Santo Uffizio.

The Moroccan Diaspora And Political Representation Between Myth And Reality[1]

Tarbouni Younasse

> Contrary to the common wisdom, diaspora institutions are not more likely to emerge in states that depend on remittances, suffer 'brain drain', or those that are governed by right-wing political parties or autocratic regimes. Instead, it shows that diaspora institutions have often been established by senior origin-state politicians and policy makers acting on advice from international organizations.
> – *Governance and Mobilization: Old and New Actors* (171) [2]

With the rise of terrorist acts and the economic crises in the west, the Arab Diasporas have become a major topic of contention. After the 2011 uprisings, the anxiety on both sides of the Mediterranean has only risen. Just like any other diaspora, the Moroccan diaspora has found itself under suspicion any time there is an act of violence in the host countries. Whether in Europe or the US, the Arab/Muslim migrant of any generation has become guilty until proven innocent. As a result, there has been increased interest by the diaspora in the politics of the home countries.

The active participation of the Moroccan diaspora in the MF20[3] led to a major victory. The constitutional reforms finally legislated what MRE[4] had demanded for decades: political repre-

---

[1] This article, part of a 6-year long project, was partially presented in the Mediterranean conference at Erice in May 19-22, 2017 Sicily, Italy.
[2] Betts A. and Jones W, "The animators: how diasporas mobilize to contest authoritarian states", In Signo N, et al., "Diasporas Reimagined Spaces, Practices and Belonging" (Oxford Diasporas Programme, 2015)166-172-175. Link could be found here http://www.migration.ox.ac.uk/odp/Diasporas%20Reimagined%20full%20book%20low%20res.pdf.
[3] The movement of February 20, 2011 (MF20).
[4] MRE and MRM: I use these acronyms throughout the article to refer to Moroccans residing abroad, and Moroccans residing in Morocco. The latter is my own, and the former is the French Common Acronym used for the last few decades in Europe.

sentation through direct vote in the host countries. It's important to note that the campaign for this demand started in the early 1970s and resulted in the 1984 option, which was later dissolved in 1990[5]. The July 2011 amended constitution gave expanded rights to MRE, by, ironically, going back to the 1984 option.

Before that, the diaspora and the Moroccan government have been trapped in a cycle of conflicting political reforms' interpretation and a lack of mechanisms of application. To mitigate this tenseness, the CMME[6] was created in 2007, but its role became more crucially controversial than ever; especially after the uprisings of 2011.

In this article, I examine this dynamic by shedding light on the tense relations between Moroccan diaspora associations, the leaders of the CCME, in the person of its President, Driss El Yazami, and the then Prime Minister, Abdellilah Benkirane. I examine the views of this group and give the rationales behind their decisions.

I discuss these tensions under what I refer to as "the new Morocco." I highlight the emergence of old institutions under new frames. I define and analyze the mission of the CCME and its relationship with the MRE associations and their quest for political representation. I revisit the economic value of the diaspora that makes the case for its institutionalization, an added value that should be embraced, not resisted. I then explore the tensions between MRE associations and the President of the CCME.

I base my analysis of these arguments on visits, observations, and interviews with staff of the CCME headquarters in Rabat, Morocco and members of the diaspora in Europe and the US. I conclude the article with 10 suggestions for the CCME.

---

[5] For details on the 1984 option, see http://www.huffpostmaghreb.com/2016/01/25/maroc-mre-parlement-_n_9073444.html.

[6] CMME stands for "the Conseil de la communauté marocaine à l'extérieur." The Moroccan Community living abroad.

THE NEW MOROCCO?

Contrary to popular belief, Hassan II always valued the Moroccan diaspora. The reasons, however, differed as much as the diaspora itself. The young and middle-aged intellectuals were too zealous for the late king's vision for the country. He alienated many of these and used his charisma to appeal to most of the older generation that left Morocco for France; during the latter part of the 20th century.

The late 50s through the 80s knew a strong establishment of a Moroccan opposition in exile, mainly in France. Many Moroccans, however, were transferred for hard labor to the coal mines in France. This mix of generations eventually gave birth to a Moroccan diaspora, divided into a younger intellectual and politically committed minority and an older uneducated patriotic majority. The Opposition in exile eventually faded, with the passing of Hassan II and the modern vison based on reconciliation led by serious efforts of the current king, Mohammad VI.

King Mohammad VI strengthened ties with all Moroccans; especially the opposition in exile. With a personal invitation of prominent opposition figures such as Abraham Serfaty and Abderahman Youssefi[7]. The reconciliation with the past was a welcome active policy that instilled hope in a new morocco. This was part of a new plan for a modern Morocco that makes amends with all its nationals. This policy both opened channels for more communication and free mobility. Many Moroccans had left their homeland and gave up on returning to their roots. This reconciliation with the past helped on many fronts; mainly sociocultural ties but more importantly an unprecedented revival of an economic growth

---

[7] Former Political prisoners/ activists who were exiled in France. I discuss these and other political prisoners' situations in a separate chapter. For more information on these personalities see this link: http://www.independent.co.uk/news/obituaries/abraham-serfaty-political-activist-who-fell-foul-of-the-french-colonial-authorities-as-well-as-2149824.html.

coming from the diaspora. The latter saw itself more than an economic field but more so a politically committed group.

After 8 years on the throne, king Mohammed VI, considered the importance of institutionalizing the Diaspora status; as part of a grand plan for a "new Morocco" with programs for political and economic liberalization. This was a politically savvy and officially transparent move to strengthen ties with the Moroccan diaspora more than his father did. In 2007, he created the Council for the Moroccan Community Abroad (CCME) as a platform for the MRE, Moroccans residing abroad.

This new direction was applauded by human rights programs as well as international leaders. Hassan II had always treasured "his" obedient Diaspora and used them not only as a key to solving unemployment in Morocco but also as a convenient political card against European countries. With this new institution, CCME, King Mohammed VI created a platform through which demands and voices of the MRE can be heard. This was one step toward legitimizing this community of expatriates as viable trans-citizens, a long-distance nationalism (Anderson, 1992) that regained trust in the palace and reignited a sense of belonging.

THE GENESIS OF THE CCME?

This organization was established in 2007 by royal decree. Its mission is to serve the Moroccan diaspora both abroad and in Morocco. This was a much-needed decision, especially after the tensions growing in Europe and in the US against migrants in general and Muslims. This dynamic is analyzed for us by Michel Wieviorka (July 2016) in terms of multiculturalism in Europe between failure and success. With the rise of the tension between those in favor of an open Europe and those against, the migrant, the Muslim, as a major variable took center stage.[8] For this reason, the creation of the CMME seemed a timely viable shield for the Moroccan diaspora.

The mission of the CCME organization was clear and reflective of this protection. Chief among its tasks is the protection of the diaspora through reinforcing a diplomatic presence on behalf of Moroccans abroad. As defined on its website, the CCME is:

> A national consultative institution placed by His Majesty King Mohammed VI, the Council of the Moroccan Community living abroad was established by Royal Decree in December 2007, and was made constitutional ensuing [sic] the July 2011 reform in the constitution approved by referendum. The CCME's responsibilities include the monitoring and evaluation of the country's public policies regarding its nationals abroad. It is responsible for issuing notices to ensure the defense of the interests of overseas Moroccans, strengthening their contribution to the economic, social and human development of the country. Further, it aims to reinforce the diplomatic relations and cooperation between Morocco and their respective countries of residence.[9]

The selection of Driss El Yazami as president of the CMME was initially a smart and obvious decision. The appointment was in line with the king's emphasis on diplomatic relations with the EU. El Yazami is very familiar with the European system, having lived in France for close to 30 years, where he defended the migrants through organizing unions and associations and writing on their behalf in the press. Soon after his appointment, however, Mr. EL Yazami became a controversial figure among the Diaspora and politicians in Morocco alike.

The description of the council clearly stresses many promises. These promises are paramount, but as many members of diaspora

---

[8] Wieviorka, M., "Crisis of Identity" (July 7, 2016) Trans. By Radjy, A.H. originally published in Trouble in Europe, Cairo Review No. 21(June 2016). See the full article here: http://wieviorka.hypotheses.org/715.
[9] See official site here: http://www.ccme.org.ma/en/the-council.

reported: "promises haven't been kept in the new Morocco"[10]. The Diaspora or MRE found themselves perceived as a political field used but not necessarily served.

Historically, from the 1960s until the early 1990s, the MRE have always been active within associations with apolitical agendas. The nature of their worries was mainly culturally communal; the Moroccan opposition in exile notwithstanding. The latter, occasionally published articles and gave lectures criticizing the former regime in Morocco with no intentions of returning. The opposition's demands were revolutionary in nature with a thorough change of the regime[11]. The majority of MREs self-identified as workers mostly proud of the home country and faithful to the regime. However, even this second group has evolved and started demanding not just cultural and administrative reforms but a political representation abroad and in the Parliament.

This was a major shift in the life of MREs worldwide; especially in Europe. Their non-revolutionary political activism started at least a decade before the big march of the MF20. The associations in France and; especially the Netherlands clearly established lines of communication demanding to be represented not by a consulate or official visits of government officials to the host country, but through local representative(s) for whom they can vote directly.

For this reason, many serious activists among the MREs saw the foundation of the CMME as a potential transition toward much needed reforms. However, according to many members of the diaspora, the leadership of the CMME did very little and even made the relationship between Moroccan Diasporas and the central government shoddier. As early as 2012, the outcry against the

---

[10] Select responses based on Interviews Conducted by author with Moroccan diaspora in France and the US between 2012 -2016.

[11] Major figures of the Socialist and the banned Marxist Parties that left in the early 60s were led by Ben Barka, Abderhmane El Youssefi, Serfaty among others. After the passing of Hassan II, some of those who were still alive, were invited back and that was major shift towards a new democratic morocco post Hassan II.

council, by the Diasporas (European and American) increased, denouncing the CMME as an unviable organization unworthy of representing the Moroccan diaspora.

THE DIASPORA, THE MF20 AND THE UPRISINGS OF 2011

After the terrorist attacks in Europe (Madrid, 2004; London, 2005), and in the US (New York, 2001), migrant Arabs and Muslims became a direct target. This created a sense of urgent interest in activism that found space in and was a major asset to the revolution of February 20, 2011. Contrary to what some claim, the MREs' commitment was well founded and well represented in the so called Arab Spring. An example of these claim, is a rare article by Antoine Dumont[12] who presents a shallow argument claiming that the Moroccan Diaspora had no interest or involvement in the MF20.

The Arab Diaspora brought a global dimension to the uprisings. Whether in Egypt, Tunisia, or Morocco, the Arab revolutions/movements provided an opportunity for the diaspora away from the host countries to reconnect with the homeland. The rise of racism and anti-Islam movements in Europe and in the US, was a major push factor to say the least.

For these reasons, many in the Moroccan Diaspora saw the establishment of the CMME in 2007 as a welcomed opportunity to better frame the rise of the politically inclined Moroccan diaspora. They were encouraged by the mission of CCME, which clearly states among its responsibilities the political representation and protection of the diaspora. The reformed constitution of 2011, de-

---

[12] Dumont Antoine left out one major element in the argument, which is the Creation of CMME was born out of political campaigns and the Reforms in the new constitution holds the CMME as a central player in coordinating a POLITICAL representation of the MRE/ Moroccan Diaspora. All of which was a result of the MF20 big march. See the article here: Dumont A., "Moroccan Diaspora in France and the February 20 Movement in Morocco", Journal of Immigrant & refugee Studies, Vol.14, Iss.3, (August 2016), Link: http://www.tandfonline.com/doi/full/10.1080/15562948.2016.1208857.

spite its many flaws, clearly devotes 5 pertinent articles to the diaspora.

THE MOROCCAN DIASPORA'S CHANGE OF TRAJECTORY: FROM THE CULTURAL TO THE POLITICAL?

Unlike the Lebanese American diaspora, who was politically active in the host land from its start (Suleiman, 1999)[13], the orientation of Moroccan American diaspora was always projecting a cultural image and purposefully shying away from politics.

The Arab uprising, however, tipped the scale towards a political trajectory. There are two parallels here: first, the push factor, as shown above by the rise of tensions between migrants of North African descent and the host countries; the literature shows that the migrants have been an easy target for "natives" in moments of economic crises or national security (Villalon, 2015)[14]. The second parallel, a pull factor and more relevant in this article, is the new direction and the promising political reforms in the host countries.

The Moroccan Diaspora has evolved in the last two decades. Their militancy has taken a more intelligent reformist path and less revolutionary trajectory. The participation of the Moroccan diaspora through artists, businessmen, community organizers, and academicians was well represented in the big March of the MF20.

Since its independence, Morocco has amended its constitution 6 times. In each one, the question of the diaspora was carefully

---

[13] Suleiman, M. W., ed., Arabs in America: Building a new future. (Philadelphia, PA: Temple University Press, 1999) 4. Suleiman goes in details on how the American Lebanese Diaspora established a political identity in the States defending on sectarian affiliations and leadership (e.g. Orthodox, Maronite, Druze). The North African diaspora, however, avoided this practice and the states; instead virtually expressed their opinions on Moroccan matters. When the CCME came to the States in the person of its President El Yazami, for the frustrated diaspora, he was not a cultural attaché but a Political representative of the opposition.

[14] Roberta Villalon details misplaced hatred by "natives» towards migrants in the context of crisis. See the full article here: http://www.tandfonline.com/doi/abs/10.1179/1053078915Z.00000000017?journalCode=ysdh20.

legislated. The six amended constitutions of 1962, 1970, 1972, 1992, 1996 and 2011 all included clear references to protecting Moroccans abroad. The last constitution of 2011, which supersedes all past constitutions, clearly gives them more rights, cultural, and especially political representation, as specified in Articles 16-17-18-30-163.

These articles respectively relate to: protection of the diaspora's rights and strengthening ties with it inside Morocco and in host countries, *political participation: right to vote and to run for office*, representation in national consultative councils and entities, and the National Council for the Moroccan Diaspora.

Why CMME after 8 years on the Throne?

The Moroccan diaspora have self-institutionalized out of necessity. After at least two decades, Moroccan associations, also called "Amicals," formed and organized in neighborhoods and later in regions; today they are in coalitions and are both culturally and politically oriented. The foundation Hassan II created in early 1990[15] was namely connected with these organizations, but never delivered full services and protection of rights whether in the host country or the home country. Other than the seasonal summer welcome, the Moroccans residing abroad have always felt they were being treated as commodities rather than citizens.[16]

The last decade of the reign of Hassan II was characterized by major political changes. The major socio-economic changes in Europe, east and west, with the growth of the EU and the ease of

---

[15] "Créée en 1990 par feu Sa Majesté le Roi Hassan II et présidée par SAR la Princesse Lalla Meryem, la Fondation Hassan II pour les Marocains Résidant à l'Etranger est régie par la loi N° 19-89 promulguée par le dahir N° 1-90-79 du 20 Hija 1410 (13 juillet 1990) ...Elle a pour objet d'œuvrer pour le maintien des liens fondamentaux que les Marocains résidant à l'étranger entretiennent avec leur patrie et de les aider à surmonter les difficultés qu'ils rencontrent du fait de leur émigration". Source : http://www.fh2mre.ma/la-fondation/la-fondation-en-bref.html.

[16] opinions gathered from interviews with members of the diaspora; especially in Europe. Interviews conducted by Author, 2013- 2016.

mobility, shed more light on Arab and Muslim Diasporas. For the late king, the MREs were a source of economic growth, a political bargain with the EU but also a source of worry; from opposition in exile. Never did he allow a political representation of these whether abroad or nationally. Many saw Hassan II's foundation as a structure of containment of the MRE.

King Mohamad VI, however, understood the new role these diasporic institutions can play to advance themselves domestically and abroad. The king's vision clearly goes along with what we learn from a report (by Gamlen et al., 2015) that these institutions:

> connect recent developments in the global governance of migration, with current patterns of national and transnational sovereignty and citizenship, and new ways of constructing individual identity in relation to new collectivities. It's a bridge policy between domestic politics and international relations – a zone that is growing more dynamic and significant in world politics. [17]

This new Royal approach highlighted the significance of the Moroccan diaspora as a transnational player in more than one area. Consequently, in light of the global changes, both the palace (royal administration) and the MRE, each on its own, came to the realization that a legitimate representation of the Diaspora is the right trajectory to adopt. the king understood, as indicated by Gamlen (See Sigona et al., 2015), the importance of an institutionalized Diaspora goes beyond the traditional economic and cultural contributions. It is more inherently a political representation of the home country.

Why Institutionalize the Diaspora?

Many are the reasons for this question. Detailed below are five areas, which are adapted from Gamlen (Gamlen et al., 2015).

---

[17] Alan Gamlen, A: "Governance and mobilization: old and new actors: The rise of diaspora institutions" in Signo, N. et al., "Diasporas Reimagined Spaces, Practices and Belonging" (Oxford Diasporas Programme. 2015)166-174.

1- Economically, an organized diaspora in the form of associations and institutions helps and even compels diaspora groups to remit, invest, donate, or travel to the origin country.
2- Diplomacy and security interests: as we've seen during the terrorist attacks (e.g. New York 2001, London 2005), the diaspora was a major player in standing against the general bias and reaching out to the authorities and helping them. At 9/11 events, then president G.W. Bush was introduced to the New Jersey Muslim community through CAIR (Council on American-Islamic Relations) as an example of an organization that is representatives of Muslims in the US, among whom are Moroccan Americans. This role, as Gamlen states, is that of an ethnic/religious lobby group protecting its community, and by extension is a lobby for the home country.
3- Educational and cultural co-operation: Associations promote these initiatives on their own and the Consulate and the embassy fall miles short in this regard.[18]
4- Expansive citizenship: The diaspora's embrace of the home country's principles deserves representation through not only direct voting from the host country but also political representation in both host and home countries (see Rainer Bauböck, 2005).[19]
5- An institutionalization of the diaspora is international democracy in practice, eases the tensions between the opposition in exile and the home country. The 1999 invitation by king Mohammed VI to the former Moroccan exiled opposi-

---

[18] From interviews with Moroccan in the US and personal experience calling the Moroccan consulate and the Embassy in D.C, the staff members have shown a lack of understanding of their role(s) as public servant. The unwillingness to help their Diaspora on community projects, forced many Moroccans abroad to form associations and reach out to their American Senators or European regional representatives, instead of the CMME, to protect their schools and integrate special language programs in the curriculum.

[19] Bauböck, R. (2005). Expansive Citizenship: Voting beyond Territory and Membership. *PS: Political Science and Politics, 38*(4), 683-687. Retrieved from http://www.jstor.org/stable/30044350.

tion (e.g. Abderhmane Youssefi, Abraham Serfaty),[20] was applauded by the diaspora abroad as well as in Morocco.

The king's initiative to invite the opposition in exile back was a recognition of all the work of the diaspora. This was an encouraging indication that political representation of the Moroccan Diaspora was a possibility, and this sentiment established needed trust and dissipated the fear of the 70s and early 90s that such a policy might threaten national security from abroad.

For the Moroccan Diasporas, the events of 2011 brought a new era of more transparency and novel self-discovery. The July 2011 constitutional reforms, finally looked at MREs as an asset not an opposition. This was a great morale boost to Moroccans abroad and reenergized and renewed their belief and trust in their homeland. It is not a coincidence that the economic value (remittance) of the diaspora went up after 2011.

THE ECONOMIC VALUE OF THE MOROCCAN DIASPORA

2007 was an opportunistic time for the CMME decision. Both the US and the EU were hit by the world economic crisis that was triggered by the terrible 9/11 attacks.[21] Even though in the eyes of economists the economic hit to the US economy was not more than 0.1 percent, the fear was of a political and economic opportunism that was to affect the relationships with the MENA region. Paul Krugman, according to the New York Times, predicted this

---

[20] These 5 areas were adopted from Alan Gamlen, A. ed., "Governance and mobilization: old and new actors: The rise of diaspora institutions" in Signo N, et al (2015) Diasporas Reimagined Spaces, Practices and Belonging" (Oxford Diasporas Programme, 2015) 166-174.

[21] 9/11 was a time when many companies declared mass bankruptcy from airlines to Banks. Some of these moves were legitimate for some companies and many, illegitimately, used this to cash in on a disaster that hit mostly the lower and middle classes. TV Series "Billions" on SHOWTIME networks addresses this phenomenon of hedge Fund kings of New York and CEOs who made billions out of these Events (9/11): http://www.sho.com/billions

scenario when he wrote his piece and warned against this opportunism; he wrote on September 14, 2001:

> ... But there are already ominous indications that some will see this tragedy not as an occasion for true national unity, but as an opportunity for political profiteering... Our economy is so huge that the scenes of destruction, awesome as they are, are only a pinprick...but I would be surprised if the loss is more than 0.1 percent of U.S. wealth... So, the direct economic impact of the attacks will probably not be that bad...I didn't want to mention this, but now is the time to draw the line. This tragedy will only be magnified if it is exploited for political gain. Politicians who wrap themselves in the flag while relentlessly pursuing their usual partisan agenda are not true patriots, and history will not forgive them.[22]

The terrorist acts in New York, London, Madrid, and Casablanca set the tone for a tumultuous 21st century on all levels. I remember writing, one day after 9/11, on the forum of Yabiladi.com that the terms "Arab and Muslim" would be redefined and it would take a century to reclaim them. The burden of these terrorist attacks became that of a billion plus people and more so the Arab/Muslim Diasporas. This is not to say that ethnic and religious tensions were nonexistent before 9/11, but as Krugman pointed to, these events were an excuse for many to claim or renew a sense of nationalism, disguised as a regained sense of patriotism. The diasporas were cornered in the mists of this rise of nativism in the host countries. As a result, the Moroccan diaspora connected more with the homeland during these tumultuous times and they thoughts of reinvesting in the homeland and with the New Modern Morocco even idea of the return became more appealing.

According to the World Bank, the Moroccan remittances received between 1999 and 2015 spiked from 1.938 billion dollars to

---

[22] Krugman, Paul (2001, Sep. 14). Reckonings; After The Horror. http://www.nytimes.com/2001/09/14/opinion/reckonings-after-the-horror.html?_r=0.

8.0994 billion dollars, with a slight decline to 7.067 on 2015.[23] These statistics make the Moroccan diaspora the largest contributing Arab diaspora, with 6.7 billion, behind only Egypt and Lebanon.[24] Many read the spike in remittance as a direct result of the tension and the rise of anti-migrant sentiment in the host countries but more so because of the new seemingly democratic rapid changes in the MENA region.

However, in the case of Moroccan diaspora, there were set backs triggered by unexplained stalling measures of the CMME. These numbers were not matched with the needed political representation the MRE was looking for. The practices and the direction of the CMME, whose sole mission is to defend all Moroccan associations abroad, gave no indication of fulfilling its duties to start the process of organizing and uniting the Moroccan diaspora under one umbrella. For many, it was doing the exact opposite, which led to a clear state of paralysis.

THE STANDOFF BETWEEN THE MRE ASSOCIATIONS AND THE CMME

These financial contributions gave great leverage to the diaspora to demand more. As long-distance citizens, they demanded they be treated as full citizens. With the stalling of the CMME, two cases stood out in an open challenge to the council and its president.

The first case that exposed the CMME as an unviable option came from the Netherlands, led by Abdou Menebhi, and the second came from France, Cap Sud, led by Salem Fkire. Both cases have a long-documented history among associations in Europe, and both call for an implementation of the new reforms as defined

---

[23] http://data.worldbank.org/indicator/BX.TRF.PWKR.CD.DT?locations=MA.
[24] http://siteresources.worldbank.org/INTPROSPECTS/Resources/334934-1199807908806/4549025-1450455807487/Factbookpart1.pdf.

by the July 2011 constitutions. Lastly, both express their distrust of Mr. Driss El Yazami, president of both the CMME and CNDH.[25]

THE CONTROVERSIAL ROLE (S) OF DRISS EL YAZAMI

For many years, Mr. El Yazami was a union and labor defender. In a conversation with Charlie Rose of NPR and Bloomberg,[26] he briefly speaks about his experience as a former political opponent of the former regime. In 1977, he was sentenced to life in prison but somehow ended up in exile in France for 30 years. In 2004, he was invited to come back to Morocco and participate in "the truth and reconciliation commission" launched by King Mohammed VI.

During his visit to the UN, He was asked by Charlie Rose of PBS and Bloomberg news to comment on the New York Times comments which described the new Moroccan reforms as cosmetic and only benefiting the regime in the long run.[27] Mr. El Yazami's response did not address the question as a former activist and political prisoner or even as a President of the CNDH, but rather as a diplomat. He praised the reforms and admitted only to its slow process and the need for more time and negotiations.

This behavior cast more shadows of mistrust over Mr. El Yazami as a serious public servant for the Diaspora and a human rights representative in Morocco. By extension, this put into question the missions of both the CMME and the CNDH since he's the director of both institutions.

Whether Mr. El Yazami believes he is serving his role as a patriot or as Politician, is matter of record and perception. For most affected Moroccans of the diaspora, I spoke with, they see him, as

---

[25] CMME (Conseil De la Communauté Marocaine à l'étranger), CNDH (National Human Right Council).
[26] Conversation with Charlie Rose (2014, July 30) http://www.bloomberg.com/news/videos/b/65b99c82-66d7-4a9b-b020-d04180c9a3a2.
[27] Conversation with Charlie Rose (2014, July 30) http://www.bloomberg.com/news/videos/b/65b99c82-66d7-4a9b-b020-d04180c9a3a2.

a corrupt politician wrapping himself in the flag and the CNDH and CMME job description. This goes in line with what Paul Krugman of the New York Times refers to in the case of opportunists US politicians after 9/11, describing them as *"Politicians who wrap themselves in the flag while relentlessly pursuing their usual partisan agenda are not true patriots, and history will not forgive them.*[28]

This perhaps also explains why the Moroccan Tel-quel magazine made Mr. El Yazami one of its disappointing personalities of the week in their second November 2014 issue for both his stands on CMME and the CNDH as shown below:[29]

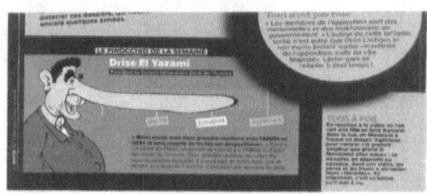 

A VISIT TO CCME HEADQUARTERS[30]

On January 10, 2014, a visit to CCME headquarters in Rabat, Morocco, was scheduled. This provided a much-needed perspective. The new two-story building was open around 9:30 am with only one employee in the first floor. A meeting with the only employee in the building, Ms. Ilham Oumenna, who maintains the website of the council and assists in a variety of undefined tasks, revealed some valuable facts about the center.

---

[28] Krugman Paul (2001, Sept 14) http://www.nytimes.com/2001/09/14/opinion/reckonings-after-the-horror.html?_r=0.

[29] Tourabi Abdallah and Bad Schizo :"Le Maroc Tel Que vous le Vivez" Tel-quel, N.644. (2014, Nov.21-27) 54-55.

[30] The purpose of the visit was to gather and compare data to that collected from the diaspora. Besides personal observation, planned interviews with staff members of the center, local experts, and as a third source, local respondents were scheduled.

It was learned that there were 6 groups tasked with different missions. These missions were mostly cultural by nature. A tour of the library, which includes a very small collection of publications, took no more than 10 minutes. Most books were of a cultural and artistic nature by Moroccan artists living abroad. There were posters of conferences both in Rabat and abroad highlighting activities of the center.

This staff member was very helpful but clearly uncomfortable answering questions about the schedules of employees or their tasks. The center didn't have a log of MRE visitors. This visit didn't leave a great impression compared to what is described on the center's website. If one looked at what the center offers in place, one cannot justify its annual budget. (This is a question many pose, as I discuss later in this article).

A meeting with Mohamed Al Asri, a former MRE, was arranged to get his feedback on the center. Mr. Asri, a Moroccan born in Belgium, decided to come back and work at the International University in Rabat, but later returned to Belgium to work with the Islamic Council in his Native Belgium.

He was overly praising of the job the CCME was doing. I shared with him some of the frustrations of MRE (my respondents) from California, Illinois, and some regions in France, like the association of Cap Sud. Important to note that these responses were incompatible with the narrative recounted by Mr. Asri in a report he prepared on behalf of the CMME center, which published it (report),[31] with a preface written by the director, Mr. El Yazami.

---

[31] EL Asri F., (2012). Les compétences marocaines de l'étranger : 25 ans de politique de mobilisation. CCME, Royaume Du Maroc.

CCME headquarters, Rabat Morocco, January 10, 2014 photograph by Author

CCME Library, Rabat Morocco, January 10, 2014 photograph by Author

It was not possible to meet with the director himself, who is well respected among a group of intellectuals I met along with Mr. Asri. Others however, had a different take on the job Mr. El Yazami has done for the center. These critics see him as someone who abandoned his principles of a defender of the labor force and one who adopted an elitist stance. These sentiments gathered mainly from many MRE members as well as association leaders, pointed at El Yazami's abuse and mismanagement of the CMME budget.

In this regard, in an article about public servants who abuse their positions as public servants in the absence of any supervision, Bouchta Jebli reported for Yabiladi.com that *"The CCME spends a fixed monthly amount of 19,000 Dhs in florist fees, or an annual amount of 228,000 Dhs. This very accurate information comes simply from documents in our possession detailing the accounts of the institution and in particular the monthly fixed fees of 2011 ».*[32]

These reports caught the attention of some members of the Moroccan Parliament. Mohammed Jaabouk, summed up the criticism by a member of the Moroccan parliament, in two items: the lack of any documented professional activity of the center and the mismanagement of the budget. He writes:

> It has been more than a year since the mandate of the CCME members came to an end. Its president meanwhile still has in his contract, almost a year. From 2007 to March 2013, this council stood out, not by its achievements, since the date of its creation, the CCME has held no general meeting. A record. But through arguments, (co) overt, by his headliners and especially by the way he spends public money, to the point of even attracting the attention of legislators ... "The members of the Finance Committee to the House of Representatives are concerned about mismanagement of public money in the CCME. And that's why we want President El Yazami to appear, knowing that this council benefits from taxpayers' money. It is our right to question him about information on trips, expensive stays abroad and generous allowances that would have gone to some relatives of the president, "says Abdelaziz Aftati, MP PJD and member of the Finance Committee in the 1st Chamber.[33]

These strong allegations only added to the worries of Mr. El Yazami; especially in his capacity as the President of the CNDH (National Human Rights Council). For the politically committed MRE, the more pressing issue, however, is the failure of the CCME to show any progress towards or any support of their [MRE] demand of political representation.

---

[32] Jebli, Bouchta. (2013, Jan.16). "Maroclear-CCME : Chérie, où as-tu mis l'argent public ? http://yabiladi.com/articles/details/14950/maroclear-ccme-cherie-as-tu-l-argent-public.html.

[33] Jaabouk, M. (2013, March 13). Mauvaise gestion du CCME : Des parlementaires et une association commentent les dernières affaires. http://yabiladi.com/articles/details/16017/mauvaise-gestion-ccme-parlementaires-association.html.

DIASPORA AND POLITICAL REPRESENTATION BETWEEN MYTH AND REALITY?
The Case of MRE in European

According to many members and leaders of MRE associations, EL Yazami, along with his aid Abdallah Boussouf, secretary general, have consistently stalled the progress and implementation of the new reforms allowing the Diaspora's participation in political matters through direct representation.

The first direct impactful criticism came from a former member of the CMME, Mr. Abdou Menebhi. Based in the Netherlands and one of the most active members in *la vie associative* in Europe, Abdou Menebhi resigned from his position in the CMME on February 1, 2013, and wrote an open letter to the Moroccan diaspora and the President of the CMME denouncing the stalling efforts of the center. In the letter, he sums up the reasons why he no longer trusts the CMME in the person of its president Mr. El Yazami. Yabiladi followed this story from the start. The report reads:

> ... to counterattack the citizenship and the participation in the political life of the Moroccans of the world ... concretely demonstrate the failure of the council and its missions from the beginning ". Abdou Menebhi accuses the council of fighting against Moroccan associations and the MRE civil society he is supposed to serve ... They have skewed research and reports, killed democracy in the council and are still blocking all the venues conducive to the participation of MRE in Moroccan politics; a practice (by the council) going against the recommendations of the new Constitution, "he denounces. [34]

With such strong accusations, many thought Menebhi himself was after personal gains. A field trip to Amsterdam and Maastricht

---

[34] Rédaction Yabiladi (2014, Juin 5). CCME : L'ancien membre Abdou Menebhi tire sur les responsables du Conseil. http://yabiladi.com/articles/details/26554/ccme-l-ancien-membre-abdou-menebhi.html.

in May 2014, during which interviews were conducted with students of the Moroccan diaspora, especially those who were very familiar with Menebhi's work at University of Maastricht[35], revealed unanimous praise of the efforts of Mr. Menebhi. There was no harsh criticism of the CMME or its President, simply because the respondents (university students) have never heard from the CCME.

On the French front, the criticism went beyond CMME. The association Cap Sud, represented by its president Salem Fkir, commented on the efforts of the Prime minister regarding the political representation of the Diaspora. In an interview with Mohammed Jaabouk of Yabiladi, Salem Fkir presented the issue as follows:

> I am convinced of his will [Prime Minister Benkirane] which has not changed since we signed, on September 7, 2011, with him, at the time the PJD was in opposition, a convention with this objective. ... there is a blockage but it is unfounded. It results from a misinformation [sic] on the MRE component. A component that has changed, evolved and is perfectly politically engaged in the host countries, so why not in his country of origin that is Morocco? Today, we MRE claim the right to speak for ourselves and not that others speak on our behalf. Political participation is the appropriate means to achieve this goal, especially as 45% of the MRE are binational and 70% are under 45 years of age. A political representation of the Moroccan community living abroad will strengthen ties with Morocco. We are the most attached diaspora to its origins. Political participation can only strengthen these ties, especially with third-generation MREs. (Yabiladi, May 9, 2013)[36]

---

[35] Interviews were after my Visit to the Netherlands as part of an invitation to talk in the NATO base in the city of Sckennen, Netherlands, to the American Coast Gard Corps on the geo-cultural politics in MENA. (2014, May 20-21-22). A former colleague helped arrange meetings with focused groups of Members of MRE community to in Holland.

[36] See the Full interview here: http://yabiladi.com/articles/details/17229/maroc-nous-reclamons-droit-parler.html.

In the same interview, Abdelkrim Belguendouz, an academician and migration specialist, points to the Prime Minister as the one who should act and implement the king's instructions, not just the CMME. Belguendouz says:

> I see that on this subject, Benkirane [former PM] hesitates again. He said he prefers to act with caution and that this theme is part of the general policy of the state. He must have the courage to assume his responsibilities and operationalize the articles of the constitution in favor of the political participation of the Moroccans living abroad, the speeches of king Mohammed VI, of 2005 and 2006, are clear on this. (Yabiladi, May 9, 2013)[37]

The prime Minister took almost 9 months to respond to the above statement. The timing of such answer is opportune. January 1, 2016 kick started Prime Minister Benkirane's preparation for another campaign, the 2016 legislative elections, on behalf of his party the PJD. He reminded the MRE That:

> Politics is not an exact science, their political participation has been proposed, but once in power we have been confronted with real problems and constraints", which he did not specify to an assistance group of MREs affiliated to the PJD. "The state has its reasons to either accept or leave," he said, placing the blame of the delay of this participation on the state.[38]

This is a tale of three parties: 1) The diaspora; 2) The Prime Minister and his government under the new reform; and 3) The CCME. The Moroccan diaspora have been encouraged by the revolutions of 2011 to reopen the file of political representation, which, it should be noted, has been a point of contention since the early 1970s, which was raised by MRE encouraged by the opposition in exile in

---

[37] Ibid.
[38] See Alaoui, M.S. (Janvier 1,2016). Législatives 2016 : la participation des MRE renvoyée aux calendes grecques. http://m.le360.ma/page.php?link=/politique/legislatives-2016-la-participation-des-mre-renvoyee-aux-calendes-grecques-81857.

France. The (con)fusion is then a picture of a prime minister informing the MRE after they voted for his party that politics is "hard." A CCME, through its president, repeats that it is only an organism in charge of gathering information about and informing the state about the needs of the MRE[39], a mission at which the CCME is failing, as I will show, this time in the case of Moroccans in the US.

The Case of the Moroccan Diaspora in the U.S

The Moroccan Diaspora in the US has a lot to learn from their counterparts in Europe. History shows that the MRE in Europe are better organized and know about each other more than their counterparts in the US. Geography plays a part in this disconnect. Despite the advances in social media, holding face to face meetings is still more efficient for growth, and associations learn a great deal from debating and resolving issues in person more so than virtually.

It was found out that Just like its policy in Europe with its diaspora, the CCME council succeeded in creating a feud between the Moroccan American Diaspora. Compared to Europe, Moroccans in the US are a minority diaspora (84,000),[40] easier to manage by comparison to other diasporas. They identify themselves in the form of Associations named after their city or state, which regionally make them more manageable for a council like the CCME. Socio-cultural events have been the dominant factor in their activi-

---

[39] The following link shows Driss El Yazami defining the CCME as a Council that gathers information about the Diaspora and suggests effective measures to tackle the different issues facing MRE. This interview takes place in 2009, just two years after the founding of the CCME. Tracking what Mr. El Yazami outlines in this video, very little has been accomplished which explains the anger of some of the members that resigned as well as members of the Parliament that are calling for these promised report... the full interview can be viewed here: https://www.bing.com/videos/search?q=+Driss+El+Yazami+on+CCME&&view=detail&mid=4164FA4D37351E5A1D994164FA4D37351E5A1D99&FORM=VRDGAR.

[40] Migration Policy Institute (reviewed June 2015) see link here http://www.migrationpolicy.org/sites/default/files/publications/RAD-Morocco.pdf.

ties. Their political engagement is not as zealous as that of Moroccans in Europe.

It is important to note that all Moroccan American Associations, as described in their websites, identify themselves as apolitical. This is a direct impact of the 9/11 terrorist events that instilled fear of guilt in every Muslim or Arab in the United States. In this regard, the Moroccan diaspora is the other extreme of e.g., the Cuban diaspora. However, after the MF20 events, Moroccan Americans felt the need to be politically represented more so than ever. These are endeavors that should have been communicated to the central government by the CCME, which instead followed the same old secretive crony tactics it did with the European Moroccan diaspora.

The Formation of the Moroccan American Diaspora Post 9/11

Ever since the tragic 9/11 events, Moroccan websites became the meeting 'cafes' of all Moroccans across the US. They also have been monitored, even by the members themselves, who warn each other not to cross political lines. One of the most visited sites was Yabiladi.com. This space gave birth to other websites after certain virtual feuds pushed the webmaster of Yabiladi.com to shut down the forum in early 2002. Yabiladi.com; Belgium, Europe, was more advanced and not necessarily as affected by the aftermath of September 11, 2001.

These were tough times for all Arab and Muslim Diasporas. The sense of patriotism took different dimensions. Many groups emerged from the Yabiladi.com website calling for a serious commitment to change and organize in the form of associations considering what the European Diaspora accomplished.

The call was for the formation of one association with branches all over the 50 states. This effort was hampered by some members of the DC Moroccan group, close to the consulate and the embassy, literally and ideologically. For many Moroccans across the US, the DC group's attitude is described as too elitist, divisive, and opportunistic.[41] Many voices, using pseudonyms on the Yabiladi site initially, but later, came out and identified themselves by name and profession, denounced the elitism of this DC group. The latter embodies all those socially dividing characteristics the Moroccans who migrated to the States, have thought they escaped.

Interviews revealed that for many Moroccan diaspora, the above dynamic is an important background that the CCME failed to communicate and document in its reports. Many respondents asserted that The CCME as an agent, in many respects, condoned the elitist attitude of the DC group, disregarding other self-made, well organized associations across the US such as MACOUS (N. Virginia), MAHA (Brooklyn, NY), MAANC (Northern California), MSH (Huston, TX), and WAMA (Seattle, Washington).[42]

The controversy started back in January 7. 2008, when wafin.com published an email from Nadia Serhani, a DC Moroccan resident. She greeted the members on the site through their personal emails registered on the site, presenting herself as the selected representative of Moroccans in the US in the CCME. Her message said all the right things except how she was selected, when, and by whom. The responses to her messages varied from the personal friends congratulating her to the astonishment of the majority who thought they were more qualified or wanted to know more about the process of selection.

---

[41] These are views gathered from Members who frequently discuss issues related to Moroccan diaspora in the US. From 1999 till 202, I was an active member in the Forum of the Yabiladi.com which gave birth to many Projects such as the Tingis magazine led by Anour Majid from (University of Maine, Portland). Some brilliant members went on to start separate associations and start websites like Yabiladi.com, which saw relative success. The DC group did organize mini festivals and Soccer tournaments and benefited greatly from the services of the Moroccan consulate and Embassy, services that didn't necessarily benefit Moroccans in the Midwest or Western parts of the United Sates.

[42] These are just samples of Moroccans association vetted by their States.

This was a major troubling point due to the lack of transparency to which, in the eyes of most MER in America, the Moroccan administration seems to condone. Among the most active and ever-present members of the Wafin.com community, this name was almost an unknown member in terms of social services or participation, but many still expressed their support.

A quick look at the background of the Wafin.com site shows it was a major hub for Moroccans in the US since the early 2000s. This site hosted discussions that led to founding of the Morocco foundation that was very instrumental in helping the families of the Casablanca bombing at the Hotel Safir in 2003. The point of contact was a philanthropist businessman named Abdallah Sadik, a highly active Moroccan American. Soon after, the Morocco foundation organization was taken over by a select group from the DC area close to the embassy, and this alienated most of the founding members of this foundation.

With the founding of the CCME in 2007, the organization was supposed to be the glue that would unite the diaspora. In 2008, when Ms. Nadia Serhani surprised everybody by declaring herself as their spokesperson, the news was received as a symbol of chronic corruption this center was supposed to combat.

The Moroccan American Diaspora and the New 2011 Constitutional Reforms

The advent of the MF20 was a leveling factor. The Moroccan American voices community rejoiced over the results of the reforms of July 2011. They participated in their respective cities, calling for change in a non-revolutionary tone. The corruption and classism, even in the host countries, by Moroccan institutions were at the heart of the demands. "All Moroccans must be addressed not just the close few... The implementation of such reforms (articles 16-17-18-30-163) were going to do away with the old bourgeois French-speaking class in an Anglophone setting that the DC group was adopting."[43]

5 years later, the CCME's record shows superficial improvements. The harsh and constructive criticism it was getting from the Moroccan diaspora in Europe was matched by rushed non-transparent meetings with select groups from DC speaking on behalf of all Moroccans. Interviews in the DC area, revealed that many Moroccan Americans non-affiliated with any association, have extended a helping hand to the selected DC group representative, to no avail.

A followed up on these claims with various respondents from the Berkeley area, in California, confirmed the same disconnect expressed by the DC respondents. They didn't have any updates from this representative. Many efforts to reach the office of Ms. Nadia Serhani in DC, yielded no results. Repeated calls, emails, texts messages, to her office, as late as November 2016, were unsuccessful in getting any information regarding the progress of the US diaspora's representation within the CCME.

A planned trip to DC to conduct face-to-face interviews with members of the diaspora, yielded data reflecting the same alienating treatment from the Morocco foundation's staff and their "elitist and opportunistic behavior"[44]. Similar reactions by interviewees expressed their deep disappointment at the secret selection of a representative, who the Moroccan American diaspora had never seen and who is not accessible.

A Breakdown of Representation or Communication?

On October 23, 2015, the CCME announced a conference with the Moroccan Diaspora in the US. The meeting was reported in

---

[43] Opinions gathered from interviews and participatory observation in Oakland, California, June-July- august, 2016)
[44] Interviews conducted between November 21 and 26, 2016, in Washington DC. (Direct quote by Mashkouri, a Moroccan American DC resident).

Morocco World news published by Nadia Serhani, the CCME member. Many Moroccans in the US learned for the first time, in this announcement, about the existence of a CCME working group called "Administration, Users' Rights and Public Policies" that coordinated the meeting with the American Moroccan Legal Empowerment Network (AMLEN) (http://amlenetwork.org/) and the Alliance for Rule of Law Promotion & Alternative Dispute Resolution (ARPA) (http://www.arpainternational.org/).[45]

For such a great initiative, there weren't any announcements to advertise the event. Why would the CCME only limit this conference to a select few? The one-day conference of October 23, 2015 was to address the theme *"From July 2011 to July 2015, the Moroccan Constitution at the dawn of its effective implementation,"* a theme that directly touches the lives of all Moroccan diaspora in the US and abroad. The Moroccan associations across the US have accessible websites with direct access to members of their boards that include academicians and community organizers, most of whom are registered with the Moroccan consulate in the US. These groups are sources that should enrich the debate and should be included, but were rather alienated.

Echoing these sentiments, Ahmed Bennis, an MRE an Illinois resident, reacted in an article published on December 19, 2015, on Morocco World News. He states:

> ... the actual process of this engagement [CMME conference in DC] lacks a clear strategy and suffers systematic impediments. Instead, the call for action remains selective at best, and consolidates the status quo of cronyism and inaction, at worse...Eight years after the creation of CCME, MRE's still have little to no knowledge about the mission, goals, objectives, plans and long-term strategies of the council. Some did not even know about the October meeting in Washington, D.C. until after it took place.

---

[45] Morocco world News. (2015, October 19) http://www.moroccoworldnews.com/2015/10/170770/maryland-moroccos-ccme-to-debate-moroccan-diasporas-concerns/.

This only shows the lack of direction and purpose in engaging MRE's with their own causes... the lack of transparency, secrecy, and ambiguity characterize CCME activities. How can this public institution organize events without making those who are the focal point of the discussions, the MRE's, aware of them? The answers that come to mind immediately are the lack of structure, the absence of a media strategy to inform the tens of thousands of MREs all over the US and Canada. What is more egregious is the lack of intention to include others as long as officials in Rabat are satisfied with hearing from only a closed group from Washington, D.C."[46]

Along these lines, face to face interviews with Moroccan Americans in the East Coast, DC area, and in the West Coast, Bay area, revealed a complete disconnect between a "representative," Ms. Serhani, and an "exploited constituency."[47] Who is in the dark as to the selection or informative process. Many respondents denounced the secrecy of representation and lack of transparency of the CCME and its agents; a behavior that in their views should discredit the CCME as a trustworthy or viable institution speaking in their name.

CONCLUSION

In July 2016, King Mohammed VI didn't mince his words when he announced in his speech of the throne that citizens are above their representatives. This was a direct quote not only to the Prime Minister but to all the political parties responsible for the mediocrity of the social life of the Moroccan citizens living in Morocco and abroad. His speech states:

> We are on the threshold of a new stage that will begin with the upcoming parliamentary elections. (...). All actors, candidates

---

[46] Bennis, Adnane. (2015, December 19). Do CCME Delegation Meetings Benefit the Moroccan Diaspora? http://www.moroccoworldnews.com/2015/12/175585/do-ccme-delegation-meetings-benefit-the-moroccan-diaspora/.

[47] Reactions of one of my respondents from Berkeley, California (interviews conducted June-July-August 2016).

and parties, must, therefore, be careful not to exploit the person of the king in any electoral or partisan struggle. "" It is the citizen, and not the political parties, who is the most important element of the electoral operation. He is the source of the power he delegates to them, "said the sovereign in his Speech from the Throne.[48]

This is clearly the head of the state projecting a much-needed air of political responsibility. The message is directed at the political parties and by extension the independent counsels such as CMME, to stop drawing policies from the past that are incongruent with the needs of all Moroccans. Where does that leave the diaspora concerning the argument in this article?

First, let's sum up the missteps/achievements of this independent council. Today, there is more disconnect than cooperation between Moroccan Diasporic associations. The disconnect is well documented both in Europe and in the US. The creation of the CMME, whose mission was to create a space for associations to meet and connect, has in fact done the opposite: it intensified an already existing class tension between these groups. It mismanaged public funds and created more divisions among the very community it's supposed to represent. However, since this CMME was founded by royal *Dahir*, decree, only the king can decide the fate of the director of the CMME.

Second, the former Prime Minister, Mr. Benkirane, bears most of the blame. He seems to have spent most of his term fighting the parties of the right, in Hamid Shabaat, leader of the-PI-Parti de l'istiqlal- independence party, and Driss Lashgar, leader of the USFP-Union socialiste des forces populaires-Socialist Union of Popular Forces. The constituents have been left out; in fact, ignored. In the case of the political representation of the Diaspora,

---

[48] The author's translation from French into English, See the complete original version here: Mohamed Shakir Alaoui (2016, July 30) see full report here http://m.le360.ma/page.php?link=/politique/legislatives-2016-le-roi-place-le-citoyen-au-dessus-de-toutes-les-considerations-81591.

the Prime Minister, just before the election of October 2016, proposed going back to discussing the possibility of implementing the 1984 option, which says:

> ... in 1984, the MREs were represented by five deputies, elected in five constituencies abroad. Nine years later, in 1993, the MRE constituencies were removed without any official explanation ... Overall, the 1984 experience was not a complete failure. And "apart from certain shortcomings, the emigration deputies were very active, especially in the framework of the specialized parliamentary committee, they also sensitized various ministerial departments and made the idea of a single interlocutor for the Moroccan residents mature abroad, which will give rise, at the end of July 1990, to the creation of the Ministry delegated to the Prime Minister in charge of the affairs of the Moroccan community abroad [49]

Abdelkrim Belguendouz, a migration specialist, was one of the first to reflect on this option. On November 11, 1997, he refuted the arguments against the closure of the 1984 option. He detailed the pros and cons of these attempts in his article for the Moroccan daily "Albayane." His title summed it all: « *Les R.M.E. ou les oubliés des législatives du 14 novembre 1997* »[50](The MRE or the forgotten ones of the legislatives of November 14, 1997).

How ironic is it that the prime minister, just a few days before the legislation of 2016, suggested going back to the 1984 option? One can't help but see the Orwellian analogy here. The PJD and the left have failed their own principles let alone their constituents.

---

[49] Zaireg, Reda. "MRE : Pas de Vote direct ni de représentation parlementaire cette année". (2016, April 11). The Huffington Maghreb full report here http://www.huffpostmaghreb.com/2016/04/11/mre-vote-maroc-_n_9658110.html.
For details on the 1984 option, see also: Also, For details on the 1984 option, by Zaireg, R. Quand des MRE siégeaient au parliament Marocain. http://www.huffpostmaghreb.com/2016/01/25/maroc-mre-parlement-_n_9073444.html.
[50] The full article was republished in http://la-closerie-marocaine.blogspot.com/2014/09/les-rme-ou-les-oublies-des-legislatives.html.

The uprisings were a loud re-call for a restart to move forward not backwards. Perhaps it was in the interest of parties of the right and the left to defeat the movement of February 20, 2011 (MF20). It was the only way to guarantee parties' survival, a survival that proves strong despite the lagging efforts in the social-human development. Perhaps also that this survival is due to the many flaws in a socially fragile multi-party system, which allows public servants to dwell on a series of debates while being totally oblivious to changing the realities of their constituents for the better.

It is past obvious that the left and the right have proven their inability to change. However, with all that has transpired since 2011, the so-called left must be redefined, reinvented to fit the new pace and ambition of new evolved actors as defined by the movement of February 2011. Just like the CCME, the Moroccan PJD that advertised itself as that voice of the people, has been a hurdle against progress. PJD's failure simply has put more pressure on the CMME to promote and apply the constitutional rights of political representation of the diaspora and abandon its (CCME) jaded vision. It is past time the left, the right and those (a)political institutions, domestic and international, changed! Michel Wieviorka fittingly put it a few years back, in *his Pour la Prochaine Gauche, le monde change, la gauche doit changer- the world changes, the left must change-* (Wieviorka, 2011).

In a confusing system, still in the making, one can only restate that what we have here is a tale of three diametrically opposed groups: 1) A confused Prime Minister's office in charge of a government, 2) Obstructionist political parties, and 3) (In)dependent, far from transparent, councils; such as the CMME. All three parties are floating on the waves of responsibility with the MRE and MRM waiting for one of these three groups to either assume responsibility, or sink and take the others with it.

With the MF20 in a state of slumber, this chapter of mobilization for real political representation is not over. The growing manufactured confusion within political parties and independent councils speaks to a lack of any viable political vision. Unfortunately, this political incompetence is also a survival tool of these three groups. The collateral damage, however, remains the "subject" or is it the "citizen"?

For the CCME to justify its existence, I conclude with the following suggestions gathered from respondents and the literature recommending that the CCME:

1- Use effective methods of representation to reach the Diaspora
2- Be transparent in the selection of the 50 members of the Council
3- Represent all the major areas and empower the members to collect data about their "constituencies" and listen to their opinions
4- The President must be a public servant not a privileged servant above the law
5- Renege cronyism and corruption and aim at representation of all members of the active diaspora
6- Effectively use social media with daily updates of the site
7- Hold monthly webinars with reports of progress
8- Publish the annual/biannual reports, presented to the Parliament and the king, to the Diaspora
9- Work with the Prime minister to come up with a viable 21st century vision of political representation other than the one from 1984 that is re-discussed today as a potential trajectory.
10- Be transparent.

The diaspora has grown and evolved. It is a must the political vision follow suit. The compromise of going back to a regional representation by deputy that was designed in the year 1984 doesn't vote well for a forward looking political vision. The three groups: Prime Minister, Parliament, and an independent council are suppressing not representing the Diaspora and by extension a domestic constituency supported by the former.

Going back to the 1984 option speaks to a dead-end policy. It also speaks to an unwillingness to change, which is the reason the saga of protests started across the country; especially in the northern territory. While change is the hope for positive prospects for the diaspora and Moroccan nationals, change has always been a dangerous transaction for political elites, whose existence is closely linked to the suppression of change.

It was fitting when King Mohammed VI said in his July 30, 2016 speech of the throne: "the Citizen must be above his or her representatives,"[51] but, based on people's socioeconomic status, and especially based on the latest legislative elections, the equation is lopsided and the citizen is not factored in; in other words, nothing has changed. The PJD is still in the lead as are the tensions among the political parties.

George Orwell in his novel *1984* says "If *there is any hope it lays on the Proles*". Well, the proles broke the chains and marched under the wings of the MF20 in 2011. But, this movement, though not dead, has certainly been weakened and so have the voices of the Moroccan Diaspora.

Perhaps it is high time the Orwellian adage was reversed to the proles' version of hope. They are broken, not their chains. For these proles, *if there is any hope, it lays on the king*. Moroccan citizen-activists have put their faith in the king as the only one who can stand to the political elites. It is not by accident that the people nicknamed him *le Roi des pauvres*.

---

[51] Morocco World news. Full Text of King Mohammed VI's Speech on Throne Day. (2016, 30 July) https://www.moroccoworldnews.com/2016/07/192670/full-text-king-mohammed-vis-speech-throne-day-2/.

Note: Some quotes have been translated from French into English, but the sources in the footnotes have been kept in the original language.

Index of Names

Alonge, Roberto 2, 4, 44
Avella, Caterina 22-24
Adams, Guy 175
Agamben, Giorgio 110-114
Alajmo, Roberto 77, 83
Alfomnsi, Ferdinando 240
Alighieri, Dante 158, 166, 167
Alvaro, Corrado 196, 198
Aristotle 159, 160
Armstrong, Nigel 178
Artioli, Umberto 40

Bachofen, Johann Jacob 181, 191
Bachtin, Michail 85
Bajani, Andrea 95, 115
Baldo, Michela 183
Barbina, Alfredo 26, 43
Barsotti, Anna 48, 60
Bassetti, Piero 252
Belguendouz, Abdelkrim 331
Belluscio, Stephen J. 250, 251
Bencivenni, Marcella 251
Bendahan, Esther 148
Benedetti, Marco 115
Bernhard, Ernst 194, 195
Bevilacqua, Piero 253
Bhabha, Homi 9
Biasion, Renzo 129
Binetti, Vincenzo 133
Bini, Andrea 285, 286
Blavatsky, Helena 41-43
Bondanella, Peter 169

Boni, Federico 197
Bonilla, Juan 149
Bouchard, Norma 116
Burgess, Anthony 114
Burris, Gregory 127

Cacciari, M. 163, 164
Caira, Maria 258-260
Calabretta-Sadjer, Ryan 251
Calcagno, Paolo 45, 46, 61, 62
Camaiti Hostert, Anna 169
Camus, Bergareche B. 215
Capuana, Luigi 40
Caracausi, G. 209
Carotenuto, Aldo 194
Carravetta, Peter 241, 243
Caruso, Amedeo 194
Casella, Paola 13
Casillo, Robert 169
Cassano, Franco 109
Catalano, Ettore 15
Cervantes, Miguel de 201
Ceserani, Remo 8
Chacón, Dulce 147, 150
Cicala, Domenica Elisa 5
Ciccarelli, Andrea 241
Cifoletti, G. 203, 204, 207, 210, 211
Clò, Clarissa 13, 134, 249
Consolo, Vincenzo 78, 85, 88
Contarino, Rosario 1
Corominas, J. 210, 213
Cortellessa, Andrea 94, 100

"Index"

Coseriu, E. 203
Cragin, Thomas 134

D'Achille, Paolo 183
D'Amelia, Marina 196
Dainotto, Roberto M. 223, 226, 234
De Blasi, Nicola 47-49, 60, 63, 68, 72
De Crescenzo, Assunta 38, 41, 42
De Filippo, Eduardo 37, 44, 45, 47, 54, 58, 61-63, 66-68, 70-72
De Franco, Fiorenza 64
De Matteis, Stefano 47
De Santis, Giuseppe 263-265, 279, 282
De Stefano, George 169
Del Giudice, Luisa 247
Di Biagi, Flaminio 169
Di Gesu, Matteo 86, 103
Di Giovanna, Maria 19
Di Giovanni, Elena 177
Díaz Martínez, E. 203, 209
Dino, Alessandra 223, 227, 235
Dodds, Eric R. 230
Donnarumma, Raffaele 195
Durand, Gilbert 15
Durante, Francesco 11, 22, 240, 245, 246

el Yazami, Driss 315, 316, 318, 320
Eliade, Mircea 190, 192
Ellis, Tiffany 178
Evereinov, Nicolaj 41

Fatta, Illaria 81, 89
Federici, Federico 178
Ferlita, Salvatore 80, 83

Fiore, Teressa 246, 249
Fofi, Goffredo 107
Fontanella, Luigi 241
Forno, Marta 78
Freud, Sigmund 112

Galassi, Gianni G. 180
Galt, Rosalind 131, 133
Gandolfi, Elia 138
Gardaphé, Fred L. 169, 173
Gargiulo, Jennifer 72
Geerts, Walter 8, 10, 30
Giammusso, Maurizio 47, 58, 60, 70-72
Giarrizzo, Giuseppe 85
Gibellini, Pietro 7, 17
Gieri, Manuela 136
Gimbutas, Marija 190
Gioanola, Elio 16
Giordano, Paolo A. 241
Giovacchini, Saverio 131, 136
Girard, René 26, 132
Giudice, Gaspare 66
Gnisci, Armando 239
Golding, William 114
Grabara, Agnieszka 83
Gramsci, Antonio 27, 29, 30
Gratteri, Nicola 219
Griechi, Gianluca 27
Grossi, Marco 265
Grossman, David 109

Haedo, D. 204
Haller, Hermann 179
Hassan II 303, 309
Havelock, Eric A. 232
Hooper, John 174
Hope, William 139

"Index"

Iglesias Santos, Monserrant 143-146
Illiano, Anotnio 40, 42

Jung, Carl Gustave 189, 192

Kapalan, D.M. 159, 161
King, Jeoff 170
Klibansky, Raymond 112, 116
Kristeva, Julia 95, 111-113
Krysinski, Wladimir 44

La Capria, Raffaele 62
Laborit, Henri 121, 129, 133
Lerner, Gerda 193
Lippi-Green, Rosina 178, 180
Lizzani, Carlo 264, 265
Lombardi-Diop, Cristina 246
Lombardo, Agostino 71, 72
Lugnani, Lucio 4, 10, 14, 15, 17

MacCarthy-Varnier 205
Macchia, Giovanni 42
Magrelli, Valerio 109, 110
Malavasi, Luca 132
Malek, Alia 137
Manganelli, Giorgio 198
Manotta, Marco 43
Marazzi, Martino 242-244
Marchand, Jean-Jacques 241
Marcus, Millicent 132, 133, 135, 136
Marrone, Gaetana 134
Martelli, Sebastiano 245
Martini, Ornella 196
Martoglio, Nino 25-31
Marzio, Anna 192
Maule, Rosanna 132
Mazzucchelli, Chiara 248

Menarini, Alberto 179
Méndez Guédez, Juan Carlos 148, 150
Mendicutti, Eduardo 145, 149, 150, 152
Menebhi, Abdou 320, 321
Merlo, Francesco 195
Micciche, Lino 278, 285
Michel, A. 213
Migliorini, B. 203
Minervini, L. 203
Monteleone, Enzo 123
Moscati, Italo 64
Mouhammad VI 303, 304, 310, 329, 334
Muscio, Giuliana 179
Musco, Angelo 25, 28

Neumann, Erich 191
Nicaso, Antonio 219, 223, 224, 226, 228, 230-232, 234, 235
Nicastro, Guido 3
Nobili, Sebastiana 16
Nolan, J. 203

Onofri, Massimo 105
Orwell, George 334
Ovejero, José Ramón 148

Palazzo, Virginio 265
Panella, Giuseppe 93
Parini, Ilaria 169, 171, 173, 177, 178
Pascual, J. A. 210, 213
Pasolini, Pier Paolo 192-194
Patriarca, Silvana 1, 192, 195
Pellegrini, G.B. 210
Pestalozza, Umberto 190

"Index"

Piacenza, Paola 133
Piazzese, Santo 77-79, 81, 83, 86-89
Piedimonte, Antonio Emanuele 38, 49
Pilz, Kerstin 132
Pirandello, Luigi 1, 2, 4-10, 14, 16, 18, 25-28, 30, 32, 37, 39, 40-44, 46, 58-62, 64-68, 70, 71
Pizzuto, Angelo 29, 32
Plato 159, 160, 165
Ponzanesi, Sandra 124
Porrentano, Gilberto 160
Pupino, Angelo Raffaele 7, 42
Pupo, Ivan 65, 67
Puppa, Paolo 41, 50, 59, 71

Ranaldi, Filippo 254
Rascaroli, Laura 134
Rauhut, Franz 25
Renzi, Renzo 131, 133
Ricouer, Paul 123
Rose, Steve 138, 139
Rossner, Michael 2
Rotondi, Armando 72
Ruffino, G. 208

Salvatores, Gabriele 129, 131-134
Salvemini, Gaetano 1
Sangsue, Daniel 60
Sapegno, Maria Serena 24
Savoca, Giuseppe 194
Scaffai, Niccolo 88
Sciascia, Leonardo 7, 8, 18, 26, 233
Sciorra, Joseph 179, 247
Segnini, Elisa 27-29
Sønnesyn, Janne 178
Sorel, Andrés 145, 149
Sorrentino, Alessandra 1-6, 9, 11

Sottile, R. 208
Spagnoletti, Giovanni 179
Spinoza, Baruch 162

Tamburri, Anthony J. 169, 239
Testoni, Elio 63, 71
Thomason, S.G. 214
Todorov, Tzvetan 39
Todorovic, Dusica 41
Tomasello, Dario 59
Tomasi di Lampedusa, Giuseppe 16, 107
Tonelli, Luigi 19
Torresi, Ira 169
Traina, Giuseppe 78
Trumper, John B. 223, 226, 227, 229, 233

van Lierop, Paola 178
Varvaro, A. 209, 211-213
Vasta, Giorgio 91-95, 97, 100, 102-117
Vellucci, Sabrina 244
Venturini, Gaetano 256
Vicentini, Claudio 40, 41, 44
Vivarelli, Nick 138

Wasil, Ibn 157
Wievior, Michel 304

Zaireg, Reda 331
Zigaina, Giuseppe 192
Zovko, Monica 150, 151, 153

Saggistica

Taking its name from Italian–which means essays, essay writing, or non-fiction–*Saggistica* is a referred book series dedicated to the study of all topics and cultural productions that fall under what we might consider that larger umbrella of all things Italian and Italian American.

Vito Zagarrio
  The "Un-Happy Ending": Re-viewing The Cinema of Frank Capra. 2011. ISBN 978-1-59954-005-4. Volume 1.
Paolo A. Giordano, Editor
  The Hyphenate Writer and The Legacy of Exile. 2010. ISBN 978-1-59954-007-8. Volume 2.
Dennis Barone
  America/Trattabili. 2011. ISBN 978-1-59954-018-4. Volume 3.
Fred L. Gardaphè
  The Art of Reading Italian Americana. 2011. ISBN 978-1-59954-019-1. Volume 4.
Anthony Julian Tamburri
  Re-viewing Italian Americana: Generalities and Specificities on Cinema. 2011. ISBN 978-1-59954-020-7. Volume5.
Sheryl Lynn Postman
  An Italian Writer's Journey through American Realities: Giose Rimanelli's English Novels. "The most tormented decade of America: the 60s" ISBN 978-1-59954-034-4. Volume 6.
Luigi Fontanella
  Migrating Words: Italian Writers in the United States. 2012. ISBN 978-1-59954-041-2. Volume 7.
Peter Covino & Dennis Barone, Editors
  Essays on Italian American Literature and Culture. 2012. ISBN 978-1-59954-035-1. Volume 8.

Gianfranco Viesti
: *Italy at the Crossroads.* 2012. ISBN 978-1-59954-071-9. Volume 9.

Peter Carravetta, Editor
: *Discourse Boundary Creation (LOGOS TOPOS POIESIS): A Festschrift in Honor of Paolo Valesio.* ISBN 978-1-59954-036-8. Volume 10.

Antonio Vitti and Anthony Julian Tamburri, Editors
: *Europe, Italy, and the Mediterranean.* 2012. ISBN 978-1-59954-073-3. Volume 11.

Vincenzo Scotti
: *Pax Mafiosa or War: Twenty Years after the Palermo Massacres.* 2012. ISBN 978-1-59954-074-0. Volume 12.

Anthony Julian Tamburri, Editor
: *Meditations on Identity. Meditazioni su identità.* ISBN 978-1-59954-082-5. Volume 13.

Peter Carravetta, Editor
: *Theater of the Mind, Stage of History. A Festschrift in Honor of Mario Mignone.* ISBN 978-1-59954-083-2. Volume 14.

Lorenzo Del Boca
: *Italy's Lies. Debunk History's Lies So That Italy Might Become A "Normal Country".* ISBN 978-1-59954-084-9. Volume 15.

George Guida
: *Spectacles of Themselves. Essays in Italian American Popular Culture and Literature.* ISBN 978-1-59954-090-0. Volume 16.

Antonio Vitti and Anthony Julian Tamburri, Editors
: *Mare Nostrum: prospettive di un dialogo tra alterità e mediyrttsnrità.* ISBN 978-1-59954-100-6. Volume 17.

Patrizia Salvetti
: *Rope and Soap. Lynchings of Italians in the United States.* ISBN 978-1-59954-101-3. Volume 18.

Sheryl Lynn Postman and Anthony Julian Tamburri, Editors
: *Re-Reading Rimanelli in America: Six Decades in the Untied States.* 2016. ISBN 978-1-59954-102-0. Volume 19.

Pasquale Verdicchio
  Bound by Distance: Rethinking Nationalism through the Italian Diaspora. ISBN 978-1-59954-103-7. Volume 20.
Peter Carravetta
  After Identity: Migration, Critique, Italian American Culture. ISBN 978-1-59954-072-6. Volume 21.
Antonio Vitti and Anthony Julian Tamburri, Editors
  The Mediterranean As Seen by Insiders and Outsiders. ISBN 978-1-59954-107-5. Volume 22.
Eugenio Ragni
  Giose 1959: Un "Suicidio" Annunciato. ISBN 978-1-59954-109-9. Volume 23.
Quinto Antonelli
  Intimate History of the Great War. ISBN 978-1-59954-111-2. Volume 24.
Antonio Vitti and Anthony Julian Tamburri, Editors
  The Mediterranean Dreamed and Lived by Insiders and Outsiders. ISBN 978-1-59954-115-0. Volume 25.
Carla Francellini and Sabrina Vellucci, Editors
  Re-Mapping Italian America: Places, Cultures, Identities. ISBN 978-1-59954-116-7. Volume 26.
Steven J. Belluscio
  Garibaldi M. Lapolla: A Study of His Novels. ISBN 978-1-59954-125-9. Volume 27.